현대 포퓰리즘

유럽과 한국

현대 포퓰리즘: 유럽과 한국
초판 발행 2021년 12월 27일
지은이 정병기, 도묘연, 고주현, 오창룡, 김찬우
펴낸곳 영남대학교출판부
펴낸이 최외출
디자인 최혜주
출판등록 1975년 9월 5일 경산 제16-1호
주소 경북 경산시 대학로280
전화 053) 810-1801~3
FAX 053) 810-4722
홈페이지 book.yu.ac.kr

ISBN 978-89-7581-847-9 93340

값은 표지 뒷면에 있습니다.
잘못 만들어진 책은 바꾸어 드립니다.

* 이 저서는 2019년 대한민국 교육부와 한국연구재단의 지원을 받아 수행된 연구임
(NRF-2019S1A5A2A03041306)

현대 포퓰리즘

유럽과 한국

정병기
도묘연
고주현
오창룡
김찬우

MODERN POPULISM

영남대학교출판부

서문

“국민의당은 이런 정치를 하지 않습니다. 내로남불·포퓰리즘·교만과 독선.” 한때 포퓰리스트로 거론되던 안철수의 국민의당 회의실 벽에 써진 문구다. 현실적으로 포퓰리즘은 대부분 이와 같이 부정적 의미로 사용된다. 반면 무프(Mouffe) 등의 학자는 포퓰리즘의 긍정적인 내용을 살려 진보 정치에 활용해야 한다고 주장한다.

포퓰리즘은 선거 때뿐만 아니라 일상 정치에서도 이미 우리 곁에 바싹 다가와 있다. 하지만 그 실체적 속성은 아직 충분히 밝혀지지 않았으며, 최근 변화에 대해서는 더욱 알려져 있지 않다. ‘인민주의’로 직역되는 것처럼, 포퓰리즘은 민주주의와도 밀접하게 관련된다. 정당 정치와 대의 민주주의가 오래 지속되면서 엘리트주의로 흘러간 것을 비판하는 흐름이기 때문이다. 그러므로 최근 포퓰리즘의 강화는 민주주의에 대한 성찰을 요구한다고 할 수 있다.

이 책은 이러한 문제의식에서 기획되었다. 최근 포퓰리즘의 강화나 변화가 가장 크게 나타나는 국가들을 분석하고, 한국의 포퓰리즘적 흐름을 상세히 고찰하고자 했다. 구체적인 대상은 제2차 대전 이후 유럽과 최근 한국에서 나타나는 현대 포퓰리즘인 신포퓰리즘과 포스트포퓰리즘이다. 특히 한국의 포퓰리즘에 많은 지면을 할애해 사안별로 상세히 분석했으며, 모든 사례에서 민주주의 전망을 함께 논의했다.

책의 내용은 3부로 나누어 제1부에서 포퓰리즘의 개념과 유형 및 속성을 다루고, 제2부에서 유럽 사례를 소개하며, 제3부에서 한국을 분석하는 것으로 구성했다. 제1부는 포퓰리즘 개념에 대한 오해를 바로잡는 개념 설명에서 시작해 최소 정의에 따른 개념 정의를 내린 후 역사적 변천에 따른 유형과 속성을 소개한다. 이것은 제2부와 제3부에서 진행되는 분석을 위해 필요한 사전 지식과 이론적 배경에 해당한다.

제2부 유럽의 사례는 신포퓰리즘이나 포스트포퓰리즘이 강하게 등장한 나라인 프랑스와 이탈리아 및 스페인을 선택했다. 세 나라 모두 남부 유럽 국가들인데, 정치 문화로 보더라도 우리나라와 상대적으로 비슷한 나라들이라 할 수 있다. 프랑스에서는 신포퓰리스트가 강화되면서 포스트포퓰리즘적 성격으로 변해가는 징조가 나타나며, 이탈리아에서는 포스트포퓰리스트가 급부상해 집권까지 했고, 스페인에서는 신포퓰리스트와 포스트포퓰리스트가 동시에 큰 세력으로 급부상했다.

하지만 프랑스를 제외한 다른 두 나라는 아직 우리에게 생소한 나라들이다. 그래서 유럽 사례는 정당 정치와 포퓰리즘의 역사를 먼저 소개하고 포퓰리즘 분석을 제시했다. 각국 포퓰리즘에 대한 구체적인 분석 방법과 구성은 통일하지 않았다. 나라마다 특수성이 강해 통일하는 것이 자칫 올바른 분석을 저해할 수 있기 때문이다.

스페인은 포데모스(PODEMOS)와 복스(VOX)를 대상으로 좌우 양극단의 포퓰리즘 정치가 출현한 원인과 현상을 검토하고 포퓰리스트 코뮤니케이션의 특징에 초점을 두어 분석했으며, 이탈리아는 오성운동(M5S)의 조직과 이념 및 정책에 나타난 포스트포퓰리즘적 성격을 고찰했다. 그리고 프랑스는 국민전선(FN, 이후 국민연합 RN)의 이념과 전략에 중점을 두어 분석했다.

한국에 대한 분석은 포퓰리즘 공방의 형성과 성격, 뉴스와 댓글의 빅데이터로 본 포퓰리즘, 시위 참가 및 이념별·유형별 특성에 따른 포퓰리즘 성향을 다룬 세 장으로 구성된다. 유럽과 달리 포퓰리즘이 정당 형태로 등장하지 않았기 때문에 특정 정당을 중심으로 분석할 수 없어 주요 사안별로 구성한 것이다. 또한 이 구성은 사회 네트워크 분석과 빅데이터 분석 및 설문 조사 분석 등 다양한 접근 방법을 통해 입체적으로 규명했다는 의미도 갖는다.

미리 밝혀둘 유의 사항은 두 가지다. 첫째, 외국어 표기는 원어 발음을 기준으로 했다. 예를 들어 동일한 인명일지라도 국적에 따라 발음이 다를 경우 그 발음대로 표기했다. 둘째, 이데올로기적 비교를 위해 사용할 때와 내용상 꼭 밝혀야 할 이유가 없을 때는 포퓰리즘 유형의 접두사인 '신(neo)'과 '포스트(post)'를 생략했다. 스페인의 사례에서 보듯이 좌파 포스트포퓰리즘과 우파 신포퓰리즘을 비교할 때 '포스트'와 '신'을 생략하고 좌파 포퓰리즘과 우파 포퓰리즘으로 사용했다는 것이다. 또한 유형의 의미를 굳이 밝힐 필요가 없을 때는 포퓰리즘이라는 용어만 사용했다.

이 책은 한국연구재단의 일반공동연구지원사업의 연구 결과물이다. 2년 동안 함께 한 공동연구원들의 남다른 성실과 열정이 있었기에 가능했다. 특히 초본 편집과 연락 등 실무를 맡아준 도묘연 박사의 노고가 컸다. 연구가 가능하도록 지원해준 한국연구재단에 감사드리며, 코로나19가 창궐하는 어려운 시기에도 불구하고 책 발간을 위해 헌신해주신 영남대 언론출판문화원 이종백 실장님과 직원분들께도 연구진과 함께 특별한 고마움을 전한다.

2021년 12월

정병기

차례

7장 빅데이터로 본 한국 포퓰리즘 _ 김찬우

8장 한국 대중의 포퓰리즘 성향 : 시위 참가 및 이념별·유형별 특성 _ 도묘연·정병기

부록

1부
현대 포퓰리즘의 개념과 유형 및 속성

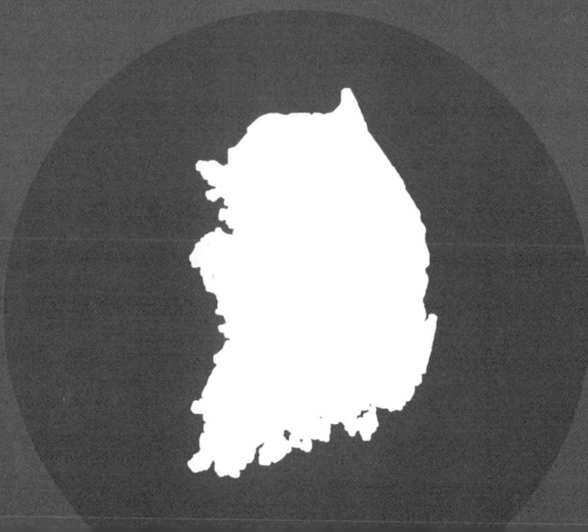

1장

현대 포퓰리즘의 개념과 유형

| 정병기 |

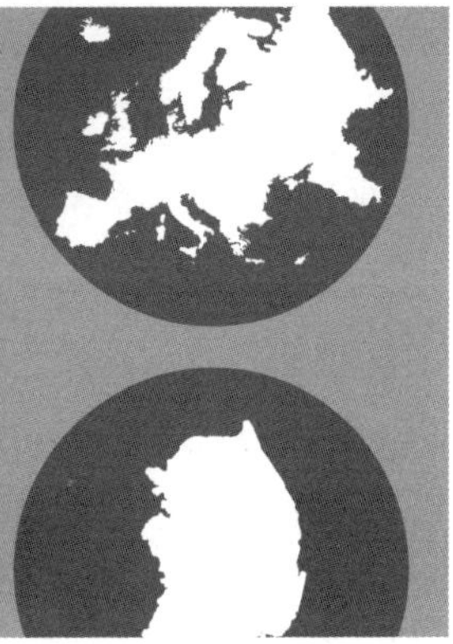

포퓰리즘과 관련해 자주 회자되는 비유는 '신데렐라의 신발'[1]과 '민주주의의 그림자'[2] 다. 첫 번째 비유에서 신데렐라와 신발은 둘 다 명확히 밝혀지지 않은 존재다. 무도회를 떠난 신데렐라는 홀연히 사라졌으며, 구두도 한 짝만 남은 상태를 비유한 것이다. 하지만 포퓰리즘에 관한 논의도 오래 지속되면서 신데렐라의 정체와 함께 남은 한 짝의 신발도 발견되어 그 실체가 드러났다. 하지만 문제는 학자와 시대 및 장소에 따라 그 설명이 다르다는 것이다. 자기가 신데렐라이며 그 신발이 자신의 신발이라고 주장하는 사람이 많다는 점에서 신데렐라의 신발은 다시 그 실체를 장담할 수 없는 상

1 Mény, Yves and Yves Surel, 2002, "The Constitutive Ambiguity of Populism," Yves Mény and Yves Surel (eds.), *Democracies and the Populist Challenge* (New York: Palgrave), p.3.

2 Canovan, Margaret, 1999. "Trust the People! Populism and the Two Faces of Democracy," *Political Studies*, vol.47, no.1, p.3.

황이 되어버린 것이다. 이러한 의미에서 신데렐라의 신발이라는 비유는 여전히 폐기되기 어렵다. 그렇지만 상대적으로 더 설득력을 갖춘 논의들이 속속 제기되어 이 비유의 유효성은 사라질 것이라는 전망도 가능하다.

'민주주의의 그림자'라는 비유도 오해의 소지가 있다. 캐노밴(Canovan)은 이를 민주주의 자체의 그림자로 규정했지만, 사실상 그 논의의 맥락으로 보더라도 대의 민주주의의 그림자로 보는 것이 더 적절하다. 실용적 성격과 구세적 성격이라는 두 가지 민주주의의 성격이 모순을 일으킴으로써 포퓰리즘적 공격이 생겨난다는 주장이 그 핵심이다. 하지만 실용적 측면의 민주주의 중 현대 사회에서 가장 넓은 의미로 언급할 수 있는 것은 대의 민주주의다. 대의 민주주의가 가진 본질적 한계에서 포퓰리즘적 비판과 공격이 시작된다고 보아야 한다는 것이다. 엘리트 대의 정치를 반대하고 인민 직접 정치를 주장하는 포퓰리즘은 바로 이러한 한계와 관련된다. 다시 말해 민주주의가 존재하는 한 포퓰리즘이 발생하기 마련인 것이 아니라, 대의 민주주의가 존재하는 한 포퓰리즘이 발생하기 마련이라는 것이다.

제1부에서는 여전히 논란 중에 있는 포퓰리즘의 개념과 유형 및 주요 현대 포퓰리즘의 속성을 살펴보아 제2부와 제3부에서 고찰하는 구체적 사례들을 이해하는 배경 지식을 제공한다. 그중 첫 번째인 이 장은 포퓰리즘의 다양한 개념들을 정리하고 새로운 개념 정의를 내린 후, 역사적 변천에 따른 유형 변화를 소개하는 데에 할애한다. 이 장의 내용은 필자의 관련 논문과 단행본 『포퓰리즘』[3] 에서 필요한 부분만 발췌하여 재구성한 것이므로, 상세한 내용은 특히 단행본 『포퓰리즘』을 참조하면 좋을 것이다.

---

3 정병기·도묘연, 2021, "한국의 대중과 포퓰리즘: 제21대 총선 유권자 설문 조사를 중심으로," 『동향과 전망』 통권 제112호(한국사회과학연구회), 188~235쪽; 정병기, 2021, 『포퓰리즘』 (서울: 코뮤니케이션북스).

1. 현대 포퓰리즘의 개념

포퓰리즘(populism)은 차르 체제의 억압이나 기성 정당 체제에 대항해 인민의 입장을 대변한 두 운동, 즉 19세기 말 러시아 브나로드 운동과 미국 인민당 운동에 기원을 둔다. 그런데 양차 대전 사이에 나타난 남아메리카 민중주의와 서유럽의 나치즘 및 파시즘으로 인해 대중추수주의나 대중인기영합주의라는 포퓰러리즘(popularism)으로 잘못 사용되기 시작했다. 이후 주로 정치 무대에서 상대방을 공격하는 수단으로 사용되면서 포퓰러리즘과 동일시되는 오해가 생겨난 것이다.

포퓰리즘이라는 개념은 인민주의나 민중주의를 의미하는 것으로 포퓰러리즘과 동일한 개념이 아니다. 포퓰러리즘은 포퓰리즘의 부정적 측면만을 지칭하는 것으로 보아야 한다. 포퓰리즘은 협의로는 포퓰러리즘과 반대되는 긍정적 측면을 의미하며, 광의로는 긍정적 측면과 부정적 측면을 모두 지칭한다.

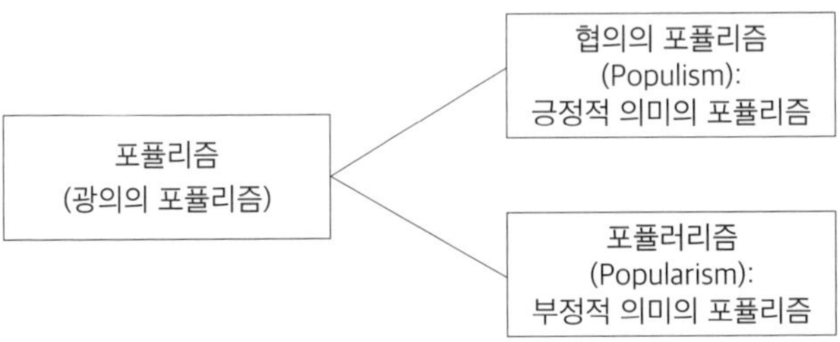

[그림 1-1] 포퓰리즘의 개념: 포퓰리즘과 포퓰러리즘

'신데렐라의 신발'이라는 비유에서 보듯이 포퓰리즘이 복잡하면서도 실체가 불분명한 현상으로 인식된 것은 현상 자체의 다양성 때문이기도 하지만, 이 현상을 보는 시각이 다양하기 때문이기도 하다. 물론 현상이 다양하기 때문에 서로 다른 시각에서 접근할 수도 있다. 그러나 다양한 현상들 속에서도 핵심적인 공통점은 존재하며, 이 공통점에 입각해 포퓰리즘이라는

호명이 이루어졌다. 이 호명에 적절한 학술적 정의가 충분하지 않았던 것인데, 이러한 경우 적절한 접근 방식은 최소 정의이다.

포퓰리즘의 최소 정의를 가장 적합하게 내린 연구자는 뮈데와 칼트바써(Mudde and Kaltwasser)다. 이들에 따르면, 포퓰리즘은 "사회가 궁극적으로 서로 적대하는 동질적인 두 진영으로, 즉 '순수한 민중'과 '부패한 엘리트'로 나뉜다고 여기고 정치란 민중의 일반 의지의 표현이어야 한다고 주장하는, 중심이 얇은(thin-centered) 이데올로기"다.[4] 하지만 이 책에서는 다음과 같은 세 가지 이유로 뮈데와 칼트바써의 최소 정의를 더 최소화해서 사용한다.[5]

첫째, 뮈데와 칼트바써의 정의도 인민의 일반 의지(volonté générale)를 가정하기 때문에 다양한 대중의 성격을 수용하는 포스트포퓰리즘을 설명할 수 없다. 그들은 다원주의도 포퓰리즘에 반대되는 이념으로 간주하지만, 일반 의지를 가정하지 않는다면 다원주의는 포퓰리즘과 대적하는 이념이 아니다. 비록 좌파 블록에 한정되기는 했지만, 기존 좌파들과 달리 다양성과 다원성의 원칙을 포기하지 않는 남부 유럽의 좌파 포퓰리즘 같은 경우를 포스트포퓰리즘으로 볼 수 있기 때문이다.

둘째, 일반 의지가 사라진다면 인민도 순수하다고 단정할 수 없으므로 '인민의 순수성'과 '엘리트의 부패성'이라는 요소도 불필요해진다. 이때 순수성과 부패성은 상대적인 표현일 뿐이며, 인민주의자라는 의미에서 포퓰리스트는 인민의 순수성을 주장하지만 모든 인민의 절대적 순수성을 가정하지는 않기 때문이다.

셋째, 이데올로기로서의 '약함(약한 중심성)'이라는 성질도 반드시 필요한 요건이 아니다. 이데올로기 접근법을 따를 때 '약한 이데올로기성'이 포퓰

---

4 Mudde, Cas and Cristóbal Rovira Kaltwasser, 2019,『포퓰리즘』, 이재만 역 (파주: 교유서가), 15~16쪽.

5 정병기, 2020, "포퓰리즘의 개념과 유형 및 역사적 변화: 고전 포퓰리즘에서 포스트포퓰리즘까지,"『한국정치학회보』 제54집 1호(한국정치학회), 91~110쪽.

리즘의 중요한 속성인 것은 사실이지만,[6] 그것은 포퓰리즘이 다른 이데올로기와 수월하게 결합하는 현상을 설명하는 성질의 하나일 뿐이다.[7] 그러므로 '약한 이데올로기성'을 속성의 하나로 설명할 수는 있지만, 개념 정의에까지 동원할 필요는 없다.

그에 따라 이 책에서 포퓰리즘은 "사회를 인민과 엘리트라는 두 진영의 적대 구도로 파악하며 정치는 인민의 의사를 가능한 한 직접적으로 반영해야 한다고 주장하는 이념"이라고 정의한다.[8] 곧, 인민과 엘리트의 대립 구도라는 사회관과 엘리트에 대항하는 인민 의사 대변이라는 정치관이 포퓰리즘의 기본 요건이라는 것이다.

그리고 현대 포퓰리즘은 '현대'에 발흥한 포퓰리즘을 말한다. 실제 역사적으로 발현한 사례들을 볼 때, 현대 포퓰리즘은 러시아 브나로드 운동과 미국 인민당 운동이라는 고전 포퓰리즘을 제외한 모든 포퓰리즘을 지칭한다. 물론 알려지지 않은 포퓰리즘이 있을 수 있다. 하지만 이 연구는 알려지

---

6 이러한 입장을 취하는 대표적 문헌은 다음과 같다: Stanley, Ben, 2008, "The Thin Ideology of Populism," *Journal of Political Ideologies*, vol.13, no.1, pp.95~110; Vittori, Davide, 2017, "Re-conceptualizing Populism: Bringing a Multifaceted Concept within Stricter Borders," *Revista Española de Ciencia Política*, vol.44, pp.43~65; Canovan, Margaret, 2002, "Taking Politics to the People: Populism as the Ideology of Democracy," Yves Mény and Yves Surel (eds.), *Democracies and the Populist Challenge* (New York: Palgrave), pp.25~44. 뮈데와 칼트바써에 따르면, 포퓰리즘에 대한 접근방법은 인민 주체 접근법, 사회 경제적 접근법, 정치 전략적 접근법, 정치 스타일 접근법, 이념적 접근법으로 나뉜다. 포퓰리즘 개념과 관련된 접근방법 분류로는 그 밖에도 파니자[Panizza, Francisco (ed.), 2005, *Populism and the Mirror of Democracy* (London and New York: Verso)에서 서론]의 방식이 주목받는데, 실제 사례에 대한 경험적 일반화(empirical generalizations), 역사적 배경과 변화에 주목하는 역사주의적 고찰(historicist accounts), 사회의 대립 구도를 통해 파악하려는 징후적 독해(symptomatic readings)가 그것이다. 포퓰리즘 접근 방법에 대해서는 정병기(2021) 참조.

7 포퓰리즘의 다양한 성격에 대해서는 다음 문헌을 참조: 주정립, 2006, "포퓰리즘에 대한 이론적 검토," 『시민사회와 NGO』 제4권 1호(한양대학교 제3섹터연구소), 43~79쪽; 정병기, 2012, "서유럽 포퓰리즘의 성격과 특징: 프랑스, 이탈리아, 오스트리아, 벨기에, 노르웨이의 네오포퓰리즘 정당을 중심으로," 『대한정치학회보』 제20권 2호(대한정치학회보), 139~164쪽.

8 정병기(2020), 94쪽.

지 않은 새로운 포퓰리즘을 발굴하려는 것이 아니라 포퓰리즘으로 이미 알려져 유의미한 정치 세력으로 부상한 운동이나 이념을 대상으로 한다.

고전 포퓰리즘은 쇠퇴한 이후 사실상 그 맥락이 단절되었다(물론 최소 정의에 따른 핵심적 속성은 존속한다. 그마저 단절되었다면 이후의 포퓰리즘은 포퓰리즘이라고 부를 수 없을 것이다). 양차 대전 사이 기간에 포퓰리즘이 새로 발흥했으나, 이 포퓰리즘은 고전 포퓰리즘과 구체적 성격을 매우 달리한다. 근세나 근대를 현대와 구분하는 역사학적 시각도 존재하지만, 전간기(양차 대전 사이 기간)를 기점으로 그 이후를 현대라고 부르는 것이 일반적이다. 이 글에서도 이 용례를 따라 양차 대전 사이 기간 이후에 발흥한 포퓰리즘을 묶어 현대 포퓰리즘이라고 칭한다.

2. 현대 포퓰리즘의 역사적 유형

최소 정의는 포퓰리즘의 본질적 요건을 규명해 포퓰리즘과 비포퓰리즘을 구분하는 데 유용하다. 하지만 이 정의만으로는 포퓰리즘의 다양한 성격과 유형들을 구별할 수 없다. 물론 포퓰리즘은 '중심이 얇은(thin-centered)' 성격으로 인해 다양한 다른 이데올로기들과 결합한다. 하지만 이 글에서는 좌파나 우파 등의 결합 이데올로기에 관해서는 관심을 두지 않는다. 이 글의 관심은 시대적 상황에 조응해 역사적으로 변해 온 성격이다. 이것이 한국이라는 특수한 장소의 역사적 조건에서 나타나는 포퓰리즘의 성격을 더 잘 규명할 수 있기 때문이다.

포퓰리즘은 유형 분류 방식도 매우 다양한데, 그중 캐노밴(Canovan)과 헤멀리어스(Hameleers)의 분류가 주목할 만하다.[9] 캐노반은 주요 행위 주체

9 Canovan, Margaret, 1981, *Populism* (New York: Harcourt Brace Jovanovich); Hameleers,

와 정치적 특징에 주목해 포퓰리즘을 다음과 같이 일곱 가지로 나눈다: 자작농 포퓰리즘(Farmers Radicalism; 미국 인민당 등), 혁명적 인텔리겐차 포퓰리즘(revolutionary intellectual populism: 러시아 브나로드 등), 소(작)농 포퓰리즘[Peasant Populism; 불가리아농민연합(the Bulgarian Agrarian National Union) 등], 포퓰리스트 독재(Populist Dictatorship; 페론주의 등), 포퓰리스트 민주주의(Populist Democracy; 스위스 직접 민주주의 체제 등), 반동 포퓰리즘(Reactionary Populism; 외국인 적대를 부추긴 영국 보수 정치인 Enoch Powell 등), 정치인 포퓰리즘(Politicians' Populism; 정치인들의 포괄적 국민 호명과 대중적 호소).

반면 해멀리어스는 소통 방식에 주목해 수직적 대립(vertical oppositions)과 수평적 대립(horizontal oppositions)이라는 두 가지 기준에 따라 포퓰리즘을 세분한다. 수직적 대립 유형은 네 가지 포퓰리즘으로 나뉘며, 그 세부 유형은 반기성체제 포퓰리즘(antiestablishment populism), 반경제엘리트 포퓰리즘(antieconomic elites populism), 반전문가 포퓰리즘(antiexperts populism), 반미디어 포퓰리즘(antimedia populism)으로 불린다. 그리고 수평적 대립 유형은 세 가지인데, 내집단 우월주의 포퓰리즘(in-group superiority populism; 종족, 전통, 관습, 문화적 성격에 따라 집단 내 다른 소집단을 차별), 배제적 포퓰리즘(exclusionist populism; 외국인 적대), 복지 국수주의 포퓰리즘(welfare state chauvinist populism; 남의 노동에 기대어 복지를 구가하는 사람들을 차별)이 그것이다.

이 분류 방식들은 현상 형태들을 개별적으로 관찰해 그 고유성을 파악하는 현상학적 접근의 장점을 갖는다. 하지만 포퓰리즘의 최소 정의를 설정하지 않아 일관성을 갖추지 못함으로써 역사적 변화를 반영할 수 없다. 그러므로 이 글에서는 최소 정의에 근거해 역사적 변화까지 아우를 수 있는

Michael, 2018, "A Typology of Populism: Toward a Revised Theoretical Framework on the Sender Side and Receiver Side of Communication," *International Journal of Communication, vol.12*, pp.2171~2190.

유형 분류를 따른다. 사회를 인민과 엘리트의 대립 구도로 보고 정치를 엘리트에 대항해 인민의 이해관계를 가능한 한 직접적으로 대변하는 것으로 보는 이념이라는 최소 정의에 따를 때 포퓰리즘의 구체적 유형들은 사회관과 인민관 및 정치관(민주주의관)에 따라 분류하고 설명할 수 있으며, 이것은 역사적 조건과 배경의 변화를 반영한다.

이러한 요건을 충족해 시대 변화에 따라 포퓰리즘을 분류하면 우선 고전 포퓰리즘과 현대 포퓰리즘으로 나누고, 그중 현대 포퓰리즘을 다시 구포퓰리즘(paleopopulism)과 신포퓰리즘(neopopulism) 및 포스트포퓰리즘(postpopulism)으로 나눌 수 있다.[10] 핵심적 속성 외의 구체적 속성의 측면에서 그 맥락이 끊긴 고전 포퓰리즘과 달리 현대 포퓰리즘은 정도의 차이를 무시한다면 등장 시기가 다를 뿐 세 유형이 모두 현존하고 있다.

구포퓰리즘은 양차 대전 전간기의 경제 공황에서 발흥한 나치즘이나 파시즘 혹은 남아메리카의 민중주의를 지칭하며, 신포퓰리즘은 1970/80년대 포드주의 축적 체제의 위기에서 생겨나 신자유주의적 세계화 시기에 더 강화된 유럽 극우 포퓰리즘이나 남아메리카 신자유주의 포퓰리즘 등을 말한다. 그리고 포스트포퓰리즘은 2000년대 이후 세계 금융위기 등 신자유주의적 세계화가 절정에 달하면서 새로운 경제위기가 발생하는 시기에 남부 유럽 등지의 다양한 대중운동에 기반해 발흥한 새로운 포퓰리즘을 의미한다.

세 유형의 포퓰리즘은 최소 정의의 요건인 사회관과 정치관을 유지한다. 하지만 인민의 성격과 정치 질서에 대한 관점을 달리한다(<표 1-1> 참조). 구포퓰리즘에서 인민의 범주는 농민에서 대중으로 확대되고, 이상적 정치 질서는 카리스마적 지도자를 통해 대중의 이익을 반영하는 지도자 중심의

---

10 정병기(2020).

유기체적 집단주의 질서다. 따라서 인민은 일반 의지를 가진 집단주의적 성격을 띠며, 의회 민주주의(대의 민주주의)는 부정된다. 그리고 신포퓰리즘은 인민을 집단주의적 대중으로 파악한다는 점은 유지하지만, 의회 민주주의를 수용해 정치 질서에 대한 관점은 유연해졌다.

포스트포퓰리즘은 대의 정치를 수용할 뿐 아니라 인민에 대한 인식에서도 집단주의를 포기하고 개인주의를 수용한다. 특히 개인주의를 수용한다는 점에서 포스트포퓰리즘은 엘리트와 인민의 대립 구도라는 사회관에 일정한 균열을 일으키고 있다. 포스트포퓰리즘에서 인민은 대중이라기보다 다양한 정체성을 가진 여러 개인이나 집단으로 구성된 다중의 개념과 가깝다. 연속과 단절을 동시에 의미하는 포스트(post)라는 단어에서 이미 짐작할 수 있듯이, 포스트포퓰리즘은 포퓰리즘의 경계를 흐릿하게 유지하고 있어 '포퓰리즘을 극복하려는 포퓰리즘'이라고 말할 수도 있다. 하지만 여전히 최소 정의의 기본 요건을 충족시킨다는 점에서 연속성을 가지고 있어 굳이 번역하자면 '탈-포퓰리즘'보다는 '후기-포퓰리즘'이라고 해야 할 것이다.

<표 1-1> 현대 포퓰리즘의 등장 시기와 주요 속성

유형	구포퓰리즘	신포퓰리즘	포스트포퓰리즘
등장 시기	1920~1940년대	1970~1980년대	2000년대 이후
주요 속성	인민 직접 정치 추구 집단주의 유지	대의 정치 수용 집단주의 유지	대의 정치 수용 개인주의 수용

출처: 정병기(2020), 97쪽; 정병기(2021), 41쪽.

사실 신포퓰리즘과 포스트포퓰리즘이라는 용어에 대해서는 아직 논란이 있다.[11] 웨일랜드(Weyland)를 비롯한 연구자들이 신자유주의 국면의 포

11 두 용어에 대해서는 정병기(2020) 참조.

퓰리즘적 정책을 일컬어 신포퓰리즘으로 호명하는 반면,[12] 델 라 토레(De la Torre) 등은 우고 차베스(Hugo Chavez)와 에보 모랄레스(Evo Morales) 같이 남아메리카 여러 국가에서 출현한 좌파 성향의 포퓰리즘을 '급진 포퓰리즘' 혹은 신포퓰리즘으로 칭한다.[13]

하지만 이 논란들은 신포퓰리즘의 공통적 핵심(보편적 속성)을 개별적 속성과 구분하지 못한 데 따른 오류다. 포퓰리즘은 이데올로기성이 약해 다른 이데올로기와 쉽게 결합하는데, 신자유주의 포퓰리즘이나 급진 포퓰리즘은 신자유주의나 급진주의라는 다른 이데올로기와 결합한 것으로 개별적 속성에 따른 이차 구분에 해당한다. 다시 말해 이들은 인민을 집단주의적으로 보지만 대의 정치를 부정하지 않는다는 점에서 공통적이므로 동일하게 신포퓰리즘이라고 보는 데 무리가 없다.

포스트포퓰리즘 개념은 아직 학술적 논의조차 충분하지 않다. 2011년 필크(Filc)가 이스라엘의 네타냐후 총리(Binyamin Netanyahu)와 아르헨티나 메넴 대통령(Carlos Menem)의 사례처럼 신자유주의 정책을 펴는 포퓰리즘을 포스트포퓰리즘이라고 처음 규정한 이래 세 번에 걸쳐 다른 맥락에서 개별적으로 포스트포퓰리즘에 대한 언급이 있었을 뿐이다.[14] 2017년 프레이저(Fraiser)가 잠비아애국전선(PF: Zambian Patriotic Front)이 2000년대 중후반 선거에서 크게 성공한 사례를 분석하면서 막대한 당원 수, 폭력, 권위주의를 포스트포퓰리즘적 유산(post-populist legacy)이라고 묘사했으며, 같은 해 안셀미

---

12 Weyland, Kurt, 2012, "Populism in the Age of Neoliberalism," Michael L. Conniff (ed.), *Populism in Latin America*, 2nd Ed. (Tuscaloosa and London: The University of Alabama Press), pp.202~209.

13 De la Torre, Carlos, 2007, "The Resurgence of Radical Populism in Latin America," *Constellations*, vol.14, no.3, p.384; 박구병, 2017, "살리나스의 네오포퓰리즘과 라틴 아메리카 포퓰리즘 논쟁 재고," 진태원(편), 『포퓰리즘과 민주주의』(서울: 소명출판), 90~91쪽.

14 Filc, Dani, 2011, "Post-populism: Explaining Neo-liberal Populism through the Habitus," *Journal of Political Ideologies, vol.16*, issue 2, pp.221~238.

(Anselmi)가 차베스(Hugo Rafael Chávez Frías) 사후 베네주엘라의 상황, 즉 포퓰리즘의 창시자인 카리스마적 지도자가 사라진 상황을 묘사하기 위해 포스트포퓰리즘 개념을 동원했다.[15] 마지막으로 인터넷 언론 운동인 '열린 민주주의(Opendemocracy)'에 올려진 한 글에서 탈대중화(탈포퓰리즘적) 포퓰리즘(de-popularising populism)을 포스트포퓰리즘이라고 지칭했다.[16]

이 논의들은 연속과 단절을 동시에 의미하는 접두사 '포스트(post)'의 개념을 올바로 파악하지 못해 한쪽에 치우쳤거나, 포퓰리즘의 본질보다는 정책적 특징에 한정해 적용한 것으로 보인다. 그러므로 '포스트'의 뜻을 올바로 반영해 인민에 의한 직접 정치라는 입장은 지속하지만 집단주의와는 단절한다는 의미에서 이 글이 채택한 포스트포퓰리즘 개념은 이 논의들과 결과 맥을 달리한다. 단절의 의미로 집단주의를 언급하는 것은 기존 포퓰리즘 현상과 포퓰리즘 연구에서 루소의 일반 의지를 보편적 속성으로 간주했다는 점을 고려한 것이다. 일반 의지(집단주의)를 포퓰리즘의 보편적 속성으로 간주하는 입장에서 본다면, 포스트포퓰리즘은 더 이상 포퓰리즘이 아니거나 탈포퓰리즘일 것이다. 반면 이 글에서처럼 일반 의지(집단주의)를 보편적 속성이 아니라 개별적 속성의 하나로 보는 입장을 따르면, 포스트포퓰리즘은 단절적 성격도 강하게 띤 포퓰리즘의 하나일 뿐이다.

---

15 Fraser, Alastair, 2017, "Post-populism in Zambia: Michael Sata's Rise, Demise and Legacy," *International Political Science Review*, vol.38, issue 4, pp.456~472; Anselmi, Manuel, 2017, "Post-populism in Latin America: On Venezuela after Chávez," *Chinese Political Science Review*, vol.2, issue 3, pp.410~426.

16 Tekdemir, Omer, 2018, "Turkey: The Organic Crisis of a Post-populist Moment," https://www.opendemocracy.net/omer-tekdemir/turkey-organic-crisis-of-post-populist-moment (검색일: 2019.02.07.)

참고문헌

박구병, 2017, “살리나스의 네오포퓰리즘과 라틴 아메리카 포퓰리즘 논쟁 재고,” 진태원(편), 『포퓰리즘과 민주주의』, 서울: 소명출판, 87~116쪽.

정병기, 2012, “서유럽 포퓰리즘의 성격과 특징: 프랑스, 이탈리아, 오스트리아, 벨기에, 노르웨이의 네오포퓰리즘 정당을 중심으로,” 『대한정치학회보』 제20권 2호(대한정치학회보), 139~164쪽.

정병기, 2020, “포퓰리즘의 개념과 유형 및 역사적 변화: 고전 포퓰리즘에서 포스트포퓰리즘까지,” 『한국정치학회보』 제54집 1호(한국정치학회), 91~110쪽.

정병기, 2021, 『포퓰리즘』, 서울: 코뮤니케이션북스.

정병기·도묘연, 2021, “한국의 대중과 포퓰리즘: 제21대 총선 유권자 설문 조사를 중심으로,” 『동향과 전망』 통권 제112호(한국사회과학연구회), 188~235쪽.

주정립, 2006, “포퓰리즘에 대한 이론적 검토,” 『시민사회와 NGO』 제4권 1호(한양대학교 제3섹터연구소), 43~79쪽.

Anselmi, Manuel, 2017, “Post-populism in Latin America: On Venezuela after Chávez,” *Chinese Political Science Review*, vol.2, issue 3, pp.410~426.

Canovan, Margaret, 1981, *Populism*. New York: Harcourt Brace Jovanovich.

Canovan, Margaret, 1999, “Trust the People! Populism and the Two Faces of Democracy,” *Political Studies*, vol.47, no.1, pp.2~16.

Canovan, Margaret, 2002, “Taking Politics to the People: Populism as the Ideology of Democracy,” Yves Mény and Yves Surel (eds.), *Democracies and the Populist Challenge*, New York: Palgrave, pp.25~44.

De la Torre, Carlos, 2007, “The Resurgence of Radical Populism in Latin America,” *Constellations*, vol.14, no.3, pp.384~397.

Filc, Dani, 2011, “Post-populism: Explaining Neo-liberal Populism through the Habitus,” *Journal of Political Ideologies*, vol.16, issue 2, pp.221~238.

Fraser, Alastair, 2017, “Post-populism in Zambia: Michael Sata's Rise, Demise and Legacy,” *International Political Science Review*, vol.38, issue 4, pp.456~472.

Hameleers, Michael, 2018, “A Typology of Populism: Toward a Revised Theoretical Framework on the Sender Side and Receiver Side of Communication,” *International Journal of Communication*, vol.12, pp.2171~2190.

Mény, Yves and Yves Surel, 2002, “The Constitutive Ambiguity of Populism,” Yves Mény and Yves Surel (eds.), *Democracies and the Populist Challenge*. New York: Palgrave, pp.1~21.

Mudde, Cas and Cristóbal Rovira Kaltwasser, 2019, 『포퓰리즘』, 이재만 역, 파주: 교유서가.

Panizza, Francisco (ed.), 2005, *Populism and the Mirror of Democracy*, London and New York: Verso.

Stanley, Ben, 2008, "The Thin Ideology of Populism," *Journal of Political Ideologies*, vol.13, no.1, pp.95~110.

Tekdemir, Omer, 2018, "Turkey: The Organic Crisis of a Post-populist Moment," https://www.opendemocracy.net/omer-tekdemir/turkey-organic-crisis-of-post-populist-moment (검색일: 2019.02.07.)

Vittori, Davide, 2017, "Re-conceptualizing Populism: Bringing a Multifaceted Concept within Stricter Borders," *Revista Española de Ciencia Política*, vol.44, pp.43~65.

Weyland, Kurt, 2012, "Populism in the Age of Neoliberalism," Michael L. Conniff (ed.), *Populism in Latin America*, 2nd Ed., Tuscaloosa and London: The University of Alabama Press, pp.202~209.

2장

신포퓰리즘과 포스트포퓰리즘

| 정병기 |

현대 포퓰리즘은 구포퓰리즘, 신포퓰리즘, 포스트포퓰리즘으로 구분된다. 그런데 구포퓰리즘은 신포퓰리즘이 등장한 이후 대부분 군소 세력으로 전락하거나 신포퓰리즘으로 변했다. 따라서 이 장에서는 신포퓰리즘과 포스트포퓰리즘만 다룬다.

이 책에서 선정한 세 나라(프랑스, 스페인, 이탈리아)는 남부 유럽의 주요 국가들이다. 포스트포퓰리즘의 발흥이 이 국가들의 특수성인 반면, 신포퓰리즘의 성격은 다른 서유럽 국가들과 유사하다. 포스트포퓰리즘이 이탈리아 오성운동을 제외하면 좌파 이데올로기와 결합한 것과 달리, 신포퓰리즘은 대개 우파 이데올로기와 결합했다. 물론 이탈리아 오성운동도 정치 경제적 이데올로기를 벗어나 따진다면, 신좌파 혹은 진보라고 볼 수 있다.

신포퓰리즘에 대해서는 그 역사가 길어 연구도 상당할 정도로 축적되었다. 그에 따라 이념과 정책 및 활동상의 성격이 잘 알려져 있다. 하지만 포스트포퓰리즘은 아직도 논란이 분분한 만큼 종합적인 연구가 이루어지지 못했다. 물론 이것은 남부 유럽에 한정된 사례의 빈곤함에도 기인한다. 그러므로 신포퓰리즘에 대해서는 기존에 밝혀진 내용을 정리하는 것으로도 충분하다. 다만 포스트포퓰리즘과 구분하지 않은 채 구포퓰리즘 이후 새로 발흥한 모든 포퓰리즘을 신포퓰리즘으로 묶는다는 점에 문제가 있다. 따라서 신포퓰리즘을 설명할 때에는 구포퓰리즘뿐 아니라 포스트포퓰리즘과도 구분되는 성격을 함께 언급한다.

신포퓰리즘에 관한 대부분의 내용은 우파 이데올로기와 유사한 성격을 갖는다. 이것은 포스트포퓰리즘이 주로 좌파와 결합했다는 사실이 역으로 반영된 결과일 수도 있다. 하지만 앞에서도 얘기했듯이 포퓰리즘 자체는 약한 이데올로기로서 다른 이데올로기들과 쉽게 결합할 수 있다. 그러므로 좌파 신포퓰리즘과 우파 포스트포퓰리즘도 가능하다. 다만 남아메리카에는 좌파 신포퓰리즘이 존재하지만 서유럽에는 그러한 사례가 없다. 게다가 우파 포스트포퓰리즘은 어느 나라에서도 주목할 만한 사례로 등장하지 않아, 종합적으로 정리할 만한 성격을 도출하기 어렵다. 따라서 신포퓰리즘에 대해서는 그 속성별로 상세히 서술하지만, 포스트포퓰리즘에 대해서는 사례를 통해 서술한다.[1] 두 경우 모두 서유럽에 한정하지만, 이것을 한국에 적용하는 것도 가능하다.

대표적 사례로 손꼽히는 포스트포퓰리스트는 스페인의 포데모스(PODEMOS: '우리는 할 수 있다')와 이탈리아의 오성운동(M5S) 및 그리스의 급진좌파연합(SYRIZA)이다. 포데모스와 급진좌파연합은 급진좌파 포스트포퓰리

---

1 이 장의 주요 내용은 다음 두 논문, 정병기, 2012, "서유럽 포퓰리즘의 성격과 특징: 프랑스, 이탈리아, 오스트리아, 벨기에, 노르웨이의 네오포퓰리즘 정당을 중심으로," 『대한정치학회보』 제20권 2호(대한정치학회보), 139~164쪽과 정병기, 2020a, "포퓰리즘의 개념과 유형 및 역사적 변화: 고전 포퓰리즘에서 포스트포퓰리즘까지," 『한국정치학회보』 제54집 1호(한국정치학회), 91~110쪽을 주로 참조했고, 그중 포스트포퓰리즘에 대해서는 정병기, 2021, 『포퓰리즘』(서울: 코뮤니케이션북스)의 해당 부분을 일부 수정해 재수록했다. 이 세 글을 인용한 경우에는 따로 출전을 표기하지 않는다.

스트라는 점에서 동일하며, 오성운동만 다른 성격을 띤다. 또한 포데모스는 제2부 스페인을 다루는 장에서 자세히 분석한다. 그러므로 이 장에서는 급진좌파연합과 오성운동을 포스트포퓰리즘의 대표적 사례로 소개할 것이다. 물론 오성운동도 제2부에서 상세히 분석하지만, 급진 좌파가 아닌 포스트포퓰리즘의 사례로 유일하기 때문에 비교를 위해 미리 소개할 필요가 있어 반복의 위험을 무릅쓴다.[2]

1. 신포퓰리즘

서유럽 신포퓰리스트는 기존의 정당, 제도, 체제 및 엘리트를 비판하고 질타한다. 후기 산업 사회화와 신자유주의 세계화에 따른 경제 변화 그리고 대의 민주주의의 관료화와 정당 정치의 카르텔 구조화를 비판하며, 기존 제도와 정치가 그로부터 소외된 사람들을 대변하지 못한다고 주장한다. 실제 서유럽 여러 나라에서 기존 정치체제에 대한 국민의 신뢰가 무너졌으며, 무능하고 부패한 정치 엘리트에 대한 민심 이탈이 보편화되어 각종 투표 참가율이 낮아진 시기에 신포퓰리즘 정당들이 등장하거나 성장했다.

그러나 우파 성향을 특징으로 하는 서유럽 신포퓰리스트는 정치 차원에서는 제도보다 정치 행태와 정당에 대한 혐오나 실망을 부추기며 정치인들과 정당에 공격의 초점을 두었다(오히려 제도와 체제에 초점을 둔 비판은 여전히 우파 포퓰리스트가 아니라 좌파 정당으로부터 나오는 경우가 많다). 기성 정치와 정치인들에 대한 신포퓰리스트의 공격은 이질적 문화와 이민 집단에 대한 인종적

---

2 급진좌파연합과 오성운동에 대해서는 각각 정병기, 2020b, "포스트포퓰리스트 정당 시리자(SYRIZA)의 부침과 2019년 그리스 총선," 『지중해지역연구』 제22집 4호(부산외국어대학교 지중해지역원), 101~126쪽과, 정병기, 2020c, "오성운동(M5S)의 직접 의회주의와 사이버크래틱 집중주의: 포스트포퓰리스트 정치 운동의 성공과 한계," 『한국정치연구』 제29집 2호(서울대학교 한국정치연구소), 91~116쪽을 참조.

편견을 가지고 있는 이들에게 감정을 분출할 수 있게 해주고, 일상생활 속에서 안전을 위협받는 이들에게는 성토와 항변의 마당을 제공하는 한편, 시대적 변화의 추세에서 소외되어 불안을 느끼는 사람들에게는 현상 유지가 가능하다는 환상을 심어주는 것으로 나타난다.

물론 신포퓰리스트의 공격 대상은 정치 엘리트들에 국한되지는 않는다. 기존 체제를 장악하고 있는 경제 엘리트와 학계 및 언론 엘리트를 포함한 지식 엘리트도 중요한 공격 대상이 되며, 이들의 무능, 탐욕, 부패의 피해자인 나머지 국민(people)을 이들과 구별한다. 그러나 신포퓰리즘 정당에 한정해서 볼 때 이들의 최고 목표는 정치권 진입이므로, 정치 부문 외의 엘리트들에 대한 공격은 궁극적으로 정치에 대한 공격으로 수렴된다.

신포퓰리스트의 주장이 갖는 주요 특징의 하나는 개혁을 주장하지만, 그 개혁의 내용은 미래 사회의 이상이 아니라 과거의 한때를 정치적 고향으로 하고 있다는 점이다. 따라서 신포퓰리스트는 과거 권위주의 질서에서 개혁의 방향을 찾는다. 심지어 극우 포퓰리스트의 경우는 나치즘이나 파시즘 같은 구포퓰리즘의 가치를 옹호하기도 한다.

또한 신포퓰리스트는 가부장과 가족 및 전통 사회의 가치를 지키고자 한다. 이들은 기존의 법과 질서가 파괴되는 것을 비판하며, 그 원인을 외국인 이주민과 기존의 엘리트주의 정치에서 찾는다. 그에 따라 법과 질서를 지키기 위한 단호한 해결책을 요구하며 강력한 국가 규제를 주장한다.

경제적 측면에서 신포퓰리스트는 권위주의적 국가 질서를 추구하면서도 기존의 자본주의 질서인 시장 경제를 유지하고자 한다. 신포퓰리즘은 신자유주의적 세계화에 대한 반작용이기는 하지만, 다른 한편으로는 이에 대한 국가 테두리 내의 대응이라는 점에서 세계화에 반대하면서도 국내 시장 경제를 옹호한다.

신포퓰리즘 정당들은 신자유주의 시장을 통한 '도태'와 '선별'이라는 사회 진화론(social darwinism)을 받아들인다.[3] 그러나 자신들의 주요 고객인 이른바 '민중, 인민, 대중'으로 불리는 보통 사람들 혹은 서민들에 대한 경제적 위협이나 지고의 가치로 여기는 나라와 민족에 대한 위협이 예상될 때 신포퓰리스트는 단호한 해결책을 제시한다.

오스트리아 자유당(FPÖ)은 '폭발적인 사회적 불평등을 지닌 계급 사회라는 막다른 골목'으로 이끌 '터보 자본주의, 신자유주의, 람보 자본주의'에 반대하면서 '공정한 시장 경제'를 약속한 바 있다.[4] 물론 자유당이 의도하는 '기회 균등'은 사회적 약자를 보호할 목적으로 설치된 규제 장치들을 제거함으로써 사회적 불평등과 위계 구조를 더 심화시킬 것이라는 비판도 있지만,[5] 담론 차원에서는 상호 모순되는 주장이 제기되는 것이 사실이다. 그밖에 노르웨이 진보당(FrP) 등은 복지 국가 수호를 주장하기도 한다.

외국인 혐오증도 포퓰리스트들의 공통적 주장이며, 정책적 요구의 중요한 근거 중 하나다. 인민, 대중, 민중, 국민 혹은 보통 사람들의 이름으로 자신들의 사회적 기반과 정체성을 형성하지만, 이 집단 속에 외국인 이민자들은 '결코 동화될 수 없는' 그룹이며 오히려 이 집단을 위협하는 존재로서 혐오와 배척의 대상이 된다.

외국인 혐오증은 '배제적 포퓰리즘'이라고 불리는 국수주의에 토대를 둔다. 그에 따라 '진정한 민주주의'는 종족적으로는 아니더라도 최소한 문화적으로는 동질적 공동체에 기반하고 있다고 주장한다. 신포퓰리스트는 '오래전부터 살고 있는(long-standing)' 인민들만이 자신들 나라의 국민이 될 자격을 가지며, 사회에 실질적 기여를 한 사람들만이 그 사회의 혜택을 누

---

3 주정립, 2006a, "포퓰리즘과 위기." 『대한정치학회보』 제14집 1호(대한정치학회), 372~373쪽.

4 Haider, Jörg, 1997, *Befreite Zukunft jenseits von links und rechts - Menschliche Alternativen für eine Brücke ins neue Jahrtausend* (Wien: Ibera-Verlag).

5 주정립(2006a), 373쪽.

릴 권리가 있다고 주장한다.

그러나 최근 서유럽의 배제적 포퓰리즘은 나치즘 같은 구포퓰리즘과 달리 '토착문화 보호주의(cultural nativism)'의 형태를 띤다.[6] 프랑스의 '신우파'로부터 비롯되는 '종족 다원주의(ethnopluralism)' 개념의 영향을 받은 이 이데올로기 형태는 종족 문화적 우월성을 직접 내세우기보다 '자신의' 사회와 문화 및 생활양식을 이질적인 것의 침투와 오염으로부터 막아내는 것을 목표로 내세운다.

극우를 포함한 우파 포퓰리스트의 발흥은 유럽 통합에 대한 저항으로 표현되는 유럽 회의주의(euroscepticism)의 산물로도 이야기된다.[7] 신포퓰리스트는 유럽 통합과 세계화를 기존 엘리트들의 음모라고 비난하며, 유럽 통합을 통해 불리한 처지에 놓이거나 미래가 불확실해지는 개인과 집단에게 반유럽 정서를 부추긴다. 이들의 주장처럼 유럽 통합은 경제적 효율성에 치중해 실제 사회적 형평성과 민주성이 결여되었으며, 이것은 좌·우파로부터 동시에 비판받고 있다. 나라와 민족을 지고의 가치로 삼는 신포퓰리스트에게 세계화의 일환으로 진행되는 유럽 통합은 충분히 거부의 대상이 될 수 있다.

유럽 통합에 대한 신포퓰리스트의 공격은 또한 유럽 통합의 추진 자체가 기존 엘리트 정치인들의 관료주의적 과정으로 진행되고 있다는 주장에 근거한다. 유럽헌법 비준 과정에서 국민투표를 연기하거나 철회하고 의회 비준으로 전환한 나라들의 경우, 신포퓰리스트의 비판은 더욱 거셌다. 이런 나라들의 경우에는 특히 유럽의회 선거에서 신포퓰리스트의 선전이 두드

---

6 주정립, 2006b, "포퓰리즘에 대한 이론적 검토," 『시민사회와 NGO』 제4권 1호(한양대학교 제3섹터연구소), 7쪽.

7 유정환, 2008, "서유럽의 포퓰리즘 정당과 유럽 합," 『유럽연구』 제26권 1호(한국유럽학회), 1~22쪽; 정병기, 2005, "세계화와 유럽 통합: '작은 세계화' 유럽 통합과 유럽 시민들의 반응," 『EU학연구』 제10권 1호(한국EU학회), 123~147쪽.

러졌다.

신포퓰리즘 정당들은 대의 민주주의의 병폐를 격렬히 비판하고 카리스마적 지도자들을 내세우지만, 전체주의적 해법을 주장하지는 않는다는 점에서 파시즘이나 나치즘과는 구별된다. 앞서 인용한 캐노밴의 적절한 비유처럼, 서유럽 신포퓰리즘은 어디까지나 대의 민주주의의 기술적·운영적 한계가 존재하는 한 사라지지 않는 '민주주의의 그림자'라고 할 수 있다.[8]

현대 민주주의는 간접 민주주의인 대의 민주주의다. 대의 민주주의는 현대 사회의 다양성과 복잡성 때문에 도입되었지만, 그 절차적 의례성과 엘리트주의로 현상하는 과점적·절차적 성격 때문에 끊임없는 비판에 직면한다.[9] 그에 따라 직접 민주주의에 대한 동경이 생겨나게 되는데, 이 과정에서 등장한 대안이 참여 민주주의와 포퓰리즘이다.

참여 민주주의는 대의 제도 외에 작업장 수준으로까지 참여를 확대시키거나 자발적 결사체와 매개 집단을 더 개발하고 공공 영역에서의 토론과 심의를 통해 결론을 도출하는 방향으로 대의 민주주의의 문제점을 해결하려 한다. 반면 포퓰리즘은 지도자와 대중 사이에 무매개적이고 직접적인 관계를 형성함으로써 이 문제를 해결하려 한다. 소극적 미조직 대중을 참여적 대중으로 끌어낸다는 점에서 두 유형은 동일하지만, 참여 민주주의는 다원적 결사체를 허용하면서 참여를 유도하는 반면, 포퓰리즘은 대개 하향 연대적인 단일한 결사체를 통해 참여를 동원한다.

그러나 이 두 유형은 파시즘 시절과 달리 현대 사회에서는 상호 배타적으로 존재하지 않으며 현실적으로 공존한다. 서유럽 신포퓰리즘은 대의 민

---

8 Canovan, Margaret, 1999, "Trust the People! Populism and the Two Faces of Democracy," *Political Studies*, vol.47, no.1, p.3.

9 김일영, 2004, "민주화, 신자유주의적 포퓰리즘, 그리고 한국: 김대중 정권과 노무현 정권을 중심으로," 철학연구회 편.『디지털 시대의 민주주의와 포퓰리즘』(서울: 철학과 현실사), 197~199쪽.

주주의를 비판하지만 의회 민주주의 자체를 부정하지는 않기 때문이다.[10] 그 구체적 형태로 등장한 신포퓰리즘은 전문 정치인을 배제하고 국민투표를 통한 결정을 강조하며 당원이 직접 참여하는 정당 조직을 추구한다.

신포퓰리스트는 기득권 질서에 반발해 침묵하는 다수 대중을 동원하지만, 자신들이 현실 정치에 직접 참여하는 것은 회피하는 언술을 사용한다.[11] 곧, 정치를 더럽고 타락한 것으로 간주하며 자신들은 아예 정치에 관심조차 없음을 자랑으로 내세우고, 국가적 위기 등 예외적 상황에서 '마지못해' 정치에 참여하는 듯한 모습을 보인다. 자신들은 기성 정치인들과 다르며 말없는 진중한 다수 대중을 위해 헌신할 뿐이라는 인상을 주려 한다.

또한 신포퓰리스트는 이 '보통 사람들'인 대중 혹은 인민이 정치적으로 성숙한 존재로서 사회 문제들에 대해 정확히 인식하고 있다고 주장하며, 이를 고려하지 않는 기성 정치인들의 오만과 오류를 비난한다.[12] 이들의 뜻을 구현하는 지도자가 이들에게 자신들의 빼앗긴 목소리를 돌려주어야 한다고 주장한다. 신포퓰리스트 정치가들은 자신들이 그것을 파악하고 해석하고 구현할 수 있는 권능을 지니고 '마지못해' 나선, 다수 대중의 지도자로 행세한다.

신포퓰리스트는 인민 주권론을 내세우지만, 포퓰리즘에서 실제로 인민 대중이 정치의 주체가 되지는 못한다.[13] 포퓰리즘의 언술적 주체인 인민 대

---

10 주정립(2006b), 64쪽.

11 Canovan, Margaret, 2004, "Populism for Political Theorists?," *Journal of Political Ideologies*, vol.9, no.3, p.242; Taggart, Paul, 2000, *Populism* (Buckingham, etc.: Open University Press), p.3, p.75.

12 Roquigny, Nicolas, 2002, "Der französische Front National. Nationalpopulismus und Elemente des Irrationalen," Gabriella Hauch, Thomas Hellmuth und Paul Pasteur (Hg.), *Populismus. Ideologie und Praxis in Frankreich und Österreich* (Innsbruck und Wien: Studien Verlag), S.117.

13 서병훈, 2006, "'포퓰리즘 구하기': 개념 규정을 위한 시도," 『철학연구』 제72집(철학연구회), 217쪽.

중은 포퓰리즘의 주요 고객으로서 '조작적이고 자의적'인 후견인 혹은 지도자를 맹목적으로 추종하는 세력으로 전락한다. 이는 '지도자의 개인적 매력(personality) 정치'에 바탕을 둔 '하향적 연대'의 결과라고 할 수 있다.

따라서 포퓰리스트 지도자는 대중과의 직접 접촉을 선호하며, 이를 통해 자신의 카리스마적 리더십을 발휘하고 강화한다. 대의 민주주의를 비판하면서 지도자와 대중 사이에 현명한 매개 기구를 두지 않는다. 이러한 점에서는 나치즘이나 파시즘과 유사한 성격을 보인다. 그러나 위에서 말한 것처럼, 신포퓰리즘은 이들과 달리 대의 민주주의의 병폐를 시정하고 직접 정치를 선호하면서도 의회 민주주의 자체를 포기하지는 않는다. 의회 민주주의의 테두리를 벗어나면서까지 카리스마적 정치를 시도하지는 않는다는 것이다. 따라서 파시즘이나 나치즘처럼 전투대 조직을 띤 정당의 형태가 아니라 의회 민주주의가 요구하는 방식에 맞추어 조직된 현대 정당이나 그에 준하는 정치 조직의 형태로 의회에 진입하고자 한다.

포퓰리스트는 정치적 논쟁의 구도를 인민 주권의 구현 유무로 간단하게 정리하며, 인민의 이익을 보호하는 것이 정치적 정당성의 근거라고 주장한다. 이를 통해 포퓰리즘 정치의 주요 특징인 정치적 이원론(political dualism)이 배태된다. 이 이원론에 따라 정치 세계를 '적과 동지' 혹은 '적과 우리'의 두 세계로 나누어 단순화하는데, 신포퓰리스트에게도 이 점은 뚜렷하게 드러난다.

그러나 '동지'나 '우리'에 대해 직접적으로나 명시적으로 규정하지는 않는다. 다만 '적'에 대해서만 누구인지를 배제적으로 규정함으로써 '우리'를 반사적으로 설정한다.[14]

---

14 Meyer, Thomas, 2005, "Populismus: Anmerkungen zu einem bedrohlichen Modernisierungsrisiko in Europa." Rudolf von Thadden und Anna Hofmann (Hg.) *Populismus in Europa - Krise der Demokratie?* (Göttingen: Wallstein), S.13~17.

이때 '우리'는 부정적 연합 속으로 통합된 비실재적 집단으로서의 '동지' 일 뿐이다. 적(敵)은 정치 집단적으로는 주로 상층 엘리트들로 지목되고, 사회 집단적으로는 외국인 이주민으로 상정된다. 그에 따라 '우리'는 '우리 하층(wir hier unten)'이나 배타적 의미의 '우리 프랑스인' 혹은 '우리 노르웨이인'으로 규정된다.

포퓰리스트는 자신들을 '보통 사람들'을 위해 일하는 인민 혹은 민중의 친구로 호소하며, 신포퓰리스트도 마찬가지다. 예를 들어, 프랑스 국민전선의 강령은 "나라(nation)는 모든 프랑스 인민들에게 그들의 권리와 주권을 보존하는 천부적 틀이다. ...... 세상은 위태롭게 유지된다. ...... 우리는 그 공포로부터 프랑스 인민들을 해방시키고 사회 평화를 복구해야 한다."라고 규정했다.[15] 나라와 민족에 대한 강조 아래 이를 위태롭게 하는 어떠한 공포로부터도 프랑스 인민들을 구하고, 과거의 평화를 복구하는 구원자적 친구로서 자신을 규정한 대목이다.

적과 우리의 이분법과 대중 카리스마적 리더십은 이성보다 감성에 호소하는 전술과 연결된다. 신포퓰리스트는 지배 엘리트에 대한 적개심을 고취시키는 한편, 정치적 이슈도 이분화하여 단순화한다. 모든 정치 담론을 찬성과 반대, 좋거나 나쁜 것, 옳거나 그른 것으로 대립·구획함으로써 전선을 명확히 하는 것이다.[16] 신포퓰리스트 선동가들이 나라 안팎의 문제에 대해 '희생양' 또는 '원흉'을 즐겨 지목하는 것은 이러한 맥락에서다.

또한 신포퓰리스트는 정치가 '보통 사람'의 지혜를 구현해야 한다는 명분 아래 '단순 정치(politics of simplicity)'를 펼친다. 단순, 명료, 직접 대면을 강조하는 한편, 복잡하거나 추상적인 언어 또는 '보통 사람'이 이해하기 어려

---

15 Hellstrom, Anders, 2005, "Brussels and Populism," *The European Legacy*, vol.10, no.2, p.231.

16 Taggart(2000), p.113.

운 전문 기술적 접근법은 기득권 엘리트의 이익에 봉사한다는 음모론을 제기한다.[17] 신포퓰리스트가 지식인 특유의 추상적 언어에 거부감을 느끼는 것도 같은 이유에서다.

신포퓰리즘의 핵심 고객이자 주체로 설정된 인민은 '소모용 대중'이며, 그 지도자뿐만 아니라 이 대중들도 불가피한 혁명 운동보다는 단기적 실리에 더 관심이 있다. 미래 사회의 전망이 결여된 이데올로기적 취약성에도 불구하고 포퓰리즘이 성공할 수 있는 이유로는 이데올로기 붕괴 외에도 이 점이 중요하다.

신포퓰리즘 정당의 성공은 소외 계층의 지지에 기반한다고 알려져 있다. 상대적 박탈감을 느낀 하층이 포퓰리즘에 매력을 느낀다는 것은 논리적으로 가능한 진술이다. 그러나 다른 변수들과 결합하는 정도에 따라 이 진술은 달라질 수 있다. 후기 산업 사회화 경향을 볼 때, 이와 관련해 중요한 문제는 노동 현장에서의 경험이기 때문이다.

후기 산업 사회에서 교육 수준이 높고 좋은 일자리에 종사하는 사람들은 기성 정당의 엘리트주의 정치에 환멸을 느끼고 자유 지상주의 의제를 추구하는 새로운 정치 조직을 선호하므로 포퓰리즘 정당의 지지자가 되는 경향이 낮다. 반면, 매우 제한된 업무에 종사하거나 엄격한 감독하에 노동하는 사람들, 혹은 전통적 포디즘적 생산에 종사하는 사람들이나 기술 수준이 낮은 분야에 종사하는 사람들은 기성 정당들에 대한 충성심을 유지하거나 권위주의 의제를 추구하는 새로운 정치 조직, 즉 포퓰리즘 정당을 더 선호한다. 다시 말해 교육 수준이 높고 좋은 일자리를 가진 사람들은 녹색당이나 좌파 자유 지상주의 정당을 지지하며 균등주의적 재분배, 참여 민주주의, 개인의 자율성을 추구하고, 그중 민간 부문 종사자들은 자유 시장,

---

17 Canovan(1999), pp.5~6.

조세 인하, 복지 축소를 추구하는 반면, 교육 수준이 낮고 열악한 일자리에 종사하는 사람들은 국가 개입과 복지 국가를 선호하므로 신포퓰리즘 정당의 잠재적 기반이 된다는 것이다.

그러나 이러한 조사 결과도 모든 신포퓰리즘 정당들에 일반화할 수는 없다. 곧, 서유럽 신포퓰리즘 정당이나 그 지지자들이 동질적이라는 인식은 오류라는 지적이다. 민족주의적 극우 포퓰리즘 정당들, 예를 들어 프랑스 국민전선, 벨기에 플랑드르이익당(VB)은 법과 질서, 전통적 도덕 가치, 외국인 및 이주 반대를 강력하게 주장하며, 그 지지자들은 교육 수준이 낮은 층, 노동자층, 삶의 질이 낮은 지역 거주자들이다.[18] 반면, 신자유주의적 신포퓰리즘 정당들, 예컨대 이탈리아 북부동맹(LN), 오스트리아 자유당, 노르웨이 진보당은 개인주의와 시장 지향적 자유주의(이주 문제를 덜 강조), 즉 신자유주의 경제와 이주 반대를 비슷하게 강조하며, 그 지지자들은 교육 수준이 높은 층 및 혼합된 사회적 지위 계층이다.

그렇지만 이러한 특수성을 인정하더라도 민족주의적 신포퓰리즘과 신자유주의적 신포퓰리즘은 정도의 차이를 무시한다면 일정한 보편성을 갖고 있듯이, 사회적 토대인 지지자의 성향도 보다 넓은 범주에서는 일반성을 도출하는 것이 불가능하지 않다. 특히 오스트리아 자유당과 이탈리아 북부동맹의 지지자들이 상대적으로 사회적 지위나 교육 수준이 높은 중산층에서 지지를 많이 얻는다고 할지라도, 이 계층 역시 후기 산업 사회화와 신자유주의 세계화 혹은 관료주의적이고 엘리트주의적인 기성 정치로부터 상대적 박탈감을 느끼는 사회 경제적 열패자이기 때문이다.

결국 신포퓰리즘의 발흥은 경제 수준상의 하층이라는 개념만으로는 설

---

18 Betz, Hans-Georg, 1993, "The Two Faces of Radical Right-Wing Populism in Western Europe," *Review of Politics*, vol.55, no.4, p.684.

명할 수 없고, 그 지지층도 기존의 사회집단 개념으로는 동질적 집단으로 묶을 수 없다. 그러나 후기 산업 사회화와 신자유주의 세계화로 말미암아 노동 시장이나 기성 정치로부터 상대적 박탈감을 느끼는 사회 경제적 열패자라는 개념을 통해서는 설명이 가능하다고 할 수 있다.

2. 포스트포퓰리즘

포스트포퓰리즘은 정당 정치의 과잉 발전이라는 조건 속에서 신자유주의 세계화에 대한 색다른 포퓰리즘적 저항으로 등장했다. 그리스의 급진좌파연합(SYRIZA), 이탈리아의 오성운동(M5S), 스페인의 포데모스(PODEMOS)가 그 대표적 현상이다.

신포퓰리즘이 케인스주의 위기 때 생겨나 신자유주의 세계화 시기에 활성화되었다면, 포스트포퓰리즘은 신자유주의 위기 시에 형성되어 오늘날까지 이어지고 있다. 다만 한 가지 주의할 것은 구포퓰리즘이나 신자유주의적 신포퓰리즘과 달리 신자유주의에 저항한 신포퓰리즘 경향은 신자유주의 위기 이후에도 살아남아 때로 더 강화되기도 했다는 점이다. 따라서 현재는 신포퓰리즘과 포스트포퓰리즘이 양립하는 상황이라 할 수 있다.

정당 정치적으로 신포퓰리즘이 케인스주의적 수렴에 반대해 형성되었다면, 포스트포퓰리즘은 신자유주의적 수렴에 반대해 형성되었다. 정당 정치의 역사가 깊은 서유럽에서 현대 정당 정치의 흐름이 포퓰리즘의 변화에 중요한 영향을 미친 것이다.

제2차 대전 전후(戰後) 시기부터 1960년대 후반까지 기성 정당들이 케인스주의적 수렴을 거치면서 포괄 정당화를 넘어 카르텔 정당 현상까지 보였다는 점이 신포퓰리즘 형성에 중요하게 작용했다. 그리고 이 현상이 엘리트 대의 정치의 경색을 더욱 심화시켜 '제3의 길'에서 보듯이, 신자유주의 세계화 시기에 신자유주의적 수렴으로 이어졌다는 점이 포스트포퓰리즘의 형성에 커다란 영향을 미쳤다.

포스트포퓰리즘 정당들은 엘리트와 인민을 분리해 엘리트 대의 정치를 비판하면서 인민 직접 정치를 추구한다는 점에서 기존 포퓰리스트와 동일하지만, 집단주의에 머물지 않고 개인주의까지 수용한다는 점에서 파격적으로 다르다. 지도자 중심주의도 크게 약해져 개방적 조직 구조를 갖추고 대의 정치를 수용하면서 비판한다. 이들은 대부분 좌파 혹은 급진 좌파에 속하는데, 대중의 평등주의 열망을 아래로부터 결집해 정치적으로 표출하고 그 정치적 에너지를 흡수하는 모습을 보인다.

하지만 구포퓰리즘과 신포퓰리즘이 그러했듯이, 포스트포퓰리즘도 우파 이념과 결합할 수 있다. 특히 '자유'와 '자율'을 명분으로 한다는 점에서 (신)자유주의는 집단주의를 벗어난 포스트포퓰리즘과 쉽게 결합할 수 있는 근거가 있다. 최근 상대적으로 다양한 목소리를 반영하고 유연한 조직 개혁을 구사하며 당명을 국민연합(RN: Rassemblement National)으로 바꾼 마린 르펜(Marine Le Pen)의 실험이 한 예인데, 이것은 아버지 장마리 르펜(Jean-Marie Le Pen)의 국민전선(FN: Front Nationale)과 달리 신포퓰리즘에서 포스트포퓰리즘으로 전환하는 시도라고 볼 여지가 있다. 하지만 '국가 주권주의'라는 고유한 명칭의 국가주의와 경제 민족주의 같은 집단주의를 포기하지는 않아 섣불리 단정할 수는 없다.

포스트포퓰리스트의 대표적 사례로서 각각 급진 좌파와 새로운 좌파 혹은 진보를 대표하는 정당은 그리스 급진좌파연합(SYRIZA)과 이탈리아 오성운동(M5S)이다. 아래에서는 두 사례를 차례대로 살펴본다.

우선 그리스 급진좌파연합은 1989년 진보 정당들의 선거 연합(SYN: Synaspismos)으로 출발해 2012년 시리자-연합사회전선(SYRIZA-EKM: SYRIZA - Enotiko Kinoniko Metopo)이라는 단일 정당으로 창당된 후 집권까지 한 가장 성공적인 급진 좌파 포퓰리스트다. 급진좌파연합의 이데올로기적 성격은 사민주의보다 더 좌파적이면서도 공산당 등 전통적 물질주의 좌파와도 다른 탈물질주의적 급진 좌파의 색깔이 분명하게 나타난다.

창당 이후 급진좌파연합은 긴축 조치와 사유화 계획의 철회, 국가 부채의 일부 탕감, 국가의 경제 성장 투자 확대, 복지 국가 재건설로 집약되는 진보 정치를 내세워 그리스 대중의 지지를 확보하기 시작했다. 특히 반긴축 의제를 가지고 거리 정치 및 소셜 미디어와 풀뿌리 공동체 활동을 주로 활용하면서, 사회 경제적 위기에 대한 그리스 민중의 분노와 절망을 성공적으로 동원했다. 지지층은 사회당[범그리스사회주의자운동(PASOK: Panellenio Sosialistiko Kinema)]의 지지 기반인 조직 노동자들뿐만 아니라 도시민과 노동자 밀집 지역 주민, 청년층과 비정규직 노동자, 파편화된 역동적 집단 등 다양한 분포를 보인다.[19]

급진좌파연합의 포퓰리즘 성격은 강령상으로 명확히 드러나지 않지만, 선거전 등에 나타난 담론을 통해 충분히 파악할 수 있다. 예를 들어, 2012년 총선 슬로건에서 급진좌파연합은 엘리트 계층을 '그들'이라고 표현하고 인민을 '우리'라고 표현하면서 인민을 위한 선택을 호소함으로써 포퓰리즘적 사회관과 정치관을 보여주었다.[20] 또한 2012년까지 당 대표 치프라스(Alexis Tsipras)의 연설에서 '인민'이 50번 이상 언급되었다고 한다.[21]

급진좌파연합은 대의 민주주의를 벗어나지 않는 범위에서 참여 민주주의를 확대하려 한다. 당 강령인 테살로니키 강령(Thessaloniki Programme: 2014

---

19 Kretsos, Lefteris, 2012, "Greece's Neoliberal Experiment and Working Class Resistance," *Working USA: The Journal of Labor and Society*, vol.15, no.4, pp.523~524.

20 Kotroyannos, Dimitrios, Stylianos Ioannis Tzagkarakis & Illias Pappas, 2018, "South European Populism as a Consequence of the Multidimensional Crisis? The Cases of SYRIZA, PODEMOS and M5S," *European Quarterly of Political Attitudes and Mentalities*, vol.7, no.4, p.8.

21 Stavrakakis, Yannis and Giorgos Katsambekis, 2014, "Left-wing Populism in the European Periphery: The Case of the SYRIZA," *Journal of Political Ideologies*, vol.19, no.2, pp.119~142.

년 테살로니카 국제박람회에서 발표한 당 강령)에서 네 번째 기둥의 실천 방안으로 규정된 의회 기능 강화는 이러한 맥락에서 이해된다[네 가지 기둥: ① 인간 삶의 위기(humanitarian crisis)에 대한 대응, ② 경제적 재출발과 조세 정의 증진, ③ 국가 차원의 고용 창출 계획, ④ 민주주의 심화를 위한 정치 체제 혁신].[22] 또한 선거 연합으로 시작한 역사성을 반영해 최소 강령의 형태를 띠었다는 점에서, 이 강령은 일반 의지를 가진 인민을 가정하는 집단주의를 부정하는 것으로 볼 수 있다.

급진좌파연합은 민주 사회주의, 사회 민주주의, 반엘리트주의, 세속주의(secularism), 경제 민족주의, 친유럽주의, 대안 세계화(Alter-globalisation) 등을 포괄하고 있어 하나의 단일 이념으로 묶어 낼 수 없는 상황이다. 특히 경제 민족주의는 그리스 민족주의에 기반을 두고 있어 친유럽주의와 충돌할 수 있고, 대안 세계화 이념과도 친화하기 어려우며, 민주 사회주의와 사회 민주주의도 좌파 진영 내에서 갈등 관계에 있다. 이것은 더 작은 단위나 개인의 다양성을 전제하고 있음을 방증한다.

또한 사우쓰웰 등(Southwell et al.)에 따르면, 급진좌파연합은 2012년 이후부터 엘리트와 인민의 이분법을 유지하기는 하지만, '인민'이라는 단어 대신 '사회(society)'와 '청년들(youths)' 등 더 구체적이고 특수한 단위 개념을 더 자주 사용한다.[23] 이처럼 인민에 대해 집단주의 사고가 아니라 개인주의 사고로 접근한다는 점에서 급진좌파연합은 포스트포퓰리스트에 속한다고 할 수 있다.

한편 이탈리아 오성운동(M5S: Movimento 5 Stelle)은 1986년 방송에서 크락시(Bettino Craxi) 당시 총리를 풍자해 공영 TV 출연이 금지됐던 코미디언 그

---

22 SYRIZA - The Thessaloniki Programme, https://www.syriza.gr/article/SYRIZA---THE-THESSALONIKI-PROGRAMME.html.

23 Southwell, Priscilla, Eric Lindgren & Dustin Ellis, 2016, "A Case Study in Left Wing Neo-Populism: The Rise of the Syriza Party in Greece," *Review of European Studies*, vol.8, no.4, p.128.

릴로(Beppe Grillo)가 웹 전략가이자 사업가인 카사레죠(Gianroberto Casaleggio)와 함께 창당한 정당으로서 역시 집권까지 한 새로운 현상으로 주목받고 있다. 이후 지방선거와 유럽의회 선거에서 여러 번 돌풍을 일으키고 창당 후 첫 총선인 2013년 선거에서 제1당이 되었으며, 2018년 선거에서 집권했다.

오성운동은 이탈리아 정치 체제, 특히 의회가 직업 정치인이라는 부패 '카스트(la Casta)'에 의해 지배받는다고 공격하며 대의 민주주의를 비판한다. 직업 정치인들이 '인민(la gente)'에게서 벗어나 자신들의 이해관계를 추구한다고 본 것이다. 그릴로를 비롯한 오성운동 지도자들은 이 직업 정치인들을 인민인 '우리'와 구별되는 '그들'로 호명한다.[24] 이것은 이탈리아 사회가 보통 사람들인 인민과 부패 카스트인 엘리트의 대립 구도로 이루어져 있다는 사회관에 기초하고 있음을 의미한다.

오성운동은 포퓰리스트로 불리기를 거부하지 않는다. 비난이나 공격적 용어로서 포퓰러리즘(popularism)과 혼동되는 포퓰리즘을 경계하면서도 인민의 직접 정치를 추구하는 의미에서 포퓰리스트라고 불릴 수 있다는 것이다. 인터넷 민주주의 정당으로 특화된 모습을 보이는 오성운동은 자신들의 독자적 이해관계를 추구하는 직업 정치인들로 대표되는 엘리트를 대체해 인민들의 직접 정치를 구현하는 플랫폼이 되고자 한다.

오성운동의 강령과 정책은 처음부터 탈이데올로기적이며, 일상의 삶에 직접 영향을 끼치는 것들이 대부분이다. 당명에 나타난 '5개의 별'은 공공 수도, 인터넷 접속권, 지속 가능 교통수단, 지속 가능 개발, 생태주의이며, 그에 따른 구체적 공약은 '국회의원 봉급을 일반 노동자 수준으로 감축', '국회의원 3선 이상 금지', '전국민 인터넷 무료 사용', '전국민 기본소득 보

24 Schierholz, André, 2017, *Von Blogs über Plätze zum Parlament* (Norderstedt: Books on Demand), S.38, S.43.

장', '주 20시간 근로제 도입' 등이다.

당 운영도 인터넷 민주주의에 부합해 공직 후보 공천에서 입후보와 경선이 모두 인터넷을 통해 이루어진다. 강령적·정책적 특징과 함께 이러한 운영상 특징은 기존의 포퓰리즘으로는 설명할 수 없는 새롭고 낯선 요소들이 복합적으로 섞인 것이어서 오성운동을 혼종적 행위자(a hybrid actor)로 보게 한다.[25]

오성운동이 포스트포퓰리즘으로 규정될 수 있는 핵심은 개인주의 수용이다. 카림(Charim)이 말한 '3세대 개인주의' 성향을 띤 2000년대 이후의 대중은 각자의 정체성을 가지고 개별성을 유지하면서 공동으로 행동하는 다중(多衆)일 뿐 아니라 객관적 감정을 사회적 행동으로 표출하는 정동(情動)적 존재다.[26] 이들은 개인이 중심이 되어 자신의 다양한 특징들의 총체라는 개별적 정체성을 가지고 정치 무대에 입장하며, 특히 인터넷을 통한 활동이 이러한 온전한 개체성을 드러내는 적절한 방식의 하나라고 본다.

'엿 먹이는 날(V-Day: Vaffanculo-Day)'로 불리는 대중운동과 '깨끗한 의회(parlamento pulito)'라는 인터넷 운동을 지지하고, 오성운동을 제1당으로 밀어 올린 2000년대 이후 이탈리아 대중은 '3세대 개인주의' 태도를 보이는 정동적 다중으로 보기에 적합하다. 오성운동은 자신이 대변하는 대중과 당원의 이러한 다원성과 개별성을 인정한다는 점에서 포스트포퓰리즘에 근접했다.

하지만 오성운동은 상대적으로 강력한 카리스마적 지도자와 그에 기반한 사이버크래틱(cybercratic) 집중주의에 의존한다는 점에서 한계를 갖는다. 문제는 정동적 다중을 대변하지 않는 것이 아니라 제대로 대변하지 못한다

---

25 Movarelli, Margherita, 2016, "From Dreams to Reality: The Challenges of Italy's Five Star Movement," *European View*, vol.15, p.215.

26 Charim, Isolde, 2019, 『나와 타자들』, 이승희 역 (서울: 민음사).

는 것이다. 이것이 포스트포퓰리스트로서의 오성운동이 갖는 한계다.

참고문헌

김일영, 2004, "민주화, 신자유주의적 포퓰리즘, 그리고 한국: 김대중 정권과 노무현 정권을 중심으로," 철학연구회 편. 『디지털 시대의 민주주의와 포퓰리즘』, 서울: 철학과 현실사, 190~224쪽.

서병훈, 2006, "'포퓰리즘 구하기': 개념 규정을 위한 시도," 『철학연구』 제72집(철학연구회), 203~222쪽.

유정환, 2008, "서유럽의 포퓰리즘 정당과 유럽 통합," 『유럽연구』 제26권 1호(한국유럽학회), 1~22쪽.

정병기, 2005, "세계화와 유럽 통합: '작은 세계화' 유럽 통합과 유럽 시민들의 반응," 『EU학연구』 제10권 1호(한국EU학회), 123~147쪽.

정병기, 2012, "서유럽 포퓰리즘의 성격과 특징: 프랑스, 이탈리아, 오스트리아, 벨기에, 노르웨이의 네오포퓰리즘 정당을 중심으로," 『대한정치학회보』 제20권 2호(대한정치학회보), 139~164쪽.

정병기, 2020a, "포퓰리즘의 개념과 유형 및 역사적 변화: 고전 포퓰리즘에서 포스트포퓰리즘까지," 『한국정치학회보』 제54집 1호(한국정치학회), 91~110쪽.

정병기, 2020b, "포스트포퓰리스트 정당 시리자(SYRIZA)의 부침과 2019년 그리스 총선," 『지중해지역연구』 제22집 4호(부산외국어대학교 지중해지역원), 101~126쪽.

정병기, 2020c, "오성운동(M5S)의 직접 의회주의와 사이버크래틱 집중주의: 포스트포퓰리스트 정치 운동의 성공과 한계," 『한국정치연구』 제29집 2호(서울대학교 한국정치연구소), 91~116쪽.

정병기, 2021, 『포퓰리즘』, 서울: 코뮤니케이션북스.

주정립, 2006a, "포퓰리즘과 위기." 『대한정치학회보』 제14집 1호(대한정치학회), 351~378쪽.

주정립, 2006b, "포퓰리즘에 대한 이론적 검토," 『시민사회와 NGO』 제4권 1호(한양대학교 제3섹터연구소), 43~79쪽.

Betz, Hans-Georg, 1993, "The Two Faces of Radical Right-Wing Populism in Western Europe," *Review of Politics*, vol.55, no.4, pp.663~685.

Canovan, Margaret, 1999, "Trust the People! Populism and the Two Faces of Democracy," *Political Studies*, vol.47, no.1, pp.2~16.

Canovan, Margaret, 2004, "Populism for Political Theorists?," *Journal of Political Ideologies*, vol.9, no.3, pp.241~252.

Charim, Isolde, 2019,『나와 타자들』, 이승희 역, 서울: 민음사.

Haider, Jörg, 1997, *Befreite Zukunft jenseits von links und rechts - Menschliche Alternativen für eine Brücke ins neue Jahrtausend*, Wien: Ibera-Verlag.

Hellstrom, Anders, 2005, "Brussels and Populism," *The European Legacy*, vol.10, no.2, pp.217~231.

Kotroyannos, Dimitrios, Stylianos Ioannis Tzagkarakis & Illias Pappas, 2018, "South European Populism as a Consequence of the Multidimensional Crisis? The Cases of SYRIZA, PODEMOS and M5S," *European Quarterly of Political Attitudes and Mentalities*, vol.7, no.4, pp.1~18.

Kretsos, Lefteris, 2012, "Greece's Neoliberal Experiment and Working Class Resistance," *Working USA: The Journal of Labor and Society*, vol.15, no.4, pp.523~524.

Meyer, Thomas, 2005, "Populismus: Anmerkungen zu einem bedrohlichen Modernisierungsrisiko in Europa." Rudolf von Thadden und Anna Hofmann, (Hg.), *Populismus in Europa - Krise der Demokratie?*, Göttingen: Wallstein, S.13~17.

Movarelli, Margherita, 2016, "From Dreams to Reality: The Challenges of Italy's Five Star Movement," *European View*, vol.15, pp.213~221.

Roquigny, Nicolas, 2002, "Der französische Front National. Nationalpopulismus und Elemente des Irrationalen," Gabriella Hauch, Thomas Hellmuth und Paul Pasteur (Hg.) *Populismus. Ideologie und Praxis in Frankreich und Österreich*, Innsbruck und Wien: Studien Verlag, S.105~121.

Schierholz, André, 2017, *Von Blogs über Plätze zum Parlament*, Norderstedt: Books on Demand.

Southwell, Priscilla, Eric Lindgren & Dustin Ellis, 2016, "A Case Study in Left Wing Neo-Populism: The Rise of the Syriza Party in Greece," *Review of European Studies*, vol.8, no.4, pp.174~182.

Stavrakakis, Yannis and Giorgos Katsambekis, 2014, "Left-wing Populism in the European Periphery: The Case of the SYRIZA," *Journal of Political Ideologies*, vol.19, no.2, pp.119~142.

SYRIZA - The Thessaloniki Programme, https://www.syriza.gr/article/SYRIZA---THE-THESSALONIKI-PROGRAMME.html.

Taggart, Paul, 2000, *Populism*, Buckingham, etc.: Open University Press.

Vittori, Davide, 2017, "Re-conceptualizing Populism: Bringing a Multifaceted Concept within Stricter Borders," *Revista Española de Ciencia Política*, vol.44, pp.43~65.

2부
유럽의 포퓰리즘

3장 스페인 포퓰리즘: 포데모스(PODEMOS)와 복스(VOX)

4장 이탈리아의 포퓰리즘과 오성운동(M5S)

5장 프랑스 포퓰리즘과 국민연합(RN)

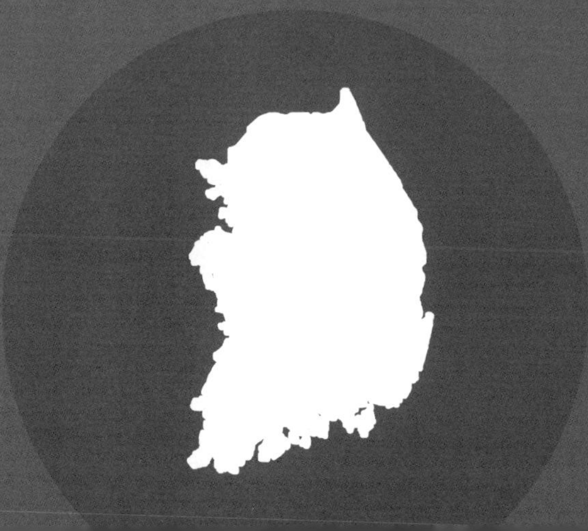

3장

스페인 포퓰리즘: 포데모스(PODEMOS)와 복스(VOX)

| 고주현 |

스페인 포퓰리즘과 포퓰리즘 정치 소통에 관한 체계적인 연구는 국내에 거의 소개된 바 없다. 남아메리카의 맥락에서 수행된 포퓰리즘 연구 방향과는 대조적으로 스페인의 포퓰리즘 연구는 포퓰리스트 전국 정당으로 처음 두각을 나타낸 포데모스(PODEMOS) 같은 단일 사례에 대한 연구를 중심으로 이루어져 왔다. 이 장에서는 이념 스펙트럼상의 양극단에서 출현한 스페인 포퓰리즘 정치의 특징을 살펴볼 것이다. 이를 위해 먼저 스페인의 정치 지형을 검토할 것이다. 스페인에서는 민주화 이후 사회노동당(PSOE: Partido Socialista Obrero Español)과 국민당(PP: Partido Popular)을 중심으로 양대 정당이 번갈아 집권해왔다. 40년에 가까운 권위주의 경험으로 민주화 이후 오랜 기간 극우의 정치세력화는 제한되어왔다. 프랑코 체제의 유산은 지방분권화 경향이 강한 비례대표 선거제 하에서도 군소정당의 의회 진입을 어렵게 했고, 중도 성향의 좌우 이념 정당 체제를 공고화했다. 하지만 2018년 안달루시아 지방선거에서 극우 포퓰리스트 정당인 복스(VOX)가 의석을 확

보한 이후로 2019년 총선에서도 높은 득표율을 획득함으로써 스페인 내 극우정치화의 귀환을 가능하게 했다. 스페인에서는 기성 정당의 부패가 좌우를 넘은 포퓰리스트 정당의 약진을 가져온 가장 큰 원인으로 꼽히기도 하지만, 유권자 동원에 있어서는 포퓰리스트적 코뮤니케이션의 영향도 있다.

스페인의 포퓰리즘 정치는 세 가지 경향을 보여준다. 첫 번째 경향(1989~2000)은 이탈리아화된 포퓰리즘의 출현이다. 호세 마테오스(José Mateos)나 헤수스 길(Jesús Gil) 같이 이목을 끄는 부유한 사업가 출신 정치가들이 그 중심에 있다. 스페인 정치의 일종의 베를루스코니화(berlusconization)로 볼 수 있다.[1] 이들은 관리자로서의 정치인의 역할을 강조한다. 동시에 국민을 상대로 반엘리트주의와 외부집단 배제를 호소한다.

두 번째 물결(2003~2011)은 2003년 카탈로니아를 위한 플랫폼(Plataforma X Catalonia)의 등장으로 시작되었다. 이민 통제와 민족 우선("For better control of immigrants" and "Nationals first")이라는 당의 슬로건은 여전히 배제의 담론을 사용하는 민족주의적 포퓰리즘 성향을 보여준다. 주변 유럽 국가들에서 외국인 혐오를 통해 극우가 성장했듯이, 외국인에 대한 배제 담론이 제한적이었던 스페인에서도 민족주의적 호소는 우익 포퓰리즘의 부상을 가능하게 했다. 또한 거부감과 향수를 동시에 불러일으키는 프랑코주의자들의 담론을 포기한 것도 스페인 극우 정당이 재등장할 수 있었던 요인 중 하나다.[2]

세 번째 물결(2011~현재)은 치솟는 실업률과 경기침체로 불거진 일련의 부

---

1 Casals, Xavier, 2013, *El Pueblo contra el Parlamento: El Nuevo Populismo en España, 1989-2013* (Madrid, Spain: Pasado y Presente); Sanders, B. Karen, et al., 2017, "Populism from Far Right to the Emergence of Podemos," Aalberg Toril et al. (eds.), *Populist Political Communication in Europe. European Cooperation in Science and Technology* (London: Routledge), p.250.

2 Casals, Xavier, 2009, "La Renovácion de la Ultraderecha Española: Una Historia Generacional (1966-2008)," *Historia y Política*, vol.22, pp.233~258.

패 스캔들로 시작되었다. 여기에 카탈로니아(Catalonia)의 독립 요구는 체제 불안을 악화시켰다. 17개 자치공동체의 분권화와 단일 국가 수립을 동시에 인정하는 1978년 스페인 헌법의 모순은 논란을 가중시켰다. 국민의 이익 대신 금융시스템의 이익을 옹호하는 집권 정치세력이라는 프레임 하에 반엘리트·반기득권을 중심으로 한 정치구호가 새로운 포퓰리스트 정치인들을 등장시켰다. 스페인에서 포데모스와 복스가 세를 얻게 된 가장 큰 배경은 바로 이 세 번째 물결이라는 구조적 원인이 크다.

한편 알롱소와 로비라 칼트바쎄(Alonso & Rovira Kaltwasser)는 그동안 스페인 내 포퓰리스트 급진우파 정당에 대한 지지가 다른 유럽 국가들에 비해 낮은 이유를 공급 측면의 요인들로 본다. 세 가지 핵심요소를 지적하는데, 첫째, 군소 민족 정당들에 불리한 선거제도, 둘째, 극우파의 이념적 기반을 일부 활용하고 있는 주류 우파의 선거전략, 셋째, 스페인 정치를 특징짓는 중앙-지방을 중심으로 한 정치 균열의 특징이 그것이다. 이들은 그중 특히 중앙-지방 균열이 스페인에서 포퓰리스트 급진 우파 정당의 출현 가능성을 제약하는 주요 원인이라고 지목한다. 1979년을 기점으로 스페인의 선거 경쟁은 사회경제적 요인, 좌우 이념적 분열과 국가 민족주의 및 인종 민족주의를 둘러싼 중앙-지방 논쟁에 의해 지배되어 왔으며, 이와 같은 이유로 포퓰리스트 급진우파 정당들이 차지할 수 있는 이념적 공간이 적을 수밖에 없었다. 따라서 국민 대 엘리트 구도의 서사를 활용하는 좌파 포퓰리즘 정치가 스페인 선거 지형의 특수성을 보다 효과적으로 활용하여 유권자들의 지지 확보에 보다 유리했다는 점에 주목한다.

복스가 지방선거를 통해 부상하기 전까지만 해도 알론소와 로비라 칼트바세의 이와 같은 주장은 설득력을 얻어왔다. 하지만 최근 스페인 포퓰리즘 지형은 점차 변화하고 있다. 이제 한동안 주목받았던 좌파 포퓰리스트 포데모스와 더불어 우파 포퓰리스트 복스의 득세는 또 다른 현상이 되고 있다.

따라서 이 장에서는 스페인의 정치 지형에서 좌우 양극단의 포퓰리즘 정치가 출현할 수 있었던 원인과 현상을 검토하고, 포퓰리스트 코뮤니케이션의 특징을 살펴볼 것이다.

1. 스페인 정치 지형

스페인은 상대적으로 늦게 민주화된 국가지만 비교적 순탄하게 경쟁적 정당체제를 발전시켜왔다. 민주화 이후 스페인의 정당체제는 양당제적 특성을 보여왔다. 스페인에서 양당제를 중심으로 한 경쟁 정당체제가 성립하는 결정적 원인은 민주화 과정에서 찾을 수 있다. 늦은 민주화로 인해 여러 사회균열들 중에서도 이념 균열과 지역주의 균열이 주로 작동했다.[3]

스페인 내전 이전부터 산업화에 따른 계급균열이 나타났고, 교회주의와 반교회주의 간의 대립과 함께 분리주의 성향을 갖는 각 지역들의 균열 역시 심각했다. 여기에 더해 20세기 초의 치열한 내전과 40년에 가까운 권위주의 체제를 종식시키기 위한 광범위한 사회세력들의 합의와 인정의 정치가 체제 변혁기의 정치균열들을 주도해왔다.[4]

타협에 의해 민주화 과정을 이끌었던 주요 정치세력들은 권위주의 체제를 종식 시키기 위해 체제 변혁기 정치균열들을 주도해왔다. 스페인에서는 1960년대 시작된 경제위기가 1973년 절정을 지난 이후인 1977년 총선거를 실시하고 1979년 신정부가 수립된다. 이 체제 변혁기에 등장한 갈등구조가 해소되고 합의에 기초한 인정의 정치가 작동함으로써 안정적인 양당제가 성립되었다고 볼 수 있다. 민주화 이후에도 이념과 지역주의 균열은 여전히

---

3 Sánchez-Cuenca, Ignacio and Elias Dinas, 2012, "Introduction: Voters and Parties in the Spanish Political Space," *South European Society and Politics*, vol.17, no.3, pp.1~10.

4 고주현, 2018a, "스페인 카탈루냐 지역 분리독립과 인정의 정치," 『유럽연구』 제36집 3호(한국유럽학회), 75~110쪽.

스페인의 주요 정치균열로 작동하고 있다.[5]

스페인에서 오랫동안 유지된 양당제를 특수 사례로 보는 연구들은 선거제도와 선거 연합을 양당제 형성의 주요 요인으로 꼽는다. 정병기는 스페인 양당제의 고유성을 강조하기 위해 파편화된 양당제라는 용어를 사용한다.[6]

스페인의 고유성은 10개 가까운 군소정당들이 의회에 진출한 가운데 양당제나 양당 중심제가 형성된 것을 말한다. 일반적으로 다당제를 촉진하는 것으로 알려진 비례대표제의 채택에도 불구하고 여러 정당들이 공존하는 가운데 파편화된 양당제를 유지해왔다는 것이다. 스페인의 고유현상인 파편화된 양당제가 촉진된 것은 일차적으로 이념 균열과 지역주의 균열을 토대로 한다. 하지만 이념 균열에서 중요한 것은 기존 연구들에서 밝혀진 바와 달리, 양극성이 아니라 파편화된 이념 스펙트럼에서 군소정당들이 난립하는 가운데 중도를 두고 경쟁하는 구심성이었다. 여기에 다양한 지역주의 정당들의 중앙의회 진출이 파편화를 촉진하는 한편, 양대 정당들과 선거 연합을 형성함으로써 양당제를 유지하는 경향으로 작용했다. 선거 연합은 이념 진영 내부에서도 이루어져 군소정당들의 생존을 가능하게 했지만, 양대 정당들이 포함되는 경우에는 양당제를 촉진하기도 했다.

스페인에서는 민주화가 타협에 의해 이루어진 만큼, 여러 경쟁 세력들이 자신들의 지분을 확보할 수 있는 제도를 선호했다. 그러한 의미에서 민주화는 경쟁적 정당 체제 형성에 중요한 영향을 미쳤다. 특히 타협에 의해 민주화가 이루어짐으로써 양대 정당의 등장과 함께 다양한 정치세력들이 의회에 진출하는 다당제 성격을 띨 수 있었다. 우선 강력한 지역주의 경향을 반영해 상원을 지역 대표체로 구성한 양원제 의회를 채택했다. 정부는 국민

5 고주현, 2018b, "민주화 이행기 스페인의 정치균열과 갈등구조의 변화," 『비교민주주의연구』 제14권 1호(민주주의와 자치연구소), 1~27쪽.

6 정병기, 2017, "민주화 이후 스페인 정당 체제 변화," 『유럽연구』 제35집 2호(한국유럽학회), 181쪽.

전체를 대표하는 제1의회인 하원을 통해 구성되는 내각책임제다. 당시 주를 기본 선거구로 하원은 주당 최소 의원수를 둔 비례대표제를, 상원은 주당 각 4명의 의원을 할당하는 것을 기본으로 하는 다수대표제를 채택하였다. 전국은 50개의 선거구로 구성되며, 각 선거구별로 2석을 기본으로 배분한 후 인구수에 따라 추가 배분한다. 이는 상대적으로 인구가 적은 카스티야(Castilla)의 농촌 지역이 과잉대표되는 결과를 낳았다. 나아가 21세 이상인 자에게만 선거권을 부여한 점과 일정 득표율 이상을 획득한 정당만 선거자금을 보전받을 수 있도록 한 점 등은 다수파 정당들에게 유리하게 작용하였다.[7]

민주화 직후 스페인 정당 체계는 유권자, 정당의 이데올로기, 선거제도, 정당들 간 힘의 관계, 민주화의 성격, 집권당의 이점과 합의 정치에 의해 형성됐다. 하지만 이후 지역주의가 핵심요인으로 등장한다. 언어와 민족 구성이 다양한 스페인에서 프란시스코 프랑코(Francisco Franco) 권위주의 정부의 강력한 중앙집권에 대한 반작용은 컸다. 스페인의 많은 군소정당들은 지역주의 균열의 산물로 지역의 이해관계를 대변하고, 지역의 분리라는 극단적인 요구도 주장한다. 스페인에서 지역 정당의 경우 선거구에서의 득표산출에 따라 비례대표를 확보할 수 있기 때문에 전국적인 군소정당들과 비교해 의석확보에 있어 유리했다. 결국, 크기가 다른 선거구 획정, 동트식 비례대표제와 봉쇄조항의 채택을 통해 의회에 진출하는 정당의 수는 감소하여 정당의 난립은 제한할 수 있었다. 하지만 한편으로 거대정당은 이 제도를 통해 의석확보의 우위에 있었고, 또한 선거구에 집중된 지역세력들 역시 지역정당을 통해 의회 진출이 가능했다. 이렇게 비례대표제에 지역주의 균열까

7 Bonime-Blanc, Andrea, 1987, *Spain's Transition to Democracy: The Politics of Constitution-making* (London: Westview Press), p.31.

지 더해질 경우 다당제적 특성을 보여야 하지만, 스페인에서 양당제적 특성을 보이는 원인으로는 이념 균열이 주로 거론된다. 하지만 스페인의 이념 스펙트럼은 광범위한 중도를 넘어 공산당과 연합좌파 내 여러 군소정당들과 우파 정당 등 이념 정당들이 많다. 따라서 스페인에서 양당제 촉진은 다양한 이념 스펙트럼의 토대에서 중도 성향이 강화된 것이라고 보는 것이 적절하다.

민주주의로의 이행과 같은 체제 변혁기에는 새로운 선거법이 도입되고, 의회가 구성되며, 헌법이 제정되는 등 새로운 게임의 규칙에 기반해 정부가 조직되고 운영된다. 1977년 선거 결과를 통해 스페인 선거제도가 득표율과 정당 규모에 따라 의석수 배분에 미치는 영향을 살펴볼 수 있다. 1977년 선거 결과를 주목해야 하는 이유는 당시 확정된 선거법이 헌법 제정과정에서 몇 가지 수정을 거쳐 그 이후 총선에도 계속 적용되었기 때문이다.[8]

1977년 6월 15일에 실시된 총선에는 총 유권자 중 79.24%인 1800만 명이 투표에 참가했고, 전국적으로 100여 개의 정당들이 선거에서 경쟁했다. 하지만 일부 주요 정당들이 집중적인 득표를 획득함으로써 정당의 난립은 방지되었다. 그 중에서 민주중도연합(UCD: Unión de Centro Democrático), 사회노동당, 공산당(PCE: Partido Comunista de España), 인민동맹(AP: Alianza Popular) 4개 주요 정당이 80% 이상의 득표율을 획득해냈다. 그러나 주요 정당 가운데서도 배분된 의석수는 크게 차이를 보였다. 체제 내 온건파를 대표하고 있던 민주중도연합이 359석 중 가장 많은 160석을 확보했고, 그 뒤를 이어 온건좌파인 사회노동당이 48석 획득으로 선전을 한 반면, 공산당과 인민동맹에는 적은 의석이 배분되었다. 이같이 주요 정당 외에는 지역정당들(카탈

8 1978년 헌법이 어려운 사회적 합의를 거쳐 성립한 것인 만큼 헌법개정이 금기시되는 분위기가 있었다고 한다. Ferreres, Comella Victor, 2013, *The Constitution of Spain - A Contextual Analysis* (Oxford: Hart Publishing), pp.56~59.

로니아와 바스크 지역 기반 군소정당)이 대부분의 나머지 의석을 차지했다. 따라서 주요 정당의 의석도 과반에 이르지 못하여 안정적 다수 정부를 구성하지 못했고, 정당체제의 안정도 여전히 미흡했다.

<표 3-1> 1977년 확정된 선거제도

<table>
<tr><th colspan="2">항목</th><th>내용</th></tr>
<tr><td colspan="2">선거 자격</td><td>투표 적령기(21세)로 시민권과 정치적 권리를 누리는 모든 스페인인 (해외거주자 포함)</td></tr>
<tr><td colspan="2">선거구 획정</td><td>·행정단위와 일치하는 주 선거구안의 채택
·다양한 크기의 선거구 (하원)</td></tr>
<tr><td rowspan="2">양원의 선거제도</td><td>상원</td><td>·각 주를 대표하는 상원은 각 주에서 4명씩 선출되며, (세우타와 멜리야는 2명씩 3개의 도서 지역은 5석씩 선출됨)
국왕은 선출의원의 1/5 이내에서 추가로 임명가능함 (투표로 선출되는 의원의 총수는 207명)
·개별 입후보제
·다수대표제</td></tr>
<tr><td>하원</td><td>·인구비례에 따른 선거구 주민을 대표하는 하원은 각 선거구(주)에 최소 의석인 2석을 우선 할당하고 (세우타와 멜리야는 1석씩 할당) 나머지 의석은 선거구의 인구 비례에 따라 할당함. 인구 144,500명당 1석씩을 기준으로 하고 잔여 인구가 70,000명을 초과하는 경우에 1석을 추가 할당함.
·정당명부식 입후보제
·선거구별 비례대표제 (동트식, 3% 봉쇄조항)</td></tr>
</table>

출처: Share, Donald, 1986, "The Franquist Regime and the Dilemma of Succession," *The Review of Politics*, vol.48, no.4, pp.549~575; 박수연, 2001,『스페인 정당체계에 관한 연구』, 석사학위 논문(이화여자대학교), 27쪽; 고주현, 2018c. "남유럽 정치체제와 선거제도," 유럽정치연구회(편),『유럽정치론』(서울: 박영사), 78쪽.

1977년 확정된 선거제도는 안정성과 사회적 대표성에 대해 갈등적인 선호를 갖는 다양한 정치세력들이 절충적으로 선택한 결과물이었다. 하원과 상원이 다른 선거방식을 채택함으로써 좌익과 우익의 요구를 균형적으로 반영할 수 있는 타협점을 찾았다. 하원은 특히 다양한 사회집단의 대표성을 확대하여 의회진출을 가능하게 함과 동시에 득표율을 가능한 정확하게 대표하기 위해 비례대표제를 채택하면서도, 한편으로 이로 인해 야기될 수 있는 정당의 난립과 파편화 구조를 방지하기 위한 보완조치들, 예컨대 최대평균 동트식 의석배분과 3%의 봉쇄조항을 함께 도입했다.[9]

정당체계의 파편화를 방지하기 위한 이러한 조처들은 군소정당의 의석 진출에는 불리하게 작용했지만, 반면 거대정당이나 선거 연합에는 유리한 체계였다. 예컨대 군소정당들이 몇 개의 선거구에 집중되지 않는 한 의회로의 진출은 제한되고, 그들이 얻은 득표수, 즉 유권자들의 지지에 비해 상대적으로 적은 수의 의석만을 얻게 된다. 또한 모든 선거구에 최소한의 의석수(본토 지역의 경우 각 2석)를 보장함으로써 인구 과소지역을 과대대표하는 결과를 가져왔다.[10] 결국 과소대표되는 지역에 특정 정당을 지지하는 유권자들이 집중되어 있을 경우 실제 그 정당은 전국적인 득표율에 미치지 못하는 비율의 당선자를 낼 수밖에 없게 된다.[11]

다시 말해 스페인의 선거제도는 군소정당의 의회 진출을 제한하고, 그들이 획득한 득표수와 비교해 상대적으로 적은 의석을 확보하게 함으로써 거대정당에 의석이 집중되는 선거 효과를 초래했다. 이러한 선거제도는 이후 선거 결과에서 좌우익 모두에게 이익을 준 측면이 있지만, 제도 도입과 이행과정에서 우위적 세력 관계가 반영된 측면도 확인할 수 있다.

1980년대 이후에는 정당체계의 변화는 있었지만, 여전히 국민당과 사회노동당을 중심으로 한 양대 거대정당이 의회를 독점하는 방향으로 공고화

---

9 한편 이러한 협상과 타협의 산물들은 당시의 정치적 세력 관계를 반영하고 있었고, 그것은 좌파나 군소정당의 승리를 제한하는 조항으로 또는 특정 지역에 대한 과대대표로 표출되기도 했다. 박수연(2001), 27쪽.

10 마드리드(Madrid)나 바르셀로나(Barcelona)와 같은 대도시에서 1석이 대표하는 인구가 125,000명을 넘은 데 반해, 소리아(Soria)와 과달라하라(Guadalajara)와 같은 농촌 지역은 1석이 대표하는 인구가 45,000명 정도였다. 박수연(2001), 28쪽.

11 정병기(2017), 182~183쪽.

되었다. 2008년 3월 9일 치러진 선거에서 여당인 사회노동당이 총 350개 하원 의석 중 169석을 확보하였고, 야당인 국민당은 154석을 확보했다. 카탈로니아 지역 정당인 집중과연합(CiU)이 그 뒤를 이었지만, 10석을 얻는 데 그쳤다. 그 외에 카탈로니아공화좌파(ERC), 바스크민족당(EAJ-PNV) 등 7개 군소정당이 원내 진출에 성공했다. 이와 같은 양당제적 경향은 1990년대와 2000년대 중반까지 지속되었다. 이후 2011년 11월 20일 실시된 총선에서는 야당이었던 국민당이 44.62%의 득표로 186석을 확보해 의회 내 절대 다수당이 되었다. 집권 여당이었던 사회노동당은 28.7%의 득표에 그쳐 59석을 잃어 110석을 확보하는데 머물렀다. 한편 상원에서는 국민당이 136석을 얻어 1당을 유지했으며, 사회노동당은 48석을 얻어 제2당이 되었다. 사회노동당은 지방의회 선거에서도 크게 패하는 결과를 맞게 되는데, 이는 2007년부터 시작된 경제위기로 인한 스페인 정부의 긴축정책에 기인한다. 특히 청년 실업률이 급격히 상승하자 2010년 이후 청년들의 급진적인 시위가 이어졌다. 사회노동당은 당시 그들의 우세지역이었던 아스투리아스(Asturias), 에스트레마두라(Extremadura), 카스티야라만차(Castile-La Mancha) 등에서 광역지방정부의 재집권에 실패한다. 시군단위에서는 바르셀로나(Barcelona)와 세비야(Sevilla) 같은 주요 도시에서 보수세력에 시행 정부를 넘겨주었다.

2015년 총선에서 포데모스와 시민당(Cs)이 급부상한 것도 이런 이유와 맥을 같이 한다. 두 신생 정당 외 다른 군소정당들의 득표율이 거의 변화가 없다는 점을 볼 때, 파편화 현상은 약화되지 않았음을 알 수 있다. 또한 시민당이 처음부터 중도우파적 성격을 견지했고, 포데모스도 점차 중도성을 강화해감으로써 중도 경쟁의 구심성 역시 사라지지 않았다고 할 수 있다. 이처럼 지역주의와 이념 스펙트럼상 파편적이지만 중도 경쟁을 통해 형성된 구심성은 파편화 양당제를 지탱하는 주요 요인이었다.

한편 스페인의 정치·정당 혐오증은 정부 정책에 대한 실망과 맞물려 발생했다고 볼 필요가 있다. 2011년 집권당이었던 사회당에 대한 지지율 하락이 시작된 원인으로 2008년 금융위기 이후의 긴축정책에 따른 복지 축소, 높은 실업률, 정치인 부패 문제 등이 지목된다. 이 분위기에서 긴축정책과 빈부 격차에 항의하는 '5·15 운동(5월 15일 운동, Movimiento-15M)' 또는 '분노한 자들의 운동(Movimiento de Indignados)'이라고 불리는 시위, 파업, 공간점거, 주민평의회 등이 2011년에 발생했고, 이 운동에 뿌리를 둔 포데모스 등의 신생 정당들이 생겨났다. 그 결과는 결국 정권교체로 이어졌다.

하지만 2011년 총선으로 집권한 국민당도 산적한 문제들을 신속히 해결하지 못했다. 재정위기의 여파로 2012년 7월 국제 채권단의 구제 금융을 받았으나 2015년 선거 때까지 경제 위기는 지속되었고, 부정부패 연루 의혹과 실업 문제 등도 해결되지 못했다. 게다가 재정위기 해결을 추진하기 위해 강력하게 집행한 사회 보장 축소도 악재로 작용했다.

이처럼 스페인에서 정부 정책에 대한 비판의 주요 요인으로 지목된 것은 정치 및 정당 혐오증과 선거 연합 효과이다. 한편 스페인에서 민주화 이후 상당 회기가 소수 정부였음에도 연립 정부는 한 번도 구성되지 않았다. 스페인 국민들의 다수가 연합 정치에 호의적이라는 점과 지역주의가 만연하여 정치 이데올로기의 차이에도 불구하고 지역정책의 유사도에 따라 지역주의 정당 지지자들의 정당 선호에 있어 수렴 현상을 보인다는 점에서 선거 연합의 가능성은 커진다.

스페인에서 선거 연합은 복잡하게 나타난다. 양대 정당이 주도하는 연합뿐만 아니라 군소 정당 간의 연합도 자주 결성된다[12]. 특히 민주중도연합을 제외한 중도와 우파 진영은 1979년 선거에서도 연합을 결성했다. 좌파 진영에서도 1986년부터 공산당을 포함하는 선거 연합인 좌파 연합을 결성해왔다. 이 좌파 연합은 2000년 선거에서 사회당과 정책 연합을 형성하는

---

12 정병기(2017), 195쪽.

등 범좌파 연합에도 참여했다.

스페인 연합 정치에서 가장 특이한 점은 지역주의 정당들이 선거 연합에 참여함으로써 자신들의 생존을 도모해왔고, 거점 지역에서 거대정당을 지지함으로써 양당제를 촉진하고 유지하는 데 기여해 왔다는 점이다. 또한 집중과연합, 연합좌파 등 조직적 선거 연합으로 선거에 임한 경우에는 선거 이후에도 단일 교섭단체를 구성해 단일 정당처럼 의정 활동에 임한다는 것도 특징적이다. 더 나아가 이 연합들은 다시 거대정당들과 정책 연합을 구성하는 등 다양한 연합 정치로 양당제의 존속에 기여해 왔다. 이와 같이 지역주의와 이데올로기가 복잡하게 얽힌 지형에서 군소정당들 간 연합 정치는 파편화된 모습의 양당제를 촉진하는 요소로 작용했다. 하지만 2015-16년 선거에서 다당제적 특성을 보이게 되는데, 이는 무엇보다도 정치 및 정당 혐오증이 팽배한 상황에서 양대 정당들과 연합하는 것이 어렵게 된 점이 원인이라 할 수 있다. 그러다 보니 군소 정당들 혹은 신생 정당들 간의 연합만이 이루어진 결과라고 할 수 있다. 대표적인 예로 2008년부터 사회노동당과 대립하던 연합좌파는 2016년 선거에서는 포데모스와 조직적 선거 연합을 구성했다. 반면 사회노동당은 독자적으로 선거에 임했다. 국민당 또한 2000년대 후반에 이어 2015년과 2016년에는 바스크민족당, 집중과연합, 카나리아연합(CC) 등 지역주의 정당들의 지지가 크게 줄었다. 반면 포데모스는 연합좌파 및 다양한 지역주의 정당들과 폭넓은 연합 정치를 구사했다. 이와 같은 또 다른 형태의 선거 연합 정치의 출현으로 그동안 스페인의 양당제적 특성은 희석되었고, 2015년 선거에서 나타난 다당제 재편의 전망을 여는 데 핵심 요소로 작용했다고 할 수 있다. 2019년 선거에서도 다당제적 경향은 유지되었다.

<표 3-2> 스페인 하원 선거 결과(득표율과 의석수)

		1977	1979	1982	1986	1989	1993	1996	2000	2004	2008	2011	2015	2016	2019 (1)	2019 (2)
국민당 (pp)	%	8.3	5.9	26.4	26.0	25.8	34.8	38.8	44.5	37.7	39.9	44.6	28.7	33.0	16.7	20.8
	석	16	9	107	105	107	141	156	183	148	154	186	123	137	66	88
사회당 (PSOE)	%	29.3	30.4	48.1	44.1	39.6	38.8	37.6	34.2	42.5	43.9	28.8	22.0	22.6	28.7	28.0
	석	118	121	202	184	175	159	141	125	164	169	110	90	85	123	120
포데모스 (PODEMOS)	%	-	-	-	-	-	-	-	-	-	-	-	20.7	21.2	14.3	12.8
	석	-	-	-	-	-	-	-	-	-	-	-	69	71	42	35
시민당 (Cs)	%	-	-	-	-	-	-	-	-	-	-	-	13.9	13.1	15.9	6.8
	석	-	-	-	-	-	-	-	-	-	-	-	40	32	57	10
복스 (VOX)	%	-	-	-	-	-	-	-	-	-	-	-	-	-	10.3	15.1
	석	-	-	-	-	-	-	-	-	-	-	-	-	-	24	52
연합좌파 (IU)	%	9.3	10.8	4.0	4.6	9.1	9.6	10.5	5.5	5.0	3.8	6.9	3.7	-	14.3	12.8
	석	19	23	4	7	17	18	21	8	5	2	11	2	-	42	35
집중과연합 (CiU)	%	3.8	2.7	3.7	5.0	5.0	4.9	4.6	4..2	3.2	3.0	4.2	-	-	-	-
	석	13	8	12	18	18	17	16	15	10	10	16	-	-	-	-
바스크 민족당 (EAJ-PNV)	%	1.6	1.7	1.9	1.5	1.2	1.2	1.3	1.5	1.6	1.2	1.3	1.2	1.2	1.5	1.6
	석	8	7	8	6	5	5	5	7	7	6	5	6	5	6	7
카탈로니아 공화좌파 (ERC)	%	0.8	0.7	0.7	0.4	0.4	0.8	0.7	0.8	2.5	1.2	1.1	2.4	2.6	3.9	3.6
	석	1	1	1	-	-	1	1	1	8	3	3	9	9	15	13
카나리아 연합 (CC)	%	-	-	-	0.3	0.3	0.9	0.9	1.1	0.9	0.7	0.6	0.3	0.3	0.5	0.5
	석	-	-	-	1	1	4	4	4	3	2	2	1	1	2	2
민주중도 연합 (UCD)	%	34.4	34.8	6.8	-	-	-	-	-	-	-	-	-	-	-	-
	석	166	168	11	-	-	-	-	-	-	-	-	-	-	-	-
기타*	%	12.5	13.0	8.4	18.1	18.6	9.0	5.6	8.2	6.6	6.3	12.5	7.1	6.0		
	석	9	13	5	29	27	5	6	7	5	4	17	10	10		
합계	%	100	100	100	100	100	100	100	100	100	100	100	100	100	100	100
	석	350	350	350	350	350	350	350	350	350	350	350	350	350	350	350
투표 참여율	%	78.8	68.3	79.9	70.5	69.7	76.4	77.4	68.7	75.7	73.8	68.9	69.7	66.5	71.8	69.9

·PSOE(Partido Socialista Obrero Español): 스페인 사회주의 노동자당
·PP(Partido Popular): 인민당
·Cs(Ciudadanos): 시민당
·PODEMOS: 포데모스 (2016-2019: United Podemos)
·VOX: 복스
·ERC(Esquerra Republicana de Catalunya): 카탈로니아 공화주의 좌파당
·JxCat(Junts per Catalunya): 카탈로니아와 함께 (2004-2011: 집중과 연합, CiU; 2015: 민주주의와 자유, DL; 2016: 카탈로니아 민주주의 집중당, CDC)
·EAJ-PNV(Euzko Alderdi Jeltzalea-Partido Nacionalista Vasco): 바스크 민족당
·EHB(Euskal Herria Bildu): 바스크 국가연합(2011: Amaiur, 바스크 민족주의 좌파연합)
·COMPROM-S(Coalició Compromís): 타협 연합
·CC-PNC(Coalición Canaria-Partido Nacionalista Canario): 카나리아 연합-카나리아 국민당 (2004: 카나리아 연합, CC; 2011: 카나리아 연합-새로운 카나리아스, CC-NC)
·UPN(Unión del Pueblo Navarro): 나바레스 인민 연합
·BNG(Bloque Nacionalista Galego): 갈리시아 민족주의 블록
·IU(Izquierda Unida): 연합좌파 ·UPYD(Unión, Progreso y Democracia): 연합, 진보, 민주주의.
·2019(1),(2): PODEMOS+IU(Izquierda Unida):: 포데모스와 연합좌파의 연합

2. 스페인 포퓰리즘 정당

1) 포데모스(PODEMOS)

2015년 유럽의회 선거를 앞두고 창당된 포데모스는 '5·15 운동'에 대중적 기반을 둔 사회운동 정당으로 시작했다. 이어 같은 해 3월에 단일 정당으로 창당되기는 했지만, 2016년 총선에서 연합좌파와 선거 연합을 구성했다. 포데모스는 현재 단일 정당으로 활동하고 있지만, 여전히 연합적 성격을 버리지 않았다. 특히 지역 조직의 자율성이 강하며, 지역주의 정당들과 다양한 방식으로 연합 정치를 실현하고 있다.

2011년 5월 15일 마드리드의 뿌에르타 델 솔(puerta del sol de Madrid) 광장에서 정부의 긴축정책에 반대해 시위를 벌였던 분노한 사람들(indignados)이 포데모스의 주축을 이루었다. '5·15 운동'에 참여한 시위자들은 사회적으로 이질적인 사람들이었으며, 노조조직률이 미미한 부문의 청년 노동자층이 많았다. 그 이외 대다수는 호황기 소비경제에 길들여진 중산층 중에서 위기

와 긴축정책으로 피해를 본 사람들이었다. 당시 광장에 모인 반정부 대중시위 군중은 긴축정책과 부패에 항의하는 세력들이었지만, 한편으로 전통적 연합좌파 세력이 왕정에 대해 강한 저항을 보인 것과 달리 입헌왕정과 친밀감을 유지하는 사람들도 있었다. 왕정은 1978년 헌법 체제의 일부였고 포스트 프랑코 체제에서 보수주의의 구심점에 해당한다. 그럼에도 불구하고 광장의 군중들은 부패정당들이 선거를 통해 국민주권을 찬탈하고 있다는 주장을 펼쳤지만, 어떤 면에서는 전통적인 좌우 논리로 구분할 수는 없었다. 부패한 정당들과 정치가에 대한 혐오와 반긴축이 그들의 주요 요구사항이었고, 운동에 참여했던 사회적 기반은 좌우 논리로 구별이 어려운 이질적 대중이었다. [그림 3-1]이 보여주듯이, 2008년 이후 스페인에서 정치와 정당 혐오증은 크게 증가했고, 특히 2011년 이후 부패를 가장 심각한 위기 요인이라고 응답한 비율이 급격히 증가했다.

[그림 3-1] 경제 및 정치적 위기 인식(%)

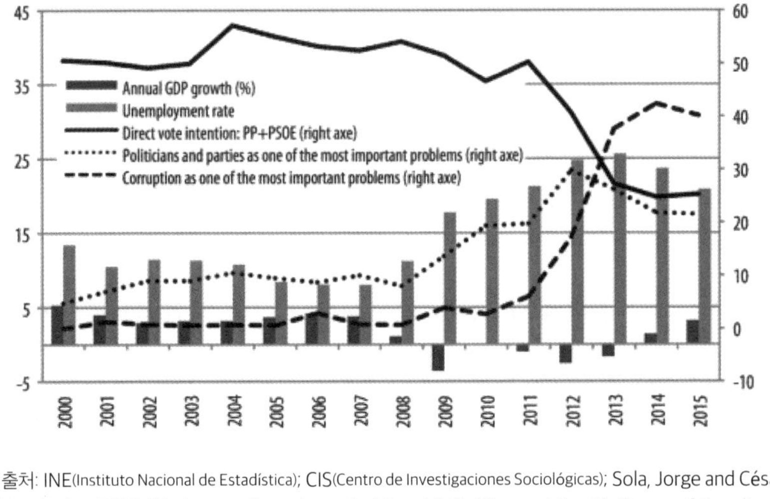

출처: INE(Instituto Nacional de Estadística); CIS(Centro de Investigaciones Sociológicas); Sola, Jorge and César Rendueles, 2018, “Podemos, the upheaval of Spanish Politics and the Challenge of Populism,” Journal of Contemporary European Studies, vol.26, no.1, p.101.

포데모스는 반긴축을 주장한다는 점에서 전통적인 좌파 논리를 보이지만, 결과적으로는 좌우가 아닌 위아래 구분으로 인해 좌파 지지층을 넘어 광범위한 대중으로 지지층을 확대할 수 있었던 것으로 평가받고 있다. 하지만 아래 [그림 3-2]가 보여주듯이, 2014년부터 2016년 사이에 포데모스 지지자를 대상으로 한 이념 성향 조사에서 자신을 좌파적 성향을 갖는다고 응답한 비율이 약 65%에서 80%까지로 나타났다. 또한 그들이 2011년 총선에서 투표한 정당 조사에서는 사회노동당과 연합좌파뿐만 아니라 어느 정당에도 투표하지 않은 무당층이었다는 응답도 높게 나타났다([그림 3-3]).

[그림 3-2] 포데모스 지지자의 이념 성향

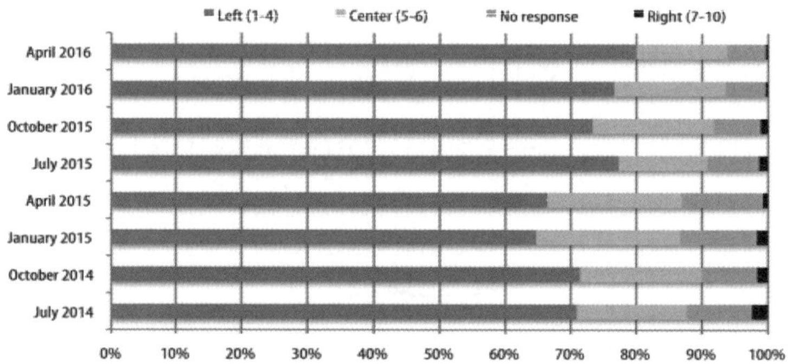

출처: CIS, Sola & Rendueles(2018). p.108.

[그림 3-3] 포데모스 지지자의 2011년 총선 투표

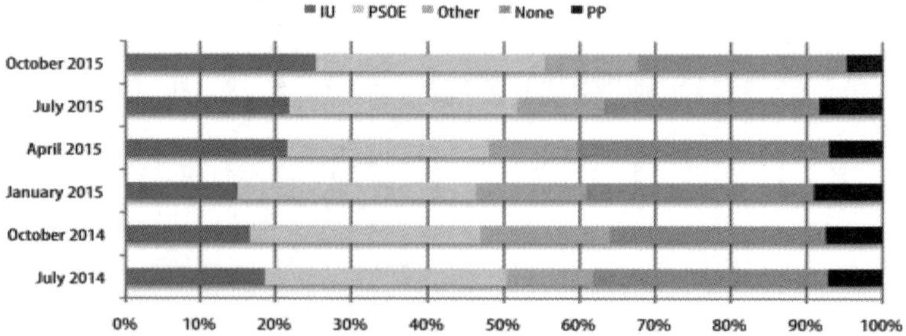

출처: CIS, Sola & Rendueles(2018). p.108.

당시 스페인에서는 마드리드를 시작으로 50개가 넘는 도시에서 시위가 벌어졌고, 실업 문제를 겪고 있는 청년층이 대규모로 참여하면서 운동이 장기화되었다. 그런데도 대부분의 국민들 역시 정부에 대한 시위 대중의 요구사항이 정당하다고 공감한 데에는 위기 해결에 미흡한 기존 정치세력에 대한 불만이 고조된 탓이 컸다.

점거 운동은 공간적으로 확산되어 가는 동시에 담론적 영향력도 확대해나갔다. 정치 카스트(casta política) 타도라는 슬로건 하에 반긴축 및 반금융 자본의 급진적 사회 개혁 요구들이 섞여 전통적인 좌파 담론을 벗어나게 된다. 창당 이후 유럽의회 선거에서 포데모스가 내세웠던 주요 선거 공약들은 '5·15 운동'에서 이미 등장했던 것이다. 그들에게 있어 인민 대 카스트의 대결 구도에서 민주화 이후 번갈아 정권을 차지해 온 두 개의 거대정당인 국민당과 사회노동당은 정치 카스트를 대표했다. 이들과 공산당 및 지역주의 정당들의 협상으로 만들어진 1978년 헌법 역시 개혁이 필요한 낡은 정치 카스트의 일부로 이해되었다. 전통적 좌파가 1978년 헌법의 문제점을 왕정 존속과 같은 일부 문제를 중심으로 보았던 것과 달리, '5·15 운동'은 1978년 헌법 체제를 진정한 민주주의를 위해 반드시 넘어서야 할 카스트 체제로 공격했다. 시위 대중이 좌우를 넘어 국민당과 사회노동당을 정치 카스트로 한데 묶어 공격했던 이유는 일련의 부패 스캔들에 두 당이 모두 관련되어 있었으며, 경제위기 이후 정권을 교체했던 두 당 모두 일관된 긴축정책을 추진했다는 점 때문이다. 긴축정책을 추진하는 두 당이 모두 연루된 부패 스캔들은 분노한 대중들의 입장에서 긴축정책과 부패가 서로 연관되어있다는 인식을 심어주었다. 즉 분노를 부추긴 결정적 요인이 바로 긴축을 강요하는 정치세력이 부패한 자들과 동일했다라는 점이었다. 부패 스캔들, 버블경제의 몰락과 긴축정책이 시기적으로 맞물린 탓에 반긴축이라는 사회경제적 의제가 신자유주의 양당체제의 정치적 문제와 자연스럽게 연결될 수 있

는 기반이 된 것이다.[13]

'5·15 운동'은 사회운동으로 진화했고, 2014년에는 '존엄의 행진(Marchas de la Dignidade)'이라는 이름하에 전국적 대규모 시위를 조직했다. 이 기간 동안 신자유주의 긴축에 반대하는 여러 사회운동 조직들이 형성되었고, 물결(Merea)이라는 이름으로 결집했다. 따라서 포데모스는 대중시위에서 사회운동의 형성으로, 나아가 사회운동에서 정당 창립으로 이어지는 두 단계에 걸친 도약으로 출발하였다. 포데모스는 모베르 피차 선언(Manifest Mover ficha)을 통해 독자 정당을 창당함으로써 유럽의회 선거에 개입한다는 의지를 표명했고, 스페인에 강요된 긴축에 대한 저항과 이를 위한 제도적 힘의 필요성을 강조했다.

유럽의회 선거에서 포데모스는 7.98%의 득표로 5석을 획득하게 된다. 선거 준비 과정에서 포데모스는 연합좌파의 연합명부에 가담하는 방식을 모색하기도 했지만, 후보 선출 문제로 대립을 겼었다. 후보 선출을 정당 간 합의로 할 것인지 혹은 개방형 예비선거를 치를 것인지에 관한 이견으로 인해 결국 포데모스는 연합명부가 아닌 독자명부로 출마하게 된다. 포데모스의 유럽의회 선거공약에는 모든 사회구성원에게 아무런 조건 없이 지급되는 보편적 기본소득 도입, 경제의 주요 영역의 국유화, 스페인 정부 채무의 무효화, 나토탈퇴 등의 급진적인 개혁안들이 담겼다.

한편 무엇보다 주목할 점은 포데모스가 정치적 소수를 대표하는 것이 아니라 정치공동체 전체에 대해 보편성을 가지는 보편적 인민을 대표한다는 것이었다. 이는 포데모스가 정치적 소수를 대변하는 다른 사회운동 정당들과 구별되는 특징이라 할 수 있다.

13 금민, 2015, "포데모스, 좌파 포퓰리즘의 가능성과 한계," 『마르크스주의연구』 제12집 4호(경상국립대학교 사회과학연구원), 268~272쪽.

포데모스 성공의 가장 큰 요인인 정치 카스트에 대한 공격은 좌우 이념적 구분이 아닌 위 아래의 수직적 구분이자 부패한 엘리트 대 순수한 인민이라는 대립 구도를 통해 포퓰리즘적 동원을 전개해나갔음을 의미한다. 한편 스페인의 연합좌파도 포데모스와 마찬가지로 반긴축 정당이다. 또한 포데모스는 이념적인 면에서 유럽 버전의 좌파 포퓰리즘에 속한다.[14] 하지만 연합좌파도 긴축에 찬성하는 국민당과 사회노동당을 모두 '카스트'로 공격하기에는 정치적 부담이 있었다. 왜냐하면 연합좌파 역시 1978년 체제에 합의한 파트너였기 때문에 체제의 일부로 여겨졌기 때문이다. 그로 인해 양대 기성 정당에 대해 그들의 대표성을 부정하는 분노한 군중들의 주장을 기반으로 1978년 체제의 폐지를 주장하긴 어려웠다. 따라서 기성 정당의 부패와 더불어 신자유주의적 위기의 문제가 부상하던 시기에 스페인에서 1978 체제 자체를 문제 삼을 수 있었던 정치세력은 포데모스가 유일했다. 다시 말해 연합좌파에게는 1978년 체제보다 입헌 왕정이 더 문제였다면, 포데모스에게는 공화국이나 국왕이라는 문제보다는 무능하고 부패한 정치 카스트가 보다 큰 문제였다. 그리고 이는 결국 1978년 체제 자체의 문제로 연결되었다.

따라서 포데모스 특유의 포퓰리즘을 집약적으로 표현한 '카스트 타도'라는 매개가 없었다면 반긴축 운동은 전통 좌파의 주장과 운동에서 벗어나지 못했을 수 있다. 긴축으로 대중이 고통받는 상황에서 위와 아래의 구도는 분노를 결집시켰다. 포데모스의 창당 과정에서의 포퓰리즘적 특징들은 내부 의사결정 구조와 집행 구조의 위기 대응 양식 전반에서도 지속적으로

---

14 Sola and Rendueles(2018), p.104. 솔라와 렌두엘레스는 포데모스가 급진적 좌파 이념의 정책들을 초기 제안했던 것과 대비해 국가가 공공보건과 교육을 제공하는 모체로써 국가의 책임과 기능을 강조하는 동시에 카탈로니아의 독립투표를 지지하는 등 권위주의 과거와 지역 고유의 정체성에도 불구하고, 포데모스가 국가와 민족 정체성을 관통하는 하나의 정체성을 형성해낼 수 있었다고 본다.

나타난다.

포데모스가 조직 체계를 만들고, 운영 원칙을 정하는 일은 유럽선거 이후에 이루어졌다. 유럽선거가 끝나고 포데모스의 당수인 이글레시아스(Pablo Iglesias Turrión)는 매우 이질적인 포데모스 당원들의 상징적인 구심 역할을 했다. 지도자와의 일체화를 통해 이질적인 당원들은 하나의 집단적 정체성으로 통합될 수 있었다. 한편으로 포데모스의 사례는 좌파 정당이 포퓰리즘적 동원방식을 통해 대중정당이 되었을 때, 사회운동에 기반을 둔 당내 좌파와 카리스마적 지도자를 정점으로 하는 선거기구가 극단적으로 대립할 수 있다는 점도 보여준다.[15]

2014년 유럽의회 선거에서 포데모스는 무조건적인 기본소득 도입, 전략산업 부문의 국유화, 스페인 정부채무의 무효화, 나토 탈퇴 등의 급진적 공약들로 지지를 결집시켰다. 하지만 이듬해 총선 공약에서 유럽의회 선거 당시의 공약들은 거의 삭제됐다. 기본소득이나 사회화 강령도 사라졌고, 대신 선별적 지원인 최소보장소득이 등장했다. 채무 무효 대신에 스페인 국익에 따른 유럽연합(EU)과의 재협상이 등장했다. 유럽의회 선거 공약들 중 여전히 남은 것은 덜 급진적인 개혁정책들, 예를 들어 누진과세, 주당 35시간 노동, 자본거래세, 공공은행의 설립 등이다. 총선 공약을 통해 포데모스는 좌파 사회민주주의에 가깝게 전환한 것으로 평가받기도 한다. 유럽의회 선거공약에서 급진적인 내용들이 삭제된 것도 그렇고, 총선 정책을 기초한 경제학자들이 좌파 사회민주주의에 가까운 인물들이었다는 것도 우로 선회했다는 평가의 이유이다. 이처럼 포데모스가 사회운동 정당에서 포괄정당으로 전환하는 과정에서 좌의 고정적 지지층만이 아니라 중간층의 지지를 받으려고 노력한 결과로 우선회적 특성을 보이게 된 것은 주목할 만하다.

15 금민(2015), 273~285쪽.

최초 결집에는 급진적이고 명료한 강령이 효과적이었지만, 포괄정당으로 전환해 가는 과정에서 좌파적 특성을 갖는 강령적 명료성은 포데모스가 설정한 위와 아래의 구도에 불리한 요소일 수 있다. 명료한 강령은 찬반을 불러올 수 있기 때문에 중도 이념의 지지층 동원이 어려울 수 있다.

그와 같은 이유로 2014년 유럽의회 선거 종료 후 포데모스는 선거 당시의 급진적 개혁 공약에 대해 더 이상 언급하지 않았다. 대신에 분명한 반자본주의 레토릭을 사용했다. 이를 통해 포데모스가 추구하는 정책의 목표를 수사로 보여주는 동시에 그 수단에 대해서는 여지를 남겨두는 전략을 취함으로써 대중정당으로 성장할 수 있었다. 아래 <표 3-3>은 유럽의회 선거를 통해 8%의 득표율로 시작한 포데모스가 2016년 총선에서 21.1%의 득표율로 22.7%를 득표한 사회노동당과 근소한 차이를 보이는 것을 보여준다.

<표 3-3> 유럽의회 선거와 지방선거 및 및 총선 결과 2014~2016(%)

	유럽의회 선거 2014.05	지방선거 2015.05	기초선거 2015.05	총선 2015.12	총선 2016.06
국민당	26.0	31.0	27.5	28.7	33.0
사회노동당	23.0	25.1	16.6	22.0	22.7
포데모스	8.0	13.9	22.2	20.7	21.1
시민당	3.2	10.2	11.4	13.9	13.1
연합좌파	10.0	4.4	8.8	3.7	-

출처: El País, Sola & Rendueles(2018). p.100.

2) 복스(VOX)[16]

2018년 이후 부상하고 있는 복스는 제도권 밖에서 정치적 환경변화를 고대하면서 잠복해있던 극우주의 세력이 포퓰리즘적 동원이라는 전략을 통해 성공한 사례로 볼 수도 있다. 스페인에서 그동안 극우 정치세력의 중앙의회 진출이 어려웠던 이유는 지역주의와 권위주의 경험 등을 원인으로 한다. 하지만 최근 복스의 성공을 가능하게 했던 계기 역시 존재하며, 이에 관한 맥락적 분석이 필요하다.

먼저 복스가 포퓰리스트 급진우익정당(Populist Radical Party, 이하 PRR)에 해당하는가를 살펴보아야 한다. 카스 뮈데(Cas Mudde)에 따르면 PRR은 '토착주의, 권위주의와 포퓰리즘의 혼합'이다. 토착주의는 민족주의와 제노포비아의 요소들을 특징으로 갖는다.[17] 따라서 이는 두 개 집단, 즉 국가 공동체에 소속된 자들과 그렇지 않은자를 구분하고, 민족 외부의 사람들을 민족 내부 집단의 동질성에 대한 심각한 위협으로 간주한다. 한편 권위주의는 엄격한 질서 사회를 최우위 가치로 삼고 권위에 대한 위반은 철저히 처벌받아야 한다는 신념을 공유한다. 또한 포퓰리즘은 앞에서 언급했듯이, 연성 이데올로기이자 사회를 동질적이고 적대적인 두 개의 그룹, '순수한 인민'과 '부패한 엘리트'로 구분해 서로를 대척점에 세운다. 나아가 정치가 인민의 '일반 혹은 전체 의지를 표현해야 한다'고 본다. 복스는 2013년 12월 국민당의 일원이었던 산티아고 아바스칼(Santiago Abascal)에 의해 창당되었다. 아바스칼은 마리아노 라호이(Mariano Rajoy)가 이끄는 국민당이 그동안 전통

---

16 이 절은 "고주현, 2020, "스페인 포퓰리스트 극우정당의 성공요인 분석: Vox를 중심으로," 『정치정보연구』 제23권 2호(한국정치정보학회), 153~188쪽" 논문에 게재된 내용 중 일부를 발췌 및 정리했음을 밝힌다.

17 Mudde, Cas, 2011, "Radical Right Parties in Europe: What, Who, Why?," *Participation*, vol.34, no.3, p.12.

적 가치, 국가통합, 경제적 자유 등의 이슈에서 지나치게 온건화된 것에 불만을 품고 복스를 창당했다. 직접적인 이유는 낙태와 동성 결혼을 주장하는 스페인 페미니즘 운동의 최근 성장에 대한 대응이었다. 하지만 이와 동시에 이주민, 이슬람과 다문화에 대한 저항 등 전통적인 극우주의적 요소를 주요 이념으로 한다는 점에서 복스는 뮈데(Mudde)의 PRR 정의에 부합한다. 복스는 또한 권위적 보수주의와 민족주의에 강한 기반을 둔 정치 이념을 갖는 정당이다. 국가의 강력한 중앙집권화를 옹호하고, 지역의 자치 권한 축소를 주장한다. 복스를 신파시스트 정당으로 보는 소수의 학자들이 있지만,[18] 민주주의적 법치 질서를 인정한다는 점에서 복스는 현대 포퓰리스트 급진우파 정당에 더 가깝다.[19] 턴불 듀가르트(Turnbull-Dugarte)는 복스가 민족주의, 권위주의, 전통적인 가치를 중시하는 속성과[20] 더불어 특히 스페인의 과거 영광에 대한 회복을 강조하는 것에서 포퓰리스트적 접근을 찾을 수 있으며, PRR 정당에 해당한다고 본다.[21] 무엇보다 '스페인을 다시 위대하게'라는 구호로 포퓰리스트적 호소를 보이는 것은 포퓰리스트 급진우파 정당에 걸맞는 민족주의적 시그널로 이해할 수 있다. 복스와 이념적 유사성을 갖는 프랑스의 인민전선(Front National), 독일을 위한 대안(AFD), 영국독립당(UKIP)과 다수의 유럽 극우 정당들처럼 복스는 이민에 대해 강경한 입장을 견지하며, 범죄를 저지른 불법 이민자 추방과 이민자 유입에 호의적인 사회

18 Franquesa, Jaume, 2019, "The Vanishing Exception: Republican and Reactionary Specters of Populism in Rural Spain," *The Journal of Peasant Studies*, vol.46, no.3, p.545.

19 Dennison, James, and Mariana Mendes, 2019, "When Do Populist Radical Right Parties Succeed? Salience, Stigma, and the Case of the End of Iberian 'Exceptionalism'," *EUI Working Paper RSCAS*(Fiesole: Migration Policy Centre), p.1.

20 Ferreira, C. 2019. "Vox Como Representante de la Derecha Radical en España: Un Estudio Sobre Su Ideología." *Revista Española de Ciencia Política*, vol.51, p.92.

21 Turnbull-Dugarte, J. Stuart, 2019, "Explaining the end of Spanish exceptionalism and electoral support for Vox," *Research and Politics*, vol.6, no.2, p.2.

정책의 폐지를 주장한다.[22] 주목해야 할 점은 이민에 대한 강경 노선은 그동안 스페인의 여타 정당들의 담론에서 정치적 선명성을 보이지 못했던 이슈로,[23] 복스의 반이민 강조는 스페인 맥락에서 예외적이다.[24]

한편 카탈로니아 문제에 있어서 복스는 권위주의에 대한 선호와 스페인 민족주의적 요소를 모두 표방한다. 무엇보다 분리주의자들의 위협에 대항해 카탈로니아 지역의 자치 중지를 요구하고,[25] 분리독립의 목적을 갖는 정당에 대해 위헌을 주장한다. 이러한 목표들은 복스의 극단주의적 성격을 명백히 드러내고, 다른 우파 정당들과의 정치적 거리를 보여준다.

<표 3-4> 복스(VOX) 이념적 특성

특성	VOX	
민족주의	O	·범 스페인 국경을 스페인 민족의 범위와 연계, 문화적 동질화 강조 ·카탈로니아, 바스크 등 소수의 대안적 민족 프로젝트 억제
토착주의	O	·국가의 내부적 동질화 강조 ·강경한 이민정책 ·이슬람 근본주의와의 투쟁
권위주의	O	·법과 질서 강조 ·헌법 가치와 정의 훼손 비판
포퓰리즘	O	·부패한 주류 정당과 피폐한 대중의 삶 연계 ·공공 기관과 관료의 정직성, 국가 효율성 ·분리독립 세력을 국가 통합을 훼손하는 '내부의 적'으로 상정 ·분리독립 세력에 동조하는 주류 정당 역시 적으로 상정

22 Vox Manifesto, 2019, 100 Medidas Para la España Viva, Available at: https://www.voxespana.es/biblioteca/espana/2018m/gal_c2d72e181103013447.pdf.

23 Encarnación, Omar, G., 2004, "The Politics of Immigration: Why Spain is Different," *Mediterranean Quarterly*, vol.15, no.4, pp.167~185.

24 Morales, Laura, Serge Pardos-Prado and Ros Virginia, 2015, "Issue Emergence and the dynamics of Electoral Competition around Immigration in Spain," *Acta Politica*, vol.50, no.4, pp.461~485.

25 Vox Manifesto(2019).

전통적 가치	O	·전통 가치 수호 ·스페인의 단일 문화와 언어 강조
반 민주주의	X	·대의 민주주의 수용 - 선거 제도 개편 요구(폐쇄명부, 할당제 등)

출처: Vox Manifesto(2019) 토대로 저자 정리; 고주현(2020).

이처럼 복스의 극우적 성격은 이민자에 대한 적대와 민족주의적 특징을 통해 확인할 수 있다. 하지만 이러한 적대가 포퓰리즘의 가장 기초적 정의인 엘리트와 인민 사이의 적대로 코드화되어 지지를 이끌어내는지에 대한 보다 구체적인 설명이 필요하다. 복스가 PRR로 분류되는 근거 중 하나는 그들의 매니페스토에 나타난 이민자에 대한 적대와 이에 대한 대중의 지지이다. 복스 역시 포데모스와 마찬가지로 인민과 엘리트 사이의 적대를 부추긴다. 그리고 여기에 지역주의 균열을 혼합한다. 복스는 적대시하는 분리독립 세력(지역주의 정당뿐 아니라 이들과 결탁하는 주류 정당 포함)과 이민자에 친화적인 세력을 부패한 엘리트의 영역으로 보고, 중앙집중주의와 스페인 민족주의를 추구하는 복스를 위시한 그 외 세력을 순수한 인민의 구도로 파악한다. [그림 3-4]는 포퓰리즘의 최소 정의인 엘리트 대 인민 구도로 복스의 이분 구도를 형상화한 것이다.

[그림 3-4] 포퓰리즘 최소 정의인 엘리트 vs 인민 구도에 따른 복스(VOX)의 이분 구도

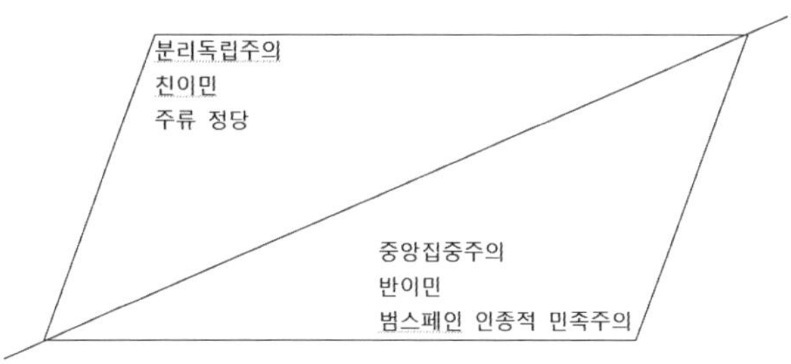

급진우파 정치세력인 복스가 포퓰리스트 정당으로 결국 2018년 안달루시아 지방선거와 2019년 총선을 통해 스페인에서 민주화 이후 처음으로 지역과 전국 차원에서 의석을 확보한 것은 의미가 있다. 2018년 12월 2일 치러진 안달루시아(Andalucía) 지방선거는 수자나 디아스(Susanna Díaz) 자치수반의 조기 선거 발표로 이루어졌다. 당시 그러한 상황은 국민당 소속 총리에 대한 불신임안이 가결되고, 사회당 당수인 페드로 산체스(Pedro Sanchez)가 신임 총리로 임명된 직후라 안달루시아에서도 조기 선거를 통해 사회당의 지지기반을 확고히 할 수 있을 것이라는 기대에서 비롯됐다.[26]

선거는 국가적 갈등 상황 속에 치러졌다. 사회 및 경제적 이슈에 대한 자유주의적 좌파와 보수 우파 간의 전통적인 정당 갈등과 함께 스페인의 정치경쟁은 지방분권을 둘러싼 중앙-지방 갈등이 주요 요인이었다. 2017년 10월 1일, 분리독립 연정이 이끄는 카탈로니아 자치정부는 중앙정부의 승인 없이 지역의 독립 여부에 관해 자체 투표를 진행했고, 10월 27일 일방적 독립을 선언했다. 라호이가 이끄는 중앙정부는 독립운동을 저지했고, 스페인 헌법 155조를 발동 및 카탈로니아 주정부의 자치 권한을 중지시키고, 차기 선거 시까지 중앙으로부터의 직접 통제를 실시했다. 이로 인한 정치적 갈등은 2020년 현재까지도 큰 개선을 이루지 못했고, 카탈로니아의 전 자치 수반인 카를레스 푸지데몬(Carles Puigdemon)은 브뤼셀에 망명 중이다. 또한 그의 동료들 역시 스페인 대법원에 의해 국가 반역죄를 이유로 재판 중에 있다. 현재 분리주의 연합은 카탈로니아에서 여전히 권력을 유지하고 있는 반면, 카탈로니아 독립을 둘러싼 정치적 갈등은 지역을 넘어 전국 차원으로 확대되고 있다. 안달루시아 지방선거는 카탈로니아 문제로 인한 국내 갈등에 더해

---

26 Martín-Arroyo, Javier, "Díaz Convoca Elecciones para Evitar el Desgaste del PSOE y la Inestabilidad," *El País*, October 9, 2018. Available at: https://elpais.com/politica/2018/10/08/actualidad/1538995646_481936.html (검색일: 2020.05.04.)

2018년 아프리카로부터 유입된 이민자 수가 이탈리아와 그리스를 초과한 이후 스페인이 유럽 이민 위기의 새로운 거점으로 부상하면서 문제가 확대되었다.[27] 산체스가 이끄는 사회당 정부가 평소 이민자와의 유대를 강조해 왔음에도 이탈리아 정부의 아쿠아리우스(Aquarius) 선으로부터의 이민자 수용 거부 이후, 이에 대한 수용 입장은 스페인 내 언론과 야당으로부터 비난을 피하지 못했다.[28]

복스의 정치적 성공에도 카탈로니아 이슈와 이민 문제에 대한 정당의 유권자 동원 능력이 중요한 요인으로 작용했다고 할 수 있다.[29]

한편 사회당의 경우 2015년 대비 14석을 잃으며, 당시까지 선거 결과 중 최악의 성적을 거두었다. 포데모스의 지역 정당인 전진안달루시아(AA: Adelante Andalucia)도 득표율이 6% 하락했다. 결국 지역의 좌파 블록인 사회당과 전진안달루시아는 17석을 우파 연합에 내주었다. 비록 국민당 역시 득표율과 의석수가 지난 지역 선거와 비교해 감소했으나, 시민당과 복스의 약진으로 주류 우파 정당들은 안달루시아 유권자들이 지역의 좌파 기반 정치에 대한 변화와 쇄신을 요구한 것이라 주장했다.

---

27 Keeley, Graham, "How Spain Became the New Centre of Europe's Migrant Crisis," *The Times*, August 3, 2018. Available at: https://www.thetimes.co.uk/article/how-spain-became-the-newcentre-of-europe-s-migrant-crisis-wfdsq9s65 (검색일: 2019.08.05.)

28 Sanmartín, Olgar, R., "Sánchez Dice que es "Exagerado" Hablar de Crisis Migratoria y el PP le Pide Expulsar a Más 'Sin Papeles," *El Mundo*, December 18. 2018. Available at: https://www.elmundo.es/espana/2018/12/18/5c18c00ffc6c8363288b4577.html (검색일: 2019. 12.18.)

29 Jabois, Manuel, "La Nueva Extrema Derecha Irrumpe en Escena," *El País*, the 4th of October 4, 2018, Available at: https://elpais.com/politica/2018/10/03/actualidad/1538585644_517997.html (검색일: 2018.12. 20.); Llaneras, Kikko. Javier Galan, and Andrino Borja, "Vox Crece Dónde Hay Más Inmigrantes: Un mapa de Sus Votos en Cada Municipio," *El País*, December 3, 2018, Available at: https://elpais.com/politica/2018/12/03/actualidad/1543829876_200181.html (검색일: 2018.12.05.)

<표 3-5> 2015년 및 2018년 안달루시아 지방선거 결과

	% 득표율 (의석)		증감율
	2015	2018	
사회노동당(PSOE)	35.43 (47)	27.95 (33)	-7.48 (-14)
국민당(PP)	26.76 (33)	20.75 (26)	-6.01 (-7)
시민당(Cs)	9.28 (9)	18.27 (21)	+8.99 (12)
전진 안달루시아(AA)	21.73 (20)	16.18 (17)	-5.55 (-3)
복스(VOX)	0.45 (0)	10.97 (12)	+10.52 (12)

출처: www.parlamentodeandalucia.es (검색일: 2020.4.15.); 고주현(2020), 167쪽.

주류 우파 정당의 승리 주장에도 불구하고, 주요 언론들은 복스의 첫 의석 확보와 급진우파 정당에 대한 정치적 호소가 지역에서 설득력을 얻은 것이라고 평했다. 결국 국민당과 시민당의 연립을 통한 우파 블록의 지방정부 탈환은 복스의 지원으로 가능했고, 이는 안달루시아 지역에서 지난 36년간 사회당 주도 정부의 종식을 가져왔다.

한편 2019년 4월 총선은 경제적 대침체 이후 주류 정당에 대한 지지가 새로운 도전자인 포퓰리스트 급진우파 정당에 의해 약화되었다는 측면에서 의미 있다. 2019년 4월 선거에서 가장 큰 승자는 사회당이었지만, 그럼에도 처음 중앙의회 의석을 차지한 복스가 더 주목받았다. 포퓰리즘은 스페인 정치에서 새로운 분열적 현상이다. 스페인에서 포퓰리즘 현상은 포데모스라는 배너 하에 좌파적이고 포용적인[30] 형태로 출현해 2015년과 2016년 총선에서 승리를 거둔 바 있다. 또 다른 신생 정당인 시민당은 포퓰리스트로 분류되지 않지만, 중도 우파 정당으로 국내 정치의 재편을 요구하며 세

30 Mudde, Cas, and Cristóbal Rovira Kaltwasser, 2013, "Exclusionary vs. Inclusionary Populism: Comparing Contemporary Europe and Latin America," *Government and Opposition*, vol.48, no.2, pp.147~174.

를 확대해나갔다. 일련의 부패 스캔들로 상처를 입은 국민당은 2018년 의회의 불신임안 통과로 인해 사회당에 정권을 내주었다.[31] 2019년 총선의 결과는 파블로 카사도(Pablo Casado)로 당수가 교체된 국민당이 더 이상 중도 우파의 지배 정당이 아니란 점을 보여준다. 또한 <표 3-6>를 통해 알 수 있듯이, 국민당이 정치 스펙트럼의 우측에서 증가하는 경쟁과 분열에도 불구하고 여전히 선거적 경쟁력을 보유하고 있지만, 사회당과 포데모스가 입지하고 있는 중도 좌파와의 경쟁에선 뒤지고 있다는 것을 확인할 수 있다.

<표 3-6> 2019년 총선 결과

	득표율		의석 (괄호 안은 의석 %)	
	%	2016년과 차이(%)	점유 의석	2016년과 차이(%)
사회당(PSOE)	28.7	+6.1	123 (35.1)	+38 (+10.8)
연합포데모스 (Unidos-Podemos)	14.3	-6.8	42 (12)	-29 (-8.2)
중도좌파/좌파	43	-0.7	165 (47.1)	+7 (+2.6)
국민당(PP)	16.7	-13.3	66 (18.8)	-71 (-20.3)
시민당(Cs)	15.9	+2.8	57 (16.3)	+25 (+7.1)
복스(VOX)	10.3	+10.2	24 (6.8)	+24 (+6.8)
중도우파/우파	42.9	-0.3	147 (42)	-22 (-6.4)
기타(지역주의, 친독립주의 정당)	14.1	+1	38 (10.9)	+15 (+4.3)

출처: 스페인 내무부 Ministerio del Interior España, https://www.generales2019.infoelecciones.es/ (검색일: 2020.04.22.); 고주현(2020), 168쪽.

---

31 Margulies, Ben, 2018, "Rajoy Loses Power in Spain: What Happens Now?" *LSE European Politics and Policy (EUROPP) Blog*. http://eprints.lse.ac.uk/90923/ (검색일: 2020.04.05.)

스페인에서 포퓰리스트 극우 정당의 출현을 가능하게 한 요인으로는 이민과 정치기회 구조 및 중앙지방 균열의 요인을 들 수 있다. 스페인의 사례는 다층 정치체제에서 포퓰리즘의 경쟁적 형태 간의 비교를 가능하게 한다.

기존 연구들에 의하면, 우파 포퓰리즘을 좌파 포퓰리즘과 구분하는 핵심 요인은 좌파의 경우 사회경제적 이슈들에 중점을 두는 반면, 우파는 사회문화적 이슈들에 집중한다고 본다. 배제와 포용이라는 분류 하에서 좌파 포퓰리즘은 사회경제적으로 포용적인 경향을 띄는 (빈곤층 포용) 반면, 우파 표퓰리즘은 사회문화적으로 (외국인 배제) 배타적이다. 양가적 형태의 포퓰리즘은 세계화에 대한 반발과 특히 2008년 시작된 재정위기와 경기침체의 후폭풍으로 초래되었다. 하지만 사회경제적이고 사회문화적인 이슈들 간의 구별을 고려하면, 이들 현상들 간의 다른 측면들도 부각된다. 이는 샤츠슈나이더(Schattschneider)가 언급했듯이, 정당과 정치 엘리트들이 자신들에게 유리한 사회 갈등은 동원하고, 그렇지 않은 사회적 갈등은 억압하거나 배제함으로써 정당체제를 형성하게 한다는 정당체제 형성에서의 동원의 측면을 강조하는 것과도 맥을 같이 한다고 볼 수 있다.[32] 즉 특정 정당이 자당에 유리한 특정 균열을 의도적으로 동원하는 것이다.

로드릭(Rodrik)이 강조했듯이,[33] 우파 포퓰리스트들은 세계화를 문화적 영역으로 강조하는 경향이 있다. 특히 이민의 영향은 국민의 일반 의지에 대한 외부적 위협으로 여겨진다. 반면에 좌파 포퓰리스트들은 주로 재정과 무역 통합의 형태로 야기된 보다 경제적인 영역에 집중한다. 이는 크리시 외

32 샤츠슈나이더(Schattschneider), E. E., 2008, 『절반의 인민주권』 현재호·박수형 역 (서울: 후마니타스) 111~121쪽.

33 Rodrick, Dani, 2018, "Populism and the Economics of Globalization," *Journal of International Business Policy*, vol.1, no.2, pp.12~33.

(Kriesi et al)[34] 가 언급했듯이, “국경 개방에 대해 급진 좌파가 반대하는 이유는 경제적 자유화에 대한 저항이자 국가 수준에서 좌파가 성취한 것에 대한 위협으로 간주하기 때문”이다. 반면 “포퓰리스트 우파의 경우 국경 개방은 국가 정체성에 대한 경쟁과 위협으로 사회문화적 형태의 저항”으로 본다.” 일반적으로 이민율이 높은 지역에서 사회문화적 이슈들을 통한 정치적 동원력이 보다 증가한다. 실제로 기존 연구들은 이민과 우파 포퓰리즘 간의 상관성에 관해 증명한 바 있다.[35]

최근 데니슨과 멘데스(Dennison and Mendes)는 복스를 반이민 정당으로 분류하고, 스페인 정치 지형에서 이민에 대한 이슈 선명성의 증가가 복스의 지지율 상승에 영향을 주었음을 경험적으로 증명한 바 있다.[36]

이는 복스가 범죄자를 포함한 불법 이민자에 대한 즉각적 추방과 이민자 통합에 친화적인 사회정책의 폐지를 강조하는 등 선거 기간 동안 이민에 대해 강경한 입장을 유지했다는 점에서 설득력을 갖는다.[37] 주목해야 할 점은 그동안 스페인은 역사적으로 남아메리카 식민지로부터 이주한 이민 비율이 전통적으로 높았던 국가였기 때문에 이주민에 대한 적대 정서가 다른 유럽 국가들과 비교해 크지 않았다. 또한 2008년 경제위기와 대공황으로

---

34 Kriesi, Hanspeter, Edgar Grande, Romain Lachati, Martin Dolezal, Simon Bornschier and Timotheos Frey, 2006, “Globalization and the Transformation of the National Political Space: Six European Countries Compared,” *European Journal of Political Research*, vol.45, no.6, pp.928.

35 Halla, Martin, Alexande F. Wagner, and Josef Zweimüller, 2017, “Immigration and Voting for the Far Right,” *Journal of the European Economic Association*, vol.15, no.6, pp.1341~1385.

36 Dennison and Mendes(2019), pp.2~5.

37 Turnbull-Dugarte, J. Stuart, 2019. “Explaining the end of Spanish exceptionalism and electoral support for Vox,” *Research and Politics*, vol.6, no.2, p.3; Vox Manifesto, 2019, *100 Medidas Para la España Viva*, Available at: https://www.voxespana.es/biblioteca/espana/2018m/gal_c2d72e181103013447.pdf

인해 불법 이민은 오히려 감소하는 측면이 있었다. 하지만 알롱소와 로비라 칼트바쎄(Alonso and Rovira Kaltwasser)에 의하면 [그림 3-5]가 보여주듯이, 스페인에서 이민자에 대한 태도는 점차 변화하고 있음을 확인할 수 있다. 또한 CIS(Centro de Investigaciones Sociológicas)의 2013년 조사에서도 당시 스페인인들이 가장 중요한 문제로 꼽았던 이슈는 실업률 증가(전체 응답자의 82%가 선택)였지만, 이민 이슈가 그 뒤를 따랐다.

[그림 3-5] 스페인에서 이민자에 대한 태도(%)

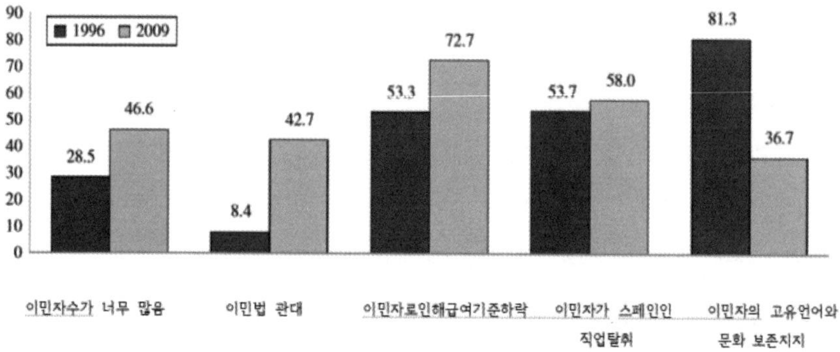

출처: CIS 조사 #2,214(1996), #2,817(2009);
Alonso, Sonia, and Cristóbal Rovira Kaltwasser, 2015, "Spain: No Country for the Populist Radical Right?" South European Society and Politics, vol.20, no.1, p.30; 고주현(2020), 170쪽.

또한 2018년 안달루시아 지역을 통해 스페인으로 유입된 모로코인의 불법 입국자 수는 2016년과 비교해 10배 가까이 증가했다(<표 3-7>). 이는 지역의 실업 문제와 함께 이민 통제에 대한 필요성을 부각시키는 원인으로 작용했고, 반이민에 대한 프레이밍에 성공한 복스에 유리하게 작용했다고 볼 수 있다.

<표 3-7> 서지중해를 통해 스페인으로 불법 입국한 모로코인 수

2009~2018									
2009	2010	2011	2012	2013	2014	2015	2016	2017	2018*
254명	300명	776	365명	282명	468명	631명	722명	4,704명	7,120명

출처: Chislett, William, 2018, *Spain No Longer Bucks the Trend on Far-Right Parties* (Madrid: Elcano Report) Available at: http://www.realinstitutoelcano.org/wps/portal/rielcano_es/contenido?WCM_GLOBAL_CONTEXT=/elcano/elcano_in/zonas_in/commentary-chislett-spain-no-longer-bucks-trend-on-far-right-parties (검색일: 2018.09.20.); 고주현(2020), 170쪽.
*2018년의 경우 9월까지의 수

이민과 더불어 정치적 기회구조 역시 복스의 성공 요인으로 볼 수 있다. 특히 공급 측면의 논의들은 선거제도와 기성 정당의 이데올로기적 분포 등 포퓰리즘 정당의 성장을 용이하게 하는 정치적 기회구조의 차이에 주목해 왔다. 이들은 정책적 이데올로기적 공간에서 기성 정당들이 중도의 입장으로 수렴될 때, 그리고 선거제도가 비례대표제일 때 포퓰리즘 정당에 대한 지지가 높게 나타난다고 본다. 비례대표제를 채택한 경우 단순다수제와 달리 소수 정당에 대한 유권자의 지지가 여과 없이 표출될 수 있고, 기성 정당들이 중도 입장으로 수렴됨에 따라 이로부터 소외된 좌-우 양극단의 유권자들이 각각의 입장을 대변하는 포퓰리즘 정당으로 흡수될 가능성이 높아지기 때문이다.

2018년 안달루시아 지방선거에서 복스 투표자 중 절대다수는 이념적으로 우파 지지자들로부터 나왔다. 그중 과반 정도는 국민당 지지자들로부터, 20%는 시민당으로부터 왔다. 반면 좌파 지지자들로부터 얻은 득표율은 10% 미만이었다.

[그림 3-6] 2018년 복스(VOX) 지지자가 2016년 투표했던 정당(%)

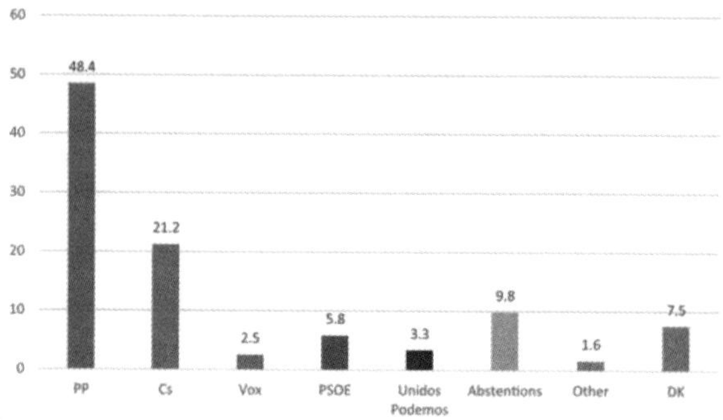

출처: CIS 조사 #3,236; Turnbull-Dugarte(2019), p.3; 고주현(2020), 171쪽.

특히 시민당의 출현으로 국민당은 지지기반을 크게 상실했다. [그림 3-7]이 보여주듯이, 스페인 사람들은 1에서(좌) 10까지(우)의 정치이념 스펙트럼 상 국민당의 이념성을 7~10 사이로, 기존 정당 중 가장 우파적인 이념을 갖는 것으로 인식하고 있다. 하지만 중도우파적 성향의 신생 정당인 시민당과의 경쟁으로 국민당의 정책 이념성은 점차 중심을 향해 수렴해갔다. 이는 다운지안(Downsian) 모델이 설명하듯이, 중위 유권자 포섭을 위한 정당 간 경쟁에 기인한다. 보수성의 우측 척도가 흐려짐에 따른 새로운 극우적 성향의 정당 경쟁자가 등장할 수 있는 공간이 마련되었다고 볼 수 있다. 이와 함께 국민당의 연이은 부패 스캔들과 이로 인한 불신임안 가결 및 총리 교체는 국민당의 신뢰도를 한층 더 하락시켰다. 보쉬와 두란(Bosch, and Duran)은 2008년까지 국민당과 사회당 기반의 양당체제였던 스페인에서 시민당과 포데모스 같은 신생 정당이 표를 얻게 된 원인을 국가 경제의 악화와 부패한 기성 정당이라는 인식이 상호작용한 결과라고 본다.[38] 즉 정치 이

38 Bosch, Agusti, and Duran M. Iván, 2019, "How Does Economic Crisis Impel Emerging

념 스펙트럼 상 정당의 위치 변화가 복스 부상의 촉매로 작용한 것이다.

[그림 3-6] 2018년 복스(VOX) 지지자가 2016년 투표했던 정당(%)

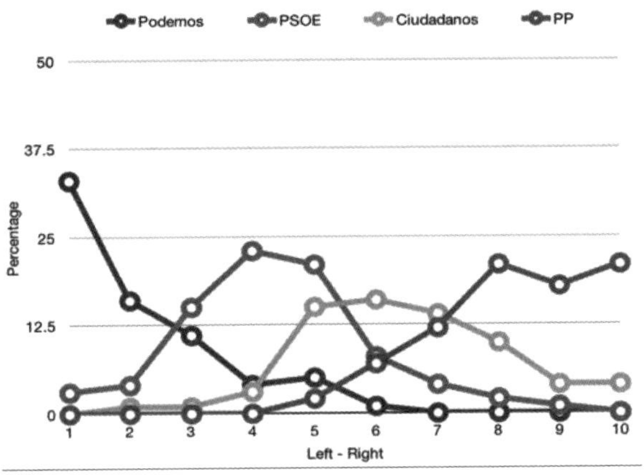

출처: CIS 조사 #3,236; Turnbull-Dugarte(2019), p.3; 고주현(2020), 171쪽.

한편, 중앙-지방의 균열은 그동안 스페인에서 극우 정당 출현의 제약 요인으로 지목되어왔다. 하지만 복스의 부상은 시기적 요인과 더불어 중앙-지방 균열의 강화로 오히려 가능했다.

급진우파 정당 출현에 관한 기존 이론들은 포퓰리즘의 출현과 영토적 동원 사이의 연관성에 대한 체계적인 분석을 제공하지 못했다. 영토적 동원은 다시 말해 립셋과 로칸(Lipset and Rokkan)이 제시한 중앙-지방 균열과 연관된다. 중앙-지방 균열은 스페인의 특징적인 정치 균열이었다.[39] 그런데

Parties on the Road to Elections? The Case of the Spanish Podemos and Ciudadanos," *Party Politics*, vol.25, issue.2, pp.1~11.

39 Lipset, Seymour Martin and Stein Rokkan, 1967, "Cleavage Structures, Party Systems and Voter Alighments: An Introduction," Seymour M. Lipset and Stein Rokan (eds.), *Party Systems and Voter Alignments: Cross-National Perspectives* (New York: The Free Press); 고

2018년과 2019년에는 이 지역 균열에 의해 극우 정당의 출현이 가능했다.

스페인의 경우 두 개의 주요 포퓰리스트 정당인 포데모스와 복스가 전 스페인 영토에 걸쳐 경쟁하고 있다. 따라서 그들은 전국 정당이다. 하지만 이들은 다층 거버넌스의 특징을 갖는 정치체제 내에서 경쟁해야 하고, 지역 중심의 민족주의 정서를 갖는 정당들의 영토적 요구에도 대응해야 한다.[40]

스페인처럼 지역주의 정서가 강한 국가에서 포퓰리스트 정당들이 전국 정당으로 성장했을 때, 각 지역이 요구하는 민족주의적이고 영토적인 이슈에 대응하는 양상에 대한 설명은 선거경쟁에서 정당의 승리를 결정하는 주요 요인이 될 수 있다.[41]

알롱소와 로비라 칼트바쎄는 주변부 지역과 국가 민족주의 간에 격화된 갈등 균열구조가 스페인에서 급진우파 정당의 출현을 제약하는 주요한 요인이라고 보았다.[42] 다수의 '민족주의적 주변'의 정체성이 혼합되어있는 정치 환경에서 급진우파 정당이 민족주의 카드를 사용하기는 쉽지 않다. 게다가 그동안 국민당이 국가중심적 입장을 확실히 점유해왔기 때문에 정치 이념 스펙트럼 상 우측에서 중앙집중적이고 민족주의적인 세력의 출현 여지를 좁혔다. 다시 말해 스페인의 경우 특정 조건에서 급진우파 정당이 전국 차원의 정당으로 출현 및 성장하기에는 난항을 겪을 수 있다. 특히 지역주

주현, 2018a, "스페인 카탈루냐 지역 분리독립과 인정의 정치," 『유럽연구』 36권 3호(한국유럽학회), 75~110쪽; 고주현, 2018b, "민주화 이행기 스페인의 정치균열과 갈등구조의 변화," 『비교민주주의연구』 14권 1호(민주주의와 자치연구소), 1~27쪽.

40 Subirats, Joan, 2006, "Multi-level Governance and Multi-level Discontent: The Triumph and Tensions of the Spanish Model," S. Greer (ed.), *Territory, Democracy and Justice* (Basingstoke: Palgrave Macmillan), pp.175~200; Wilson, Alex, 2012, "Multi-level Party Systems in Spain," Regional and Federal Studies, vol.22, no.2, pp.123~139.

41 Vampa, Davide, 2020, "Competing Forms of Populism and Territorial Politics: the Cases of Vox and Podemos in Spain," *Journal of Contemporary European Studies*, pp.304~321.

42 Alonso and Rovira Kaltwasser(2015), p.40.

의적 민족주의가 존재하고, 다수의 강한 지역주의 정체성으로 인해 반이민 또는 배제의 메시지가 선거 동원을 위한 프레이밍 전략으로 채택되기 어려운 상황에서, 또한 그들이 중앙집중 경향을 효과적으로 대표하는 강한 중도우파 정당과 경쟁할 때 급진우파 정당의 출현은 제한된다.

따라서 이 맥락에서 보면 카탈로니아 사태 혹은 '영토적 위기'[43]로 야기된 중앙-지방 균열의 급진화는 스페인에서 급진우파 정당의 성공 기회를 더 감소시켰어야 한다. 실제로 전국 단위의 급진우파 정당은 증가하는 영토적 긴장 속에서 반이민 정서를 갖거나 포퓰리스트적 사고를 갖지만, 카탈로니아의 경우처럼 특정 민족 공동체에 정체성을 갖는 유권자들로부터 지지를 얻어내기가 더 어려워질 수 있다.[44]

하지만 다른 한편으로 특정 지역의 자치 또는 다른 지역들로부터의 독립에 대한 강한 요구가 동일 국가 내의 타 지역들로부터 급진적 대응을 초래할 수 있고, 중앙집중화에 대한 요구를 점화시킬 수 있다. 이는 다시 민족주의 세력들에 의해 이민 문제에만 집중하는 것이 아니라 국가 공동체의 통합을 훼손한다는 명분으로 '내부의 적'[45]으로 만들어져 이용될 수 있다. 2018년 말 카탈로니아 위기는 지리적 및 정치적으로 거리가 먼 안달루시아의 선거 지형을 바꾸는 핵심 역할을 했다. 턴벌 듀가르트(Turnbull-Dugarte)는 카탈로니아의 분리독립 위기로 야기된 지방분권 강화에 대한 우려가 2018년 안달루시아 지방선거에서 우파 도전자로 나선 복스에 대한 유권자 선택을 설명할 수 있다고 보았다.[46] 무엇보다 당시 전국 단위의 주류 정당들이

---

43 Dowling, Andrew, 2017, *The Rise of Catalan Independence: Spain's Territorial Crisis* (London: Routledge), pp.59~62.

44 Alonso and Rovira Kaltwasser(2015), p.28.

45 Mudde, Cas. 2007, *Populist Radical Right Parties in Europe* (Cambridge: Cambridge University Press), pp.69~70.

46 Turnbull-Dugarte(2019), pp.1~8.

분리독립 사태에 대한 위기관리에 취약했다는 것이다. 바로 이 점이 알롱소와 로비라 칼트바쎄의 주장을 설득력 있게 한다. 위에서 언급했듯이, 하위정부의 지역 기반적인 영토적 동원과 중앙-지방 균열의 중심에 위치한 강한 주류 정당이 동시에 수반될 때, 전국 단위에서 급진우파 정당은 제약을 받는다. 하지만 부패 스캔들로 약화된 국민당의 위상이 복스에게는 기회의 창을 연 셈이 된 것이다.

실제로 영토 이슈는 복스의 선거 캠페인에서 이민이나 경제 이슈보다 더 중요한 역할을 했다. 복스는 '국가 중심의 종족적 민족주의'의[47] 대변인이자 마드리드 중앙권력으로의 집중을 호소하는 수호자로 여겨졌다.

2019년 총선에서 복스가 내세운 선거강령의 첫 번째 장이 '스페인의 통합과 주권(España, Unidad y Soberanía)'에 관한 내용으로 채워진 것을 고려할 때, 선거 캠페인에서 정당이 가장 핵심적인 주제로 국가 통합을 상정하고, 이에 대한 우선순위를 명확히 하고 있음을 확인할 수 있다. 정당의 또 다른 강조점인 이민 문제는 강령의 세 번째 장에서 다루고 있다. 경제에 관해서는 안보와 법치 및 질서에 이어 다섯 번째 장에서 언급하고 있다. 게다가 복스 선거강령의 첫 번째 장의 첫 절은 카탈로니아의 자치 중지에 관한 요구이다. 국가 통합을 훼손하는 것으로 여겨지는 정당의 해산과 함께 스페인 국가의 상징과 언어의 보호, 지방 경찰제도의 중지, 스페인을 단일 정부와 단일 의회를 갖는 단일 국가체제로 전환하고, 교육, 보건, 치안 및 사법과 같은 자치 지역의 고유 권한들을 중앙으로 이전하는 것을 골자로 한다.[48] 국민당과 시민당을 포함해 분리독립을 반대하는 스페인 내 다른 어떤 정당들도 중앙-지방 관계에 있어 이보다 더 급진적인 입장을 취한 곳은 없었다. 또한

47 Calzada, Igor, 2018, "Metropolitanising Small European Stateless City-regionalised Nations," *Space and Polity*, vol.22, no.3, p.345.

48 Vox Manifesto(2019), pp.1~2.

2019년 총선에서 복스는 영토적 및 정치적 지역주의와 독립 지향적 정당에 대한 지지가 약한 지역에서 더 성공할 수 있었다.

반면 스페인의 좌파 포퓰리스트 정당인 포데모스의 경우에는 영토 이슈에 있어서 다른 접근을 취했다. 포데모스는 유로존 위기 이후 긴축에 관한 정치적 논쟁과 저항의 과정에서 출현했다. 하지만 2015년까지 영토성은 정치적 논쟁의 중심에 있었다. 카탈로니아가 처음 독립에 관한 투표를 실시하고, 이를 헌법재판소가 불법으로 규정한 것이 2014년이었다. 2015년 총선이 있기 두 달 앞서 독립 지향의 정당들은 카탈로니아 지방선거에서 승리했다. 이는 포데모스에게 있어 선거 승리를 위해 간과할 수 없는 현상이었고, 결국 그들은 영토 동원에 있어 유연한 입장을 취했다. 비달과 산체스 비토레스(Vidal and Sánchez-Vítores)는[49] 지방자치 권한의 확대를 포함한 정치적 이슈들이 2015년 선거 캠페인에서 경제 이슈보다 더 중요하게 다루어졌다고 언급한 바 있다. 그와 같은 상황에서 포데모스는 지역 권한의 확대를 강력히 지지하는 유일한 전국 단위의 정당이었다.

포데모스는 선거강령을 통해 자치 정부의 권리와 자치 시민의 자결권 및 스페인 국가의 다민족성에 대한 인정을 명확히 했다.[50] 포데모스는 카탈로니아뿐만 아니라 스페인의 복수성을 인정하는 캠페인에 적극적이었다.[51] 포데모스에 관한 연구들은 다민족성과 지방자치에 호의적인 특성이 정당

---

49 Vidal, Guillem, and Irene Sánchez-Vítores, 2019, “Spain-Out with the Old: The Restructuring of Spanish Politics,” S. Hutter and H. Kriesi(eds.), *European Party Politics in Times of Crisis* (Cambridge: Cambridge University Press), pp.87~90.

50 Podemos Manifesto, 2015, https://servicios.lasprovincias.es/documentos/Programa-electoral-Podemos-20D-2015 (검색일: 2020.05.23.)

51 Payero, López, L., 2015, “The ‘Citizen Participation Process’ in Catalonia: Past, Present and Future,” *Liverpool Law Review*, vol.36, no.3, p.245.

의 성공을 가능하게 했다는 것에 대체로 합의한다.[52] 그들은 심지어 지역주의 운동정당, 예컨대 카탈로니아 지역의 엔 꼬무 포뎀(En Comú Podem)과 갈리시아(Galicia) 지역의 엔 마레아(En Marea) 및 발렌시아(Valencia) 지역의 포데모스 에스 엘 모멘트(Podemos-És el Moment)와의 연대를 통해 지방선거에서 승리를 거둔 바 있다. 2015년 총선 결과를 살펴보면, 포데모스가 지방분권을 지지하는 카탈로니아와 갈리시아 및 발렌시아 지역에서 더 높은 득표율을 보인 것을 확인할 수 있다.[53]

일반적으로 포데모스로 대표되는 좌파 포퓰리즘은 중앙화의 성격이 우파 정당과 비교해 낮다. 따라서 국민의 지지를 받은 분리주의의 정당성을 인정하면서 지방자치 확대 요구를 명확히 수용하는 방향으로의 선택이 가능했다. 이와 같은 맥락에서 복스와 달리 포데모스는 지역주의와 친독립주의 정당에 대한 지지를 통한 영토적 정치 동원이 강한 지역에서 성공할 수 있었다.

한편 영토적 요인의 중요성은 다음 두 개의 지도에서 확인할 수 있다. [그림 3-8]은 2019년 스페인 52개 주에서 치러진 복스의 선거 결과를 보여 준다. [그림 3-9]는 포데모스가 처음 총선에서 성공했던 2015년의 선거 결과를 보여준다. 복스는 카스티야 지역과 남부 안달루시아에서 큰 성공을 거두었고, 세우타와 멜리야 제도(Ceuta and Melilla)에서도 높은 득표율을 거두었다. 반면에 포데모스는 가장 의미 있는 승리 지역이 주변부인 카탈로니아 지역이었고, 발렌시아, 발레아리아 제도(Islas Baleares), 나바라를 포함한 바스크 지방(País Vasco)과 갈리시아 및 카나리아 제도(Las Islas Canarias)에서 큰 지지를 얻었다.

---

52 Ivaldi, Gilles, Maria Elisabetta Lanzone and Dwayne Woods, 2017, "Varieties of Populism across a Left-Right Spectrum: The Case of the Front National, the Northern League, Podemos and Five Star Movement," *Swiss Political Science Review*, vol.23, no.4, p.368.

53 Rodríguez-Teruel, Juan, Astrid Barrio and Oscar Barberà, 2016, "Fast and Furious: Podemos' Quest for Power in Multi-level Spain," *South European Society and Politics*, vol.21, no.4, pp.561-585.

[그림 3-8] 2019년 스페인 총선에서 VOX 선거 결과

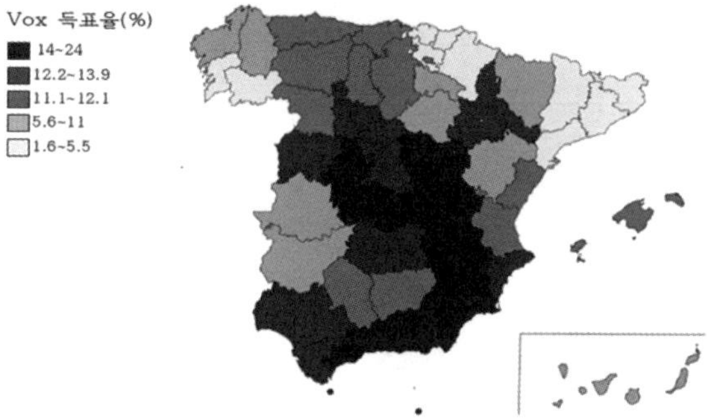

출처: 스페인 내무부(Ministerio del Interior España); 고주현(2020), 176쪽.

한편 2015년 총선에 대한 CIS 조사에 의하면 자치 권한 확대와 독립을 지지하는 유권자의 1/3이 포데모스에 투표했다. 이 그룹에서 다른 정당에 대한 지지는 상당히 약하게 나타났다. [그림 3-10]의 그래프는 스페인에서 포퓰리스트 정당의 출현을 설명하는 요인으로 중앙-지방 균열과 영토 정치의 중요성을 보여준다.

[그림 3-9] 2015년 스페인 총선에서 PODEMOS 선거 결과

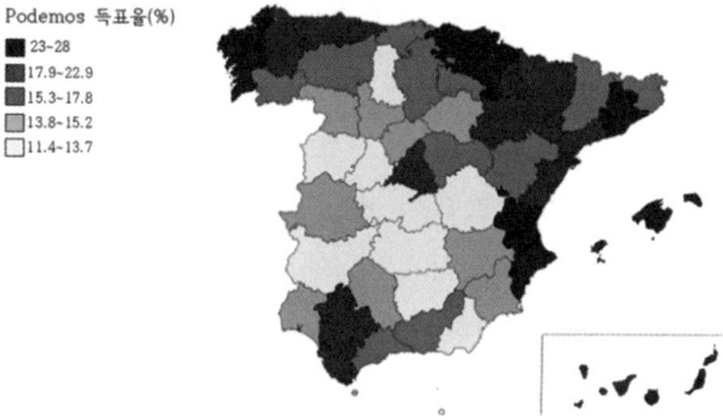

출처: 스페인 내무부(Ministerio del Interior España); 고주현(2020), 177쪽.

[그림 3-10] 2015년 지방자치권한 확대 및 독립지지 유권자의 지지 정당 득표율(%)

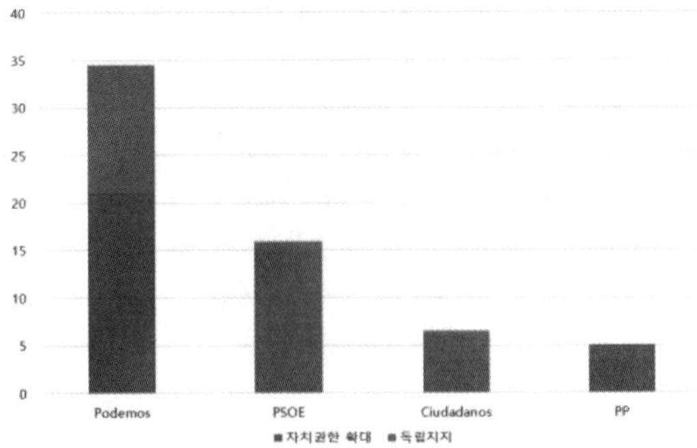

출처: CIS; 고주현(2020), 177쪽.

한편, <표 3-8>의 데이터는 2015년과 2019년 CIS 총선 조사 결과를 통해 포데모스가 지역주의 정당 유권자들로부터 20%~24.5%의 지지를 얻어 차선의 투표 정당이었음을 보여준다. 2019년 복스의 경우 이 그룹에서 가장 낮은 지지율을 얻었다. 두 번째 컬럼은 2015년 총선에서 강한 지역 정체성을 갖는 유권자들로부터 포데모스는 가장 많은 표를 얻은 정당임을 보여준다. 이 결과는 2019년 감소하지만, 그럼에도 복스의 0.7%보다는 상당히 높은 것으로 나타났다. 만약 전통적인 사회경제적 정체성을 대신 고려한다면, 복스와 포데모스의 차이는 더 좁혀진다. 세 번째 컬럼에서 보여지듯이, 포데모스는 노동자 계급에서도 많은 지지를 받는 것이 사실이다. 이는 좌파 포퓰리스트 정당이 사회경제적 약자들에게 지지를 호소한다는 측면에서 놀랍지 않은 결과이다. 한편 이 경우 복스와의 득표 차는 더 적어진다는데 주목해야 한다. 다시 말해 복스와 포데모스는 사회경제적 이슈보다 영토 정체성 이슈에 있어 더 명확히 상반된 유권자 선택을 보인다는 것을 확인할 수 있다.

<표 3-8> 유권자 집단 별 스페인 정당 지지율 (2015년, 2019년)

2009	지역주의 정당 유권자들의 잠재적 지원(%)		강한 지역 정체성을 갖는 유권자들의 지지(%)		노동자 계층 유권자 지지(%)	
	2015	2019	2015	2019	2015	2019
PODEMOS	24.5	20	26.5	17.5	27.6	17.9
VOX		0.5		0.7		9.1
PSOE	9.1	14.2	14.2	20.2	24.3	37.7
PP	2.2	2.9	8.6	4.9	17.4	7.2
Cs	9.1	4.9	4.4	3.8	15.8	15.9

출처: CIS; 고주현(2020), 178쪽.

3. 스페인 포퓰리스트 코뮤니케이션

스페인 포퓰리스트 정치인들의 스타일과 전략, 언어에 대한 체계적인 연구가 등장하기 시작한 것은 얼마 되지 않는다. 일부 연구들은 전문적 커뮤니케이션 전략 사례로 이글레시아스를 비롯한 포데모스 지도자들의 연설과 행동들을 분석한다.[54] 이글레시아스와 그의 동료들은 네 가지 사안을 집중 공략한다.[55] 첫째는 스페인 주류 정치의 부패다. 특히 정부와 기업 간의 회전문 인사를 비판하고 불황기에 지속된 양대 정당의 전면적 부패 스캔들

54 Carlin, John, 2015, "Los Caballeros de la Mesa Redonda", *El País*, January 1. https://elpais.com/politica/2015/01/27/actualidad/1422384264_753104.html (검색일: 2020.05.04.)

55 Sanders, K, 2014, "The Emergence of Spain's Podemos Party: Challenges for Political Communication Practice and Study," *Keynotepresentation at 2nd International Conference on Political Prticipation and Web 2.0*, University of Beira Interior, Covilhã, Portugal.

을 강하게 비난했다. 둘째, 집권 여당을 포함한 지배계급을 '카스타'로 구별하고, 그 대칭점에 있는 자신과 대중들을 '인민'으로 구분했다. 또한 이를 국가가 아닌 사익을 추구하는 사리 사욕적인 정치인 및 기업 엘리트들과 대비시킨다. 셋째, '5·15운동'의 모토인 '그들은 우리를 대변하지 않는다(No nos representan)'를 토대로 대표성의 신화를 지적하며, 이를 대체할 새로운 참여정치와 직접 민주주의의 지향을 내세운다. 포데모스의 선거 전략가인 이니고 에레혼(Ínigo Errejón)은 당의 정치적 소통 전략을 다음과 같은 말로 요약했다.

> "포데모스 선거운동은 한 가지 또는 다른 방향의 새로운 대안을 제시하기 위한 정치적 투쟁의 과정이라고 가정했다. 이러한 정치 담론은 좌우 분열을 넘어서 불만을 품은 사회 다수를 분노하게 했다. 기존 정권이 안정을 보장하면서 수립한 것은 분열이다. 따라서 포데모스는 "민주주의 vs 과두제", "시민권 vs 카스타(지배계급)" 그리고 "낡은 것 vs 새로운 것"에 관한 이분법을 제공함으로써 엘리트에 저항하는 반대편에 인민을 위치시키기 위해 그들을 위한 새로운 정체성을 제안하고 새로운 경계를 세웠다."[56]

정치 카스트 개념의 유포에 있어 이글레시아스의 미디어 운동은 가장 중요한 역할을 수행했다. 이글레시아스는 2010년부터 케이블 방송에서 TV 쇼를 진행했고, 2013년 1월부터 독립미디어 활동도 시작했다. 그의 미디어 활동으로 정치 카스트 개념은 대중적 개념이 된다. 동영상을 통해 그는 인

---

56 Errejón, Iñigo, 2014, "Spain's Podemos: An Inside View of a Radical Left Sensation," *Revolting Europe (Blog)*, July 15. http://revolting-europe.com/ (검색일: 2020.05.20.)

민 내부의 적은 카스트이고, 외부의 적은 유럽연합의 리더와 관료들이라고 말해왔다. 토크쇼를 통해 적이 누구인가를 밝히면서 이질적인 다수를 하나의 '인민'이라는 이름으로 통합하는 효과를 얻어냈다. 또한 미디어 활동을 통해 인지도를 쌓고 보수적인 TV 토크쇼에 출현해 국민당 측 인사와 설전을 벌이는 등 대중적 인지도를 확보해나갔다. 이 과정에서 카스트라는 말은 새로운 정치세력이 구체제를 바라보는 대중의 언어가 되어갔다.

포데모스가 2014년 유럽의회 선거 과정에서 보여준 대중과의 소통 전략은 반엘리트적 담론과 이미지를 통해 국민에게 호소하고, 기존 정당과의 구별을 가능하게 했다. 일례로 선거 캠페인 동영상 속의 이글레시아스는 일과 후 세탁기에 옷을 넣고, 세금 신고서를 작성하며, 버스를 타는 평범한 시민으로 비쳤다. 이런 모습은 일상생활의 걱정과는 거리가 먼 관용차를 타는 두 주류 경쟁 후보의 이미지와 극명히 대비됐다. 넥타이를 매지 않는 그의 평상복 스타일과 말총머리를 한 모습은 기존 정치인들의 외관과 대조되었다. 포데모스의 선거 캠페인 역시 국민당이나 사회노동당이 선택한 고급 컨셉과는 달리 주립학교나 도로 같은 평범한 장소에서 열렸다.

한편 스페인 정치에서 정치 마케팅의 효과와 정치 코뮤니케이션 전략을 조사한 일부 연구들은 스페인 포퓰리즘 정치의 소통 전략을 규범적인 이유로 비판하기도 한다.[57] 특히 언론과 여론 조사를 토대로 한 정치의 시장화가 오히려 포퓰리즘을 선동하고, 민주적 원칙과 가치에 해로울 수 있다고 주장한다. 페냐와 오르티즈(Peña와 Ortiz)는 스페인 선거운동에서 권력과 미덕이 '국민'과 함께 한다는 정치 슬로건을 사용할 때, 이를 포퓰리즘으로 구분할 수 있다고 본다. 특정 커뮤니케이션 형식의 지배력이 커지고 있음을 지적하

57 Laguna, Antonio, 2013, "La Profesionalización Comunicativa: Partidos Políticos o empresas de comunicación," *Ámbitos: Revista Internacional de Comunicación*, vol.22, no.1, pp.11~20.

며, 정치인들이 시청자들과 텔레비전 언어에 친화적인 방식으로 소통할 수 있도록 노력하고 있음을 지적한다.

1990년대 이후 스페인 언론은 금융위기가 가져온 미디어 시장의 극적인 변화에 적응하는 과정을 경험했다. 이러한 혁신 중에서 가장 주목할 만한 것은 시청률을 보장하기 위한 콘텐츠 대중화의 추진이었다. 유럽의 다른 나라들과 비교했을 때 신문 구독률이 낮음에도 불구하고 주류 신문과 일간지 모두에서 정치 뉴스는 때때로 쇼 비즈니스적 요건이 우선시되었다. 또 가능한 광범위한 청중에 대한 정서적 호소에 점차 더 비중을 두게 되었다.

팔라오(Palao)는[58] '5·15 운동'은 물론 포데모스의 등장을 주류 방송 포맷과 소셜 미디어(Social Media)의 사용을 결합한 정치 소통의 하이브리드 형태로 묘사했다. 이글레시아스의 경우 라 투에르카(La Tuerka), 포르트 아파체(Fort Apache) 등의 프로그램에서 커뮤니티 케이블 채널 해설자로 먼저 관심을 얻었고, 그 후 인기 토크쇼의 패널로 활동했다. 이탈리아의 오성운동과 유사한 포데모스의 소셜 미디어 홍보 활동은 대의 민주주의에 대한 불만의 표현이자 직접 민주주의의 지향을 보여주는 것이기도 하다.[59] 2014년 유럽의회 선거 캠페인 기간 동안 포데모스는 트위터(Twitter)와 페이스북(Facebook) 같은 소셜 미디어를 통해 대중을 효과적으로 참여시켰다. 활발한 소셜 미디어 활용을 통해 포데모스의 젊은 지도자들은 적어도 그들과 한 세대 이상 차이 나는 기존 정당 지도자들과의 세대 차이를 분명히 보여줬다. 이글레시아스는 2010년에 트위터 계정을 개설했고, 팔로워들과 적극적으로 소통했다. 2014년 유럽의회 선거 당시 그의 팔로워는 50만 명에 달했

58 Palao, Errando and José Antonio, 2015, "La Eninciación Compleja: Hermenéutica, semiótica y política en el siglo 21. El Caso de Podemos," *Castelló de la Plana*, http://www.comunicambio2015.uji.es/language/es/ (검색일: 2020.05.20.)

59 Rodríguez-Aguilera de Prat, Cesáreo, 2015, "Semejanzas y Diferencias entre el Movimento 5 Stelle. y Podemos," *Società Mutamento Politica*, vol.6, no.11, pp.51~74.

다.[60] 반면 국민당 후보였던 미겔 아리아스 까네떼(Miguel Arias Canete)가 유럽의회 선거 직전에야 트위터 계정을 열어 2만여 명의 팔로워를 대상으로 별다른 소통 없이 당의 공식적인 메시지 전송에만 사용했다는 점은 이글레시아스와 비교된다. 페이스북과 유튜브를 통한 포데모스의 활동은 존재감과 콘텐츠 면에서 다른 경쟁자들을 앞질렀다. 2014년 8월까지 국민당과 사회노동당의 페이스북 "좋아요" 수는 약 20만 개에 불과했지만, 포데모스의 경우는 70만이 넘었다. 유튜브 동영상 구독자 수에서도 포데모스의 3만 명 이상인 것과 비교해 사회노동당은 1만 명 미만, 국민당은 5,000명에도 채 미치지 못했다.[61] 포데모스가 성공한 배경으로 포퓰리스트적 담론도 중요했지만, 소셜 미디어를 통한 적극적 소통을 통해 과거 투표장에 나가지 않았던 스페인 유권자들을 성공적으로 동원해낼 수 있었다는 점 역시 강조되어야 한다.

에르난데스 카(Hernández-Carr)의 연구가 밝히고 있는 것처럼, 젊은이들 사이에서 전통적인 정당 일체감은 상당히 약화되어 가고 있다. 이로 인해 젊은 유권자들이 포퓰리즘 정당에 투표할 가능성은 높아지고 있다고 볼 수 있다.[62]

4. 스페인 민주주의와 포퓰리즘의 전망

스페인의 정당 체제는 민주화 직후 1970년대 후반과 1989년에 일시적

---

60 Bollero, 2014, "Podemos se Consolida Como la Primera Fuerza Política en Redes Sociales," *Públlico*, August 16, http://www.publico.es (검색일: 2020.05.24.)

61 Bollero(2014)

62 Hernández-Carr, A, 2013, "El Salto a la Nueva Extrema Derecha: Una Aproximación a los Vontates de Plataforma per Catalunya," *Revista de Estudios Políticos*, vol.153, pp.47~74.

인 다당제를 보였고, 1986년에 일당 지배체제를 보였을 뿐 2015년 이전까지 파편화된 양당제를 유지해왔다. 하지만 2015/16년 총선에서 제3당과 4당이 뚜렷하게 부상하며 다당제 경향을 보여줬다. 이러한 경향은 2015년 이후 최근에도 크게 변하지 않았다. 포데모스와 시민당 그리고 복스를 제외한 다른 군소정당들의 득표율은 거의 변하지 않아 파편화 현상이 지속되고 있다. 또한 정치 및 정당 혐오증이 스페인의 특수성과 결합해 정당 체제 전환에 크게 기여하고 있다. 스페인 정치 및 정당 혐오증의 특징은 정부 정책 실패에 대한 비판이 강하게 작용해 주로 집권당의 지지율 하락을 가져왔다는 점이다. 이 비판적 투표가 거듭되면서 2000년대 후반에는 양대 정당 전체에 대한 실망으로 이어져 대중적 저항 운동이 생겨났고, 이를 토대로 새로운 급진 정당들이 부상한 것이다. 이러한 상황에서 지역주의 정당을 비롯한 다른 군소정당들은 특히 2015년 및 2016년 총선에서 양대 정당들과 연합하는 것이 유리하지 않다는 판단을 하게 되었고, 그 결과 신생 및 군소정당들 간에만 연합을 결성하는 특징을 보였다. 하지만 2019년 4월과 11월의 선거는 또 다른 전망을 가능하게 한다. 4월 조기 총선에서 승리한 사회노동당의 연립정부 구성 실패로 11월 재총선이 실시되었다. 11월 총선에서 하원 350석 중 120석을 획득하여 승리한 사회노동당은 여전히 의석 과반수 확보는 어려웠지만, 포데모스와의 연립정부 구성에는 성공했다. 이는 스페인 역사상 최초로 좌파 진영을 중심으로 한 연립정부가 구성되었다는 것을 의미한다. 한편 국민당은 11월 총선에서 4월 선거 대비 22석이 증가한 총 88석을 확보하고, 극우파 복스도 지난 의석보다 28석이 늘어난 총 52석을 차지해 제3당으로 부상했다. 중도 우파인 시민당이나 급진좌파인 포데모스를 지지하던 유권자들이 실망해 국민당과 복스로 지지를 선회한 것으로 평가받는다. 반면 포데모스와 시민당은 4월 선거 대비 각각 7석과 14석이 축소된 35석과 10석을 확보하는 데 그쳤다. 좌파 진영의 사회노동당과 포데모스 양당은 스페인 최초의 연정을 출범시키고, 이에 더해 카탈로니아공화좌파(ERC), 바스크정치연합(EH Bildu) 등 좌파성향의 분리주의 지역정당들과의 연대를 이루었다. 이처럼 2014년 창당한 포데모스 연합의 부상으로 좌파 진영 내 세력 분화가 이루어졌다. 또한 중도 우파 성향의 시민당이 2015년과 2019년 선거에서 세를 확장하였고, 2019년 총선에서는 복스가 첫 원내진출에 성공함으로써 우파 진영도 분화했다. 이로 인해 스페인 정치는 2015년에 이어 다당제적 특성을 유지하게 됐다. 이와 같이 2015년, 2016년, 2019년의 총선에서 다당제 경향이 등장한 것은 정부 정책에 대한 실망과 더불어 정치 및 정당 혐오증과 새로운 연합 정치라는 복합적 요인의 결과라고 할 수 있다. 하지만 파편화된 구심성이라는 이념 균열과 다양한 지역주의 정당들에 의한 지역주의 균열이라는 구조적 요인이 지속되는 상태이기 때문에 향후 스페인 정치 지형이 다당제로 고착될지에 관해서는 보다 면밀한 고찰이 필요하다.

한편 정치인들과 정당들에 대한 대중의 환멸 및 불신과 함께 포데모스와 복스라는 급진 정치세력의 등장은 정치적 포퓰리즘 현상을 스페인의 공공 의제로 올려놓았다. 포데모스는 대중기반 사회운동의 정당정치로의 전환이다. 포데모스는 대중시위에서 사회운동이 출현하고, 사회운동이 다시 정당화한 것이다. 그 후 지방선거를 거치면서 포데모스는 사회운동 정당에서 포괄정당으로 진화해 갔다. 포데모스 운동은 2011년 이후 약 5년간 대중시위, 사회운동, 사회운동 정당, 포괄정당의 네 단계 진화를 거쳐왔다. 포데모스는 제도 정당이며, 특유의 포퓰리즘적 동원을 통해 1978년 체제와 정치 카스트를 아래로부터 깨뜨리고 진정한 민주주의를 수립하겠다는 목적을 강조했다. 남은 문제는 포데모스가 추구하는 개혁의 성격과 목표에 관한 것이다. 즉 포괄정당으로의 전환 과정에서 맞닥뜨리게 되는 딜레마에 대한 해결이 필요하다. 또한 선거 연합을 통한 기존 정당과의 연합 정치가 반복되고, 2019년 이후 사회노동당과의 연립정부 참여로 중앙정치의 제도권 내에 안착하게 될 경우 새로운 정치를 대변하고자 하는 포데모스에게는 부담이 될 수 있다. 이는 다시 스페인에서 극우 포퓰리즘 정당인 복스의 출현과 같은 또 다른 파편화의 가능성을 노정하게 한다.

상기했듯이, 2018년까지 스페인에서 포퓰리스트 극우 정당의 출현은 제한적이었다. 하지만 최근 복스의 성장은 스페인 정치체계의 변화가 여전히 진행 중임을 보여준다. 현재 스페인에서는 좌파와 우파 포퓰리즘 정치가 함께 목도되며, 이는 스페인 정당체계의 파편성을 대변한다. 이 장에서는 민주화 이후 스페인의 정치 지형이 파편화된 양당제적 특성을 보이다, 2015년 이후 다당제적 경향으로 회귀하고 있음을 검토했다. 또한 스페인에서 포퓰리스트 극우 정당의 출현에 있어 영토적 동원이 큰 영향을 주었음을 설명했다. 실제로 중앙-지방 균열에 있어 좌우 포퓰리스트 양 정당의 시각이 가장 큰 차별화 요인이었음을 확인하였다. 스페인의 극우 포퓰리즘은 반지역적이고 반지방적인 구호로 지지를 동원했고, 이는 스페인 지역별 지지도 분포를 통해 확인 가능했다. 반면에 좌파 포퓰리즘은 지방자치와 독립을 지지하는 지역들에서 큰 지지를 받았다. 극우 정당의 출현 요인으로 대부분의 연구들이 영토적 영역을 다루지 않아 왔다는 점에서 스페인 사례는 차별성을 갖는다. 나아가 이 장을 통해 기존 정당들의 이념적 위치가 새로운 경쟁자들이 진입할 수 있는 정치적 공간을 내어주거나 혹은 막는 역할을 한다는 정치 제도적 요인과 이민에 대한 유권자의 태도 변화가 스페인의 포퓰리스트 극우 정당 출현의 기회 요인임을 확인했다. 거대정당 간의 이념적 수렴은 극우 정당이 진입할 수 있는 공간을 제공해주었다. 시민들은 주류 정당 간 경쟁에 따른 정치 이념의 중도적 수렴으로 정치적 대안의 부족을 느끼고, 이로 인해 극우 정당은 유권자들의 지지를 얻을 수 있다. 주류 우파 정당인 국민당의 지지자들은 중도 우파 정당인 시민당의 출현으로 국민당이 정권유지를 위해 자신들의 이익을 제대로 고려하지 않는다는 생각에 복스로의 지지로 돌아섰다. 결국 복스는 중앙-지방 균열 사이에서 민족주의적 성향을 강하게 표출하는 방식으로 반지역주의와 반이민 및 반엘리트 정서를 동원할 수 있었다. 이처럼 스페인 포퓰리즘 지형은 점차 변화하고 있다. 이제 한동안 주목받았던 좌파 포퓰리스트 포데모스와 더불어 우파 포퓰리스트 복스의 득세는 또 다른 현상이 되고 있다.

참고문헌

고주현, 2018a, “스페인 카탈루냐 지역 분리독립과 인정의 정치,” 『유럽연구』 제36집 3호(한국유럽학회), 75~110쪽.

고주현, 2018b, “민주화 이행기 스페인의 정치균열과 갈등구조의 변화,” 『비교민주주의연구』 제14권 1호(민주주의와 자치연구소), 1~27쪽.

고주현, 2018c. “남유럽 정치체제와 선거제도,” 유럽정치연구회(편), 『유럽정치론』, 서울: 박영사.

고주현, 2020, “스페인 포퓰리스트 극우정당의 성공요인 분석: Vox를 중심으로,” 『정치정보연구』 제23권 2호(한국정치정보학회), 153~188쪽.

금민, 2015, “포데모스, 좌파 포퓰리즘의 가능성과 한계,” 『마르크스주의 연구』 제12집 4호(경상국립대학교 사회과학연구원), 268~313쪽.

박수연, 2001, 『스페인 정당체계에 관한 연구』, 석사학위 논문, 이화여자대학교.

샤츠슈나이더, E. E., 2008, 『절반의 인민주권』 현재호·박수형 역, 서울: 후마니타스, 111~121쪽.

정병기, 2017, “민주화 이후 스페인 정당 체제 변화,” 『유럽연구』 제35집 2호(한국유럽학회), 179~202쪽.

Alonso, Sonia, and Cristóbal Rovira Kaltwasser, 2015, “Spain: No Country for the Populist Radical Right?” *South European Society and Politics*, vol.20, no.1, pp.21~45.

Bonime-Blanc, Andrea, 1987, *Spain's Transition to Democracy: The Politics of Constitution-making*, London: Westview Press.

Bollero, David, 2014, “Podemos se Consolida Como la Primera Fuerza Política en Redes Sociales,” *Públlico*, August 16, http://www.publico.es (검색일: 2020.05.24.)

Calzada, Igor, 2018, “Metropolitanising Small European Stateless City-regionalised Nations,” *Space and Polity*, vol.22, no.3, pp.342~361.

Carlin, John, 2015, “Los Caballeros de la Mesa Redonda”, *El País*, January 1. https://elpais.com/politica/2015/01/27/actualidad/1422384264_753104.html (검색일: 2020.05.04.)

Casals, Xavier, 2013, El Pueblo contra el Parlamento: *El Nuevo Populismo en España, 1989-2013*, Madrid, Spain: Pasado y Presente.

Casals, Xavier, 2009, “La Renovácion de la Ultraderecha Española: Una Historia Generacional

(1966-2008)," *Historia y Política*, vol.22, pp.233~258.

Chislett, William, 2018, *Spain No Longer Bucks the Trend on Far-Right Parties*, Madrid: Elcano Report Available at: http://www.realinstitutoelcano.org/wps/portal/rielcano_es/contenido?WCM_GLOBAL_CONTEXT=/elcano/elcano_in/zonas_in/commentary-chislett-spain-no-longer-bucks-trend-on-far-right-parties (검색일: 2018.09.20.)

Dennison, James, and Mariana Mendes, 2019, "When Do Populist Radical Right Parties Succeed? Salience, Stigma, and the Case of the End of Iberian 'Exceptionalism'," *EUI Working Paper RSCAS*, Fiesole: Migration Policy Centre.

Dowling, Andrew, 2017, *The Rise of Catalan Independence: Spain's Territorial Crisis*, London: Routledge.

Encarnación, Omar, G., 2004, "The Politics of Immigration: Why Spain is Different," *Mediterranean Quarterly*, vol.15, no.4, pp.167~185.

Errejón, Iñigo, 2014, "Spain's Podemos: An Inside View of a Radical Left Sensation," *Revolting Europe (Blog)*, July 15. http://revolting-europe.com/ (검색일: 2020.05.20.)

Franquesa, Jaume, 2019, "The Vanishing Exception: Republican and Reactionary Specters of Populism in Rural Spain," *The Journal of Peasant Studies*, vol.46, no.3, pp.537~560.

Ferreira, Carles, 2019. "Vox Como Representante de la Derecha Radical en España: Un Estudio Sobre Su Ideología," *Revista Española de Ciencia Política*, vol.51, pp.73~98.

Ferreres, Comella Victor, 2013, *The Constitution of Spain - A Contextual Analysis*, Oxford: Hart Publishing.

Halla, Martin, Alexande F. Wagner, and Josef Zweimüller, 2017, "Immigration and Voting for the Far Right," *Journal of the European Economic Association*, vol.15, no.6, pp.1341~1385.

Hernández-Carr, A, 2013, "El Salto a la Nueva Extrema Derecha: Una Aproximacíon a los Vontates de Plataforma per Catalunya," *Revista de Estudios Políticos*, vol.153, pp.47~74.

Ivaldi, Gilles, Maria Elisabetta Lanzone and Dwayne Woods, 2017, "Varieties of Populism across a Left-Right Spectrum: The Case of the Front National, the Northern League, Podemos and Five Star Movement," *Swiss Political Science Review*, vol.23, no.4, pp.354~376.

Jabois, Manuel, "La Nueva Extrema Derecha Irrumpe en Escena," *El País*, the 4th of October 4, 2018, Available at: https://elpais.com/politica/2018/10/03/actualidad/1538585644_517997.html (검색일: 2018.12.20.)

Keeley, Graham, "How Spain Became the New Centre of Europe's Migrant Crisis," *The Times*,

August 3, 2018. Available at: https://www.thetimes.co.uk/article/how-spain-became-the-newcentre-of-europe-s-migrant-crisis-wfdsq9s65 (검색일: 2019.08.05.)

Kriesi, Hanspeter, Edgar Grande, Romain Lachati, Martin Dolezal, Simon Bornschier and Timotheos Frey, 2006, "Globalization and the Transformation of the National Political Space: Six European Countries Compared," *European Journal of Political Research*. vol.45, no.6, pp.921~956.

Laguna, Antonio, 2013, "La Profesionalización Comunicativa: Partidos Políticos o empresas de comunicación," *Ámbitos: Revista Internacional de Comunicación*, https://institucionales.us.es/ambitos/la-profesionalizacion-comunicativa-partidos-politicos-o-empresas-de-comunicacion/ (검색일: 2020.08.20.)

Lipset, Seymour Martin and Stein Rokkan, 1967, "Cleavage Structures, Party Systems and Voter Alighments: An Introduction." Seymour M. Lipset and Stein Rokan (eds.), *Party Systems and Voter Alignments: Cross-National Perspectives*, New York: The Free Press.

Llaneras, Kikko. Javier Galan, and Andrino Borja, "Vox Crece Dónde Hay Más Inmigrantes: Un mapa de Sus Votos en Cada Municipio," *El País*, December 3, 2018, Available at: https://elpais.com/politica/2018/12/03/actualidad/1543829876_200181.html (검색일: 2018.12.05.)

Margulies, Ben, 2018, "Rajoy Loses Power in Spain: What Happens Now?" *LSE European Politics and Policy (EUROPP) Blog*. http://eprints.lse.ac.uk/90923/ (검색일: 2020.04.05.)

Martín-Arroyo, Javier, "Díaz Convoca Elecciones para Evitar el Desgaste del PSOE y la Inestabilidad," *El País*, October 9, 2018. Available at: https://elpais.com/politica/2018/10/08/actualidad/1538995646_481936.html (검색일: 2020.05.04.)

Morales, Laura, Serge Pardos-Prado and Ros Virginia, 2015, "Issue Emergence and the dynamics of Electoral Competition around Immigration in Spain," *Acta Politica*, vol.50, no.4, pp.461~485.

Mudde, Cas. 2007, *Populist Radical Right Parties in Europe*, Cambridge: Cambridge University Press.

Mudde, Cas, 2011, "Radical Right Parties in Europe: What, Who, Why?," *Participation*, vol.34, no.3, pp.11~15.

Mudde, Cas and Cristóbal Rovira Kaltwasser, 2013, "Exclusionary vs. Inclusionary Populism: Comparing Contemporary Europe and Latin America," *Government and Opposition*, vol.48, no.2, pp.147~174.

Palao, Errando and José Antonio, 2015, "La Eninciación Compleja: Hermenéutica, semiótica y política en el siglo 21. El Caso de Podemos," *Castelló de la Plana*, http://www.comunicambio2015.uji.es/language/es/ (검색일: 2020.05.20.)

Payero, López, L., 2015, "The 'Citizen Participation Process' in Catalonia: Past, Present and Future," *Liverpool Law Review*, vol.36, no.3, pp.237~256.

Podemos Manifesto, 2015, https://servicios.lasprovincias.es/documentos/Programa-electoral-Podemos-20D-2015 (검색일: 2020.05.23.)

Rodrick, Dani, 2018, "Populism and the Economics of Globalization," *Journal of International Business Policy*, vol.1, no.2, pp.12~33.

Rodríguez-Aguilera de Prat, Cesáreo, 2015, "Semejanzas y Diferencias entre el Movimento 5 Stelle. y Podemos," *Società Mutamento Politica*, vol.6, no.11, pp.51~74.

Rodríguez-Teruel, Juan, Astrid Barrio and Oscar Barberà, 2016, "Fast and Furious: Podemos' Quest for Power in Multi-level Spain," *South European Society and Politics*, vol.21, no.4, pp.561~585.

Sanders, B. Karen, Rosa Berganza, and Roberto de Miguel, 2017, "Populism from Far Right to the Emergence of Podemos," Aalberg Toril et al. (eds.), *Populist Political Communication in Europe: European Cooperation in Science and Technology*, London: Routledge.

Sánchez-Cuenca, Ignacio and Elias Dinas, 2012, "Introduction: Voters and Parties in the Spanish Political Space," *South European Society and Politics*, vol.17, no.3, pp.1~10.

Sanders, K, 2014, "The Emergence of Spain's Podemos Party: Challenges for Political Communication Practice and Study," *Keynotepresentation at 2nd International Conference on Political Prticipation and Web 2.0*, University of Beira Interior, Covilhã, Portugal.

Sanmartín, Olgar, R., "Sánchez Dice que es "Exagerado" Hablar de Crisis Migratoria y el PP le Pide Expulsar a Más 'Sin Papeles," *El Mundo*, December 18. 2018. Available at: https://www.elmundo.es/espana/2018/12/18/5c18c00ffc6c8363288b4577.html (검색일: 2019. 12.18.)

Share, Donald, 1986, "The Franquist Regime and the Dilemma of Succession," *The Review of Politics*, vol.48, no.4, pp.549~575.

Sola, Jorge and César Rendueles, 2018, "Podemos, the upheaval of Spanish Politics and the Challenge of Populism," *Journal of Contemporary European Studies*, vol.26, no.1, p.99~116.

Subirats, Joan, 2006, "Multi-level Governance and Multi-level Discontent: The Triumph and Tensions of the Spanish Model," S. Greer (ed.), *Territory, Democracy and Justice*,

Basingstoke: Palgrave Macmillan.
Turnbull-Dugarte, J. Stuart, 2019, "Explaining the end of Spanish exceptionalism and electoral support for Vox," *Research and Politics*, vol.6, no.2, pp.1~8.
Vampa, Davide, 2020, "Competing Forms of Populism and Territorial Politics: the Cases of Vox and Podemos in Spain," *Journal of Contemporary European Studies*, pp.304~321.
Vidal, Guillem, and Irene Sánchez-Vítores, 2019, "Spain-Out with the Old: The Restructuring of Spanish Politics," S. Hutter and H. Kriesi (eds.), *European Party Politics in Times of Crisis*, Cambridge: Cambridge University Press.
Vox Manifesto, 2019, 100 Medidas Para la España Viva, Available at: https://www.voxespana.es/biblioteca/espana/2018m/gal_c2d72e181103013447.pdf
Wilson, Alex, 2012, "Multi-level Party Systems in Spain," *Regional and Federal Studies*, vol.22, no.2, pp.123~139.

〈기타 웹사이트〉
안달루시아 지방의회 www.parlamentodeandalucia.es (검색일: 2020.04.15.)
스페인 내무부 Ministerio del Interior España,
https://www.generales2019.infoelecciones.es/ (검색일 2020.04.22.)
스페인 사회조사센터(Centro de Investigaciones Sociológicas, CIS) 자료
스페인인의 이민자에 대한 태도 조사 2,214(1996).
http://www.cis.es/cis/opencms/ES/busqueda.html (검색일 2020.04.20.)
스페인인의 이민자에 대한 태도 조사 2,817(2009).
http://www.cis.es/cis/opencms/ES/busqueda.html (검색일 2020.04.20.)
안달루시아 지방 선거 후 조사 3,236(2018),
http://www.cis.es/cis/opencms/ES/busqueda.html (검색일 2020.04.20.)

4장

이탈리아의 포퓰리즘과 오성운동(M5S)

| 정병기 |

이탈리아는 포도주와 명품 가방, 축제와 예술의 나라로 우리에게 익숙하다. 국토가 반도로 이루어졌다는 점과 흥에 겨운 문화도 친근하다. 우리나라는 이념에 따른 분단과 전쟁의 경험으로 인해 이데올로기적 다양성이 심하게 제약을 받지만, 그러한 경험이 없는 이탈리아는 정치와 문화 모든 면에서 다양한 이데올로기들이 공존한다.

이탈리아인의 대화는 연속적인 경음으로 빠르게 굴러가는 언어와 현란한 손동작을 특징으로 한다. 이탈리아 정치도 항상 10개 이상의 정당이 의회에 진출해 경쟁하고, 정부의 수명은 대개 1년이 되지 않아 언제나 시끄럽고 때로는 결정 장애를 앓는 듯이 보인다. 그렇지만 두 차례의 경제 기적을 이룩하고, 민주 정치가 유지되었으며, 부정부패를 청산해 예측 가능성을 높이고 있다.

포퓰리즘과 관련해서도 이탈리아는 현대 포퓰리즘의 초기 유형에서 가장 최근의 유형에 이르기까지 매우 다양한 모습을 보인다. 파시즘(fascismo)의 기원이 이탈리아에서 나왔으며, 2000년대 이후 새로운 포퓰리스트 정당인 오성운동(五星運動, M5S)이 집권까지 했기 때문이다. 사르토리(G. Sartori)라는 걸출한 정당학자를 배출한 이탈리아는 포퓰리즘의 역사에서도 두 번의 기원을 창출한 것이다.

이 장에서는 2000년대에 나타난 새로운 현상인 포스트포퓰리스트 정당의 하나로서 오성운동의 특징을 살펴본다. 먼저 이탈리아의 정당 정치와 포퓰리즘의 역사를 간략히 살펴보고 오성운동의 강령과 정책 및 조직과 선거 결과를 고찰한다.

1. 이탈리아 정당 정치의 흐름

이탈리아 정당 정치 연구는 1946년 이탈리아공화국(Repubblica Italiana) 수립 이후를 대상으로 한다. 제2차 대전 이전의 이탈리아는 통일 이후 줄곧 군주제를 유지해왔기 때문에 현대 정당 민주주의 체제가 아니었기 때문이다. 물론 포퓰리즘과 관련해 정당 정치를 살펴보기 위해서는 파시즘 체제가 등장한 이탈리아왕국 시기도 살펴볼 필요가 있다. 그러므로 여기에서는 1946년 이후 이탈리아공화국의 정당 정치를 중심으로 고찰하되, 그 이전의 파시즘 시기는 제2절에서 파시스트 정당을 설명할 때 살펴볼 것이다.

정당 정치와 관련해 이탈리아공화국은 1993년 선거법 개정을 기점으로 '제1공화국'과 '제2공화국'으로 나뉜다. 작은따옴표를 쳤듯이, 이 분류와 명칭은 헌법 개정을 통해 공식적으로 바뀐 것이 아니다. 선거법 개정을 통해 정당 체제의 급격한 변동이 있었음을 표현하는 것에 불과하다. 물론 정권 교체와 선거법 개정을 함께 고려하는 입장에서는 다른 분류를 제시하기도 한다. 예를 들어, 쾨플레(Köpple)는 정권 교체를 기준으로 1996년 중도-좌파 연정 출범 이후를 '제2공화국'으로 명명하고 1991~1996년을 과도기로 구분하며,[1] 프룬칠로(Fruncillo)는 두 번째 선거제도 변경 후 정권 교체가 이루어진 2008년 이후를 '제3공화국'으로 부른다.[2] 그러나 이 글은 정당 체제의 흐름에 초점을 두어 1993년 선거법 개정만을 기준으로 나눈다. 2005년 선거법 개정은 정당 체제의 재편을 촉발하지 않았으므로 역시 '제2공화국'에 포함시킨다(2017년에 또 개정되지만, 이 개정도 심각한 정당 체제 변화를 동반하지 않았다).[3]

'제1공화국' 정당 체제는 1960년대의 분극적 다당제를 거쳐 1970년대에는 양대 정당들이 핵심 역할을 수행하면서도 제3의 정당들이 연합(연립) 상대로서 유효할 뿐만 아니라 정권 교체를 허용하지 않는다는 점에서 불완전 양당제로 정초되었다. 이 불완전 양당제는 냉전이라는 국제 환경과 강력한 가톨릭이라는 국내 환경 속에서 선위 투표(선호 투표)를 가미한 비례대표제라는 제도적 요인과 공산당의 배제와 공존의 게임이라는 행위자 요인이 종합적으로 작용한 결과였다. 그러나 이 양당제는 1970년대 후반부터 시작된 세속화와 1980년대 후반의 냉전 종식에 따라 가톨릭-보수주의와 사회-공산주의라는 양대 하부정치문화가 해소되고, 특히 양대 정당을 주요 대상으로 한 정당·정치 혐오증이 강화됨으로써 해체되어오다가 1993년 선거제도 변화로 인해 최종적으로 해체되었다.

---

1 Köpple, Stefan, 2007, *Das politische System Italiens: Eine Einführung* (Wiesbaden: VS Verlag), S.19.

2 Fruncillo, Domenico, 2010, *Politica senza reti: L'Italia al voto nel 2006 e nel 2008* (Roma: CRS), p.18.

3 이하 이탈리아 정당 체제 변화에 대해서는 정병기, 2012, "이탈리아 '제2공화국' 선거연합 정치의 주요 요인과 특징," 『한국정치학회보』 제46집 4호(한국정치학회), 73~99쪽과 정병기, 2011, "이탈리아 정당체제의 변화: '제2공화국' 경쟁적 양당제로의 재편," 『지중해지역연구』 제13권 1호(부산외국어대학교 지중해지역원), 213~246쪽을 참조.

<표 4-1> 이탈리아 '제1공화국' 역대 총리와 집권당

연도	총리	연립정부
1948~1950	de Gasperi(기민당)	기민당, 사민당, 공화당, 자유당
1950~1951	de Gasperi(기민당)	기민당, 사민당, 공화당
1951~1953	de Gasperi(기민당)	기민당, 공화당
1953	de Gasperi(기민당)	기민당
1953~1954	Pella(기민당)	기민당
1954	Fanfani(기민당)	기민당
1954~1955	Scelba(기민당)	기민당, 사민당, 자유당
1955~1957	Segni(기민당)	기민당, 사민당, 자유당
1957~1958	Zoli(기민당)	기민당
1958~1959	Fanfani(기민당)	기민당, 사민당
1959~1960	Segni(기민당)	기민당
1960	Tambroni(기민당)	기민당
1960~1962	Fanfani(기민당)	기민당
1962~1963	Fanfani(기민당)	기민당, 사민당, 공화당
1963	Leone(기민당)	기민당
1963~1963	Moro(기민당)	기민당, 사회당, 사민당, 공화당
1963~1964	Moro(기민당)	기민당, 사회당, 사민당, 공화당
1964~1968	Moro(기민당)	기민당, 사회당, 사민당, 공화당
1968	Leone(기민당)	기민당
1968~1969	Rumor(기민당)	기민당, 통합사회당, 공화당
1969~1970	Rumor(기민당)	기민당
1970	Rumor(기민당)	기민당, 사회당, 사민당, 공화당
1970~1972	Colombo(기민당)	기민당, 사회당, 사민당, 공화당

1972	Andreotti(기민당)	기민당
1972~1973	Andreotti(기민당)	기민당, 사민당, 자유당
1973~1974	Rumor(기민당)	기민당, 사회당, 사민당, 공화당
1974	Rumor(기민당)	기민당, 사회당, 사민당
1974~1976	Moro(기민당)	기민당, 공화당
1976~1977	Moro(기민당)	기민당
1977~1978	Andreotti(기민당)	기민당
1978~1979	Andreotti(기민당)	기민당
1979	Andreotti(기민당)	기민당, 사민당, 공화당
1979~1980	Cossiga(기민당)	기민당, 사민당, 자유당
1980	Cossiga(기민당)	기민당, 사회당, 공화당
1980~1981	Forlani(기민당)	기민당, 사회당, 사민당, 공화당
1981~1982	Spadolini(공화당)	기민당, 사회당, 사민당, 공화당, 자유당
1982	Spadolini(공화당)	기민당, 사회당, 사민당, 공화당, 자유당
1982~1983	Fanfani(기민당)	기민당, 사회당, 사민당, 자유당
1983~1986	Craxi(사회당)	기민당, 사회당, 사민당, 공화당, 자유당
1986~1987	Craxi(사회당)	기민당, 사회당, 사민당, 공화당, 자유당
1987	Fanfani(기민당)	기민당 (무소속 포함)
1987~1988	Goria(기민당)	기민당, 사회당, 사민당, 공화당, 자유당
1988~1989	de Mita(기민당)	기민당, 사회당, 사민당, 공화당, 자유당
1989~1991	Andreotti(기민당)	기민당, 사회당, 사민당, 공화당, 자유당
1991~1992	Andreotti(기민당)	기민당, 사회당, 사민당, 자유당
1992~1993	Amato(사회당)	기민당, 사회당, 사민당, 자유당 (전문가과도정부)
1993~1994	Ciampi(무소속)	기민당, 사회당, 사민당, 자유당 (전문가과도정부)

출처: Brütting, Richard (Hg.), 1997, *Italien-Lexikon* (Berlin: ESV), S.27~29.

<표 4-2> 이탈리아 '제1공화국' 선거 결과: 하원 비례대표(%)

연도	기민당	공산당	사회당	사민당	재건 공산당	공화당	자유당	네오 파시스트	녹색 연합	북부 동맹	기타
1948	48.5	31.0		7.1	-	2.5	3.8	2.0	-	-	5.1
1953	40.1	22.6	12.8	4.5	-	1.6	3.0	5.8	-	-	9.6
1958	42.4	22.7	14.2	4.5	-	1.4	3.5	4.8	-	-	6.5
1963	38.3	25.3	13.8	6.1	-	1.4	7.0	5.1	-	-	3.0
1968	39.1	26.9	14.5		-	2.0	5.8	4.5	-	-	7.2
1972	38.7	27.1	9.6	5.1	-	2.9	3.9	8.7	-	-	4.0
1976	38.7	34.4	9.6	3.4	-	3.1	1.3	6.1	-	-	3.4
1979	38.3	30.4	9.8	3.8	-	3.0	1.9	5.3	-	-	7.5
1983	32.9	29.9	11.4	4.1	-	5.1	2.9	6.8	-	-	6.9
1987	34.3	26.6	14.3	2.9	-	3.7	2.1	5.9	2.5	0.5	7.2
1992	29.7	16.1[1)]	13.6	2.7	5.6[2)]	4.4	2.8	5.4	2.8	8.7	8.2

1) 좌파민주당

2) 1991년 공산당의 당명 개정을 계기로 분당하여 창당

이후 시작된 '제2공화국'의 정당 체제 변화는 중도-좌파와 중도-우파라는 새로운 하부정치문화의 성립으로 사회균열 구조 변화에 상응하는 대중적 재편으로 전개되었고, 그에 따라 지지표의 이동으로 인해 새로운 중도 및 우파 정당들의 등장과 쇠퇴가 반복되었다. 또한 단순다수 대표제의 도입에 의해 거대 선거 연합의 형성과 양대 연합체의 주도적 대결이 나타나면서 1994년 선거를 통해 새로운 양당제로의 전환 과정에 접어드는 중대 선거적 재편이 이루어졌고, 2008년 선거를 전후해 양대 단일정당들이 형성됨으로써 이 양당제가 공고화되는 과정에 들어섰다.

물론 2008년 선거는 2006년 선거와 마찬가지로 비례대표제로 회귀한 다음에 치러졌다. 그러나 2005년 재개정된 선거제도는 추가의석 할당제를 가미한 비례대표제로서 승리를 위한 선거 연합 형성이나 거대 정당화 경향을 해소하지는 못했다. 이러한 거대 단일정당화는 다수대표제 하에서 진행

된 연합 전략의 산물인 거대 선거 연합에 의한 양당제가 지체되어 나타난 현상이라고 할 수 있다. 사실 2008년 선거에서는 거대 단일정당으로 형성된 민주당도 이탈리아가치(IdV)와 선거 연합을 구성했고, 전진이탈리아(FI)도 이중의 선거 연합을 구성했으며, 이 선거 연합들은 이전 선거에서와 달리 단일한 명칭으로 구성된 것이 아니었다. 그러나 이러한 선거 연합들도 새로운 선거법에 따라 정당과 동일한 행위자로 인정받기 때문에 비록 단일정당에 의한 정부가 출범하지는 못했지만, 이탈리아 선거법상으로는 특정 선거 참여 조직에 의한 안정적 다수 형성이 이루어진 것으로 볼 수 있다.

<표 4-3> 이탈리아 '제2공화국' 역대 총리와 집권당

연도	총리	연립정부
1994	Berlusconi(전진이탈리아)	전진이탈리아, 북부동맹, 민족연맹, 중도연합, 기독민주센터
1995~1996	Dini(무소속)	무소속 각료 중심의 전문가 과도정부
1996~1998	Prodi(월계수연맹)	월계수연맹(재건공산당 각외연합)
1998~1999	D'Alema(좌파민주당)	월계수연맹, 공산당, 공화국민주연맹
1999~2000	D'Alema(좌파민주당)	월계수연맹, 공산당, 공화국민주연맹
2000~2001	Amato(무소속)	월계수연맹, 공산당, 공화국민주연맹
2001~2006	Berlusconi(전진이탈리아)	자유의 집
2006~2008	Prodi(월계수연맹)	월계수연맹, 재건공산당
2008~2011	Berlusconi(자유국민)	자유국민, 북부동맹, 남부자치연합운동
2011~2013	Monti(무소속)	무소속 각료 중심의 전문가 과도정부
2013~2014	Letta(민주당)	대연정[민주당(연합), 자유국민당(연합)]
2014~2016	Renzi(민주당)	민주당, 신중도우파[1], 시민의 선택, 대중당[2], 중도연합
2016~2018	Gentiloni(민주당)	민주당, 신중도우파, 민주센터[3], 중도연합
2018~2021	Conte(무소속)	오성운동, 북부동맹, 자유와평등[4]
2021~현재	Draghi(무소속)	오성운동, 북부동맹, 민주당, 전진이탈리아, 헌법제1조[5], 생동이탈리아[6]

1) NCD(Nuovo Centrodestra): 2013년 베를루스코니(Silvio Berlusconi)가 연립정부 참여에 반대함에 따라 라타(Enrico Latta) 정부 출범을 지지하는 세력들(비둘기파 "doves")이 전진이탈리아(FI) 재창당을 앞두고 11월 15일 자유국민당(PdL)에서 탈당해 창당. 자유국민당의 장관 5명 전체와 차관 3명, 상원의원 30명, 하원의원 27명이 참여했으며, 이들은 대개 기독민주주의 정당 출신으로 칼라브리아(Calabria)와 시칠리아(Sicilia) 지역에 토대를 둠. 11월 16일에 자유국민당은 전진이탈리아로 재창당(*이탈리아에서는 동일 정당 명칭을 다시 사용할 수 있음.)

2) PpL(Popolari per l'Italia): 2014년 1월 '시민의 선택(SC)'으로부터 분리 창당. 중도연합(UdC)과 통합해 새로운 중도 정당을 창당하려 함.
3) CD(Centro Democratico): 2012년12월 창당된 중도 정당.
4) LeU(Liberi e Uguali): 2017년 12월 결성된 좌파 정당 연합 [MDP(민주와 진보운동)+SI(이탈리아좌파)+Pos(이탈리아가능)+VGV(남티롤알토아디제녹색당)+PSS(시칠리아사회당)]
5) Art.1(Articolo Uno): 2017년 민주당에서 분당(이후 자유와 평등에서도 탈퇴)
6) IV(Italia Viva): 2019년 민주당에서 분당(전 대통령 Matteo Renzi가 창당)
출처: 이탈리아 정부 자료 종합

<표 4-4> 이탈리아 '제2공화국' 선거 결과: 하원 비례대표(%)

연도	국민당 마가렛 (2001)	좌파 민주당	사회당	전진 이탈 리아	재건 공산당	더유럽	오성 운동	민족 연맹	해바 라기 (2001)	북부 동맹	기타
1994	11.1	20.4	2.2	21.0	6.0	-	-	13.5	2.7	8.4	14.7
1996	6.8	21.1	-	20.6	8.6	-	-	15.7	2.5	10.1	14.6
2001	14.5	16.6	-	29.5	5.0	-	-	12.0	2.2	3.9	16.3
	월계수연맹										
2006	31.3			23.7	5.8	-	-	12.3	2.1	4.6	20.2
	중도 기민연	민주당		자유 국민	좌파-무지개 연합						
2008	5.6	33.2	1.0	37.4	3.1	-	-	2.4	3.1	8.3	9.0
	몬티 리스트			전진 이탈 리아	시민혁 명			이탈 리아 형제들	생태 좌파 자유		
2013	8.3	25.4	-	21.6	2.2	-	25.6	2.0	3.2	4.1	7.6
	이탈 리아와 함께 하는 우리				자유와 평등				이탈 리아 유럽 동행		
2018	1.3	18.7		14.0	3.4	2.5	32.7	4.3	0.6	17.4	5.1

· 전진이탈리아: Forza Italia, 1994년 창당, 2009년 자유국민당으로 통합 개명했다가 2013년에 다시 개명
· 사회당: PSI

· 재건공산당: PRC, 1991 공산당 당명개정 때 분리 창당
· 네오파시스트: MSI, 1972 이후 군주주의자들과 통합. 1994년 선거 이후 민족연맹(Alleanza Nazionale)
· 녹색연합: Federazione dei Verdi
· 북부동맹: 1987 Lega Lombarda, 1992 이후 Lega Nord
· 마가렛(Margherita): 2000년 PPI, Democratici, Rinnovamento Italiano, UDEUR의 선거 연합으로 결성되어 2002년 단일 정당으로 전환
· 해바라기(Girasole): 2001년 녹색연합과 민주사회당(SDI)의 선거연합
· 중도기민연: UDC, 2002년 CCD, CDU, Democrazia Europea가 통합 창당, 2013년 몬티 리스트(Scelta Civica con Monti per l'Italia)
· 자유국민연합(Il Popolo della Libertà): 전진이탈리아(FI)와 민족연맹(AN)이 주축이 된 우파 선거 연합
· 좌파무지개연합(La Sinistra - L'Arcobaleno): 재건공산당(PRC), 신공산당(PDCI), 녹색연합(FDV), 민주좌파(SD)로 구성된 좌파 선거 연합
· 시민혁명(RC: Rivoluzione Civile): PRC, PdCI, Verdi, IdV e Movimento Arancione.
· 오성운동(M5S: Movimento 5 Stelle): 2009년 설립된 자유주의적 반체제 정치운동
· 이탈리아와함께하는우리(NCI: Noi con l'Italia): 2017년 12월 창당된 중도우파 기독 민주주의 정당
· 자유와평등(LEU: Liberi e Uguali): 2017년 12월 결성된 좌파 정당 연합
· 더유럽(+E: Più Europa): 2017년 12월 창당된 중도 좌파 자유주의 정당
· 이탈리아형제들(FDI: Fratelli d'Italia): 2012년 12월 창당된 민족주의 정당
· 이탈리아유럽동행(INSIEME: Italia Europa Insieme): 2017년 12월 창당된 사민주의 생태 정당
· 기타: 1968 이후 1987까지 급진당(Radicali)과 프롤레타리아 민주당(DP)이 4~5%를 유지
출처: Ministero dell'Interno; http://www.electionworld.org/italy.htm 자료 종합

이탈리아 선거법의 주요 개정은 1993년, 2005년, 2017년, 총 세 번에 걸쳐 이루어졌다.[4] 1993~2005년까지 이탈리아 선거제도는 다수대표제를 근간으로 하고(75%) 비례대표제를 가미한(25%) 제도였고, 2005~2017년에는 보강 비례대표제였다. 이 보강 비례대표제는 전면 비례 대표제를 실시하되, 안정적 다수를 확보하게 하는 장치를 둔 것을 의미한다(un sistema Pproporzionale con premio di maggioranza e soglie di sbaramento). 곧, 1위를 한 정당 혹은 선거연합에게 하원에서 전국 단위로 총 의석의 54%를 배정하고, 상원에서는 주별로(상원 전체가 아니라) 총 의석의 55%를 확보토록 하는 것이었다. 특히 선거연합을 정당과 동일하게 인정한다는 점에서 매우 특수한 제도였다. 그러나

---

4 선거 제도 변화에 대해서는 정병기, 2018a, "2018년 이탈리아 총선과 포퓰리즘 연정 출범," 『진보평론』 통권 제76호, 192~201쪽과 정병기, 2018b, 『정당 체제와 선거 연합: 유럽과 한국』 (경산: 영남대학교출판부) 참조.

2017년 10월에 혼합 제도로 재개정된 선거제도는 선거 연합 관련 규정을 폐지했다. 그에 따라 2018년 총선은 새 선거법에 따라 총 의석의 약 36.8%를 1구 1인 단순 다수제로 선출하고, 약 61.3%를 정당 명부 비례대표제로 선출했으며(약 1.9%는 해외 선거구), 선거 연합 의석 배분 및 안정적 다수 확보 규정이 폐지되었다.

2013년 이후 가장 두드러진 변화는 오성운동의 등장이다. 오성운동의 급격한 성장은 물론 선거제도의 영향을 받기도 했지만, 무엇보다 정당 정치에 대한 이탈리아 국민들의 실망과 그에 따른 투표 참여율의 하락에 기인하는 바가 더 컸다. [그림 4-1]에서 보듯이, 1970년대까지 90%를 넘었던 이탈리아 국민들의 투표 참여율은 80%대로 떨어졌고, 급기야 2013년 선거에서는 70%대까지 내려앉았다. 2013년 선거는 기성 정당들과 대의 민주주의를 비판하면서 직접 민주주의를 주장하는 오성운동이 처음 참가한 총선이었다.

[그림 4-1] 이탈리아 총선 투표 참여율: 하원 비례대표(%)

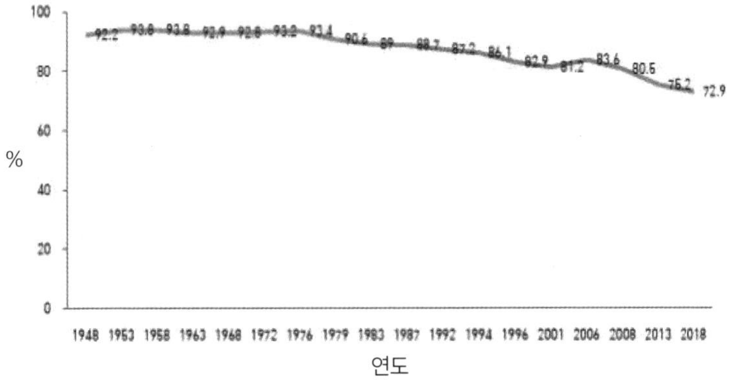

출처: 이탈리아 내무부 자료 종합

기성 정치 및 정당에 대한 실망과 환멸을 의미하는 정치·정당 혐오증은 양대 정당 혹은 '제2공화국' 이래 양대 선거 연합의 지지율 합계에서도 분명하게 나타났다. 정치·정당 혐오증의 주요 대상은 군소 정당들보다는 이탈리아 정치를 주도해온 양대 정당이었기 때문이다. '제1공화국'에서 양대 정당 지지율 합은 1976년 73.1%에서 1992년 45.8%로까지 하락했다([그림 4-2] 참조). 선거법 개정과 정당 정치의 격변을 통해 기민당과 사회당 등 주요 기성 정당들이 몰락한 '제2공화국'에서 정치·정당 혐오증은 적어도 양대 정당 혹은 양대 선거 연합 지지율에서는 일정하게 치유되는 듯했다. 하지만 2006년을 정점으로 양대 선거 연합 지지율이 다시 하락함으로써 이탈리아 국민이 새로운 정당 체제에 대해 다시 실망하기 시작했음을 알 수 있다.

[그림 4-2] 양대 정당 및 양대 선거 연합 득표율: 하원 비례대표(%)

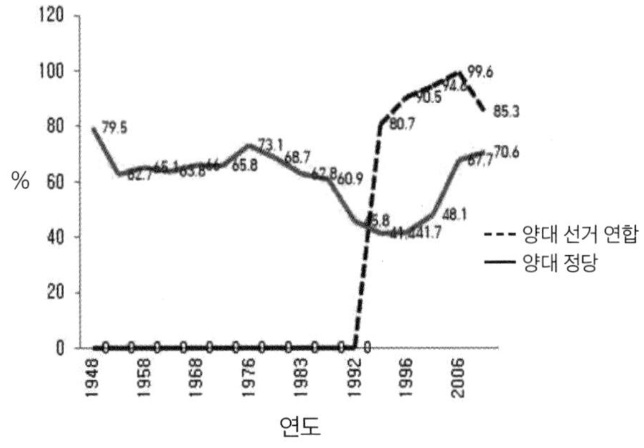

* 2013년 이후부터는 오성운동이 제1당으로 등장했으므로 생략 출처: 정병기(2011), 227쪽.

선거제도만으로 보면, 보강 비례대표제로 인해 오성운동은 2013년 선거에서 득표율로 1위를 하고도 의석수로는 2위에 머무는 부정적인 영향을 받기도 했다. 반면 2017년 10월에 혼합 제도로 재개정된 선거제도는 선거 연합 관련 규정을 폐지함에 따라 2018년 총선에서 오성운동은 득표율에 비례하는 의석을 획득해 의석률로도 제1당으로 부상해 연정을 주도하게 되었다

(<표 4-5> 참조).

<표 4-5> 2018년 이탈리아 총선 결과(%, 석)

		하원				상원			
		득표율	의석수	연합 득표율	연합 의석수	득표율	의석수	연합 득표율	연합 의석수
중도-우파연합	동맹	17.4	125	37.1	265	17.6	58	37.5	137
	전진 이탈리아	14.0	104			14.4	57		
	이탈리아 형제들	4.4	32			4.3	18		
	이탈리아와 함께-중도연합	1.3	4			1.2	4		
오성운동		32.7	227	32.7	227	32.2	112	32.2	112
중도-좌파 연합	민주당	18.7	112	22.8	122	19.1	53	22.9	60
	더유럽(+E)	2.6	3			2.4	1		
	이탈리아 유럽함께	0.6	1			0.5	1		
	시민명부	0.5	2			0.5	1		
	남티롤 국민당-트렌틴티롤 독립당	0.4	4			0.4	3		
	발레 다오스타 (VdA)[1]	-	-			-	1		
자유와 평등		3.4	14	3.4	14	3.3	4	3.3	4
재외이탈리아인연합[2]		-	1	-	1	-	1	-	1
남아메리카이탈리아이주민연합[2]		-	1	-	1	-	1	-	1
기타		4.0	-	4.0	-	4.1	-	4.1	
합 계		100.0	630	100.0	630	100.0	315	100.0	315

1) Valle d'Aosta 지역 별도 선거
2) 해외선거구 별도 선거
출처: 이탈리아 내무부 자료

2. 이탈리아 포퓰리즘과 포퓰리스트 정당

포퓰리즘의 기원은 주로 19세기 중후반 러시아와 미국에서 생겨난 고전 포퓰리즘으로 농민 중심의 포퓰리즘을 말한다. 그러므로 이탈리아에서 고전 포퓰리즘은 존재하지 않았다. 다만 양차 대전 전간기 이후 발흥한 현대 포퓰리즘 중 구포퓰리즘에 해당하는 파시즘이 농민에 기반을 두었다는 점에서 고전 포퓰리즘과 유사하다. 이것은 남부와 북부의 산업 발달의 차이에 따라 농업 중심의 남부 지역이 구포퓰리즘의 온상이 되었다는 점과 관련이 있다.

이와 같이 이탈리아 포퓰리즘은 현대 포퓰리즘부터 시작했다. 하지만 다른 나라들과 달리 2000년대 이후 현대 포퓰리즘의 세 가지 유형, 즉 구포퓰리즘과 신포퓰리즘 및 포스트포퓰리즘이 공존하는 남부 유럽의 특징을 대표하는 양상을 보인다. 그러나 이탈리아에서 구포퓰리스트는 무솔리니(Benito Amilcare Andrea Mussolini)의 파시즘으로 현상해 2차대전 이전까지 집권했으나, 2차대전 이후에는 점차 세력이 약화되어 더 이상 의미 있는 정치 세력이 아니다.

무솔리니의 파시스트 정당(국가파시스트당: Partito Nazionale Fascista)은 1차대전 이후 계급 투쟁이 활발히 전개되는 과정에서 지주와 군벌 및 전통적 자유주의 세력들이 로마제국의 영광을 되찾자는 명분을 내세우며, 국가주의를 주장하는 무솔리니를 지지하며 생겨난 정당이다. 파시스트당은 1922년 10월 파시스트당의 검은셔츠단(MVSN: Milizia Volontaria per la Sicurezza Nazionale)이 로마 진군을 통한 쿠데타를 시도하고, 이에 위협을 느낀 국왕 비토리오 에마누엘레 3세(Vittorio Emanuele III)가 무솔리니를 수상으로 임명함으로써 집권에 성공하였다. 이후 파시스트당은 독재 체제를 구축해 1935년 에티오피아 침공을 시작으로 독일 나치당과 동맹해 2차대전을 일으키기도 했다. 무솔리니는 1943년 연합군의 이탈리아 본토 상륙 후 실각했으나,

북부로 옮겨 이탈리아사회공화국[RSI: Repubblica Sociale Italiana; 당은 공화파시스트당(Partito Fascista Repubblicano)으로 개명][5] 이라는 나치 독일의 괴뢰국을 세우기도 했으나, 독일 패배 후 무솔리니가 체포되어 처형됨으로써 무솔리니 파시즘은 종말을 맞았다.

무솔리니 파시즘은 이탈리아 국민주의에 뿌리를 두는 유기체적 국가론과 경제적 협동조합주의 및 두체(Duce: 지도자, 수령)로 불리는 무솔리니의 카리스마적 리더십에 기반을 두고 있어 구포퓰리즘의 전형에 속한다. 또한 이 파시즘은 프랑스혁명 이전의 봉건 사회로 회귀하려는 반동주의를 추구하지는 않지만, 고전 자유주의를 개인주의의 파탄으로 간주하고 맑스주의적 사회주의에도 반대하는 극우 성향을 보인다.

여기에서 잠시 파시즘이라는 단어에 대해 살펴본다.[6] 이 말이 '도끼'를 의미하는 것으로 잘못 알려져 있기 때문이다. '파시즘'은 이탈리아어 파쇼(fascio)에서 유래했는데, 『21세기정치학대사전』에 따르면, '묶음'을 의미하는 이 말은 정치 사회적으로 '결속' 또는 '단결'의 뜻으로 전용(轉用)되었다. 하지만 단순히 '묶음'의 뜻으로만 보는 것도 반쪽짜리 설명밖에 되지 못한다.

이탈리아어 fascio는 라틴어 fasces에 기원을 두며 권표(權表) 혹은 속간(束桿: 나무 묶음)을 뜻한다. fasces는 로마 고관 수행원 lictor가 들고 다니던 것으로 공권력의 표징이었는데, [그림 4-3]에서 보듯이 fasces(고대 로마의 속간)는 하얀 자작나무 막대기를 붉은 가죽 띠로 묶은 것이다(오른쪽 그림이 고대 로마 속간의 실물 사진이고, 왼쪽 그림은 실물을 그래픽으로 재현한 것). 그리고 이 막대기 사이에 옆으로 날이 선 청동 도끼(secúris, 때로는 두 개)를 끼웠는데, 이것이 '도끼'라는 잘못된 어원의 원인이 되었을 가능성이 크다. 이 속간은 권표(權

---

5 행정부 소재지인 살로(Salo)의 이름을 따서 살로공화국이라고도 부른다.

6 정병기, 2019, "파시즘의 어원과 뜻: 잘못된 상식, 정병기 블로그," https://blog.naver.com/byungkeej/221595559558 (검색일: 2021.01.24.)

表)라는 말 그대로 권력의 상징이었다. 종종 로마 공화정의 상징으로 쓰였으며, 오늘날에도 파시스트 정당뿐 아니라 미국 법무부 행정국 등 여러 정부와 단체들이 문장으로 사용하고 있기도 하다.

[그림 4-3] 로마의 속간(Fasces lictoriae)

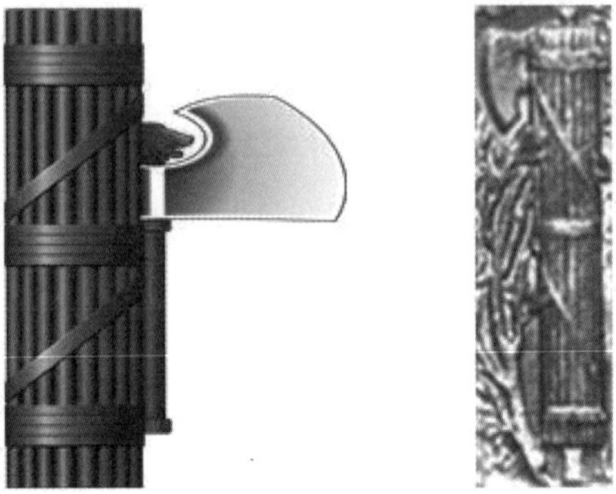

현대 이탈리아(이탈리아공화국)에서 중요한 포퓰리즘은 신포퓰리즘과 포스트포퓰리즘이다. 신포퓰리즘은 구포퓰리즘에 뿌리를 두고 변화를 거듭한 결과로 나타난 정당들이나 기존 우익 정당들이 선택한 정치 전략으로 존재하는데, 구포퓰리스트 정당이 온건화했거나 그로부터 분리해 나온 정당들 혹은 북부동맹(Lega Nord)이나 전진이탈리아 등 '제2공화국'에서 등장하거나 강화된 정당들로 나타났다.

구포퓰리즘과 이후 신포퓰리즘으로 전환한 대표적 정당은 1946년부터 존재해오던 네오파시스트 정당인 사회운동민족우파당(MSI-DN: Movimento Sociale Italiano - Destra Nazionale)이다. 이 당이 여러 극우 세력들을 통합해 신포퓰리즘으로 전환하면서 1994년 민족연맹(AN: Alleanza Nazionale)으로 재창당되어 2009년까지 활동했으며, 이 과정에서 구포퓰리스트들은 사회운동삼색횃불당(MSFT: Il Movimento Sociale Fiamma Tricolore)으로 분당해 나갔다.[7]

사회운동삼색횃불당은 2008년 총선을 앞두고 우파당(La Destra)으로 개명하여 활동하다가, 2017년에 다시 다른 우파 정당과 합당해 주권민족운동(Movimento Nazionale per la Sovranità)을 창당했다. 이 구포퓰리스트 정당은 우파당 시절 지역 의회에서 최대 3석까지 얻은 적이 있을 뿐, 독자적으로는 전국 의회에 진출하지 못하다가 2019년에 유럽의회를 중심으로 활동하는 우파 정당인 이탈리아형제들(FdI: Fratelli d'Italia)에 흡수되었다.

한편 민족연맹의 당수였던 피니(Gianfranco Fini)도 이스라엘 방문과 파시즘 거리 두기에 반대해 무솔리니의 손녀(Alessandra Mussolini)와 함께 탈당한 후 2004년 초에 사회행동당(AS: Azione Sociale)을 창당했다. 이후 사회행동당은 다른 극우파 정당들과 함께 지방선거에서 사회대안연맹(AS: Alernativa Sociale)이라는 선거 연합을 구성하는 등 2009년까지 활동했다. 그러나 이 정당도 2009년 베를루스코니(Silvio Berlusconi)의 전진이탈리아와 다른 군소 우파 세력들과 함께 단일 정당인 자유의극(Il Popolo della Libertà)으로 통합되었다.

북부동맹은 1980년대 후반 '제1공화국'의 부정부패를 공격하면서 북부의 독립을 주장하는 정당들을 통합해 1991년에 창당된 지역주의 정당이다.[8] 초기에는 북부 지역에만 출마하고 강력한 분리주의를 주장했지만, 점차 전국 정당으로 변하면서 연방주의를 주장하기 시작했다. 북부동맹의 이념은 초기에 부패 정치의 개혁을 중심으로 하는 중도적 경향을 보이다가 점차 우파 포퓰리즘으로 전환했다. 북부동맹의 분리주의나 연방주의는 선거

7 이탈리아 구포퓰리스트 정당에 대해서는 정병기(2011) 및 이탈리아 위키피디아(https://it.wikipedia.org) 참조.

8 정병기, 2000, "이탈리아 정치적 지역주의의 생성과 북부동맹당(Lega Nord)의 변천," 『한국정치학회보』 제34집 4호(한국정치학회), 397~419쪽.

시기에 더 강해지며, 선거가 끝나거나 연정 참가 이후에는 크게 약화되는 양상을 보였다. 북부동맹의 포퓰리즘 성향도 전국적 의미에서는 엘리트와 인민의 이분법적 사회관에 속한다고 보기 어렵다. 다만 초기에 강력한 지역주의와 결합해 북부 지역 주민과 남부 지역 엘리트라는 대립 구도를 주장했다. 이러한 점에서 북부동맹은 초기에 한해 포퓰리스트 정당이라고 규정할 수 있다. 하지만 연정 참가 이후 전국 정당으로 전환하면서 북부동맹의 포퓰리즘 성격은 선거 시기에 수사적으로 강화되는 전술적 포퓰러리즘의 성격을 더 강하게 띠기 시작했다.

전진이탈리아도 포퓰리즘 정당으로 자주 언급된다. 전진이탈리아는 언론 재벌 베를루스코니의 명사 정당으로서 처음부터 우파 스펙트럼에 위치했다.[9] 북부동맹과 마찬가지로 '제2공화국' 초기에는 다양한 개혁 정치를 표방하면서 기민당이 사라진 우파 및 중도 우파 진영을 장악해갔다. 그러나 (중도) 우파 진영의 제1당으로서 입지를 공고히 하면서부터 사실상 '제1공화국'의 부패 정당에 버금가면 서러울 정도로 부패 스캔들에 휩싸였고 갖가지 선심성 공약들로 비판받았다. 전진이탈리아는 북부동맹에 비해서도 포퓰리스트 정의에 더 적절하지 않다. 미디어 중심의 인물화 정당이라는 새로운 모습을 보여 신포퓰리스트 정당의 성격을 띤 것은 사실이지만, 이것은 이 책 제1장에서 규정한 최소 정의("사회를 인민과 엘리트라는 두 진영의 적대 구도로 파악하며 정치는 인민의 의사를 가능한 한 직접적으로 반영해야 한다고 주장하는 이념")의 속성에 속하는 것이 아니라 그 부차적 속성에 속할 뿐이다. 전진이탈리아도 개혁 정치를 내세웠지만, 그것이 엘리트와 인민의 이분법적 구도에 기반을 둔 것은 아니었기 때문이다. 그러므로 전진이탈리아는 북부동맹에 비

9 정병기, 2003, "정치변동과 정당 특성 분석을 통해 본 전진이탈리아의 성공 요인과 전망," 『국제·지역연구』 제12권 1호(서울대학교 국제대학원), 91~111쪽.

해서도 포퓰리즘적 성격은 약하며, 정치 수사적으로 포퓰러리즘적 전략과 전술을 사용하는 정당일 뿐이다.

그러므로 이 글은 전진이탈리아를 본질적으로 포퓰리즘 정당에 속하지 않는다고 본다. 그럼에도 신포퓰리스트 정당을 소개하는 이 지점에서 전진이탈리아를 다루는 것은 학계와 정계 및 저널리즘에서 이 정당을 대개 포퓰리스트 정당으로 언급하기 때문이다. 다만 포퓰리즘 논의를 강령이나 정책 혹은 정체성에서 위의 최소 정의에 부합하는가라는 기준에 한정하지 않고, 전략·전술적 혹은 수사적 차원까지 포함한다면 전진이탈리아도 포퓰리스트의 하나로 규정할 수 있을 것이다. 전략·전술적 혹은 수사적 포퓰리스트(혹은 포퓰러리스트)라고 간주하면 되기 때문이다. 하지만 이 글의 포퓰리즘 및 포퓰리스트 규정은 이 차원까지 포괄하지는 않는다. 다만 이 경우 '전략·전술적 혹은 수사적으로 포퓰러리즘(포퓰리즘)을 사용한다' 정도로 설명하는 데 만족한다.

이탈리아에서 포스트포퓰리즘의 대표적 현상은 이 글에서 중점적으로 다룰 오성운동이다.[10] 다만 학계에서는 아직 오성운동을 신포퓰리스트로 규정하는 입장이 대부분인 것은 사실이다. 실제 포스트포퓰리즘이 현실 정치에서 신포퓰리즘과 경쟁하며 공유하는 지점이 적지 않기 때문이다. 따라서 오성운동을 고찰할 때 신포퓰리즘과 비교해서 살펴보는 것도 간과하지 않을 것이다.

제1장에서 살펴보았듯이, 신포퓰리즘은 집단적 대중을 인민으로 설정한다는 점에서 구포퓰리즘과 다르지 않지만, 의회 민주주의를 수용한다는 점에서 더 유연한 정치관을 가지고 있다. 포스트포퓰리즘은 의회 민주주의

10 오성운동에 대해서는 정병기, 2020, "오성운동(M5S)의 직접 의회주의와 사이버크래틱 집중주의: 포스트포퓰리스트 정치 운동의 성공과 한계,"『한국정치연구』 제29집 2호(서울대학교 한국정치연구소), 91~116쪽을 수정해 재수록함.

(대의 정치)를 수용한 것에서 더 나아가 개인주의까지 수용함으로써 기존 포퓰리즘의 전통적인 집단주의를 포기했다. 포스트포퓰리즘에서 인민은 더 이상 일반 의지를 가진 단일한 집단으로 상정되지 않고 다양한 성격을 가진 복합적인 집단으로 이해된다. 따라서 포스트포퓰리스트에게 인민들의 의사는 전체 의지로만 존재하며, 조정을 통해 대변해야 하는 다중적 결합체다.

3. 오성운동 연구 동향과 분석 방법

2009년 창당된 오성운동은 2013년 총선에서 일약 제1당으로 등장하고, 2018년 총선에서 집권하는 파란을 일으켰으며, 인터넷 중심의 조직과 새로운 강령을 제창하면서 반(反)체제 운동임과 동시에 포퓰리스트 운동임을 공개적으로나 공식적으로 자처해왔다. 따라서 오성운동은 그 자체로 커다란 관심의 대상이었을 뿐만 아니라 새로운 포퓰리즘 현상으로서도 주목받아왔다. 따라서 오성운동에 관한 연구는 포퓰리즘과 관련해서도 많이 이루어졌다. 하지만 국내에서는 김시홍, 김종법, 임유진의 연구만 있어 상대적으로 많지 않은 편이다. 국내 연구를 포함해 오성운동에 대한 포퓰리즘적 연구는 크게 세 가지로 분류할 수 있다.[11]

첫째, 신포퓰리즘적 시각에서 포퓰리즘의 일반적 성격을 밝힌 연구: 김시홍, 김종법, 뵈메-쿠비(Böhme-Kuby), 프로스페로(Prospero), 쉬어홀츠(Schierholz) 등.[12] 둘째, 탈이데올로기성을 강조하며 기존 신포퓰리즘에 대

11 필자의 오성운동 분석 논문(2020)은 이 장에 재수록하므로 포함하지 않음.

12 김시홍, 2018, "2018 이탈리아 총선과 포퓰리즘 정부," 『유럽연구』 제36권 3호(한국유럽학회), 53~73쪽; 김종법, 2019, "이탈리아 포퓰리스트 정당을 통해 본 분리와 통합의 딜레마," 『유럽연구』 제37권 2호(한국유럽학회), 147~171쪽; Böhme-kuby, Susanna, 2008, "Populismus auf italienisch," Richard Faber und Frank Unger (Hrsg.), *Populismus in Geschichte und*

한 차별성에 초점을 둔 연구: 코르데로 외(Cordero et al.), 코트로야노스 외(Kotroyannos et al.), 페드로차니 및 핀토(Pedrazzani & Pinto) 등.[13] 셋째, 역시 탈이데올로기성을 강조하지만 디지털 포퓰리즘(웹 포퓰리즘, 테크노 포퓰리즘 등)적 성격에 초점을 둔 연구: 임유진, 데세리스(Deseriis), 란초네 및 우즈(Lanzone & Woods), 란초네 및 모리니(Lanzone & Morini) 등.[14] 선행 연구의 공통점은 오성운동을 신포퓰리즘으로 규정하면서 디지털 활용과 탈이데올로기성을 강조한다는 것이다. 이것은 유사한 현상으로 주목받는 그리스 시리자(SYRIZA) 및 스페인 포데모스(PODEMOS)와 다른 오성운동의 특징을 설명하는 데 유용하다. 실제 코르데로(Cordero), 코트로야노스 외(Kotroyannos et al.), 임유진의 연구는 시리자, 포데모스, 오성운동을 비교 연구했다(임유진은 포데모스와

Gegenwart (Würzburg: Verlag Königshausen & Neumann GmbH), S.149~174; Prospero, Michele, 2017, "The Demise of Multi-party Politics and the Rise of Populism," Hedwig Giusto, David Kitching and Stefano Rizzo (eds.), *The Changing Faces of Populism* (Bruxelles and Roma: FEPS, CRS and Fondazione Italianieuropei), pp.147~172; Schierholz, André, 2017, *Von Blogs über Plätze zum Parlament* (Norderstedt: Books on Demand).

13 Cordero, Guillermo, Lluis Orriols and Eftichia Teperoglou, 2018, "Syriza, M5S and Podemos: The Three Champions of the Angry Southern European Voter," *Revista Jurídica (RJUAM)*, no.37, pp.105~131; Kotroyannos, Dimitrios, Stylianos Ioannis Tzagkarakis and Ilias Pappas, 2018, "South European Populism as a Consequence of the Multidimensional Crisis? The Cases of SYRIZA, PODEMOS and M5S," *European Quarterly of Political Attitudes and Mentalities*, vol.7, no.4, pp.1~18; Pedrazzani, Andrea e Luca Pinto, 2017, "Dove pesca la rete del Movimento: le basi sociali del suo voto," Piergiorgio Corbeta (a cura di), *M5S: come cambia il partito di Grillo* (Bologna: Il Mulino), pp.95~136.

14 임유진, 2020, "남부 유럽의 테크노 포퓰리스트 정당과 당내 민주주의에 대한 비판적 검토: 포데모스와 오성운동의 정당 조직과 정치적 결정 과정," 『담론201』 제23권 1호, 193~221쪽; Deseriis, Marco, 2017, "Direct Parliamentarism: An Analysis of the Political Values Embedded in Rousseau, the 'Operating System' of the Five Star Movement," *The eJournal of eDemocracy and Open Government (JeDEM)*, vol.9, no.2, pp.47~67; Lanzone, Liza and Dwayne Woods, 2015, "Riding the Populist Web: Contextualizing the Five Star Movement (M5S) in Italy," *Politics and Governance*, vol.3, Issue 2, pp.54~64; Lanzone, Maria Elisabetta and Mara Morini, 2017, "Populists in Power: From Municipalities to (European) Parliament, The case of the Italian Five Star Movement," *Chinese Political Science Review*, no.2, pp.395-409.

오성운동을 비교).

이 연구들의 한계는 오성운동을 신포퓰리스트로 규정함으로써 포퓰리즘의 새로운 성격을 제대로 밝히지 못했다는 것이다. 오성운동은 신포퓰리즘과는 본질적으로 다른 새로운 포퓰리즘에 속하기 때문이다. 따라서 이 글에서는 포스트포퓰리즘이라는 새로운 포퓰리즘 유형의 시각과 방법에 따라 오성운동의 특징을 규명한다.

오성운동에 관한 분석은 세 단계로 나뉘어 진행된다. 첫째, 최소 정의에 따라 오성운동에서 포퓰리즘의 일반적 속성이 어떻게 나타나는가를 분석한다. 이것은 오성운동의 사회관과 정치관을 고찰하는 것이다. 둘째, 직접 의회주의(direct parliamentarianism)로 규정되는 오성운동의 강령과 정책을 포스트포퓰리즘 성격에 맞추어 분석한다. 이것은 직접 민주주의라는 포퓰리즘의 전통적 요구를 어떻게 대의 민주주의와 결합시켜 나가느냐에 대한 고찰이다. 셋째, 사이버크래틱 집중주의(cybercratic centralism)로 회자되는 오성운동의 조직과 내부 민주주의를 분석한다. 이 분석은 웹 2.0에 기반한 오성운동의 활동을 리더십 문제와 연결해 고찰하려는 것이다. 이중 둘째와 셋째 분석은 포퓰리스트 정치 운동인 오성운동이 갖는 새로운 성격인 개인주의 수용과 관련된 것으로서 포스트포퓰리즘의 변화된 속성에 대한 규명이다.

4. 포퓰리스트 오성운동: 엘리트-인민의 대립과 인민의 정치

오성운동은 1986년 방송에서 크락시(Bettino Craxi) 당시 총리를 풍자해 공영 TV 출연이 금지됐던 코미디언 그릴로(Beppe Grillo)가 웹 전략가이자 사업가인 카사레죠(Gianroberto Casaleggio)와 함께 창당한 정당이다. 이후 웹 2.0을 기반으로 활동하면서 인터넷 민주주의를 추구하는 정당으로 성장했다. 웹 2.0을 기반으로 한다는 점에서 쌍방향 소통의 참여 민주주의를 주장하므로 포퓰리즘과는 거리가 멀다고 볼 수도 있다. 대부분의 구포퓰리즘 정당들은 카리스마적 지도자와 활동가 중심의 폐쇄적 조직 체계를 갖고 있어 대중들은 동원의 대상으로 머물기 때문이다.

물론 그릴로에 의한 개인화된 대변 혹은 리더십(personalized representation)을 들어 오성운동이 전형적인 포퓰리즘의 성격을 띤다고 주장하는 경우도 없지 않다.[15] 하지만 리더십 유형은 포퓰리스트 정치 조직의 부차적 속성의 하나일 뿐 최소 정의에서는 핵심적 요소가 아니다. 게다가 개인화된 카리스마적 리더십은 신포퓰리즘 정당에서도 더 이상 유지되지 않는 속성 중의 하나다. 1970/80년대에 발흥하거나 강화된 신포퓰리즘 정당들은 대부분 새로운 지도자를 내세우고 있어 카리스마적 리더십은 유지되더라도 대폭 약화되거나 교체 가능한 수준으로 변했다.

난민 및 이민 정책이나 유럽 정책을 오성운동의 포퓰리즘적 속성의 증거로 제시하는 경우도 있다. 오성운동이 유럽 통합에 반대하는 정책 기조를 유지하며, 유럽 통합을 엘리트 중심의 기존 질서 존속을 위한 체제로 바라보는 것은 사실이다.[16] 그에 따라 오성운동은 유로존 탈퇴 국민 투표 실시를 주장해왔으며, 2013년 총선에서는 재정 적자 비중을 국내총생산(GDP)의 3% 이내로 제한한 유럽연합(EU) 재정 협약에 대한 재협상을 공약으로 내세웠다. 또한 북부동맹과의 연정 당시에는 난민 구조선 입항 금지와 영해 침범 시 벌금 부과 등을 핵심으로 하는 정책을 펴기도 했다[북부동맹 대표인 마테오 살비니(Matteo Salvini) 부총리 겸 내무장관이 주도한 것이지만 오성운동도 지지했다].[17]

---

15 Lanzone and Woods(2015), p.62.

16 김종법(2019), 166쪽.

17 전성훈, 2019a, "'연정 합의 이틀만에'…伊오성운동-민주당 난민정책 놓고 또 충돌," 『연합뉴스』 08.31, https://www.yna.co.kr/view/AKR20190831001000109?section=search (검색일: 2019.09.02.)

그러나 이 두 정책도 포퓰리즘의 핵심적 속성에 속하는 것이 아니라 부차적 속성에 속하는 것에 불과하다. 게다가 위와 같은 난민 및 이민 정책은 구포퓰리즘과 신포퓰리즘 중에서도 우익 포퓰리즘에 속하는 정책이다. 더 엄밀히 말하면, 난민과 이민에 대한 강경 정책은 포퓰리즘적 속성이라기보다 (극)우파 정당의 속성에 해당하는 것이다. 실제 이 정책은 북부동맹이나 전진이탈리아 같은 우파 정당들이나 이탈리아형제들 같은 극우 정당들이 주장해왔다.

더욱이 유럽 정책과 난민 및 이민 정책에 대해 오성운동은 온건주의적이거나 실용주의적 입장에 가깝다. 유로존에 대해서는 탈퇴를 주장하지만, 유럽연합에 대해서는 재협상 수준에서 개혁을 하자는 입장이었으며, 유로존 탈퇴 주장도 선거 국면에서는 잦아들었다(우파 포퓰리스트 정당들은 선거 국면에서 반유럽 주장을 더 강화했다).[18] 난민이나 이민에 대한 제한은 오성운동의 주요 정책 20가지에 포함되지도 않으며,[19] 특히 난민 문제에서는 인도주의 원칙을 포기하지 않는다. 이와 관련해 오성운동 소속 피노 카브라스(Fino Cabras) 상원의원이 한 인터뷰에서 밝힌 다음 내용은 이를 잘 보여준다: "외부 국경의 난민 유입에 대한 압력과 난민 문제에서 발생하는 인신매매를 줄이는 것을 목표로 삼아야 한다. [...] 헌법적으로 보장된 권리를 준수하면서 난민 자격에 대한 권리 증명과 난민 신청 철회 절차를 신뢰할 수 있게 만들어야 하며, 이 절차를 신속하게 진행해야 한다."[20]

---

18 김진호, 2018, "결이 다른 포퓰리즘 '오성운동' 상승세…이탈리아 총선 '유럽 포퓰리즘' 풍향계," 『경향신문』 03.02, http://news.khan.co.kr/kh_news/khan_art_view.html?artid=201803021709005&code=970205 (검색일: 2018.06.04.)

19 "20 points to come out of the darkness"(http://www.beppegrillo.it/en/2013/02/beppe_grillos_letter_to_the_it.html). 2013년 2월 6일 블로그에 올린 그릴로의 글 "이탈리아인들에게 보내는 편지"에 실린 20가지 요구 사항으로 이후 오성운동의 핵심 주장으로 수용되었다. Schierholz(2017), S.102에서 재인용.

20 국제전략센터, 2018, "정치풍자 코미디언이 만든 정당, 어떻게 '최다득표' 이뤘나: [피

포퓰리즘의 최소 정의에서 핵심적인 것은 인민과 엘리트의 대립 구도라는 사회관과 엘리트에 대항하는 인민 의사 대변이라는 정치관이다. 이것은 오성운동의 반체제성(anti-establishment)과 깊이 관련된다. 오성운동은 이탈리아 정치체제, 특히 의회가 직업 정치인이라는 부패 카스트에 의해 지배받는다고 공격하며, 대의 민주주의를 비판하면서 등장했다. 직업 정치인들이 인민들로부터 벗어나 자신들의 이해관계를 추구한다고 본 것이다. 그릴로를 비롯한 오성운동 지도자들은 이 직업 정치인들을 인민인 "우리"와 구별되는 "그들"로 호명한다.[21] 이것은 이탈리아 사회가 보통 사람들인 인민(La gente)과 "카스트(la Casta)"인 엘리트의 대립 구도로 이루어져 있다는 사회관에 기초하고 있음을 의미한다.

오성운동의 반체제성에는 기성 정당에 대한 강도 높은 비판이 포함된다. 2009년 9월 9일 그릴로는 자신의 블로그를 통해 "정당들은 죽었다. 나는 매개 구조이자 기구인 '정당'을 설립하려는 것이 아니라 프로그램을 가진 운동을 일으키려는 것이다."[22] 라고 밝힌 바 있으며, 이것은 이후 당헌에 그대로 수용되었다. 오성운동은 자신들을 기성 정당과 구별하기 위한 또 한 가지 상징적인 전략으로 당헌을 "비당헌(非黨憲, Non-Statuto: 2009년 제정, 2016년 개정)"이라고 부른다. 그 제1조는 오성운동을 "조직이 아니라(non Associazione)" "블로그 www.beppegrillo.it에서 발원하고 그에 중심을 두는 대응과 협의의 수단이자 플랫폼"이라고 규정하는데, 이때 '조직'은 머리글

노 카브라스 의원 인터뷰 ①] 이탈리아 총선에서 최다 득표한 오성운동의 '착한 포퓰리즘'," 『오마이뉴스』 12.08, http://www.ohmynews.com/NWS_Web/View/at_pg.aspx?CNTN_CD=A0002489618&PAGE_CD=N0006&utm_source=naver&utm_medium=newsstand&utm_campaign=top1&CMPT_CD=E0026M (검색일: 2018.12.09.)

21 Schierholz(2017), S.38, S.43.

22 http://www.beppegrillo.it/en/2009/09/political_press_release_number_18.html, Schierholz(2017), S.40에서 재인용.

자를 대문자로 써서 기성 정당 같은 정치 조직을 의미한다. 그리고 제4조는 "오성운동은 정당이 아니며, 앞으로도 정당으로 전환할 의도가 없다(not a political party and it is not intended to become one in the future)"라고 규정해, 이를 더욱 명확하게 밝혔다.[23]

또한 오성운동은 기성 정당들과 연합하는 것도 거부하며, 더 나아가 대의 민주주의를 비판하면서 인터넷을 통한 직접 민주주의를 추구하는데, '비당헌' 제4조의 후속 문장들은 이를 표명한 것이다: "오성운동은 정당과 연합의 테두리 바깥에서 민주적 토론과 효율적·효과적 의견 교환이 가능함을 증명할 것이다. 이것은 주도적 대표자가 대의함으로써 정부의 기능이 대개 소수에게만 부여되는 체계가 아니라, 인터넷 사용자 전체가 정부의 기능을 수행하는 체계이다."[24] 물론 직접 민주주의를 추구한다는 내용은 대표 선출 방식이 추첨이 아니라 선거라는 점과 충돌해 선언적 원칙에 불과하다고 볼 수 있다(이 점은 다음 장 '직접 의회주의' 분석에서 상세히 다룰 것이다). 중요한 것은 오성운동의 위상을 엘리트와 인민의 대립 구도에서 인민의 의사를 가능하면 직접 대변하는 것에 두는 정치관이다. 실제로 그릴로는 자신을 인민의 "수호자(protector)"로 자처한다.[25]

이러한 사회관과 정치관에 입각해 오성운동은 포퓰리스트로 불리기를 거부하지 않는다. 오성운동 카브라스 상원의원은 앞의 인터뷰에서 "포퓰리즘이라는 단어가 가진 정의 때문에 포퓰리즘이라는 표현에 동의하지는 않는다. 하지만 사람들이 자주적으로 권리를 가지고 행동한다는 의미에서는

---

23 Non Statuto, http://www.istitutodegasperi-emilia-romagna.it/pdf/m5s_regolamento.pdf (검색일: 2020.05.05.)

24 Non Statuto.

25 Kotroyannos et al.(2018).

포퓰리즘이라고 부를 수 있을 것 같다"[26] 라고 말한 바 있다. 비난이나 공격적 용어로서 포퓰러리즘(popularism)과 혼동되는 포퓰리즘을 경계하면서도 인민의 직접 정치를 추구하는 의미에서는 오성운동을 포퓰리스트라고 부를 수 있다는 것이다.

2009년에 창당된 오성운동은 수차례 지방선거와 유럽의회 선거에서 돌풍을 일으키고, 창당 후 첫 총선인 2013년 선거에서 바로 제1당이 되었으며, 2018년 선거에서는 집권까지 했다(2010년 5개 광역 지방선거에서 1.3~7.0% 득표; 2012년 기초자치단체장 5명 당선; 2013년 총선 하원 비례대표 25.6% 득표; 2014년 유럽의회 선거 21.2% 득표; 2018년 총선 하원 비례대표 32.7% 득표).[27] 이러한 선거 결과는 부정부패로 얼룩진 '제1공화국'이 밀라노 법관들의 정풍 운동을 계기로 붕괴했음에도 불구하고, '제2공화국'조차 국민의 기대에 부응하지 못한 결과였다.[28]

베를루스코니의 전진이탈리아가 정권을 장악하면서 새로운 정치에 대한 희망은 반감되었으며, 공산당의 후신인 좌파민주당(PDS)이 주도하는 연정도 기대에 부응하지 못해 정치 및 정당에 대한 국민의 실망이 환멸로 이어졌기 때문이다. 이러한 정치 및 정당 혐오증은 특히 투표 참여율 하락으로 나타났는데, 위의 [그림 4-1]에 보듯이 1970년대까지 90%를 넘었던 이탈리아 국민의 투표 참여율은 80%대로 떨어졌고, 급기야 2018년에는 72.9%까지 떨어졌다.

그런데 오성운동이 참가한 두 번의 총선에서도 투표 참여율은 하락했다. 오성운동이 기성 정당과 정치체제에 균열을 일으킨 것은 분명하며, 기성 정당들에 대해 실망한 표들을 흡수한 것도 분명하다. 그러나 이것이 정

---

26 국제전략센터(2018).

27 https://ko.wikipedia.org/wiki/오성운동 (검색일: 2020.04.28.)

28 정병기(2018a).

치에 대한 이탈리아 국민들의 관심도를 끌어올리지는 못했다. 게다가 2018년 집권 후에는 오성운동의 지지율도 떨어지고 있다. 2019년 유럽의회 선거의 지지율은 17.1%로 하락했고, 2020년 에밀리아-로마냐 주(Emilia-Romagna)와 칼라브리아 주(Calabria) 선거에서는 각각 3.5%와 7.4%를 얻는 데 그쳤다.[29] 그 원인은 다음 장에서 분석할 포스트포퓰리스트 정당으로서의 오성운동이 갖는 새로운 성격을 통해 규명할 것이다.

5. 포스트포퓰리스트 오성운동: 직접 의회주의(direct parliamentarianism)

오성운동의 강령과 정책은 처음부터 탈이데올로기적이며, 일상의 삶에 직접 영향을 끼치는 것들이 대부분이다. 당명에 나타난 '5개의 별'은 공공 수도, 인터넷 접속권, 지속 가능 교통수단, 지속 가능 개발, 생태주의이며, 그에 따른 구체적 공약은 '국회의원 임금을 일반 노동자 수준으로 감축', '국회의원 3선 이상 금지', '전국민 인터넷 무료 사용', '전국민 기본소득 보장', '주 20시간 근로제 도입' 등이다. 당 운영도 인터넷 민주주의에 부합해 공직 후보 공천에서 입후보와 경선이 모두 인터넷을 통해 이루어진다.[30] 이러한 특징은 기존의 포퓰리즘으로는 설명할 수 없는 새롭고 낯선 요소들이 복합적으로 섞인 것이어서 오성운동을 혼종적 행위자(a hybrid actor)로 보게 한다.[31]

---

29 https://ko.wikipedia.org/wiki/오성운동 (검색일: 2020.04.28.); 전성훈, 2020, "이탈리아 핵심 지방 선거서 좌파 정당 승리…극우 기세 제동(종합)," 『연합뉴스』 01.28, https://www.yna.co.kr/view/AKR20200127050251109?input=1195m (검색일: 2020.04.19.)

30 김진혁, 2016, "이탈리아 오성운동 2부 - '민주주의가 업그레이드된다는 것'," 『뉴스타파』 06.01, https://newstapa.org/33710 (검색일: 2020.04.28.)

31 Movarelli, Margherita, 2016, "From Dreams to Reality: The Challenges of Italy's Five Star Movement," *European View*, no.15, p.215.

의회와 정당을 비롯한 기존 체제를 거부하는 반체제 정당으로서 오성운동이 주장하는 정책들은 전통적인 좌파 정책뿐만 아니라 68혁명 이후 등장한 신사회 운동의 요구들과 2000년대에 등장한 해적당(Pirate Party)의 주장까지 포괄한다. 이것은 오성운동 지지자들과 활동가들의 구성과 관련된 것으로 보인다.

먼저 오성운동 활동가들을 보면, 이들은 매우 이질적인 견해와 이해관계를 가진 것으로 드러난다.[32] 반체제성이 핵심적이자 공통적인 요소이므로 당 활동가들의 84.6%가 부패 정치에 대항해 투쟁하는 것을 가장 높은 우선순위에 두고 있으며, 절반이 조금 넘는 활동가들(56%)이 좌우 이데올로기 스펙트럼을 벗어나 있다. 이런 점에서 모바렐리(Movarelli)는 오성운동을 다양한 이데올로기를 포괄하는 '진정한 포괄 정당(catch-all party)'이라고까지 규정한다.[33]

좌우 스펙트럼을 넘어서고자 하는 당 활동가들이 절반을 넘는다는 것은 신사회 운동을 계승한 정당이 아니라면 기성 정당에는 해당하지 않는 성격이다. 또한 이것은 이념과 정책의 차이를 넘어 선거에 유리하다면 어떠한 정책이든 가리지 않고 공약으로 수용하는 백화점식 정당을 지칭하는 포괄정당의 개념과도 어울리지 않는다. 모바렐리가 포괄 정당 앞에 '진정한'이라는 수식어를 붙인 것은 바로 이러한 점을 의식해 가치 판단을 배제한 축어적(逐語的) 의미를 강조한 것이다. 질문을 바꿔 '오성운동이 좌우 이념 스펙트럼을 넘어서 가야 한다'라는 진술에 대해 물었을 때 활동가들의 66%가 찬성한다는 점도 이러한 판단에 힘을 실어 준다.[34]

---

32 Putini, Antonio, 2016, "Nuove forme di politica, democrazia e partecipazione," *Sociologia*, vol.8, no.2, p.92.

33 Movarelli(2016), p.216.

34 Putini(2016), p.91.

오성운동 지지자에 대한 분석도 이 판단을 뒷받침한다. <표 4-6>에서 보듯이, 경제 전망이 비관적이거나 체념적인 유권자들이 2018년 총선에서 오성운동을 선택한 비율이 다른 정당을 선택한 비율의 두 배 안팎에 이른다. 이것은 오성운동 지지자들이 경제 이슈를 중시하고 있음을 보여준다. 마찬가지로 우선적으로 해결해야 할 가장 중요한 문제로 일자리 부족(35%), 고세율(31%), 저소득(31%)을 꼽은 비율이 압도적으로 높다(2순위 정당에 비해 1.5배 혹은 2배 안팎). 치안과 이민 문제를 중시하는 유권자들 중에서는 오성운동을 선택한 비율(21%)이 북부동맹을 선택한 비율(41%)의 절반 수준이다. 그렇지만 다른 정당들을 선택한 비율보다는 여전히 높아 3위인 민주당을 선택한 비율(14%)보다도 두 배 가까이 높다. 오성운동 지지자들은 경제 이슈에 민감해 좌파적 성향을 가진 것처럼 보이지만, 치안과 이민에도 상대적으로 민감해 우파적 경향도 낮다고 할 수 없다.

<표 4-6> 정당 지지자별 경제 전망과 주요 이슈(2018, %)

		오성운동	민주당	북부동맹	전진이탈리아	이탈리아형제들	자유와평등	더유럽	기타	합계
경제 전망	낙관적	22	29	17	14	4	4	4	6	100
	비관적	42	8	18	15	4	3	2	8	100
	체념적	33	18	18	13	5	3	2	8	100
주요 문제	일자리 부족	35	21	16	14	3	3	2	6	100
	고세율	31	15	20	18	6	2	2	6	100
	치안/이민	21	14	41	11	6	1	1	5	100
	저소득	31	17	13	18	4	5	3	9	100

민주당: Partito Democratico (PD), 사회 민주주의 + 좌파 기독 민주주의
북부동맹: Lega Nord (LN), 우파 포퓰리스트 지역주의
이탈리아형제들: Fratelli d'Italia (FDI), 우파 포퓰리스트 민족주의
자유와평등: Liberi e Uguali (LEU), 사회 민주주의+민주 사회주의+생태주의
더유럽: Più Europa (+E), 중도 자유주의
* 2018년 3월 4일 선거 당일 조사(총선 하원 비례대표 투표). 응답자 30,023명. 조사 기관 Tecnè S.r.l.
출처: Analisi delle elezioni politiche - sociologia del voto, http://www.sondaggipoliticoelettorali.it/GestioneSondaggio.aspx (검색일: 2020.04.28.)

지지표의 이동을 보면, 오성운동 지지는 기권층으로부터 유입된 경우가 가장 많아 양대 정당이나 정치에 대한 실망 심리에서 비롯되었음을 말해준다. 오성운동이 처음 참가한 총선인 2013년 선거에서 오성운동을 지지한 사람들은 2008년 총선에서 기권한 경우가 36%를 차지해 압도적으로 많았다(<표 4-7> 참조). 또한 2008년 총선에서 민주당과 자유국민연합을 지지했던 사람들도 각각 20%와 23%를 차지해 상당히 높은 비율을 보였다(2013년 오성운동 지지자들의 2008년 총선 지지 정당 비율을 집계).

2018년 총선에서 오성운동으로 지지 정당을 바꾼 유권자들 중 비중이 높은 순서대로 보면, 민주당(14%), 시민의선택(13%), 북부동맹(6%)이다(2013년 각 정당 지지자들 중 2018년 총선에서 지지 정당을 바꾼 비율을 집계). 2013년 총선에 비해 지지율 증가가 7.1%란 점을 고려하면, 이 비율 자체가 그다지 낮다고 할 수 없다. 또한 상대적으로 중도에서 좌파에 이르는 정당 지지자들로부터 많이 유입되었지만, 우파 정당 지지자들로부터는 이미 2013년 선거에서 가장 많이 유입되었다는 점을 함께 고려할 필요가 있다. 그러므로 오성운동 지지는 좌우에서 골고루 유입되었다고 보는 것이 더 정확하다.

이 결과들을 종합해 볼 때, 많은 활동가들과 지지자들이 기성 정당, 특히 양대 정당과 기성 정치에 대한 실망으로 인해 오성운동을 선택한 것을 알 수 있다. 2000년대 세계 금융위기와 유럽 경제위기에 대해서도 이탈리아 국민은 더 이상 기성 정당들에게 기대하지 않는다고 볼 수 있다. 따라서 이것은 경제와 같은 전통적인 물질주의 문제에 있어서도 좌우 대립을 벗어나는 탈이데올로기적 해결 방식을 선호하기 시작했음을 의미하기도 한다. 오성운동의 반체제성은 기존 체제의 좌우 구도를 거부한다는 의미와 연결되는 것이다.[35]

---

35 제도 개혁에 우선순위를 두는 지지자들도 오성운동이 가장 높아 45%(이탈리아 국민 전체, 39%)에

<표 4-7> 오성운동 지지표 이동(%)

<table>
<tr><th>2008 지지 정당 / 2013 지지 정당</th><th>민주당</th><th>자유 국민연합</th><th>북부 동맹</th><th>좌파 무지개 연합</th><th>이탈리아 가치</th><th>기타</th><th>기권</th><th>합계</th></tr>
<tr><td>오성운동</td><td>20</td><td>23</td><td>8</td><td>4</td><td>6</td><td>3</td><td>36</td><td>100</td></tr>
<tr><td>2013 지지 정당 / 2018 지지 정당</td><td>오성 운동</td><td>민주당</td><td>전진 이탈 리아</td><td>북부 동맹*</td><td>시민의 선택</td><td>기타</td><td>기권</td><td></td></tr>
<tr><td>오성운동</td><td>76</td><td>14</td><td>8</td><td>6</td><td>13</td><td>23</td><td>7</td><td></td></tr>
<tr><td>민주당</td><td>2</td><td>43</td><td>2</td><td>2</td><td>28</td><td>6</td><td>3</td><td></td></tr>
<tr><td>전진이탈리아</td><td>3</td><td>2</td><td>33</td><td>8</td><td>10</td><td>2</td><td>3</td><td></td></tr>
<tr><td>북부동맹</td><td>6</td><td>2</td><td>41</td><td>75</td><td>8</td><td>9</td><td>4</td><td></td></tr>
<tr><td>자유와평등</td><td>1</td><td>7</td><td>0</td><td>0</td><td>2</td><td>9</td><td>1</td><td></td></tr>
<tr><td>이탈리아형제들</td><td>1</td><td>1</td><td>12</td><td>3</td><td>10</td><td>2</td><td>1</td><td></td></tr>
<tr><td>더유럽</td><td>1</td><td>4</td><td>0</td><td>0</td><td>5</td><td>3</td><td>0</td><td></td></tr>
<tr><td>기타</td><td>1</td><td>5</td><td>1</td><td rowspan="2">6</td><td>8</td><td>26</td><td>2</td><td></td></tr>
<tr><td>기권</td><td>9</td><td>22</td><td>3</td><td>16</td><td>20</td><td>79</td><td></td></tr>
<tr><td>합계</td><td>100</td><td>100</td><td>100</td><td>100</td><td>100</td><td>100</td><td>100</td><td></td></tr>
</table>

·민주당: Partito Democratico (PD); 사회 민주주의 + 좌파 기독 민주주의
·북부동맹: Lega Nord (LN); 우파 포퓰리스트 지역주의
·이탈리아형제들: Fratelli d'Italia (FDI); 우파 포퓰리스트 민족주의
·이탈리아가치: Italia dei Valori (IDV); 중도 포퓰리스트
·자유와평등: Liberi e Uguali (LEU); 사회 민주주의+민주 사회주의+생태주의
·더유럽: Più Europa (+E); 중도 자유주의
·자유국민연합: Il Popolo della Libertà; 전진이탈리아(FI)와 민족연맹(AN)이 주축이 된 우파 선거 연합
·좌파무지개연합: La Sinistra - L'Arcobaleno; 재건공산당(PRC), 신공산당(PDCI), 녹색연합(FDV), 민주좌파(SD)로 구성된 좌파 선거연합
* 북부동맹은 Ipsos; Analisi delle elezioni politiche - sociologia del voto의 자료로 기권을 계산하지 않았음.
출처: Colloca, Pasquale e Francesco Marangoni, 2017, "L'andamento elettorale: analisi della

---

이른다. Comodo, Luca e Mattia Forni, 2017, "Gli elettori del Movimento: atteggiamenti e opinioni," Piergiorgio Corbetta (a cura di), *M5s: come cambia il partito di Grillo* (Bologna: Il Mulino), p.140.

'natura' mutevole del Movimento 5 Stelle," Piergiorgio Corbetta (a cura di), *M5s: come cambia il partito di Grillo* (Bologna: Il Mulino), p.78; Formigoni, Lucio e Mattia Forni (a cura di), 2018, *Elezioni Politiche 2018 - l'analisi del voto* (IPSOS & TWIG).

그런데 오성운동이 기권자들의 표를 많이 흡수했음에도 불구하고, 앞에서 보았듯이 2013년 총선과 2018년 총선에서 투표 참여율이 감소할 뿐 아니라 2013년에는 그 하락폭이 더 커지는 양상까지 보였다. 2013년 총선에서 기권한 사람들 중 2018년 총선에서 투표에 참여한 사람들만 비교해 볼 때에는 오성운동을 선택한 비율이 7%로 가장 높다. 하지만 79%는 2018년에도 기권했다. 2013년 오성운동 지지자들 중에서도 2018년 총선에서 다른 정당으로 옮겨간 사람들보다 기권한 사람이 더 많아 9%에 이른다. 또한 2013년 민주당 지지자들 중에서는 무려 22%가 2018년 총선에서 기권했다. 이와 같이 오성운동은 양대 정당과 정치에 대한 실망층을 정치 무대로 다시 불러내는 데 일정하게 기여하기는 했지만, 실망 추세 자체를 꺾는 데는 한계가 뚜렷했다.

그 일차적 원인은 대의 민주주의를 비판하면서 등장한 인터넷 민주주의가 대의 민주주의를 충분히 극복할 대안으로 기능하지 않고 있다는 점이다. 오성운동은 자신을 일반 시민들이 입법 과정에 직접 참여하는 것을 가능하게 하는 단순한 컨베이어 벨트(a mere conveyor belt)로 규정하며, "네트워크가 결정한다(la Rete decide)"를 당 슬로건의 하나로 내세운다.[36]

그릴로는 "웹에 의해 가능한 유형의 직접 민주주의는 대중적 논의에 적용할 수 있을 뿐 아니라 시민들을 사회의 중심에 놓는다. [...] 위임 민주주의라고 하는 대의 민주주의는 완전히 무의미하게 될 것이다"[37] 라고 웹에 기

36 Deseriis(2017), p.52.

37 http://beppegrillo.it/en/2013/06/democracy_must_be_revived_an_i_1.html, Schierholz(2017), S.42에서 재인용.

반한 직접 민주주의를 주장한다. 그러나 그 구현 방식은 현존 선거에 참여해 대표를 의회에 파견하는 것이어서 대의 정치의 범주를 벗어나지 못한다.

오성운동은 이탈리아 헌법에 따른 대표와 위임의 원칙을 거부하고, 의원들이 국민에게 직접 기속되어야 한다고 주장한다. 그에 따라 오성운동의 의원들은 웹을 통해 당원들의 의견을 청취하고, 인터넷을 통해 공약과 강령을 제정하는 등 대부분의 의사결정을 온라인 투표로 진행한다. 오성운동은 이탈리아 헌법 제67조의 자유 위임(free mandate) 원칙을 (정당이 아니라) 국민에 대한 기속 위임(imperative mandate) 원칙으로 변경할 것을 주장하며, 국민 기속 위임은 인터넷을 통해 실현 가능하다고 본다.[38]

하지만 2선이라는 제한을 둘 뿐 오성운동 의원들도 당원들에 의해 추첨되는 것이 아니라 선출되며, 임기 동안 직접 위임받은 사안 외에는 '자유로운 의사결정'이 가능하다. 대의 민주주의의 일반 원칙을 크게 벗어나지 않는다는 것이다. 이를 두고 데세리스는 '직접 의회주의(direct parliamentariansm)'라고 적절히 규정했다.[39] 이 직접 의회주의는 인터넷을 통해 직접 민주주의의 성격을 더 확대했다는 점에서 독특하지만, 대의 민주주의를 수용한 직접 민주주의를 주장하는 대부분의 신포퓰리즘 정당과 본질적으로는 다르지 않다.

특히 2013년 총선 참가와 대승은 오성운동이 제도화해가는 계기가 되었으며, 2017년 당내 조직을 체계화한 후에는 점차 기성 정치 체제에 편입되어가는 모습을 보이고 있다. 2017년 오성운동은 '비당헌(Non-Statuto)'을 정식 당헌(statuto)[40] 으로 교체하면서 '정당 같은 조직이 아니'라는 규정도 삭

38 Deseriis(2017), p.51.

39 Deseriis(2017), p.48.

40 Statuto dell'associazione denominata "MoVimento 5 Stelle", https://s3-eu-west-1.amazonaws.com/associazionerousseau/documenti/statuto_MoVimento_2017.pdf (검색

제해 당 정체성을 '독립적 시민 조직'으로 규정했다.[41] 이 점도 대중의 직접 정치 참여를 주장하며 기성 정치 체제 안에 진입한 후 제도화의 길을 걸은 여느 신포퓰리즘 정당과 다르지 않다.

오성운동이 포스트포퓰리즘으로 규정될 수 있는 핵심은 개인주의 수용이다. 2000년대 이후의 대중은 각자의 정체성을 가지고 개별성을 유지하면서 공동으로 행동하는 다중(多衆)일 뿐 아니라 객관적 감정을 사회적 행동으로 표출하는 정동(情動)적 다중이다. 카림(Charim)은 이 정동적 다중의 심리를 '3세대 개인주의'로 정의했는데, 이 '3세대 개인주의'는 근대 민주주의 도입과 더불어 시작된 집단적 동일성(단일하고 동일한 주권적 인민)에 입각한 근대의 '1세대 개인주의'와도 다르고,[42] 68혁명을 계기로 시작된 이슈별로 묶이는 개별적 다원성(신사회 운동처럼 이슈별로 집단화)에 입각한 '2세대 개인주의'와도 다르다는 것이다.[43] 그에 따르면 2000년대 이후 등장한 '3세대 개인주의'는 철저히 개인이 중심이 되어 자신의 다양한 특징들의 총체로서 개별적 정체성을 가지고 정치 무대에 입장하며, 특히 인터넷을 통한 활동은 이러한 온전한 개체성을 드러내는 데 적절하다고 한다.[44]

카림이 말하는 '3세대 개인주의'는 사실상 '2세대 개인주의'를 대체할 정도로 뚜렷한 차이를 보이지 않아 '포스트-2세대'라는 용어가 더 적절할 듯하고, 포퓰리즘과 관련된 내용도 우익 신포퓰리즘에 한정되지만, 2000년대 이후의 정동적 다중의 심리를 설명하는 데에 유용한 논리를 제공하기

일: 2020.05.04.)

41 Argenta, Luca, 2019, *Die fünf Sterne in Italien - Anatomie einer Bewegung: Von der Protestbewegung zur Regerungspartei* (Rom: Friedrich-Ebert-Stiftung), S.6.

42 집단적 동일성을 가정한다는 점에서 카림의 '1세대 개인주의'는 이 글에서 집단주의에 해당한다.

43 Charim, Isolde, 2019, 『나와 타자들』, 이승희 역 (서울: 민음사), 33~71쪽.

44 Charim(2019), 151쪽.

도 한다. 탈정치화로 오인될 정도로 대의제와 기성 정치에 대한 불신과 거부는 오히려 '완전 참여'를 위한 열망이라는[45] 그의 지적은 이탈리아 유권자들에게 적절하다. '엿 먹이는 날(V-Day: Vaffanculo-Day)'[46]과 그릴로 블로그에 대거 참가해 '깨끗한 의회(parlamento pulito)' 운동을 지지하고 오성운동을 제1당으로 밀어 올린 최근 이탈리아 대중들의 행동은 '월가 점령 운동(OWS: Occupy Wall Street)'이나 스페인의 '분노하는 사람들(indignados)'과 크게 다르지 않다.

오성운동은 자신이 대변하고 자신을 구성하는 당원들의 다원성과 개별성을 인정하는데, 이러한 점에서 신포퓰리즘을 넘어 포스트포퓰리즘에 근접했다. 인터넷을 통한 쌍방향 소통과 광범한 온라인 투표는 이를 실현하기 위한 수단이며, 현실적인 대의 정치를 전면적으로 거부하지 않거나 거부할 수 없는 상황에서 이 수단은 직접 의회주의라는 명칭의 직접 민주주의를 대폭 수용한 대의 정치로 귀결되었다. 문제는 오성운동이 정동적 다중을 대변하지 않는 것이 아니라 제대로 대변하지 못한다는 것이다. 이것이 포스트포퓰리스트로서의 오성운동이 갖는 한계다.

---

45 Charim(2019), 175~176쪽.

46 'vaffanculismo'는 이탈리아 욕설인 'vaffanculo(꺼져버려, fuck off)'에 'ismo(주의, ism)'를 붙여 만든 조어로서, 정치 엘리트를 공격하기 위해 사용되었다. 그밖에도 V는 처칠(Winston Churchill)의 승리의 신호이기도 하며 무어(Alan Moore)와 로이드(David Lloyd)의 그래픽 노블 <브이 포 벤데타(V for Vendetta)>[DC Comics 산하 만화 출판사 Vertigo가 발간한 잡지 <전사(Warrior)>에 1982~88년 동안 연재되었고, James McTeigue 감독에 의해 2005년 영화로 제작됨]의 V이기도 하다. 'V-day'는 이후 오성운동의 상징이 되어 머리글자 V가 당명에서 대문자로 표기된다('MoVimento 5 Stelle'). 2008년 4월 25일 토리노(Torino)에서 열린 두 번째 V-Day에서는 이날 제안된 언론 개혁법 국민 발안에 1백만 명 이상이 서명하기도 했다. Schierholz(2017), S.20; Argenta(2019), S.3.

6. 웹-포스트포퓰리스트 오성운동: 사이버크래틱 집중주의(cybercratic centralism)

오성운동은 저항 운동에서 시작해 연정 주도 정당으로까지 급성장한 유례없는 하나의 '사건'이다. 이 성공의 핵심적 요인들 중 하나는 웹 2.0에 기반한 직접 민주주의적 조직과 행동이었다. 그릴로는 "리더십 개념은 직접 민주주의에게 낯설다는 점을 지적해야 한다. 직접 민주주의 운동은 리더를 갖는다는 생각을 실제로 거부한다"[47] 라고 밝힌 바 있다. 앞에서 인용한 "인터넷 사용자 전체가 정부의 기능을 수행하는 체계"라는 언급과 함께 볼 때, 이것은 국가 정치 질서뿐 아니라 당내 민주주의에도 적용되는 선언이었다.

오성운동의 인터넷 민주주의는 그릴로와 함께 실제 당을 관리하는 웹 전문가 겸 인터넷 사업가 쟌로베르토 카사레죠에 의해 실현되었다. 그리고 2016년 그가 사망한 후에는 그 아들인 다비데 카사레죠(Davide Casaleggio)가 회사('Casaleggio Associati srl')를 이어받아 오성운동 인터넷을 관리하고 있다. 오성운동은 2005년 개설된 그릴로의 블로그(https://www.beppegrillo.it)를 통해 시작되었는데, 그의 블로그는 2008년 타임(Time)지가 세계에서 가장 유력한 블로그 25개 중 하나로 선정했을 정도로 성공적이었으며, 현재도 그러하다.

오성운동은 블로그 외에 온라인 플랫폼 모임인 밋업(Meetup)을 통해서도 움직인다. 그릴로의 블로그가 사실상 당 홈페이지의 기능을 하는 수직적 체계라면, 밋업은 당원들 간 유대와 소통을 담당하는 수평적 체계로서 선술집, 카페, 공공장소, 아파트 등에서 다양하게 모이면서 오프라인 공간으로

---

47 http://beppegrillo.it/en/2013/06/democracy_must_be_revived_an_i_1.html, Schierholz(2017), S.42에서 재인용.

전환하는 기능도 수행한다. 밋업의 명칭은 '베페 그릴로의 친구들(Gli amici di Beppe Grillo)'이며, 이후 그 활동가들은 '그릴리니(grillini)'로 불리고 있다.[48]

당원들이 최종 의사결정을 위해 활동하는 공간은 또 다른 온라인 플랫폼인 '루소(Rousseau: https://rousseau.movimento5stelle.it)'이다.[49] 루소는 오성운동의 직접 의회주의를 대표하는 플랫폼으로서 2013년 10월부터 기능하던 '활동 시스템(Sistema Operativo)'을 2016년 4월에 대체한 것인데, 현재 수십만 명 이상의 유저를 가진 세계 최대 정치 참여 및 공동 입법 온라인 플랫폼의 하나다. 루소의 구체적 기능은 온라인 공직 후보 예비선거, 정당 강령 투표, 선출된 대표자들에게 입법 초안에 대한 피드백 제공, 지역 사안 공론화, 의원에게 입법안 제출, 그밖에 지자체에 대한 다양한 형태의 참여 등을 아우른다.

명칭이 '루소'라는 점 때문에 오성운동이 루소(J. J. Rousseau)의 핵심 사상인 일반 의지를 가정하는 것처럼 오해될 수도 있다, 하지만 플랫폼 루소 역시 다양한 의견들을 모으는 네트워크여서 오히려 전체 의지를 반영하는 것에 더 가깝다. 대표적인 예로 공직 후보는 루소에 신청한 예비후보들 중에서 온라인 순위 투표를 통해 결정되며, 선거 유세와 홍보 역시 온라인을 통해서만 이루어진다.[50] 루소를 통해 당원들은 상·하원의원의 활동을 확인하고, 법과 정책을 제안할 수 있다. 이 제안들은 매달 온라인 투표를 통해 우선순위가 정해지는데, 가장 많은 표를 얻은 두 가지 안이 오성운동의 정치 활동에 반영된다.

---

48 Schierholz(2017), S.18.

49 Deseriis(2017), pp.47~48; Bory, Stefano, 2019, "Il Rousseau tradito. Politica in rete e processi decisionali dai Meetup al MoVimento 5 Stelle," *Sociologia: rivista quadrimestrale di scienze storiche e sociali*, vol.LIII, no.3, pp.43~49.

50 임유진(2020), 208~209쪽.

이처럼 일반 의지보다 전체 의지에 기반한다는 점으로 인해 오성운동의 조직과 활동은 다원주의적 직접 민주주의로 보일 수 있다. 그러나 실제 전체 의지가 수렴되고 실현되는 과정은 상당한 한계를 지니고 있음이 드러난다. 데 로사(De Rosa)가 오성운동의 조직과 활동을 "사이버크래틱 집중주의(cybercratic centralism)"[51] 라고 규정한 것이 이러한 한계를 인식하는 데 적절하다.

오성운동의 인터넷 조직은 그릴로의 블로그를 중심으로 구성되어 있다. 오성운동 정당 홈페이지(https://movimento5stelle.it)는 당원 가입과 정당 제품 판매 외에는 사실상 비어 있으며, 그릴로의 블로그로 연결해 놓았을 뿐이다. 플랫폼 루소의 활동도 실제 참여도나 의사결정 과정에서 적지 않은 문제점을 노정했다. 오성운동의 조직과 의사결정 과정을 잘 분석한 임유진에 따르면, 플랫폼 자체의 결함과 활동의 한계 및 리더십의 문제 등이 존재한다.[52]

첫째, 온라인 플랫폼을 통한 논의와 결정이 오성운동의 정책으로 반영되기에는 플랫폼 체계 자체에 결함이 있다. 무엇보다 루소의 소스 코드가 개방적이 아니라는 점이 중요한 결함의 하나다. 그에 따라 스페인 포데모스처럼 모든 투표 과정을 제3자에게 위탁해 조작의 위험을 예방해야 한다는 의견도 제시되었다.[53] 현재 오성운동의 플랫폼들은 카사레죠의 웹 회사가 독자적으로 제작 관리하고 있기 때문이다. 또한 당원이 제출한 제·개정 법안이 반영되는 명확한 절차가 규정되지 않았으며, '루소'를 통해 제안 의결

---

51 De Rosa, Rosanna, 2013, "The Five Stars Movement in the Italian Political Scenario: A Case for Cybercratic Centralism?," *The eJournal of eDemocracy and Open Government (JeDEM)*, vol.5, no.2, p.130.

52 임유진(2020), 208~209, 215~216쪽.

53 Deseriis(2017), pp.64~65.

된 법안을 오성운동 의원이 받아들일 의무가 없다는 점도 중요한 결함이다.

둘째, 숙의와 토론 및 결정에 참여하는 당원들이 매우 제한적이라는 점이다.[54] 예를 들어 2012년 온라인 경선 당시 전체 당원 수는 255,339명이었는데, 투표권을 가진 당원은 31,612명에 불과했으며, 그 가운데 64.1%인 20,252명이 투표에 참여했다. 이것은 물론 선거권에 대한 제한이 가장 큰 요인이었지만(2012년 12월 치러진 온라인 경선에서 선거권은 오성운동의 당원으로서 2012년 9월 30일 이전에 오성운동 블로그에 가입하고, 11월 이내에 블로그를 통해 신분증 사본을 제출한 사람들로 제한), 당원들의 활동상 한계는 참여도 자체에도 있었다. 또 다른 예로 루소에서 가장 활발한 논의가 이루어진 안건은 기본소득 관련 안건이었는데, 이때 참여한 당원 수가 4,190여 명에 불과했다.

셋째, 의사결정과 당 운영이 특정 인물에게 집중되는 현상을 보인다. 이것은 물론 제도상 결함 및 참여의 한계와 연결되어 있다. 2017년 당 조직이 체계화되면서 디 마이오(Luigi Di Maio)가 당 대표로 선출되고, 그릴로는 공식적인 당 지도자로 나서지 않고 있다. 그러나 그릴로는 '보증인(Garante)'으로서 당의 기본 이념과 정치 활동을 보증하는 수호자의 위치를 차지했으며, 디 마이오를 당 대표로 추천하고 후원한 것도 그릴로 자신이었다. '보증인' 지위는 이미 2012년에 그릴로가 블로그를 통해 공식적으로 언급한[55] 개념을 실제 조직 구조로 구체화한 것이며, '보증인'이 수장을 맡는 보증위원회(Comitato di Garanzia)도 이전의 소청위원회(Comitato d'appello)를 더 강화하여 당 최고 기구임을 더욱 명시적으로 드러낸 것이다.

보증위원회는 당의 가치와 활동을 근거 짓고 판단하는 당 최고 기구로서, 소청위원회의 기능을 이어받아 중재위원회(Collegio dei Probiviri)가 결정한

---

54 임유진(2020), 213~214쪽

55 http://www.beppegrillo.it/en/2012/10/, Schierholz(2017), S.60에서 재인용.

당내 비판과 제명에 대한 당원의 소청도 최종적으로 결정한다. 2017년까지 소청위원회 의장으로서 그리고 그 이후에는 보증위원회 의장으로서 그릴로는 당과 당원에 대해 막강한 권력을 행사해왔다. 대표적인 예로, 의회 진출 첫 두 해 동안(2013~15년) 하원의원 21명과 상원의원 19명이 당헌(당규) 위반이나 당 결정 위반으로 제명된[56] 것을 시작으로 2020년 초에도 십여 명의 의원들이 제명되었는데, 이것은 온라인 투표를 충분히 거치지 않았거나 그릴로의 공개 비판이 당원 투표를 통해 추인되는 방식으로 진행되었다. 또한 2018년 집권 과정에서 민주당과의 연정 수립도 그릴로가 최종 결정한 것으로 알려졌다.

리더십 문제는 대의 정치를 비판하면서 등장한 오성운동의 가장 큰 문제이자 모순적인 성격이다. 직접 민주주의를 추구하는 반체제 정당이 사실상 강력한 중앙 집중제로 운영되며, 특정 인물의 카리스마적 리더십에 의존하고 있기 때문이다. 이 문제는 당원 심판뿐 아니라 지도부 구성과 공직 후보 선출에 모두 침투해 있다. 2013년 총선 후보를 선출하는 온라인 투표에서 최종 당선된 오성운동 국회의원 163명 가운데(상원 54명, 하원 109명) 25명은 경선 상위 득표자가 아님에도 불구하고 후보로 선정된 사람들이다. 2014년 설치된 중앙집행위(Direttorio)는 5명으로 구성되는데, 그릴로와 카사레죠에 의해 추천을 받아 온라인 투표로 승인된다.[57] 오성운동 소속 국회의원들이 루소를 통해 결정된 법안과 정책안을 수용할 의무가 없다는 점과 당원 심판권을 그릴로가 장악하고 있다는 점을 함께 고려하면, 오성운동 소속 의원의 대표 위임은 당원이나 국민에 대한 기속 위임도 아니고, 자신의 양심에 따른 자유 위임도 아니며, 오로지 당 최고 지도자인 그릴로에 대한 기속

56 Biorcio and Sampugnaro(2019), p.9.

57 Movarelli(2016), p.215.

위임이라고 해도 과언이 아니다.

웹 2.0과 같은 네트워크는 탈집중적이고 접근이 자유로워 다른 미디어에 비해 더 민주적이라고 알려져 있다. 하지만 뚜렷한 주인이 없는 네트워크는 민주적일 수 있지만, 그렇지 않은 경우는 운영자의 카리스마적 위상을 더 강화할 수 있다. 오성운동의 사례도 참여적 네트워크로 보이는 외형 속에 실질적인 위계제가 숨겨져 있음을 드러낸다.[58] '웹 포퓰리즘'으로도 불리는 오성운동의 포퓰리즘은 인터넷 민주주의를 핵심으로 한다는 점에서 기존 포퓰리즘과 분명히 구별된다. 오성운동이 웹 기반 인터넷의 특징인 다원적 개별성을 잘 살려 정동적 다중의 정치적 동원에 성공한다면, 포스트포퓰리즘의 전형으로서 그 긍정적인 측면을 잘 표출하는 사례가 될 것이다. 그러나 정동적 다중을 상정해 개인주의를 수용한다는 측면에서는 포스트포퓰리즘이 틀림없지만, 리더십 측면에서는 강력한 카리스마적 지도자가 존재하므로 기존 포퓰리즘의 한계를 벗어나지 못했다고 할 수 있다.

이러한 모순은 오성운동의 디지털 이상주의(digital utopianism)와도 관련된다.[59] 그릴로는 인터넷의 직접 민주주의 기능을 과도하게 신뢰하는 경향이 있다. 그릴로는 이 점에서 카사레죠와 의견을 같이한다. 게다가 두 사람은 웹이 반자본주의적이라고 (자본주의의 폐지가 아니라 자본주의 병폐의 시정이라는 의미에서) 믿는다. 그러나 웹 기반 인터넷에 대한 그릴로와 카사레죠의 관점은 구체적인 면에서 다르다. 정치적 관점에서 인터넷을 보는 그릴로는 웹 기반 인터넷을 직접 민주주의의 '전자 광장(electronic agora)'이라고 본다면,

---

58 Miconi, Andrea, 2015, "Italy's 'Five Stars' Movement and the Role of a Leader: Or, How Charismatic Power Can Resurface through the Web," *New Media & Society*, vol.17, no.7, p.1053.

59 Natale, Simone and Andrea Ballatore, 2014, "The Web Will Kill Them All: New Media, Digital Utopia, and Political Struggle in the Italian 5-Star Movement," *Media, Culture & Society*, vol.36, no.1, pp.105~121.

경제적 관점에서 인터넷을 보는 카사레조는 웹 기반 인터넷을 신자유주의적 '전자 시장(electronic marketplace)'으로 본다.[60]

이러한 긴장이 해소되는 곳이 효율성이라는 지점이다. 그릴로는 정치 개혁을 성공적으로 수행하기 위해 효율적인 조직이 필요했고, 카사레조는 공정한 시장의 자유로운 경쟁을 위해 효율성을 선택했다. 그 효율성이 구체화된 조직 체계가 바로 '사이버크래틱 집중주의'였던 것이다. 그리고 이 사이버크래틱 집중주의가 오성운동이라는 포스트포퓰리스트 정치 운동의 한계로 작용하고 있다.

7. 이탈리아 민주주의와 포퓰리즘의 전망

이탈리아 오성운동은 그리스 시리자와 스페인 포데모스와 더불어 포퓰리즘의 새로운 현상이다. 이 장은 그 특징을 최소 정의에 따른 포퓰리즘의 속성과 포스트포퓰리즘의 성격을 통해 밝혔다. 이 글에서 포퓰리즘은 인민과 엘리트의 적대 구도라는 사회관과 인민 의사의 최대한 직접 반영이라는 정치관을 핵심 속성으로 하는 이념으로 파악했다. 그리고 포스트포퓰리즘은 포퓰리즘의 핵심 속성을 유지하되, 구포퓰리즘과 달리 대의 정치를 수용할 뿐 아니라 신포퓰리즘과도 달리 개인주의를 수용하는 새로운 현상으로 이해했다.

오성운동은 이탈리아 사회를 엘리트(카스트)와 인민(보통 사람들)의 적대 구도로 보고, 인터넷 민주주의를 통해 인민을 직접 대변하려 한다는 점에서 포퓰리즘의 최소 정의에 충실하다. 오성운동은 의회를 비롯한 이탈리아 대의 민주주의 체제가 직업 정치인이라는 부패 카스트에 의해 지배받는다

60 Natale and Ballatore(2014), p.113.

고 공격하며 등장했다. 인민으로부터 벗어나 자신들의 독자적 이해관계를 추구하는 이 직업 정치인들을 대체하여 인민들이 직접 정치를 구현하는 플랫폼이 되고자 한 것이다.

또한 오성운동은 2000년대 이후 등장한 '3세대 개인주의'에 적절한 이념을 가지고 있었다. 이탈리아에서도 2000년대 이후의 대중은 다양한 개별적 정체성을 가지고 정치 무대에 입장하는 개인들의 총합으로서 일반 의지가 아니라 전체 의지로 설명해야 어울리는 존재로 변했다. 오성운동은 자신이 대변하고 자신을 구성하는 당원 및 인민들의 다원성과 개별성을 인정하며, 이를 웹 2.0을 통해 실현하고 대변하려 했다. 신포퓰리즘을 넘어 포스트포퓰리즘에 근접해 간 것이다.

오성운동의 성공적 등장은 이탈리아 정당 체제의 경색을 배경으로 한 것이었다. 양당을 중심으로 한 정치체제에 대한 국민의 환멸은 투표 참여율의 지속적인 하락으로 나타났는데, 오성운동이 처음 참가한 2013년 총선에서 제1당으로 부상한 것은 무엇보다 기권층의 동원에 힘입은 것이었다. 양대 정당으로부터 옮겨온 지지층도 적지 않았으며, 이것은 좌우 이념에 대한 싫증과 탈이데올로기성을 설명하는 요인이다. 탈이데올로기적인 정치·정당 혐오증이 이탈리아 유권자들로 하여금 반체제 정치 운동인 오성운동을 선택하게 한 것이다.

그러나 오성운동이 등장한 후에도 투표 참여율 하락은 지속되었으며, 2018년 집권 후에는 오성운동의 지지도 줄어들기 시작했다. 그것은 직접 의회주의가 대의 민주주의의 한계를 충분히 해결하지 못하는 한편, 사이버크래틱 집중주의에 의해 카리스마적 리더십이 계속되는 당내 민주주의의 결함 때문이라고 할 수 있다.

오성운동 국회의원도 임기에 제한을 받을 뿐 추첨이 아니라 선거에 의해 뽑히며, 의정 활동에서 '자유로운 의사결정'이 가능하다. 게다가 선거와 정책 결정 등 당내 의사결정 과정에서 '수호자'로서의 그릴로의 영향력은 막강하다. 대의 민주주의의 일반 원칙을 크게 벗어나지 않을 뿐만 아니라 당내 민주주의도 보장되지 않는 것이다.

오성운동은 정동적 다중의 개인주의를 수용한 직접 의회주의 전략을 채택했다는 점에서 포스트포퓰리즘적 속성을 띠지만, 카리스마적 지도자와 그에 기반한 사이버크래틱 집중주의에 의존한다는 점에서 한계를 갖는다. 문제는 플랫폼 '루소' 등의 웹 2.0 체계와 당의 조직과 활동이 (직접) 민주주의를 제대로 구현하지 못하고, 그에 따라 정동적 다중을 충분히 대변하지 못한다는 것이다.

'엿 먹이는 날'과 '깨끗한 의회 운동'을 추동했던 이탈리아 국민들은 '극우 포퓰리즘 반대'를 외치는 새로운 저항 운동으로 몰려가고 있다. 개개인의 힘은 작고 미약하지만, 여러 시민이 하나로 뭉치면 거대한 변화를 이뤄낼 수 있다는 의지와 바람을 담아 '정어리(sardine)'로 불리는 이 새로운 운동은 2019년 11월 중순 볼로냐(Bologna)에서 시작됐는데, 첫 집회에서부터 1만여 명이 운집해 또 한 번의 기류 변화를 예고하고 있다.[61] 이 운동은 북부동맹 등 극우 포퓰리즘에 저항하는 운동으로 조직되어 공식적으로 오성운동을 거부하거나 반대하지는 않는다. 하지만 오성운동도 북부동맹과 연정을 구성한 적이 있을 뿐 아니라 애초의 기대와 달리 대중의 욕구를 충족시키지 못하고 있어 '정어리' 운동이 오성운동을 대체할 새로운 풀뿌리 저항 운동으로 성장할 가능성도 없지 않다.

---

61 전성훈, 2019b, "이탈리아서 '反극우 포퓰리즘' 풀뿌리 시민 저항운동 확산," 『연합뉴스』 11.24, https://www.yna.co.kr/view/AKR20191124051700109?input=1195m (검색일: 2020.04.19.)

참고문헌

국제전략센터, 2018, "정치풍자 코미디언이 만든 정당, 어떻게 '최다득표' 이뤘나: [피노 카브라스 의원 인터뷰 ①] 이탈리아 총선에서 최다 득표한 오성운동의 '착한 포퓰리즘'," 『오마이뉴스』 12.08, http://www.ohmynews.com/NWS_Web/View/at_pg.aspx?CNTN_CD=A0002489618&PAGE_CD=N0006&utm_source=naver&utm_medium=newsstand&utm_campaign=top1&CMPTCD=E0026M (검색일: 2018.12.09.)

김시홍, 2018, "2018 이탈리아 총선과 포퓰리즘 정부," 『유럽연구』 제36권 3호(한국유럽학회), 53~73쪽.

김종법, 2019, "이탈리아 포퓰리스트 정당을 통해 본 분리와 통합의 딜레마," 『유럽연구』 제37권 2호(한국유럽학회), 147~171쪽.

김진혁, 2016, "이탈리아 오성운동 2부 - '민주주의가 업그레이드된다는 것'," 『뉴스타파』 06.01, https://newstapa.org/33710 (검색일: 2020.04.28.)

김진호, 2018, "결이 다른 포퓰리즘 '오성운동' 상승세…이탈리아 총선 '유럽 포퓰리즘' 풍향계," 『경향신문』 03.02, http://news.khan.co.kr/kh_news/khan_art_view.html?artid=201803021709005&code=970205 (검색일: 2018.06.04.)

위키피디아, https://ko.wikipedia.org/wiki/오성운동 (검색일: 2020.04.28.)

임유진, 2020, "남부 유럽의 테크노 포퓰리스트 정당과 당내 민주주의에 대한 비판적 검토: 포데모스와 오성운동의 정당 조직과 정치적 결정 과정," 『담론201』 제23권 1호, 193~221쪽.

전성훈, 2019a, "'연정 합의 이틀 만에'…伊오성운동-민주당 난민 정책 놓고 또 충돌," 『연합뉴스』 08.31, https://www.yna.co.kr/view/AKR20190831001000109?section=search (검색일: 2019.09.02.)

전성훈, 2019b, "이탈리아서 '反극우 포퓰리즘' 풀뿌리 시민 저항 운동 확산," 『연합뉴스』 11.24, https://www.yna.co.kr/view/AKR20191124051700109?input=1195m (검색일: 2020.04.19.)

전성훈, 2020, "이탈리아 핵심 지방 선거서 좌파 정당 승리…극우 기세 제동(종합)," 『연합뉴스』 01.28, https://www.yna.co.kr/view/AKR20200127050251109?input=1195m (검색일: 2020.04.19.)

정병기, 2000, "이탈리아 정치적 지역주의의 생성과 북부동맹당(Lega Nord)의 변천," 『한국정치학회보』 제34집 4호(한국정치학회), 397~419쪽.

정병기, 2003, "정치변동과 정당 특성 분석을 통해 본 전진이탈리아의 성공 요인과 전망," 『국제·지역연구』 제12권 1호(서울대학교 국제대학원), 91~111쪽.

정병기, 2011, "이탈리아 정당체제의 변화: '제2공화국' 경쟁적 양당제로의 재편," 『지중해지역연구』 제13권 1호(부산외국어대학교 지중해지역원), 213~246쪽.

정병기, 2012, "이탈리아 '제2공화국' 선거연합 정치의 주요 요인과 특징," 『한국정치학회보』 제

46집 4호(한국정치학회), 73~99쪽.

정병기, 2018a, “2018년 이탈리아 총선과 포퓰리즘 연정 출범,” 『진보평론』 통권 제76호, 192~201쪽.

정병기, 2018b, 『정당 체제와 선거 연합: 유럽과 한국』, 경산: 영남대학교출판부.

정병기, 2019, “파시즘의 어원과 뜻: 잘못된 상식, 정병기 블로그, ”https://blog.naver.com/byungkeej/221595559558 (검색일: 2021.01.24.)

정병기, 2020, “오성운동(M5S)의 직접 의회주의와 사이버크래틱 집중주의: 포스트포퓰리스트 정치 운동의 성공과 한계,” 『한국정치연구』 제29집 2호(서울대학교 한국정치연구소), 91~116쪽.

Analisi delle elezioni politiche - sociologia del voto, http://www.sondaggipoliticoelettorali.it/GestioneSondaggio.aspx (검색일: 2020.04.28.)

Argenta, Luca, 2019, *Die fünf Sterne in Italien - Anatomie einer Bewegung: Von der Protestbewegung zur Regerungspartei*, Rom: Friedrich-Ebert-Stiftung.

Böhme-kuby, Susanna, 2008, “Populismus auf Italienisch,” Richard Faber und Frank Unger (Hrsg.), *Populismus in Geschichte und Gegenwart*, Würzburg: Verlag Königshausen & Neumann GmbH, S.149~174.

Bory, Stefano, 2019, “Il Rousseau tradito. Politica in rete e processi decisionali dai Meetup al MoVimento 5 Stelle,” *Sociologia: rivista quadrimestrale di scienze storiche e sociali*, vol. LIII, no.3, pp.43~49.

Charim, Isolde, 2019, 『나와 타자들』, 이승희 역, 서울: 민음사.

Colloca, Pasquale e Francesco Marangoni, 2017, “L'andamento elettorale: analisi della ‘natura’ mutevole del Movimento 5 Stelle,” Piergiorgio Corbetta (a cura di), *M5s: come cambia il partito di Grillo*, Bologna: Il Mulino, pp.63~93.

Comodo, Luca e Mattia Forni, 2017, “Gli elettori del Movimento: atteggiamenti e opinioni,” Piergiorgio Corbetta (a cura di), *M5s: come cambia il partito di Grillo*, Bologna: Il Mulino, pp.137~161.

Cordero, Guillermo, Lluis Orriols and Eftichia Teperoglou, 2018, “Syriza, M5S and Podemos: The Three Champions of the Angry Southern European Voter,” *Revista Jurídica (RJUAM)*, no.37, pp.105~131.

De Rosa, Rosanna, 2013, “The Five Stars Movement in the Italian Political Scenario: A Case for Cybercratic Centralism?,” *The eJournal of eDemocracy and Open Government* (JeDEM), vol.5, no.2, pp.128~140.

Deseriis, Marco, 2017, “Direct Parliamentarism: An Analysis of the Political Values Embedded in Rousseau, the ‘Operating System’ of the Five Star Movement,” *The eJournal of eDemocracy and Open Government (JeDEM)*, vol.9, no.2, pp.47~67.

Formigoni, Lucio e Mattia Forni (a cura di), 2018, *Elezioni Politiche 2018 - l'analisi del voto*, IPSOS

& TWIG.
Fruncillo, Domenico, 2010, *Politica senza reti: L'Italia al voto nel 2006 e nel 2008*, Roma: CRS.
Kotroyannos, Dimitrios, Stylianos Ioannis Tzagkarakis and Ilias Pappas, 2018, "South European Populism as a Consequence of the Multidimensional Crisis? The Cases of SYRIZA, PODEMOS and M5S," *European Quarterly of Political Attitudes and Mentalities*, vol.7, no.4, pp.1~18.
Köpple, Stefan, 2007, *Das politische System Italiens: Eine Einführung*, Wiesbaden: VS Verlag.
Lanzone, Liza and Dwayne Woods, 2015, "Riding the Populist Web: Contextualizing the Five Star Movement (M5S) in Italy," *Politics and Governance*, vol.3, Issue 2, pp.54~64.
Lanzone, Maria Elisabetta and Mara Morini, 2017, "Populists in Power: From Municipalities to (European) Parliament, The case of the Italian Five Star Movement," *Chinese Political Science Review*, no.2, pp.395~409.
Miconi, Andrea, 2015, "Italy's 'Five Stars' Movement and the Role of a Leader: Or, How Charismatic Power Can Resurface through the Web," *New Media & Society*, vol.17, no.7, pp.1043~1058.
Movarelli, Margherita, 2016, "From Dreams to Reality: The Challenges of Italy's Five Star Movement," *European View*, no.15, pp.213~221.
Natale, Simone and Andrea Ballatore, 2014, "The Web Will Kill Them All: New Media, Digital Utopia, and Political Struggle in the Italian 5-Star Movement," *Media, Culture & Society*, vol.36, no.1, pp.105~121.
Non Statuto, http://www.istitutodegasperi-emilia-romagna.it/pdf/m5s_regolamento.pdf (검색일: 2020.05.05.)
Pedrazzani, Andrea e Luca Pinto, 2017, "Dove pesca la rete del Movimento: le basi sociali del suo voto," Piergiorgio Corbeta (a cura di), *M5s: come cambia il partito di Grillo*, Bologna: Il Mulino, pp.95~136.
Prospero, Michele, 2017, "The Demise of Multi-party Politics and the Rise of Populism," Hedwig Giusto, David Kitching and Stefano Rizzo (eds.), *The Changing Faces of Populism*, Bruxelles and Roma: FEPS, CRS and Fondazione Italianieuropei, pp.147~172.
Putini, Antonio, 2016, "Nuove forme di politica, democrazia e partecipazione," *Sociologia*, vol.8, no.2, pp.82~99.
Schierholz, André, 2017, *Von Blogs über Plätze zum Parlament*, Norderstedt: Books on Demand.
Statuto dell'associazione denominata "MoVimento 5 Stelle", https://s3-eu-west-1.amazonaws.com/associazionerousseau/documenti/statuto_MoVimento_2017.pdf (검색일: 2020.05.04.)

5장

프랑스 포퓰리즘과 국민연합(RN)

| 오창룡 |

2000년대 이후 프랑스 포퓰리즘 정당의 인기는 급상승했으며, 각국 주요 선거에서 포퓰리즘 정당은 높은 득표율을 기록하고 있다. 이러한 변화는 유럽 사회 전반에 반이민 정서가 확산되면서 가속화됐다. 현재 민주주의 사회에서는 금기시되던 인종차별과 이민자 혐오가 공공연하게 확산되고 있으며, 이민 및 난민을 강력하게 통제하는 정책이 환영받고 있다. 그러나 프랑스 포퓰리즘의 인기 상승은 극단주의 정당의 전략 전환과도 긴밀한 관계가 있다. 오늘날 극우 정당은 이민자들을 공개적인 공격 대상으로 삼는 악마적인 이미지에서 탈피하고 있으며, 포퓰리즘의 기본 특성을 유지한 채 다양한 이념과 결합하며 변화를 거듭한다. 극우 포퓰리즘을 이민자와 무슬림 문제에 집착하는 편협한 정당 운동으로 간주할 수 없으며, 세계화 경쟁에서 낙오된 열패자의 관심만을 동원하지 않고, 소수자 집단을 희생양 삼아 주류 사회를 현혹하는 전략도 고수하지 않는다. 극우 이데올로기가 주류정치 이념과 혼합되는 변화에 주목해야 하며, 프랑스 극우 정당의 자체적인 전략

전환에 주목한 분석이 보다 요청되는 현실이다.

현재 프랑스 극우 포퓰리즘 정당은 기성 정당과 구분되지 않는 '정상정당'의 입지를 구축하고 있다. 극우정치를 금기시하는 통념은 약화되고 있으며, 극우 정당을 지지하지 않더라도 극우 정당의 정책을 선호하는 유권자가 증가하고 있다.[1] 이러한 정당의 주류화 경향은 '포스트 포퓰리즘' 혹은 '포퓰리즘 제4의 물결'로 명명되기도 했다. 포퓰리즘 정당은 의회에 진출하여 의석수를 비약적으로 증가시켰으며, 동시에 집단주의적 성격에서 탈피하여 기존 포퓰리즘과는 차별화되는 외양을 확보했다.[2] 유럽 극우 포퓰리즘 변화의 본질을 규정하기 위해서 포괄적인 사례연구가 필요할 것이나, 기존 연구에서 공통적으로 주목한 사례는 프랑스의 국민연합[RN: Rassemblement National, 전(前) 국민전선(FN: Front National)]이다. 포스트포퓰리즘이 극우 정당의 의회 진출 전략, 나아가 자유 민주주의 이념 수용을 통한 주류 세력화를 의미한다면, 국민연합은 이에 부합하는 사례이다.[3]

1972년 창당한 국민연합은 기본적으로 주류 정당과 세계화 추세를 비판하면서 국민 일반을 대변하는 유일한 정당임을 강조하며 성장해왔다. 국민연합은 창당 이래로 국제질서를 홉스의 '자연 상태' 혹은 정글에 비유해왔으며, 적과 우리를 이분법적으로 구분하는 세계관을 전파했다. 1980년대까지 국민연합 지도자들은 구소련을 주적으로 설정했으며, 공산권 붕괴 이후에는 미국과 유럽연합을 프랑스의 국가 정체성을 위협하는 존재로 간주

---

1 Mudde, Cas, "Far Right Politics Has Changed. So Should We! Blog Right Now!" https://www.sv.uio.no/c-rex/english/news-and-events/right-now/2020/far-right-politics-has-changed.html (검색일: 2021.02.27.)

2 정병기, 2020, "포퓰리즘의 개념과 유형 및 역사적 변화: 고전 포퓰리즘에서 포스트포퓰리즘까지," 『한국정치학회보』 제54집 1호(한국정치학회), 91~110쪽; Mudde, Cas, 2019, The Far Right Today (Cambridge: Polity Press).

3 오창룡, 2020, "덴마크 극우정당의 정상화 전략: 포스트 포퓰리즘적 전환과 그 한계를 중심으로," 『EU연구』 제55호(한국외국어대학교 EU연구소). 372~373쪽.

했다. 1990년대에 들어 유대인들을 세계화를 조장하는 공모자로 묘사했고, 2001년 9·11 테러 이후에는 이슬람 국가를 서방과 프랑스 주권을 위협하는 세력으로 간주했다. 이러한 맥락에서 국민연합은 인종주의와 재분배 정책을 결합시킨 복지 국수주의(welfare chauvinism) 정당으로 평가받았다.[4] 그러나 현재 마린 르펜(Marine Le Pen)이 이끄는 국민연합은 공화주의 이념을 수호하는 정상적인 애국주의 정당으로 거듭났으며, 노동자들과 청년들로부터 가장 큰 지지를 받는 프랑스 제1야당으로 성장했다.

이 글은 국민연합이 도약하고 있는 보다 본질적인 원인이 무엇인가를 분석하는 것을 목표로 한다. 이하에서는 유럽 경제위기, 반이민 정서 확대 등과 같은 환경 변수보다 정당 내적인 전략 변화가 프랑스 극우 정당의 주요한 성장 동력이었음을 밝히고자 한다. 여기서 전략 변화란 보다 많은 유권자들에게 어필하기 위한 강령 변화, 그리고 이미지와 담론 상의 쇄신을 의미한다. 국민연합은 경제위기를 배경으로 이민자 혐오라는 감성적 동원에만 의존했던 것이 아니라, 주류 정치에 환멸을 느끼는 대중들을 합리적으로 설득시킬 수 있는 논리 개발에 주력해 왔다. 이와 관련하여 이하에서는 먼저 국민연합의 '탈악마화' 전략과 라이시테(laïcité) 이념 수용의 함의를 살필 것이다. 프랑스 고유의 정교분리 이념인 라이시테 담론을 도입한 것이 국민연합 이미지 쇄신 전략의 핵심이라는 사실을 설득력 있게 분석한 연구들이 발표됐다. 대표적으로 비비오르카(Wieviorka)는 마린 르펜이 '두 번째 국민전선(deuxième FN)'을 도약시킬 수 있었던 것은 라이시테 담론을 통해 공화주의를 수호하는 정상정당으로 변모했기 때문이라고 보았고[5], 페리

---

4 Ivaldi, Gilles, 2012, "Permaneces et évolutions de l'idéologie frontiste," Pascal Delwit (ed.), *Le Front national: Mutations de l'extrême droite française* (Bruxelles: Editions de l'université de Bruxelles), p.111.

5 Wieviorka, Michel, 2014, *Le Front national entre extémisme, populisme et démocratie* (Paris: Editions de la maison des sciences de l'homme), pp.53~56.

노(Perrineau) 국민연합이 라이시테·공화국·인권 등의 가치를 강조하면서 구세대 극우파의 극단주의를 기피한 것이 주요한 혁신 전략이었다고 보았다.[6] 따라서 이 글은 국민연합의 라이시테 이념이 정상정당 이미지를 확보함과 동시에 이민자에 대한 공격을 계속할 수 있는 '인종혐오의 합리화' 논리로 작동했다는 측면을 살필 것이다.

아울러 이 글은 프랑스 극우 정당의 주류화 이념 수용이 2010년대에 처음 등장한 것이 아니며, 1990년대에 유사한 과정을 발견할 수 있다는 사실을 강조할 것이다. 기존 연구들은 라이시테 이념 수용 전략의 효과에 대해 분석했으나, 정작 국민전선이 기존 강령과 모순적인 '라이시테' 이념을 어떻게 도입하고 무기화할 수 있었는지에 대해서는 충분히 분석하지 않았다. 따라서 이 글은 '공격적 라이시테' 이념의 기원을 추적하여 국민전선 강령 쇄신의 동력이 어디서 출발했는가를 분석하고, 이를 통해 향후 국민전선의 추가적인 영향력 확대 가능성을 진단할 것이다.

이하 1절에서는 극우 정당 등장과 성장의 배경이 된 1980년 이후 프랑스 정당 정치 흐름을 살펴볼 것이며, 2절에서는 프랑스 정치제도 하에서 장-마리 르펜(Jean-Marie Le Pen)이 2002년 대선 결선투표까지 진출하는 과정을 다룬다. 3절에서는 극우 포퓰리즘 이념이 중도우파 정당에게까지 전염되었던 배경과 맥락을 분석할 것이며, 4절에서는 이러한 정치 변동을 거치며 마린 르펜의 국민연합이 주류정당으로 거듭날 수 있었던 전략에 대해 평가할 것이다.

---

6 Perrineau, Pascal, 2014, *La France au Front* (Paris: Fayard).

1. 프랑스 정당 정치 온건화와 반(反) 극우 정당 정서

1980년대부터 2000년대 중반까지 프랑스 주요 선거는 잦은 여소야대 국면을 거치면서 프랑스 특유의 동거정부(cohabitation)를 탄생시켰다. 하지만 동거정부 이후 치러진 1988년 및 2002년의 대선은 다시 대통령을 재신임하는 결과로 이어졌고, 결과적으로 중도우파와 중도좌파 정당이 번갈아 가며 정권을 잡는 결과를 가져왔다(<표 5-1> 참고). 이 과정에서 1980년대 후반 '중도 공화국(République du centre)'이라는 개념이 등장했다.[7] 중도 공화국은 프랑스 주요 정당의 강령이 점차 온건해지고, 좌우의 이념 대립과 노사 대립 등의 사회 갈등이 약화되는 현상을 지칭했다. 좌파 정치인들이 과거의 급진주의에서 벗어나는 현상이 두드러졌고,[8] 우파 정치인들 역시 신자유주의 개혁을 선명하게 추진하지 못하고 강한 정부의 원칙을 고수했다. 결과적으로 중도좌파와 중도우파 정당이 의회의 다수파를 구성했으며, 의원 간의 정치적 입장 차이가 점차 선명하게 구분되지 않았다.[9]

좌우 정당 간의 정책 차이가 사라지고 정치 지형이 탈 이데올로기화됐기 때문에 합의 정치의 가능성이 높아졌다는 측면에서 긍정적 변화를 지적할 수도 있었다. 그러나 중도공화국 현상은 변화를 추진하는 급진 정치의 쇠퇴를 의미했다.[10] 국립행정학교(Ecole Nationale d'Administration)와 에콜 폴리

---

7 Furet, François, 1988, "La France unie." François Furet, Jacques Julliard, and Pierre Rosanvallon, 1988, *La Républiaue du centre: La fin de l'exception française* (Paris: Calmann-Lévy), pp.51~52.

8 Hewlett, Nick, 1998, *Modern French Politics* (Oxford: Blackwell Publisher), p.60.

9 Laborde, Cécile, 1999. "French Politics 1981-97: Stability and Malaise," Malcolm Cook and Grace Davie (eds.), *Modern France: Society in Transition* (New York: Routeledge), p.159.

10 Hayward, Jack, 1994, "Ideological Change: The Exhaustion of the Revolutionary Impetus," Peter Hall, Jack Hayward and Howard Machin (eds.), *Developments in French Politics* (Basingstoke: Macmillan), p.15.

테크닉(Ecole polytechnique)을 대표로 하는 그랑제콜(grande école) 중심의 양성된 기술 관료들이 국가를 지배한다는 비판이 증가했다.[11] 또한 집권 정당의 교체와 무관하게 지속되는 '엘리트 정치'에 대한 반감이 확산됐다. 온건중도 정치가 경제침체와 실업증가에 제대로 대처하지 못했으며, 경제 현안을 은폐한다는 비난까지 제기됐다.[12]

<표 5-1> 프랑스 제5공화국 역대 대통령과 집권당: 1958~현재

<table>
<tr><th>임기</th><th>대통령</th><th>임기</th><th>내각</th></tr>
<tr><td>1958~1965</td><td rowspan="3">드골
(중도우파)</td><td>1958~1962</td><td>신공화국동맹(UNR)
중도우파</td></tr>
<tr><td rowspan="2">1965~1969</td><td>1962~1967</td><td rowspan="4">신공화국동맹-노동민주동맹
(UNR-UDT)
중도우파</td></tr>
<tr><td>1967~1968</td></tr>
<tr><td rowspan="2">1969~1974</td><td rowspan="2">퐁피두
(중도우파)</td><td>1968~1973</td></tr>
<tr><td>1973~1978</td></tr>
<tr><td>1974~1981</td><td>지스카르 데스탱
(중도우파)</td><td>1978~1981</td><td>공화국연합(RPR)
중도우파</td></tr>
<tr><td rowspan="3">1981~1988</td><td rowspan="4">미테랑
(중도좌파)</td><td>1981~1986</td><td>사회당(PS)
중도좌파</td></tr>
<tr><td>1986~1988</td><td>공화국연합(RPR)
(동거정부) 중도우파</td></tr>
<tr><td>1988~1993</td><td>사회당(PS)
중도좌파</td></tr>
<tr><td>1988~1995</td><td>1993~1995</td><td>공화국연합(RPR)
(동거정부) 중도우파</td></tr>
</table>

11 Levy, Jonah, 2008, "From the Dirigiste State to the Social Anaesthesia State: French Economic Policy in the Longue Durée," *Modern & Contemporary France*, vol.16, no.4, p.419.

12 Furet(1988), p.52.

<table>
<tr><td rowspan="2">1995~2002</td><td rowspan="3">시락
(중도우파)</td><td>1995~1997</td><td>공화국연합(RPR)
중도우파</td></tr>
<tr><td>1997~2002</td><td>사회당(PS)
(동거정부) 중도좌파</td></tr>
<tr><td>2002~2007</td><td>2002~2007</td><td>대중운동연합(UMP)
중도우파</td></tr>
<tr><td>2007~2012</td><td>사르코지
(중도우파)</td><td>2007~2012</td><td>대중운동연합(UMP)
중도우파</td></tr>
<tr><td>2012~2017</td><td>올랑드
(중도좌파)</td><td>2012~2017</td><td>사회당(PS)
중도좌파</td></tr>
<tr><td>2017~2022</td><td>마크롱</td><td>2017~2022</td><td>전진하는공화국(LREM)
중도</td></tr>
</table>

1980년대부터 주요 선거의 기권율이 증가한 것은 중도공화국에 대한 정치적 환멸을 반영한다고 볼 수 있다. 1970년대 대선과 총선 기권율은 낮은 수준이었으나, 1980년대부터 점차적으로 증가하기 시작했다. 대선의 경우 1981년 18.9%, 1988년 18.6%, 1995년 20.6%, 2002년 27.8%의 수준으로 기권율이 상승했다. 총선의 경우 기권율은 훨씬 높게 형성됐는데, 1981년 29.1%, 1986년 21.5%였던 기권율은 1990년대를 거쳐 30% 후반까지 증가했다. 나아가 2000년대 이후 기권율은 40%를 초과했으며, 2017년 총선에서 기권율은 1차 투표 51.3%, 2차 투표 57.36%까지 상승했다([그림 5-1] 참고). 점차적으로 유권자들은 기권을 적극적인 의사 표현의 하나로 간주했으며, 프랑스의 경우 여성, 비학위자, 도시 거주민, 젊은 세대의 기권율이 높게 형성됐다. 투표를 도덕적 의무사항으로 여기는 경향은 줄어들었고, 투표하지 않는 행위가 또 다른 정당성을 획득했다.[13]

13 Muxel, Anne, 2007, "L'abstenstion: déficit démocratique ou vitalité politique?" *Pouvoir*, no.120, pp.44~48.

[그림 5-1] 프랑스 역대 총선 기권율 변화: 1958~2017(%)

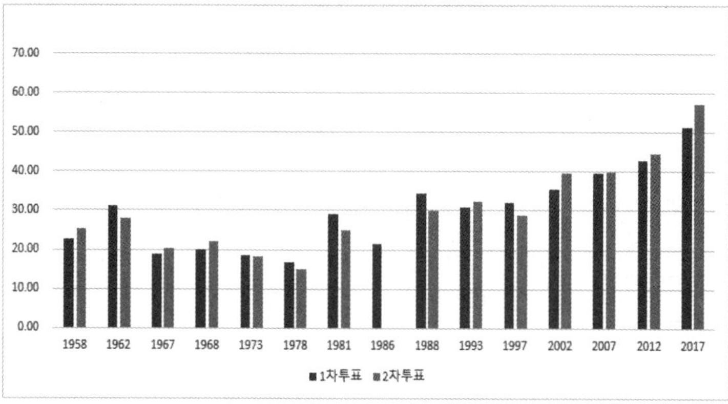

http://www.politiquemania.com/graphiques.html (검색일: 2021.05.28.)

제5공화국 기간 온건 성향의 양대 정당은 극우 세력과 연대하는 것을 금기시했다. 실용주의적인 노선을 표방했던 우파의 수장 시라크(Jacques Chirac) 역시 '극우와의 연대 불가'의 원칙을 유지했다. '사회 균열의 해소'를 목표로 하는 드골주의(Gaullism)는 공공연한 인종차별주의를 수용할 수 없다는 입장이었다. 결과적으로 국민연합은 우파 내에서 연대 대상을 찾을 수 없었고, 주요 선거에서 고립됐다.[14] 그러나 온건 중도정치의 지속이 극우 정당을 포함한 군소 정당 성장에 유리한 환경을 조성했다. 정치 일반에 대한 대중적 환멸이 군소 정당에 대한 지지로 이어졌기 때문이다. 1992년의 지방선거에서 녹색당은 14%의 지지를 얻는 성공을 거두었다. 당시 녹색당은 '좌파도 우파도 아닌'이라는 슬로건으로 전통적인 엘리트 정치에 회의를 느낀 유권자들의 표를 흡수했다.[15] 극우 정당도 이러한 상황에서 유리한 국면을

---

14 Rémond, René, 2005, *Les Droites aujourd'hui* (Paris: Aubier-Montaigne), p.193.

15 Laborde(1999), pp.164~166.

맞이했다. 1980년대 이래로 국민연합은 전통적인 우파 유권자들뿐만 아니라 젊은 노동자들의 지지를 확보하기 시작했는데, 극우 정당의 등장은 기성 정치에 대한 반감이 표출된 결과로 평가됐다.[16]

2. 극우 포퓰리즘의 성장: 악마가 대선 결선투표에 오르기까지

1) 장-마리 르펜의 악마 이미지

레몽(Rémond)은 『프랑스의 우파』(Les droites en France)에서 현대 프랑스에서 등장한 우파를 세 부류로 설명했다. 첫 번째는 프랑스 대혁명 당시 등장한 정통주의 왕당파(légitimistes) 세력으로 절대왕정과 군주제를 지지했던 반혁명 인사들이었다. 이들은 신분제 복원을 희망했으며, 위계적인 사회구조를 정치적인 이상으로 고수했다. 두 번째는 1830년 왕정복고 이후 집권한 자유주의 집단이다. 흔히 오를레앙파(orléaniste)로 불렸던 이들은 프랑스 대혁명의 이념을 부분적으로 수용했고, 세속주의적인 군주제를 지지했다. 구체제에서 해방된 명사, 대토지소유주, 금융가, 기업가, 중소 상인을 대변했다. 세 번째는 보나파르트파(bonapartiste)로 제2제정 시기에 등장한 세력으로 강한 정부 확보를 정치적 지향으로 표방했다. 농민과 중소 지주를 지지 기반으로 삼았으며, 집권 후에는 가톨릭 신도와 노동자 집단을 포섭했다. 특히 이들은 보통선거권에 대한 대중들의 기대를 동원했다.[17]

레몽은 흥미롭게도 제5공화국 시기에도 우파의 세 조류가 유지되고 있

---

16 Rosanvallon, Pierre. 1988. “Malaise dans la représentation,” François Furet, Jacques Julliard, and Pierre Rosanvallon, *La Républiaue du centre: La fin de l'exception française* (Paris: Calmann-Lévy), p.143.

17 Rémond, René, 1982, *Les Droietes en France* (Paris: Editions Aubier), pp.72~121.

다고 본다. 보나파르트파의 전통은 드골(Charles de Gaulle)이 계승했다. 대통령 직선제를 부활시켰고, 빈번한 국민투표를 실시하여 권위주의 통치에 대한 대중적 정당성을 확보하려 했다. 반면 경제적 자유주의 분파는 드골주의와 구분되는 '온건 우파' 혹은 '중도'정당으로 명맥을 이어왔다. 1974년 집권한 지스카르 데스탱(Valéry Giscard d'Estaing)은 자유주의 노선을 선명하게 표방했으며, 시장에 보다 우호적인 경제정책을 시도했다. 다음으로 정통주의 왕당파 조류가 프랑스 극우주의의 기원으로 간주된다. 왕당파의 물적 기반이 소멸했으나, 그 이념과 가치는 존속했다는 것이다. 비시 정권(Vichy France)을 지원한 악시옹 프랑세즈(Action française)가 군주제 이념을 복원한 바 있으며, 알제리 독립선언 이후 드골 암살을 추진했던 바스티앙 티리(Bastien-Thiry)가 정통주의의 논리로 자신을 변호했다. 레몽이 책을 출간한 1980년대 당시 장-마리 르펜의 국민연합은 이러한 왕당파의 반공화주의적 사상과 가치를 계승한 것으로 평가됐다.[18]

국민연합은 창당 초기 정치적 영향력이 크지 않았다. 초대 당수였던 장 마리 르펜은 유대인 학살의 존재를 인정하지 않는 파시즘적 역사관을 지니고 있었고, 이러한 악마적 이미지를 통해 대중적 인기를 얻기에는 한계가 있었다. 르펜은 과거 비시 정권과 알제리 전쟁을 미화하는 역사관을 보이면서 주요 정치집단과 마찰을 일으켜 왔다.[19] 1987년 유대인 학살을 '사소한 사건'이라 평가했으며, 유대인이 얼마나 희생되었는지 분명하게 확인하는 것은 불가능하다는 견해를 보였다. 이 발언으로 120만 프랑의 벌금형을 선고받았고, 장 마리 르펜은 인종 혐오 발언 혐의로 지속적인 유죄 판결을 받았다. 그러나 정치적 반대파에게 유대인 학살을 연상시키는 자극적인 비난을

---

18 Rémond(1982), p.278.

19 조홍식, 2015, "2010년대 프랑스 민족전선의 성장과 재도약," 『EU연구』 제40호(한국외국어대학교 EU연구소), 106쪽.

지속했다. 1988년에는 미셸 뒤라푸(Michel Durafour) 행정장관에게 '뒤라푸 화장터(Durafour crématoire)'라 비난한 것이 대표적 사례이다.[20] 이러한 성향은 최근까지도 이어졌는데, 2014년 6월에는 극우 정당의 약진에 비판적 의사를 표명한 가수 파트릭 브뤼엘(Patrick Bruel)에게 "오븐에 넣겠다"며 공격하는 발언 영상을 블로그에 올려 재차 주목받았다.[21]

국민연합 지지자들이 일으켰던 일련의 폭력 사건도 국민연합을 악마적 집단으로 간주하게 하는 데에 영향을 미쳤다. 1989년에는 6명의 당원이 무슬림 추방을 외치며 행인에게 폭력을 가한 사건이 발생했으며, 1995년 5월 1일에는 국민연합 지지자들의 '잔다르크의 날(Fête nationale de Jeanne d'Arc)' 기념 행진 도중 모로코인 청년을 다리 위에서 밀어 익사시킨 사건이 있었다. 일련의 폭력 및 살인 사건을 통해 국민연합은 반사회적인 집단으로 낙인찍혔다.[22] 국민연합은 기본적으로 프랑스의 영광을 위해 유럽 통합을 저지해야 한다는 입장을 고수했으며, 2000년대 이후에는 경제 불안과 실업의 책임을 이민자들에게 돌리는 방식으로 지지를 결집했다.[23] 2005년 장-마리 르펜은 무슬림에 대한 혐오 발언과 인종적 증오를 선동한 혐의로 1만 유로의 벌금형을 받았다.[24]

악마의 이미지를 표방한 국민연합이 점차 성장할 수 있었던 원인은 다양한 맥락에서 설명된다.[25] 기존 연구에 따르면 동일한 인근 유럽 국가들과

---

20 Gautier, Jean-Paul, 2009, *Les extrême droites en France* (Paris: Editions Syllepse), pp.366~375.

21 *Le Monde*, June 12, 2014.

22 손영우, 2003, "프랑스 극우정당 국민전선의 득표 상승 요인과 유권자 성향 변화에 대한 연구," 『정치비평』 2003년 하반기(한국정치연구회), 315~316쪽.

23 오창룡, 2014, "2014년 유럽의회 선거와 극우 세력의 부상," 『황해문화』 제84집(새얼문화재단), 210~211쪽.

24 *Le Monde*, February 24, 2005.

25 오창룡·이재승, 2016, "프랑스 국민전선의 라이시테(laïcité) 이념 수용: 이민자 배제 합리화 전략

달리 유독 프랑스에서 극우 정당의 성장이 두드러진 것은 프랑스의 역사적 특수성과 관련이 있다. 국민연합은 악마적 집단으로 취급받았음에도 알제리 전쟁에 대한 기억과 북아프리카 이주민에 대한 혐오를 적절하게 활용했기 때문에 1990년대 이후 성장할 수 있었다.[26] 나아가 경제위기와 이민자 증가라는 물적 조건의 변화가 프랑스 극우 포퓰리즘의 확산을 가능하게 했다.[27] 1970년대 후반 북아프리카 이민자가 대거 유입되면서 각종 사회문제가 발생했고, 이민자를 위한 복지 지출 증가에 따른 불만이 증가했다. 이는 프랑스의 교육받지 못한 계층과 실업 상태에 있는 청년들이 국민연합을 지지하는 원인을 설명해준다. 특히 2000년대 후반 경제위기는 유럽연합 탈퇴를 주장하는 국민연합이 2012년 지도자 교체 이후 대중적 지지를 다시 확대할 수 있는 환경을 만들었다.[28]

이냐시(Ignazi)는 1980년대 이후 주류 정당들이 충분히 해결하지 못했던 이민자 혐오 정서를 이용하면서 극우 정당이 성장했다는 분석을 제시한 바 있다.[29] 즉 프랑스에서도 중도 정당들이 주축을 이뤘던 기성 정치에 대한 유권자들의 환멸이 국민연합에 대한 지지로 이어졌다고 볼 수 있다. 반복되는 동거정부의 등장으로 중도 우파 및 중도 좌파의 이념 수렴이 있었고, 이들이 지속되는 실업률 증가에 대한 해결책을 제대로 제시하지 못하자 기성 정치권에 대한 대중적 반감이 증가했다. 이 맥락에서 악마의 이미지를 체현한

을 중심으로," 『유럽연구』 제34권 1호(한국유럽학회), 312~315쪽.

26 손영우(2003), 318~319쪽.

27 조홍식(2015), 104쪽.

28 권무수, 2010, "프랑스 극우정당의 성장과 한계," 『사회과학연구』 제22집 2호(국민대학교 사회과학연구소), 94~97쪽.

29 Piero, Ignazi, 1992, "The Silent Counterevolution, Hypotheses on the emergence of extreme right wing parties in Europe," *European Journal of Political Research*, vol.22, no.3. p.12.

장-마리 르펜 개인의 리더십이 주목 받았다. 르펜의 웅변 능력과 혐오 레토릭은 대중매체를 통해 사회적인 영향을 미쳤다.[30] 르펜은 "물려받은 피뿐만 아니라 흘린 피를 통해서" 진정한 프랑스인이 될 수 있다고 역설했으며, 프랑스 국민이 갈등적 국제질서 속에서 함께 전쟁을 치르는 동지이자, 조국의 이상을 위해 삶을 희생하는 주체라 주장했다.[31]

2) 1990년대 국민연합의 성장 전략[32]

1972년 창당한 국민연합이 주요 선거에서 두각을 나타내기 시작한 것은 1980년대 중반 이후였고, 1990년대에 비약적인 발전을 했다. 1984년 유럽의회 선거에서 10.95%의 전국 득표율로 10석의 하원의원을 배출했으며, 1986년에는 미테랑(François Mitterrand)이 도입한 비례대표제의 영향으로 하원의석을 35석까지 늘리는 데에 성공했다.[33] 1990년대에는 대선과 총선에서 평균 15%대의 득표를 기록하여 상승세를 이어갔다([그림 5-2] 참고). 국민연합의 최근 부상을 지도자 교체, 새로운 강령 도입과 이미지 쇄신 등의 효과로 설명하고, 이를 전적으로 2010년대의 특징으로 간주한다면 1990년대의 성장은 현재와는 다른 맥락에서 설명해야 한다. 새로운 국민연합이 합리적이고 민주적인 이념 쇄신으로 유권자들에게 호소한 반면, 구시대의 국민연합은 폭력적이고 자극적인 감정동원에 의존하여 주요 선거에서 성과를 거두었다

---

30 박재정. 2007, "프랑스 극우정당에 대한 연구: 국민전선을 중심으로," 『유럽연구』 제25권 2호(한국유럽학회), 70~73쪽.

31 Balent, Magali, 2011, "La vision du monde du Front national: Quel devenir après le départ de Jean-Marie Le Pen?" *Note de recherche*, no.25, p.5.

32 오창룡·이재승(2016), 322~323쪽.

33 Delwit, Pascal, 2014, "Le Front National," *Les partis politiques en France* (Bruxelles: Editions de l'université de Bruxelles), p.189.

는 논리가 성립해야 한다는 것이다. 그러나 국민연합이 1990년대에도 2010년대와 유사한 이념적 쇄신 시도를 했다는 것을 발견할 수 있는데, 이는 이민자 혐오 합리화 전략의 연속성을 살필 수 있는 대목이다.

1986년 총선을 앞두고 국민연합은 비(非)극우 정당 출신 정치인을 대거 영입하여 당의 인적 쇄신을 시도한다. 당시 국민연합에 참여한 '시계 클럽(Club de l'Horloge)'이라는 극우 싱크탱크 그룹은 1990년대까지 국민연합의 강령을 발전시키고 정당 영향력을 확대하는 데에 기여했다.[34] 시계클럽의 주요 인사는 공화국연합(RPR; Rassemblement pour la République) 당원이었던 메그레(Bruno Mégret)와 블로(Yvon Blot), 프랑스 민주연맹(UDF; Union pour la démocratie française) 출신의 르 갈루(Jean-Yves Le Gallou)였는데, 이들은 프랑스 국립행정학교(École nationale d'administration), 에콜 폴리테크닉(École polytechnique), 파리정치대학(Institut d'Études Politiques de Paris) 등 그랑제콜을 졸업한 엘리트였다. 이들을 영입함으로써 국민연합은 극우 활동가 정당의 이미지에서 벗어나 보다 지적인 외양을 갖출 수 있었다.[35]

특히 메그레(Bruno Mégret)는 국민연합의 전략, 교육, 홍보 분야에 영향을 미치며, 당내 2인자로 부상했다. 장-마리 르펜이 국민연합이 우파 정당과 구분되는 정체성을 명확히 해야 한다고 주장했던 것과 달리, 메그레는 유연한 전략의 필요성과 함께 우파 정당과의 연대를 주장했고, 국민연합이 집권 가능한 정당으로 변화해야 한다고 보았다.[36] 1993년 메그레 주도로 출판한 '프랑스의 부활을 위한 300가지 조치(300 mesures pour la renaissance de la

34 Fieschi, Catherine, 2004, *Fascism, Populism and the Franch Fifth Republic: In the shadow of democracy* (Manchester: Manchester University Press), p.163.

35 Scields, James, 2007, *The Extreme Right in France: From Pétain to Le Pen* (New York: Routledge), p.245.

36 Gautier(2009), pp.391~393.

France)'라는 문건은 과거 1980년대에 지지했던 신자유주의 및 친(親)유럽 노선과 단절하고 반(反)유럽, 보호주의, 복지 등의 이념을 수용했다.[37]

메그레의 영향으로 국민연합은 사회 복지를 주요 정책으로 제시했으며, 좌파 담론을 적극 수용하는 전략을 취했다. 이어 1995년 대선에서 15%를 득표했고, 장-마리 르펜의 개인적인 지지율도 최고점에 도달했는데, 당시 가장 큰 변화는 국민연합이 최초로 노동자 및 실업자 유권자층에서 최고 지지율을 기록했다는 점이다. 좌파-르펜주의(gaucho-lepénisme), 노동자-르펜주의(ouvriéro-lepénisme)라는 신조어가 등장할 정도로 국민연합은 노동자들의 지지를 얻는 데에 성공했으며, 1995년 설문 조사에서 노동총연맹(CGT: Confédération Générale du Travail)의 7%, 민주노동연맹(CFDT: Confédération française démocratique du travail)의 6%, 가톨릭노동연맹(CFTC: Confédération française des travailleurs chrétiens)의 5%, 관리직총연맹(CGC: Confédération Générale des Cadres)의 24%, 노동자의힘(FO: Force Ouvrière)의 16%가 장-마리 르펜에게 투표했다고 응답했다.[38] 국민연합은 최저임금 인상, 가족 수당 증가, 주택구입 자금 국가보조, 일자리 보장 등의 복지 정책을 제시하면서 이후 선거에서도 유사한 수준의 지지를 확보했다.[39]

국민연합의 1990년대 복지 노선은 일종의 이미지 희석 전략으로 이해할 수 있으며, 극우주의가 다른 정치 이념과 유기적으로 결합할 수 있는 이데올로기임을 드러내는 사례이다. 메그레의 좌파 담론 수용이 국민연합 내부에 수용될 수 있었던 이유는 세계화와 이민에 맞서 프랑스 노동자를 보호해야 한다는 취지가 존재했기 때문이다. 그럼에도 메그레 중심의 시계클

---

37 Scields(2007), p.27.

38 Igounet, Valérie, 2014, *Le Front National: De 1972 à nos jours, le parti, les hommes, les idées* (Paris: Seuil), pp.273~277.

39 Scields(2007), p.273.

럽 역시 인종차별적인 세계관을 공유하고 있었는데, 그들은 프랑스 공화국의 형제애(fraternité) 정신을 강조하면서 국민(peuple)에 대한 인종주의적인 규정을 시도했다.[40] 따라서 이들 싱크탱크 그룹이 기존의 반공화주의적 및 반민주주의적인 이미지를 쇄신하고 국민연합의 현대적 이미지를 발전시킨 것이 사실일지라도, 결국에는 이민자 혐오를 '프랑스의 정체성' 혹은 '국민 우선(préférence nationale)'이라는 세련된 개념으로 합리화하는 역할을 했던 것이다. 이러한 맥락에서 국민연합은 인종주의와 재분배 정책을 결합시킨 복지국수주의(welfare chauvinism) 정당으로 평가됐다.[41]

이처럼 국민연합이 정치적 신뢰를 확보하고, 기존의 악마적 이미지를 극복하려는 시도를 이미 1990년대에 진행했다는 것이 확인된다. 국민연합의 1990년대 내부 문건에 따르면, '극우주의로 규정 받는 것에 대해 반박할 것', '나치즘과 비시 정권에 대해 비난할 것', '새로운 저항 주제를 개발할 것', '악마적 이미지를 회피할 것', '파시스트 정당 이미지를 극복할 것' 등의 전략을 이미 수립하고 있다.[42] 실업률과 이민자 증가, 기성 정치에 대한 환멸, 프랑스 극우운동 전통 등의 외부 요인 및 정당 지도자 리더십이라는 내부 요인 이외에도 국민연합이 내적으로 발전시켜 온 이민자 혐오의 합리화 전략이 프랑스 대중에게 미친 영향은 적지 않았다. 1998년 메그레가 '공화주의 국민운동(MNR: Mouvement national républicain)'을 창설하고 이탈하면서 국민연합의 조직과 지지층이 약화되기 시작했던 것도 같은 맥락에서 이해할 수 있다.[43]

40 Gautier(2009), p.371.

41 Ivaldi(2012), p.111.

42 Gautier(2009), pp.257~258.

43 Delwit(2014), p.194.

[그림 5-2] 역대 주요 선거 국민연합 득표율: 1974~2017(%)

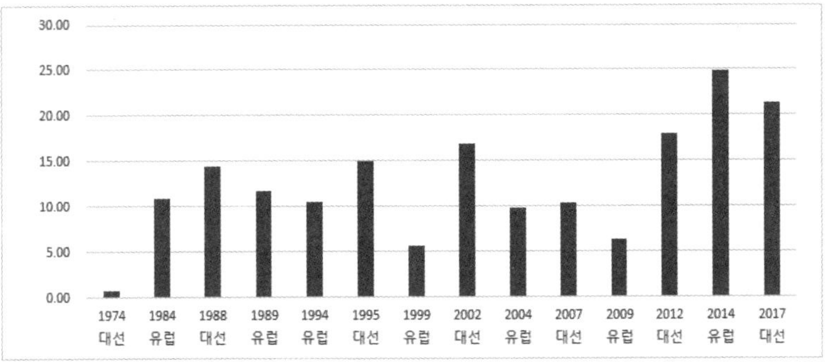

출처: https://www.france-politique.fr/front-national.htm (검색일: 2021.05.28.)

3) 2002년 극우 정당의 대선 결선투표 진출[44]

극우 정당의 약진은 기존 주류 우파 정당들에게도 위기감을 고조시켰다. 르펜과 국민연합의 영향력이 증대할수록 드골주의 중도우파에 대한 지지가 축소됐으며, 1995년 대선 결과에서 우파의 내적 균열과 드골주의의 영향력 상실이 입증됐다. 1995년의 대선 1차 투표에서 드골주의를 대변한 시라크는 20.84%, 자유주의 우파를 대변했던 발라뒤르(Édouard Balladur)는 18.58%, 국민연합의 르펜은 15%를 득표하여 23.3%를 얻은 조스팽(Lionel Jospin)의 뒤를 이어 우파 후보들이 2~4등을 차지하는 결과가 있었다. 뒤이어 2002년의 대선은 1984년 이후부터 유지된 프랑스 정당 질서의 재배열을 가져온 '중대 선거'로 평가된다. 1998년의 내분에도 불구하고 장-마리 르펜이 이끄는 국민연합은 2002년 대선에서 결선투표에 진출하는 이변을 낳았

44 오창룡, 2012,『프랑스 대통령제 하에서 권력의 인격화(personalization) 현상에 관한 연구: 신자유주의 위기 환경과 우파 포퓰리즘의 진화를 중심으로』. 박사학위논문 (서울대학교), 116~118쪽.

다. 사회당의 조스팽은 역대 선거에서 가장 큰 패배를 겪었으며, 결선투표 진출 실패는 비주류 좌파 정당들의 분열에서 비롯되었다고 볼 수 있다. 조스팽의 결선투표 진출 실패는 큰 상징적인 의미를 가졌다. 사회당과 공산당(PCF: Parti communiste français)의 득표율 합이 극우 성향의 정당들보다 더 적은 결과가 나왔는데(19.3% 대 19.6%), 이는 좌파 정당이 극우 정당보다 낮은 지지를 받고 제3당의 위치로 밀려나는 것이 가능할 수도 있음을 의미하는 것이었다.[45]

국민연합의 선전은 일종의 저항 투표의 맥락에서 설명됐다. 르펜에 대한 지지는 동거정부의 반복된 출현에 대한 거부이자, 안전 및 이민자 문제에 대한 기성 정당들의 무능한 태도에 대한 비판으로 해석됐다. 국민연합 성공에는 주류 우파 정당의 차별성 쇠퇴가 일조한 바도 있다. 1980년대를 거쳐 사회당(Parti socialiste, PS) 역시 스스로를 공화국을 수호하는 주류 정당으로 규정했기 때문에, 드골주의의 전통적인 정체성에도 차별성이 사라지게 됐다. 반면, 이민자 소요 등 확산되는 사회 불안에 대한 강력한 입장을 표명한 장-마리 르펜의 국민연합은 차별성을 부각시킬 수 있었다.[46]

3. 포퓰리즘의 전염: 중도우파의 포퓰리즘 수용

1) 사르코지의 포퓰리즘 변용: 배타적 라이시테 이념[47]

45 Cayrol, Roland, 2002, "The 2002 French Elections: A Drama in Five Acts," The Brookings Institution (https://www.brookings.edu/articles/the-2002-french-elections-a-drama-in-five-acts 검색일: 2021.06.05.)

46 Hewlett(1998), pp.76~77.

47 오창룡·이재승(2016), 323~326쪽.

프랑스 극우 포퓰리즘은 정체성을 변화시키는 행보를 거듭하고 있다. 이와 관련하여 마린 르펜에 앞서 이민자 혐오 정서를 주류 정치 담론의 내부로 수용하고, 이를 전략적으로 활용한 정치인이 사르코지(Nicolas Sarkozy) 전 대통령이었다는 사실을 상기할 필요가 있다. 사르코지는 이슬람에 대한 대중적 반감을 정치의 핵심 테마로 정착시킨 장본인으로 기억된다. 극우 담론과 거리를 두는 드골주의 전통을 깨고, 극우 포퓰리즘 정치를 수용했기 때문이다. 그는 대선 캠페인에서부터 극우 유권자들에게 지지를 호소했으며, 이민자 유입을 통제할 수 있는 별도의 정부 부처를 설치하는 공약을 내걸었다. 사르코지는 2005년 내무부 장관 시절에 파리 근교 이민자 폭동에 대해 "젊은 인간쓰레기들을 쓸어버려야 한다."는 발언을 하여 주목받은 바 있었고, 사회 안정과 국민 정체성을 복구할 수 있는 위기 해결사의 이미지로 2007년 대선에서 승리했다.

사르코지는 집권 후 이민자들의 사회불안 조성에 대해 무관용 원칙을 실천했다. 이민자 수를 통제하는 '이민 및 국가정체성부(Ministre de l immigration et identité nationale)'의 신설은 대중운동연합(Union pour un mouvement populaire, UMP)의 주요 공약이었다. 사르코지 집권 후 '이민통합, 국가정체성 및 개발연대부(Ministre de l'immigration, de l'intégration, de l'identité nationale et du développement solidaire)'가 설치됐으며, 2007년 11월에는 이민과 망명 규정을 강화한 오르트푀법(loi Hortefeux)이 통과됐다.[48] 좌파로부터 비시 정부의 망령을 되살리는 조치라는 비판을 받았으나, 이 공약은 국민 3분의 2의 지지를 받았다. 2009년 약 8천 명의 집시를 루마니아로 추방한 것은 대표적 사례였다. 국경 밖으로 쫓겨나는 이방인들을 생생하게 촬영하여

---

48 박선희, 2010, "프랑스 이민 정책과 사르코지(2002~2008년)," 『국제정치논총』 제50권 2호(한국국제정치학회), 203~204쪽.

방송으로 보도한 것은 국제적인 비난을 받았다. 집시 유랑민들을 타겟으로 삼은 것은 마린 르펜보다도 더 자극적이고 공격적인 포퓰리즘을 추구한다는 지적도 있었다. 2010년에는 프랑스인의 정체성이 약한 이민자들이 경찰이나 헌병에 선발되는 것을 금지해야 한다는 대통령 담화가 있었다. 2011년 툴루즈(Toulouse)의 무슬림 총격 사건이 발생한 뒤, 사르코지는 "새로 건너오는 사람들의 정체성에만 너무 치중한 나머지, 그들을 맞이하는 국민의 정체성에 대해서는 충분하게 걱정하지 않았다"며 프랑스 다문화주의의 실패를 공식 선언했다.[49]

대중운동연합과 사르코지의 이러한 극우화 전략은 중도우파 정당으로서 극우를 배격하는 양심을 유지할 것인가 혹은 증가하는 극우성향 유권자들을 지지층으로 흡수할 것인가라는 딜레마 사이에서 전자를 포기한 사례라 볼 수 있다. 2007년부터 2012년까지 사르코지 집권 기간을 거치면서 여당과 극우 정당의 이민 정책은 상호 근접하기 시작했다. 중도우파와 극우의 상호 접근은 우파 성향의 기층 유권자들 사이에서도 관찰된다. 여론 조사에 따르면 대중운동연합 지지자들 중 "이민자가 너무 많다."고 느끼는 응답자의 비율은 2006년 62%에서 2013년 87%로 증가했고, 치안 문제로 불안을 느끼는 응답자의 비율은 38%에서 73%까지 늘어났다. 이는 각 항목에 대해 96% 및 89%로 긍정적 응답을 한 국민연합 지지자들의 성향에 거의 근접한 비율이다.[50] 국민연합과 대중운동연합의 관계에 대한 일반 국민들의 견해에도 큰 변화가 감지됐다. 두 정당을 적대 구도로 파악하는 응답자는 2002년 34%에서 2013년 18%로 줄어들었으며, 상황에 따라 선거 연대

---

49 Brochet, Françis, 2011, *Inventaire après rupture: Comment Sarkozy a changé la France* (Paris: François Bourin Editeur), pp.196~199.

50 Fourquet, Jérôme, and Marie Gariazzo, 2013, "FN et UMP: électotats en fusion?" Jean Jaurès Fondation. https://www.jean-jaures.org/publication/fn-et-ump-electorats-en-fusion (검색일: 2021.06.05.)

도 가능하다는 응답자는 15%에서 28%로 증가했다. 앞으로 국민연합을 동맹 정당으로 대우해야 한다는 응답자도 11%까지 증가했다.[51]

사르코지가 프랑스 극우 포퓰리즘 정치의 확대에 기여한 바는 개별 정책보다는 포퓰리즘을 보편적 사회 가치와 결합하는 데 성공했다는 것이었다. 사르코지는 무슬림을 비롯한 비주류 이민자 집단을 통합 대상이 아닌 위협 요소로 간주하면서, 종교는 존중받아야 하지만 사적인 문제일 뿐 공적인 문제와 구분된다고 강조했다. 이는 1905년 제정된 '국가와 교회의 분리에 관한 법'에 따라 인정된 라이시테 이념을 정치적 무기로 전환하는 논리였다. 이제 라이시테 이념은 프랑스 주류 사회와 무슬림 간의 갈등을 반영하는 이념으로 작동하기 시작했다.[52] 1989년의 '히잡 사건', 2004년 '공립학교 내 종교적 상징물 착용 금지법'에 이어 2009년 도입된 '부르카 금지 법안(Loi interdisant la dissimulation du visage dans l'espace public)'은 라이시테 이념이 무슬림 사회와 충돌했던 주요 사례이다.[53] 사르코지 집권 기간 통과된 부르카 금지 법안은 종교적 차이의 문제를 전혀 고려하지 않았으며, 여성의 인권과 프랑스 공화국 수호 논리를 전면에 앞세워 이민자 배제 입장을 강화했다는 비판을 받았다.[54]

문제는 사르코지의 배타적 라이시테 이념을 2010대부터 국민연합이 받

---

51 TNS Sofres, 2013, "Baromètre d'image du Front national 2013," France Info, Canal+, Le Monde의 공동 설문 조사. 2013년 1월.

52 Liogier, Raphaël, 2010, "Laïcité on the edge in France: Between the Theory of Church State Separation and the Praxis of State-Church Confusion," Macquarie Law Journal vol.9, pp.27~36; 홍태영, 2010, "공화주의적 통합과 프랑스 민주주의," 『사회과학연구』 제18집 2호(서강대학교 사회과학연구소), 363쪽.

53 박선희, 2014, "'2004년 법'과 프랑스 라이시테 원칙 적용의 문제점," 『유럽연구』 제32권 2호 (한국유럽학회), pp.297~298.

54 박단, 2011, "'히잡금지'와 '부르카 금지'를 통해 본 프랑스 사회의 이슬람 인식," 『프랑스사 연구』, 제24호(한국프랑스사학회), 106쪽.

아들이기 시작했다는 점이다. 이러한 라이시테 이념은 국민연합이 정상정당 이미지로 전환하는 탈악마화 전략에서 핵심을 구성하는 요소라는 측면에서 주목할 필요가 있다. 프랑스 라이시테 연구자 보베로(Baunérot)는 이념상의 다양한 분화를 전제로 국민연합이 표방하는 라이시테를 민족적 라이시테(laïcité identitaire)로 규정한다.[55] 흥미롭게도 보베로 역시 새로운 라이시테 이념의 주요 주창자를 국민연합의 지도자가 아닌 대중운동연합의 사르코지로 상정한다(<표 5-2> 참고). 그에 따르면 1989년 히잡 사건 이후 프랑스 우파는 좌파가 주도하던 라이시테 담론에 개입하기 시작했으며, 2001년 9.11 테러 이후 우파적 라이시테 이념이 형성됐다. 중도우파 정부가 도입한 '2004년 법'은 이민자를 배제하는 이념이 라이시테와 결합되는 기폭제가 됐다. 2007년 집권한 사르코지는 라이시테 이념보다 프랑스의 전통이 우선이라 보고, 가톨릭의 우선성을 강조하는 '적극적 라이시테(laïcité positive)' 개념을 주장한 바 있다.

<표 5-2> 라이시테 이념의 분화와 재구성

라이시테의 유형	대표 주창자	특 징
반종교적 라이시테 (Laïcité antireligieuse)	모리스 알라르 (Maurice Allard)	무신론 기반. 종교의 폐해를 강조
국교적 라이시테 (Laïcité gallicane)	에밀 콩브 (Emile Combes)	프랑스 국교의 독립성을 주장. 종교에 대한 국가의 긴밀한 개입 강조
개인주의적 분리 라이시테 (Laïcité separatiste- individualiste)	페르디낭 부이송 (Ferdinand Buisson)	종교와 국가의 분리를 강조. 개인적인 종교 선택의 자유 인정하나 공식 (위계)조직체로서의 교회 불인정

55 Baubérot, Jean, 2015, *Les 7 laïcités françaises* (Paris: Editions de la maison des sciences de l'homme), pp.105~112.

집단주의적 분리 라이시테 (Laïcité separatiste- collective)	아리스티드 브리앙 (Aristide Briand)	종교와 국가의 분리를 강조. 신자 공동체와 국가를 매개하는 교회 조직체 인정
개방적 라이시테 (Laïcité ouverte)		교육에 대한 국가의 독점적 통제 반대 종교에 대한 개방적 이해, 종교의 사회적 효용성 강조
정체성 라이시테 (Laïcité identitaire)	니콜라 사르코지 (Nicolas Sarkozy)	프랑스인의 가톨릭 정신 강조 이슬람교로부터 프랑스 정체성 보호
협약적 라이시테 (Laïcité concordataire)		알자스-모젤 지역의 예외성 인정

2) 샤를리 엡도(Charlie Hebdo) 테러 사건과 이민자 갈등[56]

반이민자 정서가 극우 정당뿐만 아니라 중도 우파 정당의 지지자들에게까지 확산된 맥락을 파악하기 위해서 2010년대 이후 프랑스에서 발생한 테러와 이민자 갈등을 살펴볼 필요가 있다. 극우 포퓰리즘이 무매개적으로 전파된 것은 아니었으며, 프랑스 주류 사회에 대한 테러리즘은 다시 무슬림 혐오를 동원할 수 있는 정치 이데올로기로 전환됐다. 특히 2015년 샤를리 엡도 테러 사건은 2020년의 프랑스 교사 참수 사건 및 2021년 '이슬람 분리주의 차단법(loi contre l'islam radical et les séparatismes) 제정으로 이어지는 일련의 테러와 이민자 갈등의 출발점이 되는 사건이었다. 2015년 1월 7일 프랑스 시사만평지 샤를리 엡도 사에서 발생한 테러와 1월 9일 파리 유대인 상점 공격으로 약 20명이 사망했다. 테러범들은 북아프리카 이민자 출신으로 파리와 파리 인근 도시에서 태어나 교육받고 성장한 프랑스 국민이었다.

---

56 오창룡, 2015a, "샤를리 엡도 테러 사건을 둘러싼 쟁점들," 『진보평론』 제63권, 161~169쪽.

샤를리 엡도의 전신은 1960년 창간된 '하라키리(Hara-kiri)'이며, 권위적 드골주의에 도전하는 만평지로 인기를 끌었다. 하지만 '할복'을 의미하는 잡지명처럼, 샤를리 엡도(Charlie Hebdo)는 크고 작은 파문을 일으키며 1961년과 1966년 두 차례 정간됐다. 1970년 11월에는 드골 사망을 조롱하는 기사로 세 번째 정간 조치를 받는다. 당시 편집자들이 정간 조치에 굴하지 않고 이름을 바꿔 창간한 만평지가 샤를리 엡도였다. 1970년대 초반에는 판매 부수를 15만 부까지 늘렸다. 1981년 경영상의 이유로 폐간되었지만, 1992년 재발간 이후 평균 14만 부를 판매하는 시사 만평지로 자리 잡았다.[57]

샤를리 엡도는 외설적이고 저속한 만평으로 정계 및 종교계에서 수많은 적을 만들었다. 샤를리 엡도가 무슬림들을 심각하게 자극한 사건은 2006년 2월로 거슬러 올라간다. 덴마크 일간지 '율란츠 포스텐(Jyllands Posten)'을 따라 샤를리 엡도도 마호메트(Mahomet) 캐리커처를 게재하여 프랑스 무슬림 단체들의 집단 소송에 부딪치게 된다. 2011년에는 아랍 국가의 민주화를 기념한다는 취지로 마호메트를 풍자했고, 곧이어 화염병 공격으로 사무실이 전소하는 사건이 발생했다. 언론의 자유에 대한 어떠한 공격도 용납할 수 없다는 비판에는 이견은 없었다. 그러나 2012년 9월 샤를리 엡도는 마호메트에 대한 높은 수위의 풍자를 다시 시도했다. 마호메트를 포르노 배우로 묘사한 만평이 게재됐고, 2015년 1월 테러 당시 언론의 주목을 받았던 것도 2012년 9월의 만평이었다.[58]

샤를리 엡도 테러 사건 이후, 이슬람 극단주의 테러를 기존 이민자 갈등과 어느 정도까지 관련시킬 수 있는가라는 문제가 제기됐다. 이러한 테러를 '이슬람 극단주의 세력의 만행'으로 규정하는 것과 '프랑스 주류 사회와 이

57 *Le Monde*. July 1, 2015.

58 Reynié, Dominique, 2013, *Les nouveaux populismes* (Paris: Pluriel), pp.121~122.

민자 집단의 뿌리 깊은 갈등의 폭발'로 규정하는 것은 매우 다른 접근이다. 프랑스 사회에서 2000년대 이후 이민자 문제를 둘러싼 사회 갈등이 심화되어 왔다는 사실은 부정할 수 없으며, 주류 사회의 '이슬람 혐오' 문제 역시 중요한 문제로 부상해 왔다. 이와 관련하여 프랑스 사회 내에서 왜 이슬람 극단주의를 추종하는 자들이 등장하게 되었는가에 주목해야 한다. 극우 포퓰리즘과 이슬람 극단주의는 프랑스 사회에 불안감을 고조시키는 동전의 양면과 같은 존재라 할 수 있다.

샤를리 엡도 사건 이전에 2005년 파리 교외의 이민자 폭동사태가 있었다. 당시 북아프리카계 10대 학생 두 명이 경찰의 추격을 피하다가 감전되어 사망했으며, 이에 분노한 이민자들은 파리 외곽 지역에서 3주간 폭동을 일으켰다. 약 1만 대의 차량이 불탔고, 4명의 사망자가 추가로 발생했다. 217명의 경찰이 부상당했고, 4,770명이 체포되었으며, 763명이 수감되었다. 233개의 공공건물이 불타거나 파괴되었다. 국가가 이민자의 사회문제에 적절하게 대처하지 못해왔음을 여실히 드러낸 사건이었다.[59] 프랑스의 무슬림 이민자들은 낮은 교육 수준과 열악한 주거환경 및 높은 실업률을 겪으며 사회문제의 전면에 등장해 왔고, 2005년의 폭동은 사회에서 배제된 이민자 청년들의 분노가 표출된 것이었다.

프랑스에서 국가적 소속감에서 벗어나 증오와 분노의 정서를 공유하도록 하는 이주민 게토화(ghettoization)가 심화되고 있는 상황에서, 샤를리 엡도 테러 사건 역시 외부 극단주의 세력의 공격이라기보다는 이민자 소요사태의 연장선에서 분석할 필요가 있다.[60] 프랑스 국가 내부에 여타 영토와 구

59 Cole, Alistair, 2008, *Governing and Governance in France* (Cambridge: Cambridge University Press).

60 오창룡, 2016, "프랑스 도시분리와 인종 갈등: 전쟁기계 개념을 통한 게토 분석을 중심으로," 『한국프랑스학논집』 제95집, 273~274쪽.

분되는 이질적인 공간이 창출되었으며, 게토 내부에 고립된 거주민들은 일상 전반에서 차별을 겪으면서 일종의 식민지화된 삶을 경험하게 된다. 게토 내부의 삶은 식민주의적인 외부의 권력과 규범에 의해 규정받으며, 인종차별적인 종속과 의존 속에서 노동력과 자원의 수탈이 지속된다. 달리 말하면, 프랑스 외부에 존재하던 식민지가 내부화되는 경향이 발생한 것이다.[61] 2005년 발생한 대규모 소요사태 역시 이러한 방식으로 집단화되고 만성화된 증오의 감정을 매개로 확산되었으며, 나아가 2015년 이후 성전(聖戰)의 성격을 보였던 파리 테러 역시, 종교적 원리와 다른 맥락에서 축적된 주류 사회에 대한 분노를 반영하고 있다.

최근 라페이로니(Lapeyronnie)의 연구는 사회적 차별과 고립에 대한 분노의 정서가 어떻게 집단적으로 공유되고, 나아가 종교적 정체성으로 전환될 수 있는지를 보여준다.[62] 본질적인 문제는 이러한 증오 감정이 국가 내부에 국지적으로 공간화된 이민자 밀집 거주지역 내부에서 증폭되고 있으며, 분노가 개인적 차원을 넘어 구조화되고 있다는 점이다. 이민자 청년들은 대학 졸업증이 있더라도 구직 활동 과정에서 인종적 차별을 경험한다. 인종적·계층적 출신에 대한 질문은 미래의 가능성을 봉쇄하며, 이러한 차별에 대한 분노는 사회 전반에 대한 분노로 확대된다. 동시에 이들은 게토 지역 내에서 심각한 고립감을 느끼게 되며, 학생으로서의 동질감 혹은 프랑스인으로서의 소속감을 확보하기 힘들기 때문이다. 이러한 상황은 교육 차원에서 더 심각한 문제를 야기하는 데, 성공적인 학위 취득은 이민자 게토 지역 내부 공동체에 대한 배신 혹은 가족적 전통과의 단절을 의미하게 된다. 반면에 학업 중단과 불량 집단 가입은 개인적 일탈이라기보다는 정체성을 확인

---

61 Lapeyronnie, Didier, 2008, *Ghetto urbain: Ségrégation, violence, pauvereté en France aujoud'hui* (Paris: Robert Laffont), p.17.

62 Lapeyronnie(2008), pp.320~336.

하고, 스스로를 보호하는 집단적이고 합리적인 선택이다. 또한 같은 맥락에서 이슬람 종교에 의지하는 것은 사회적 고립감을 피하기 위한 불가피한 선택이 될 수 있다. 사회와 거리를 두면서 분노를 다스리고, 자신을 추스를 수 있는 종교적 체험을 할 수 있기 때문이다.

이러한 상호적 분노와 갈등 속에서 최근 부각된 정치 쟁점은 제도화되어 왔다. 좌파 저널을 표방했던 샤를리 엡도는 프랑스 헌법이 명시한 라이시테 원칙을 이슬람 비판의 근간으로 삼았다. 테러 이후 '표현의 자유'라는 민주주의 가치에 문제를 제기하는 것은 쉽지 않았고, 프랑스 무슬림 집단의 사회적 배제를 문제시한다면 테러리즘을 옹호하는 입장으로 간주될 수 있었다. 당시 집권 중이었던 사회당도 역시 테러리즘에 대한 효과적 대응을 하지 못했다. 반면 국민연합은 샤를리 엡도 추모 행렬에 참여하지 않았기 때문에 반민주적인 정당이라는 비판을 받기도 했으나, 테러 직후 '사형제도 부활을 위한 국민투표 실시'라는 원색적인 당론으로 정국을 돌파했다.[63]

4. 극우 포퓰리즘의 정상화: 라이시테와 반세계화 이념

1) 마리 르펜의 탈악마화 전략[64]

2010년대 이후 마린 르펜의 개인적 리더십은 가장 큰 주목을 받고 있다. 국민연합은 2014년 유럽의회 선거에서 24.9%의 득표율을 기록하며 프랑스 제5공화국 이래 최초로 극우 정당이 주요 선거에서 1위를 차지하는 기록을 세웠고, 이러한 승리는 각각 17.9% 및 13.6%를 득표하며 선전했던 2012

---

63 *Le Point*, January 8, 2015.

64 오창룡·이재승(2016).

년 대선과 총선의 연장선상에 있었다. 결과적으로 2011년부터 당권을 이어받은 마린 르펜의 지도자 교체 효과가 두드러졌다. 마린 르펜은 국민연합만이 소외 계층을 대변하는 정당이라는 선전을 강화하는 동시에 파시즘과 인종차별주의 및 민주주의에 대한 위협 등을 연상시키는 과거 정당 이미지에서 탈피하는 전략을 취했다. 두 번의 이혼 경험을 갖고 있고, 세 명의 자녀를 키우며, 결혼하지 않고 동거 생활 중인 마린 르펜의 이미지는 기존 극우 정치인과 차별화됐으며, 사회 보장 확대를 촉구하면서 유럽 통합에 반대하는 이미지는 여성 유권자들에게 크게 어필하는 것으로 드러났다.[65]

마린 르펜이 취한 '탈악마화 전략'은 40년 넘게 당을 이끌었던 장-마리 르펜의 구시대적 이미지를 탈피하고, 보다 정상적인 정당으로 변모하려는 시도였다. 탈악마화 전략의 핵심은 과거 주류 정당으로의 편입에 장애가 되었던 기존의 과격한 극우 문화와 단절하고, 대중의 정치적 신뢰를 회복하는 것이었다. 마리 르펜은 먼저 구시대적인 극우 인사와 유대인 혐오 문화를 척결하는 개혁을 시도했다. 2011년 4월과 7월에는 각각 나치 찬양 사진을 유포한 당원과 노르웨이 테러 사건을 옹호한 당원을 출당시켰다.[66] 마린 르펜은 파시즘을 혐오스러운 것으로 간주하고, 유대인 학살을 '야만의 극치'라 강조했으며, 특히 아버지 르펜의 발언을 '정치적 과오'라고 공개적으로 비판했다. 이러한 전략은 국민연합 지지자들로부터 큰 호응을 얻었다. 관련 여론 조사에서 국민연합 지지자들의 63%가 장-마리 르펜의 존재가 당에 부정적인 영향을 미친다고 응답했다. 특히 아버지 르펜의 '출당'에 대해 국민연합 지지자 58%가 긍정적인 반응을 보였다.[67] 구시대의 '악마성'으로

---

65 Mayer, Nonna, 2013, "From Jean-Marie to Marine Le Pen: Electoral Change on the Far Right," *Parliamentary Affairs*, vol.66, pp.171~175.

66 Wieviorka(2014), p.52.

67 Ifop/Dimanche Ouest France. 2013. "Les Francais et la crise au Front National." https://

부터 벗어나 국민연합을 정상정당으로 변모시키는 것에 대한 지지가 넓게 확산되어 있음을 확인할 수 있는 대목이다.

마린 르펜이 프랑스 공화주의 원칙인 라이시테 이념을 정당의 주요 어젠다로 수용한 것은 당 쇄신 과정에서 전략적으로 중요한 변화이다. 그는 2012년 대선 당시 르몽드(Le Monde)와의 인터뷰에서 "라이시테는 자유와 마찬가지로 타협할 수 없는 가치이다"[68] 라고 밝히고, 이후 주요 담화에서 라이시테 원칙을 빈번하게 언급하며 당의 주요 이념으로 정착시켰다. 과거 장-마리 르펜은 라이시테 이념을 적대적으로 평가했었기 때문에 마린 르펜의 이러한 입장 표명은 과거와 대조를 이룬다. 국민연합의 관점에서 가톨릭의 종교적 가치는 프랑스 사회 통합의 원천이었다. 장-마리 르펜은 가톨릭 교육의 필요성을 주장하면서 정치적 정당성의 원천을 종교에서 찾았다.[69] 2000년대까지 라이시테 이념은 프랑스 가톨릭 전통을 억압하는 무기로 간주됐으며, 마린 르펜 본인 역시도 2004년 제정된 종교상징물 착용 금지법에 반대한 바 있다. "나는 우리 아이가 십자가 목걸이를 하고 학교에 가는 것을 금지하는 극단적인 라이시테주의자들의 영향권에 들어가고 싶지 않다"는 것이 그 이유였다.[70]

따라서 라이시테 이념을 수용한 것은 국민연합이 프랑스 공화국의 정신을 존중하는 정상정당으로 진일보하고, 구시대적인 이미지에서 벗어나기 위한 전략으로 평가할 수 있다.[71] 물론 라이시테 이념과 국민연합의 기존 정체

---

www.ifop.com/publication/les-francais-et-la-crise-au-front-national (검색일: 2021.06.05.)

68 *Le Monde*, September 21, 2012.

69 Schnapper, Dominique, 1996, "Le discours du Front National," *Commentaire*, vol.75, pp.667~672.

70 Maffeïs, Laurent, 2011, *Les cinq mensonges du Front national* (Paris: ditions Bruno Leprince), p.87.

71 François, Stéphane, 2013, "Marine Le Pen, le Front National et la laïcité: Une reference

성이 충돌할 수밖에 없으며, 마린 르펜 집권 이후 담론과 실천 상의 모순이 지속되고 있다. 마린 르펜은 2011년 1월 "프랑스가 라이시테를 도입할 수 있었던 이유는 가톨릭 문화를 가지고 있었기 때문이다"라고 주장하면서 국민연합의 가톨릭 친화적인 입장과 라이시테를 결합할 수 있다는 발언을 한 바 있다.[72] 그럼에도 국민연합이 도입한 라이시테 이념의 현실적인 효과는 이러한 내적 모순을 상쇄하고 있다. 마린 르펜과 국민연합은 프랑스 고유의 라이시테 이념이 갖는 종교 배제적인 원칙을 재해석하여 무슬림 이민자들에 대한 추방 요구를 정당화하는 데에 성공했다. 외형상 민주적 정당으로 변모하려는 시도와 달리, 국민연합이 수용한 라이시테 이념은 이슬람교에 대한 선명한 공격성을 내포하고 있다. 마린 르펜이 2011년 9월 무슬림의 거리 기도집회에 항의하며 발표한 다음과 같은 성명은 라이시테 이념이 무슬림에 대한 공격 근거로 사용된 대표적 예이다.

> 사람들은 우리가 구 병영시설을 파리 미라가(街)의 무슬림 신도들에게 빌려줘야 한다고 한다.... 한술 더 떠서 파리 도지사는 기도시설 전환을 위한 비용까지 내주겠다고 한다. 1905년의 법은 어디로 갔는가? 어떤 권리로 공권력이 라이시테와 우리의 법을 조롱하는가?[73]

이러한 발표는 파리 18구에서 매주 수천 명의 무슬림 신도들이 사원 부족으로 도로 위에서 기도하는 것이 사회적 문제가 되자, 정부가 기도할 수

à Geometrie Variable" Terra Nova Note, p.7. https://tnova.fr/notes/marine-le-pen-le-front-national-et-la-laicite-une-reference-a-geometrie-variable (검색일: 2021.06.05.)

72 Maffeïs(2011), p.84.

73 Wieviorka(2014), pp.52~53.

있는 실내 시설을 제공하기로 한 조치에 대한 반박이었다. 마린 르펜은 라이시테 이념을 근거로 모스크 사원 건설, 종교적 의상 착용, 무슬림의 거리 기도 집회 등을 비판해오고 있다. 국민연합은 유사한 논리로 무슬림의 식문화에 대한 공격을 진행한다. 나아가 국민연합은 특정 종교를 배려한 할랄 급식이 공교육 정신에 어긋난다고 주장했다. 이는 무슬림을 직접 공격하지 않더라도 라이시테 원칙의 적용 범위를 확대하여 일상의 영역에서 이민자들을 곤경에 빠뜨릴 수 있는 우회 전략이다.[74] 라이시테 이념이 이슬람 문화에 대한 공격 담론으로 사용될 수 있다는 사실은 2010년 6월 리포스트 라익(Riposte Laïque)이라는 우익 단체의 행사에서 입증된 바 있다. 이 단체 회원들은 파리의 구트 도르(Goutte-d'Or) 지역에서 공화국 음식을 수호한다는 취지로 포도주와 돼지고기 소시지를 먹는 모임을 기획했다. 무슬림 밀집 지역에서 이슬람교가 금지하는 음식을 단체로 먹으면서 무슬림을 도발하는 목적을 갖고 있었기 때문에 시 당국에서는 행사를 금지했으나, 프랑스 주요 도시에서 유사한 시도는 확산됐다.[75]

라이시테 이념의 도입에도 불구하고 국민연합이 이슬람 이민자에 대한 공격을 중단하지 않고 있다는 사실은 분명하다. 결과적으로 라이시테 수용의 효과는 국민연합의 정체성을 그대로 유지하면서 정당의 합리적인 외양을 확보하는 데에 있다. 국민연합은 무슬림에 대한 대중적인 반감을 감정적으로 공략하기보다는, 민주주의와 국가 중립성에 대한 문제제기를 통해 무슬림 차별에 대한 합리화된 비판 근거를 제시했다. 따라서 국민연합이 이념적 쇄신을 통해 체제 순응적인 정상정당으로 변신할 수 있었다고 하더라도,[76] 탈악마화 전략과 라이시테 이념 도입으로 기존 정체성과 단절하고 정

---

74 Wieviorka(2014), pp.54~59.

75 *Le Parisien*, June 17, 2010.

76 Perrineau(2014).

상적인 우파 정당으로 거듭났다고 단정하기는 어렵다. 즉 국민연합은 여전히 반사회적인 극우 정당의 정체성을 유지하고 있다는 평가가 가능하다.[77]

이러한 맥락에서 탈악마화 전략은 국민연합의 이미지 쇄신을 가능하게 하고, 나아가 2010년대 이후 주요 선거에서 급부상할 수 있었던 핵심적인 변화로 평가할 수 있다. 마린 르펜의 리더십이 갖는 보다 본질적인 함의는 인종차별적 입장을 고수하면서 기존 지지층을 유지하는 동시에 프랑스 공화주의를 수호하는 정상정당으로서의 외양을 확대할 수 있었다는 점이다. 그러나 국민연합이 라이시테 이념 수용만으로 정상정당화의 전략을 수행한 것은 아니며, 엘리트 정치에 대한 비판의 맥락에서 일반 대중들에게 접근한 이념이 무엇인지를 추가적으로 분석할 필요가 있다. 사무직 노동자와 생산직 노동자 모두로부터 가장 높은 지지를 받고 있는 국민연합은 또한 유럽 통합과 세계화에 반대하는 논리를 지속적으로 발전시켜 왔다.

2) 반세계화 논리와 노동자 정당화[78]

현재 프랑스에서 노동자들의 가장 많은 지지를 받는 정당은 국민연합이다. 2000년대 후반 경제위기를 배경으로 국민연합은 전통적으로 좌파 정당 지지층이었던 노동자들의 지지를 확대해 나가고 있다. 2011년 뤼 89(Rue 89)의 인터뷰에서 한 젊은 노동자는 "사회당을 지지하는 것은 경영자를 위한 것이고, 극좌 정당을 지지하는 것은 노동자뿐만 아니라 이민을 지지하는 것이므로, 프랑스의 노동자와 일자리를 보호하는 정당은 오직 국민연합이

77 Ivaldi(2012).

78 이하 내용은 오창룡, 2015b, "프랑스 반자본주의신당 및 좌파당의 부상과 위기," 『마르크스주의 연구』 제12권 4호(경상대학교 사회과학연구원), 252~262쪽 참고.

다"라는 논리를 밝혔다.[79] 2014년 유럽의회 선거 당시 전체 생산직 노동자의 41%와 사무직 노동자의 35%가 국민연합에 표를 던졌다. 프랑스 북부 및 동부에서는 노동자 50% 이상의 지지를 확보한 지역도 있었다. 특히 학력 수준이 낮을수록 국민연합을 지지하는 패턴이 등장하는데, 이는 노동 시장에서 열악한 위치를 차지하는 자들에게 국민연합의 전략이 설득력 있게 전파되고 있다는 것을 의미한다.[80] 국민연합은 주류 정당의 엘리트주의에 대한 비판을 앞세워 소외 계층 및 노동자를 대변하는 정당임을 강조하고, 포퓰리즘 정치를 강화해 왔다. 아래의 2011년 12월 1일 메츠(Metz) 연설은 이러한 측면을 잘 드러낸다.

> 대중운동연합과 사회당 양당은 정치 귀족을 형성하고 있으며, 농민, 실업자, 노동자, 은퇴자, 지방거주자 등의 주변인을 대변할 수 있는 정당은 국민전선뿐이다. 농민, 실업자, 노동자, 은퇴자, 지방거주자들은 광란의 금융 스템 속에서 만신창이가 되어가고 있는 보이지 않는 자(invisibles), 망각된 자들(oublié)이다. 트리플 A라는 신을 신봉하는 대중운동연합-사회당의 정치 귀족들에 비하면 당신들은 아무것도 아니다.[81]

노동자에 대한 극우 포퓰리즘의 영향력 확대가 노조 차원에서 조직적으로 진행되어 왔다. 국민연합은 1990년대부터 노조가 정당 이념을 대중적으로 확산시키기 위한 좋은 통로라는 점을 인지하였고, 정당들이 노조와 긴

---

79 *Le Nouvel Observateur*, September 19, 2011.

80 Ifop, 2014, "Européennes 2014: le FN étend son audience et se renforce dans ses bastions," https://www.ifop.com/publication/europeennes-2014-fn (검색일: 2021.02.27.)

81 Wieviorka(2014), p.37.

밀한 연계를 맺었던 양상을 모방하고자 했다. 과거 프랑스 공산당은 노동총연맹, 사회당은 민주노동연맹의 지지를 받았으며, 우파 정당들은 가톨릭노동자연맹 및 관리직총연맹에 영향력을 행사했었다. 국민연합은 1995년부터 본격적인 노조 개입을 시도했으며, 기존 노조에 침투하는 전략을 취했다. 우파 성향의 가톨릭노동자연맹 및 관리직총연맹에 참여하는 것이 보다 수월했으며, 노동총연맹 및 민주노동연맹의 경우 내부적 차단에도 불구하고 국민연합 당원으로 가입하는 사례가 있었다.[82] 우파 성향의 노조뿐만 아니라 좌파 정당과 연계했던 민주노동연맹 및 노동총연맹 내부에도 상당수의 노조원들이 극우 정당을 지지하고 있다.

2000년대 중반부터 국민연합 당원의 노조 가입률이 주춤해진 이유는 노조 차원에서 국민연합의 침투를 방어하는 조치를 취했기 때문이다. 노조 내의 파시즘 확산을 막는 단체들이 조직됐으며, 특히 노동총연맹의 경우 국민연합과 연루된 노조원을 제명하는 원칙을 세웠다. '반자본주의 신당(NPA: Nouveau Parti anticapitaliste)'에서 국민연합으로 당을 옮긴 앙겔만(Fabien Engelmann)이 알그랑쥬(Algrange)의 지자체 선거에 국민연합 후보로 출마하자 노동총동맹은 그에 대한 출당조치를 내린 바 있었다. 하지만 국민연합은 이러한 견제에 맞서 2011년 3월에는 '노동조합원 보호 전국기구(CNDTS: Cercle national de défense des travailleurs syndiqués)'를 출범시켰으며, 국민연합 노조원들의 권리를 지키고 차별을 예방한다는 취지를 공개했다.[83] 아울러 '위마니떼(Humanité)'가 실시한 최근 설문에 따르면, 노동총동맹, 프랑스민주노동동맹, 노동자의힘, 연대노조연합(SUD-Solidaires) 지지자 중 각각 22%, 17%,

---

82 Vivier, Bernard, 2011, "Front national et syndicats: l'entrisme," Insitut Superieur du Travail, https://www.istravail.com/actualites-etudes/les-etudes-sociales-et-syndicales/10505-front-national-et-syndicats-l-entrisme.html (검색일: 2021.06.05.)

83 *Le Monde*, March 25, 2011.

33%, 27%가 국민연합을 지지한다고 밝혔다. 이중 극좌 정당 지지자는 각각 35%, 4%, 16%, 19%였으며, 노동총동맹을 제외한 나머지 노조에서 극우 정당에 대한 지지가 급진 좌파 정당에 대한 지지를 넘어선 것으로 드러났다. 설문대상이 노조 가입자인지 혹은 단순 지지자인지 모호하다는 지적이 있었으나, 노동조합의 극우화 경향이 심화되고 있다는 사실을 분명하게 드러내는 조사결과였다.[84]

3) 좌파 포퓰리즘의 무기력증

국민연합의 선전에 맞서 급진좌파 정당이 고전할 수밖에 없는 보다 주요한 원인은 진화 중인 배타적 국가주의 이데올로기에 대응할 만한 좌파 고유의 지향을 제시하지 못하고 있기 때문이다. 먼저, 급진좌파들은 프랑스 사회에 만연한 이민자 혐오의 문제에 적절한 대응책을 제시하지 못하고 있다. 최근 국민연합과 마린 르펜은 프랑스의 정교분리 원칙인 라이시테 이념을 적극 수용하여 무슬림을 공격하는 무기로 사용하고 있는데, 이에 반해 급진 좌파 정당들은 라이시테 문제와 관련하여 지속적으로 딜레마에 빠지고 있다. 앞서 살펴보았듯, "극좌 정당을 지지하는 것은 노동자뿐만 아니라 이민을 지지하는 것"이라는 고정관념이 존재한다. 프랑스 급진좌파 운동은 이민 노동자들과 연대해 왔는데, 이들에게 이민자들은 언제나 이미 노동자였고, 자본주의와 제국주의 착취의 희생자였다.[85] 그러나 최근 샤를리 엡도 테러 사태에서 프랑스 사회에서 무슬림을 사회적 약자로 규정하고, 그들을 연대의 대상으로 삼는 것은 격렬한 논쟁의 대상이 될 수 있다는 것이 드러

---

84 *La Tribune*, May 29, 2014.

85 Philippe, Raynaud, 2006, *L'extrème gauche plurielle* (Paris: Editions Autrement), p.30.

났다. 반자본주의 신당의 세력 약화에 결정적인 영향을 미친 사건 역시 당내 라이시테 적용의 문제였기 때문에 분명한 대안을 마련할 필요가 있다. 획일적인 정교분리 원칙이 구시대적이며 폭력적인 억압 도구가 될 수 있다는 측면을 지적해야 할 것이나, 국가 이데올로기로 고착화된 라이시테 이념을 효과적으로 지양하는 작업은 쉽지 않아 보인다.

국민연합의 반세계화 담론이 영향력 있게 전파되고 있다는 사실도 중요하다. 프랑스 국민들은 여타 유럽 국민들보다 상대적으로 세계화에 더 큰 반감을 드러내 왔는데, 국민연합은 이에 호응하여 세계화를 종말론적인 현상으로 묘사하는 데에 주력했다. 2013년 5월 마린 르펜이 발표한 다음과 같은 담화에서 확인할 수 있듯이, 이제 국민연합과 극좌 정당들의 반세계화 담론은 표면상으로 구별하기 힘든 단계에 이르렀다.

> 이 야만적 세계화는 개인을 생산자-소비자 역할로 환원시킨다. 세계화는 인민들을 이 대륙에서 저 대륙으로 끌고 다니면서 마음대로 다룰 수 있는 인력으로 취급한다. 초자유주의 세계화는 개인을 각자에게 적대적인 다층적인 공동체 안에 가둬놓는다. 이 야만적 세계화는 문명 간의 충돌을 원하는데, 개인들을 근본주의적인, 극단주의적인, 살인적인 이데올로기에 지치게 하고, 정치의식과 인간성을 망각하게 만든다. 초자유주의적 세계화는 기회 평등을 위한 최상의 도구인 공화국 교육을 몰락시킨다. 이 초자유주의적 세계화는 우리 사회의 기본 세포이자 불확실한 삶으로부터의 대피소인 가족을 몰락시킨다. 따라서 우리를 스스로 규정하길 원한다면, 야만적 세계화에 맞서 투쟁해야 한다.[86]

86 Perrineau(2014), pp.92~93.

국민연합은 유럽 통합과 보호주의 문제와 관련해서도 매우 단호한 입장을 제시한다. 마린 르펜은 유럽 경제 통합의 부작용을 지적하면서 국가는 조정자 위치에서 경제 분야에 필요한 조치를 취할 수 있어야 하며, 중앙은행 통제와 국가 부채를 자율적으로 조정할 수 있어야 한다는 국가 개입주의 원칙을 강조했다. 이러한 전략은 나치의 국가사회주의 이념을 연상시키는데, 자본주의의 사적 소유권 원칙을 건드리지 않는 선에서 최대한 노동자의 안정적인 생활을 보장할 수 있는 경제 프로그램을 민족주의와 결합시키는 방식이다. 즉 자본주의의 전복에 대해서는 전혀 이야기하지 않으면서 프랑스 국민들의 완전 고용과 임금 인상을 약속하고, 자본주의 그 자체가 아닌 초자유주의를 전복의 대상으로 설정하는 전략이다.[87] 물론 이러한 논리는 프랑스 우파 내부에 오랜 보호주의 전통이 남아있기 때문에 가능한 접근이다. 프랑스의 드골주의 계파는 다른 국가들의 우파 정당들과 달리 자유시장 이론을 지속적으로 지지한 경우가 없었으며, 드골주의와 구별되는 자유주의 우파도 기본적으로 보호주의를 지향했다. 1980년대 보수적 드골주의자였던 파스카(Charles Pasqua) 전 내무장관과 반세계화 운동의 대표 주자였던 보베(José Bové)의 입장이 일치하는 상황이 발생했는데, 최근까지도 유사한 상황이 발생하고 있다. 2015년 그리스 시리자(SYRIZA)의 총선 승리에 대해 프랑스 급진좌파 정당들과 함께 국민연합 역시도 지지 성명을 발표했다. 국민연합에게 시리자의 승리는 유럽연합을 부정하는 함의를 가졌기 때문이었다.[88]

유럽 경제위기 이후 '자유주의 대 보호주의'의 쟁점은 다시 부각되고 있다. 그런데 문제가 되는 것은 국민연합과 마린 르펜이 신자유주의 세계화

---

87 Bernier, Aurelien, 2014, *La gauche radicale et se tabous: Pourquoi le Front de gauche échoue face au Front national* (Paris: Seuil), pp.62~63.

88 *Le Monde*, January 26, 2015.

에 반대하며 "프랑스인 먼저"(Les Français d'abord)"라는 보호주의 가치를 전면에 내걸었을 때 급진좌파 정당들이 이에 상응하는 선명한 슬로건을 제시할 수 없었다는 점이다. 반자본주의 신당은 맑스를 언급하며 "보호주의는 노동자와 자본가 사이의 잘못된 연대를 창출하고, 외국의 노동자를 적대시하는 결과를 낳는다"고 주장했다. 반세계화에 대한 논의는 자유무역 대(對) 보호주의라는 딜레마에 갇혀서는 안 된다는 주장이었으나, 반자본주의 신당은 '온실가스 배출을 줄이기 위한 상품운송에 대한 세금'을 제안했을 뿐 별다른 대응을 하지 못했다. 공산당과 좌파당(PG: Parti de gauche)을 중심으로 결성한 좌파전선(FG: Front de gauche) 역시도 프랑스의 경제 주권 수호를 위한 보호주의를 명시적으로 제안하지 않았다. 보호주의에 대한 논의가 점차 확산된 2012년에 이르러 멜랑숑(Jean-Luc Mélenchon)은 유럽연합을 경계로 한 보호주의 안을 다음과 같이 제시했다. "프랑스는 세계화된 시장 자본의 압력과 저임금 생산에 맞서 유럽 공동의 사회규범과 환경에 대한 보호 기구를 위해 행동할 것이다. 예를 들어 유럽에 역수입되는 상품에 대한 국가 과징금 징수와 상품운송을 줄일 수 있는 세금 도입 등이 있다. 징수된 과징금과 세금은 사회 및 환경 개발 정책 지원하는 자금으로 활용될 것이다." 하지만 멜랑숑의 주장은 유럽연합 28개국을 하나의 권역으로 설정한 보호주의였으며, 프랑스의 국가 이익 수호를 전면에 내세우는 국민연합의 보호주의에 맞설 수 있는 대안 담론은 부재한 상태이다.[89]

유럽연합 문제에 대해서도 급진좌파 정당들은 국민연합의 '유럽연합 탈퇴론'에 대적할 만한 대안을 제시하지 못하고 있다. 마린 르펜은 다음과 같이 '유럽연합 탈퇴'를 과감하게 주장했다. "자유롭고, 주권을 보유하고, 번영하고, 자랑스러운 인민의 유럽을 만들기 위해, 프랑스 국민들에게 다른 희

89 Bernier(2014), pp.79~89.

망을 제공해야 하며, 유럽 인민의 봄을 맞이해야 한다. 우리는 대통령에게 2014년 1월 프랑스의 유럽연합 탈퇴를 결정하는 국민투표를 개최할 것을 요구"한다고 밝혔다. 반면, 급진좌파 정당은 유럽연합 해체가 아닌 '대안 유럽 건설'을 제안해 왔다. 과거 좌파전선은 "유럽 및 국가 차원의 일반이익과 인민 주권에 기초한 새로운 버전의 사회와 유럽"을 지향해야 한다고 밝혔으며, '민주적 통제를 받는 유럽중앙은행', '생산성 논리에 종속되지 않는 유럽 농업 정책', '인민 주권의 통제를 받는 국가 간 협력 정책' 등의 세부 정책을 선보였다. 그러나 좌파전선 출신의 유럽의회 의원을 가능한 많이 배출시켜야 한다는 메시지를 넘어 좌파의 장기적인 비전을 제시하는 데에는 실패했다.[90]

5. 프랑스 민주주의와 포퓰리즘의 전망

1972년 창당한 국민연합은 약 20년 간 1% 미만의 지지를 받는 극우 정당이었다. 당시에 2010년대 이후 대선 결선투표에 빠짐없이 오를 수 있는 정당으로 성장할 것을 예상한 사람들은 없었을 것이다. 1990년대까지 편협한 민족주의 세계관과 인종혐오 발언으로 악마적 이미지를 유지했던 국민연합이 오늘날의 모습으로 성장할 수 있었던 데에는 끊임없는 전략 쇄신이 있었다. 한편으로 국민연합은 프랑스 엘리트 정치에 대한 대중적 반감과 북아프리카계 이민자들에 대한 노동자들의 혐오 정서를 활용했다. 다른 한편으로 그러한 혐오를 합리화할 수 있는 정책 강령들을 발전시켰다. 1990년대 복지주의 이념과 2010년대 라이시테 이념은 타자에 대한 혐오를 정당화하는 논리적 근거를 제공했으며, 국민연합의 정상정당화를 위한 핵심 전략으

---

90 Bernier(2014), pp.109~116.

로 기능했다. 이 글은 이러한 전략 수정이 장 마리 르펜과 마린 르펜의 개인적 리더십에 의존한 우연적 변화라기보다는 당 내부 싱크탱크의 계산적 대응이었다는 측면을 지적했다.

프랑스 극우 포퓰리즘은 극우 정당과 중도우파 정당 간의 이념적 상호영향을 통해 보다 진화했다. 사르코지는 극우 유권자의 지지를 제도권 정당정치의 영역으로 흡수하려는 시도를 통해 2007년 대선에서 승리했으며, 집권 기간 내내 공화국 수호와 이민자 배제 원칙을 전면에 내걸었다. 집권 여당이 주도하는 이민자와 무슬림에 대한 공격적 정책은 프랑스 주류 사회와 이민자사회 간의 누적된 갈등을 증폭시켰으며, 2015년 발생한 샤를리 엡도 테러 사건은 정치 전반에 대한 대중의 감정적 요인의 영향력을 증폭시켰다. 이러한 배경에서 마린 르펜이 당권 장악 이후 표방한 탈악마화 전략과 라이시테 이념은 정당 지지율 확보에 크게 기여했다. 또한 기존의 복지주의 이념을 토대로 더욱 강화한 반세계화 주장은 프랑스 내 생산직 및 사무직 노동자들의 절대적인 지지를 공고히 하는 효과를 거두고 있다.

국민연합이 프랑스 결선투표제의 장벽을 넘어 집권할 수 있는 가능성은 여전히 높지 않은 상황이나, 국민연합은 집권을 하지 않은 상황에서도 주류정치에 대한 정책적 영향력을 확대하고 있다. 2018년 이후 끊임없이 이어지고 있는 노란조끼 운동의 최대 수혜자가 국민연합이라는 평가가 나오고 있다. 또한 마크롱(Emmanuel Macron) 행정부가 최근 '포괄적 보안법(Loi sécurité globale)' 및 '이슬람 분리주의 차단법'을 제정하면서 국민연합은 중도 정부와 정책적으로 긴밀하게 협력할 수 있는 정당의 위상을 확보하고 있다. 프랑스 중도우파 및 중도좌파 정당의 위기가 심화되는 반면, 중도 자유주의를 표방했던 '전진하는 공화국(LREM: La République En Marche)'과 국민연합이 정책적으로 수렴하는 매우 특이한 정세가 등장했다. 극우 포퓰리즘을 중심으로 프랑스 정당구조의 재편이 가속화되고 있음을 확인할 수 있다.

참고문헌

권무수, 2010, "프랑스 극우정당의 성장과 한계," 『사회과학연구』 제22집 2호(국민대학교 사회과학연구소), 85~109쪽.

박단, 2011, "'히잡금지'와 '부르카 금지'를 통해 본 프랑스 사회의 이슬람 인식," 『프랑스사 연구』, 제24호(한국프랑스사학회), 85~111쪽.

박선희, 2010, "프랑스 이민 정책과 사르코지(2002~2008년)," 『국제정치논총』 제50권 2호(한국국제정치학회), 193~211쪽.

박선희, 2014, "'2004년 법'과 프랑스 라이시테 원칙 적용의 문제점," 『유럽연구』 제32권 2호 (한국유럽학회), 295~315쪽.

박재정. 2007, "프랑스 극우정당에 대한 연구: 국민전선을 중심으로," 『유럽연구』 제25권 2호(한국유럽학회), 67~95쪽.

손영우, 2003, "프랑스 극우정당 국민전선의 득표 상승 요인과 유권자 성향 변화에 대한 연구," 『정치비평』 2003년 하반기(한국정치연구회), 307~343쪽.

오창룡, 2012, 『프랑스 대통령제 하에서 권력의 인격화(personalization) 현상에 관한 연구: 신자유주의 위기 환경과 우파 포퓰리즘의 진화를 중심으로』, 박사학위논문 (서울대학교).

오창룡, 2014, "2014년 유럽의회 선거와 극우 세력의 부상," 『황해문화』 제84집(새얼문화재단), 205~219쪽.

오창룡, 2015a, "샤를리 엡도 테러 사건을 둘러싼 쟁점들," 『진보평론』 제63권, 160~173쪽.

오창룡, 2015b, "프랑스 반자본주의신당 및 좌파당의 부상과 위기," 『마르크스주의 연구』 제12권 4호(경상대학교 사회과학연구원), 241~267쪽

오창룡, 2016, "프랑스 도시분리와 인종 갈등: 전쟁기계 개념을 통한 게토 분석을 중심으로," 『한국프랑스학논집』 제95집, 259~283쪽.

오창룡, 2020, "덴마크 극우정당의 정상화 전략: 포스트 포퓰리즘적 전환과 그 한계를 중심으로," 『EU연구』 제55호(한국외국어대학교 EU연구소). 365~396쪽.

오창룡·이재승, 2016, "프랑스 국민전선의 라이시테(laïcité) 이념 수용: 이민자 배제 합리화 전략을 중심으로," 『유럽연구』 제34권 1호(한국유럽학회), 309~331쪽.

정병기, 2020, "포퓰리즘의 개념과 유형 및 역사적 변화: 고전 포퓰리즘에서 포스트포퓰리즘까지," 『한국정치학회보』 제54집 1호(한국정치학회), 91~110쪽

조홍식, 2015, "2010년대 프랑스 민족전선의 성장과 재도약," 『EU연구』 제40호(한국외대 EU연구소), 101~122쪽.

홍태영, 2010, "공화주의적 통합과 프랑스 민주주의," 『사회과학연구』 제18집 2호(서강대학교 사회과학연구소), 348~378쪽.

Balent, Magali, 2011, "La vision du monde du Front national: Quel devenir après le départ de

Jean-Marie Le Pen?" *Note de recherche*, no.25, pp.1~14.

Baubérot, Jean, 2015, *Les 7 laïcité fraçaises, Paris: Editions de la maison des sciences de l'homme.*

Bernier, Aurelien, 2014, *La gauche radicale et se tabous: Pourquoi le Front de gauche échoue face au Front national*, Paris: Seuil.

Brochet, Françis, 2011, *Inventaire après rupture: Comment Sarkozy a changé la France*, Paris: François Bourin Editeur.

Cayrol, Roland, 2002, "The 2002 French Elections: A Drama in Five Acts," The Brookings Institutionhttps://www.brookings.edu/articles/the-2002-french-elections-a-drama-in-five-acts (검색일: 2021.06.05.)

Cole, Alistair, 2008, *Governing and Governance in France*, Cambridge: Cambridge University Press.

Delwit, Pascal, 2014, "Le Front National," *Les partis politiques en France*, Bruxelles: Editions de l'université de Bruxelles.

Fieschi, Catherine, 2004, *Fascism, Populism and the Franch Fifth Republic: In the shadow of democracy*, Manchester: Manchester University Press.

Fourquet, Jérôme, and Marie Gariazzo, 2013, "FN et UMP: électotats en fusion?" Jean Jaurès Fondation. https://www.jean-jaures.org/publication/fn-et-ump-electorats-en-fusion (검색일: 2021.06.05.)

François, Stéphane, 2013, "Marine Le Pen, le Front National et la laïcité: Une reference à Geometrie Variable" *Terra Nova Note*, p.7. https://tnova.fr/notes/marine-le-pen-le-front-national-et-la-laicite-une-reference-a-geometrie-variable (검색일: 2021.06.05.)

Furet, François, 1988, "La France unie." François Furet, Jacques Julliard, and Pierre Rosanvallon, *La Républiaue du centre: La fin de l'exception française*, Paris: Calmann-Lévy.

Gautier, Jean-Paul, 2009, *Les extrême droites en France*, Paris: Editions Syllepse.

Hayward, Jack, 1994, "Ideological Change: The Exhaustion of the Revolutionary Impetus," Peter Hall, Jack Hayward and Howard Machin (eds.), *Developments in French Politics*, Basingstoke: Macmillan.

Hewlett, Nick, 1998, *Modern French Politics*, Oxford: Blackwell Publisher.

Ifop, 2014, "Européennes 2014: le FN étend son audience et se renforce dans ses bastions," https://www.ifop.com/publication/europeennes-2014-fn (검색일: 2021.02.27.)

Ifop/Dimanche Ouest France. 2013. "Les Francais et la crise au Front National." https://www.ifop.com/publication/les-francais-et-la-crise-au-front-national (검색일: 2021.06.05.)

Igounet, Valérie, 2014, *Le Front National: De 1972 à nos jours, le parti, les hommes, les idées*, Paris: Seuil.

Ivaldi, Gilles, 2012, "Permaneces et évolutions de l'idéologie frontiste," Pascal Delwit (ed.), *Le Front national: Mutations de l'extrême droite française*, Bruxelles: Editions de l'université de Bruxelles.

Laborde, Cécile, 1999. "French Politics 1981-97: Stability and Malaise," Malcolm Cook and Grace Davie (eds.), *Modern France: Society in Transition*, New York: Routeledge.

Lapeyronnie, Didier, 2008, *Ghetto urbain: Ségrégation, violence, pauvereté en France aujoud'hui*, Paris: Robert Laffont.

Liogier, Raphaeël, 2010, "Laïcité on the edge in France: Between the Theory of Church State Separation and the Praxis of State-Church Confusion," *Macquarie Law Journal* vol.9, pp.25~45.

Levy, Jonah, 2008, "From the Dirigiste State to the Social Anaesthesia State: French Economic Policy in the Longue Durée," *Modern & Contemporary France*, vol.16, no.4, pp.417~435.

Maffeïs, Laurent, 2011, *Les cinq mensonges du Front national*, Paris: ditions Bruno Leprince.

Mayer, Nonna, 2013, "From Jean-Marie to Marine Le Pen: Electoral Change on the Far Right," *Parliamentary Affairs*, vol.66, pp.160~178.

Mudde, Cas, 2019, *The Far Right Today*, Cambridge: Polity Press.

Mudde, Cas, "Far Right Politics Has Changed. So Should We! Blog Right Now!" https://www.sv.uio.no/c-rex/english/news-and-events/right-now/2020/far-right-politics-has-changed.html (검색일: 2021.02.27.)

Muxel, Anne, 2007, "L'abstenstion: déficit démocratique ou vitalité politique?" *Pouvoir*, no.120, pp.43~55.

Perrineau, Pascal, 2014, *La France au Front*, Paris: Fayard.

Philippe, Raynaud, 2006, *L'extrême gauche plurielle*, Paris: Editions Autrement.

Piero, Ignazi, 1992, "The Silent Counterevolution, Hypotheses on the emergence of extreme right wing parties in Europe," *European Journal of Political Research*, vol.22, no.3. pp.3~34.

Rémond, René, 1982, *Les Droietes en France*, Paris: Editions Aubier.

Rémond, René, 2005, *Les Droites aujourd'hui*, Paris: Aubier-Montaigne.

Reynié, Dominique, 2013, *Les nouveaux populismes*, Paris: Pluriel.

Rosanvallon, Pierre. 1988. "Malaise dans la représentation," François Furet, Jacques Julliard, and Pierre Rosanvallon, *La Républiaue du centre: La fin de l'exception française*, Paris:

Calmann-Lévy.
Schnapper, Dominique, 1996, "Le discours du Front National," *Commentaire*, vol.75, pp.667~672.
Scields, James, 2007, *The Extreme Right in France: From Pétain to Le Pen*, New York: Routledge.
TNS Sofres, 2013, "Barométre d'image du Front national 2013," France Info, Canal+, Le Monde의 공동 설문 조사. 2013년 1월.
Vivier, Bernard, 2011, "Front national et syndicats: l'entrisme," Insitut Superieur du Travail, https://www.istravail.com/actualites-etudes/les-etudes-sociales-et-syndicales/10505-front-national-et-syndicats-l-entrisme.html (검색일: 2021.06.05.)
Wieviorka, Michel, 2014, *Le Front national entre extémisme, populisme et démocratie*, Paris: Editions de la maison des sciences de l'homme.

La Tribune, May 29, 2014.
Le Monde, February 24, 2005.
Le Monde, March 25, 2011.
Le Monde, September 21, 2012.
Le Monde, January 26, 2015.
Le Monde. July 1, 2015.
Le Parisien, June 17, 2010.
Le Point, January 8, 2015.
Le Nouvel Observateur, September 19, 2011.

3부

한국의 포퓰리즘

6장 한국 포퓰리즘의 형성과 성격

7장 빅데이터로 본 한국 포퓰리즘

8장 한국 대중의 포퓰리즘 성향: 시위 참가 및 이념별·유형별 특성

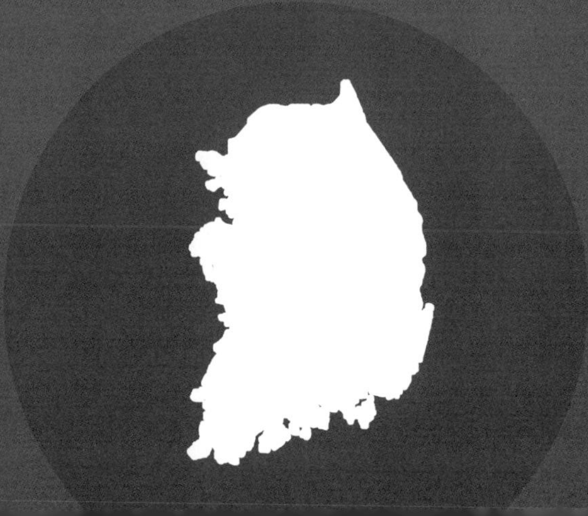

6장

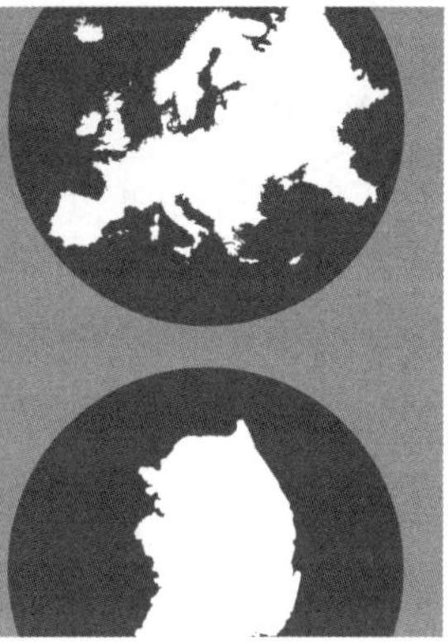

한국 포퓰리즘의 형성과 성격

| 도묘연 |

한국의 정치 과정에서 포퓰리즘은 아주 일반화된 용어이다. 포퓰리즘은 '복지 포퓰리즘', '토건 포퓰리즘', '표 표퓰리즘', '안보 표퓰리즘' 등 다양한 정책과 조응하면서 한국의 정치 과정을 표상하는 주요한 용어로 회자되고 있다. 이 경우 포퓰리즘은 대중영합주의, 즉 포퓰러리즘(popularism)과 동의어로 인식된다. 즉 정책의 합리성과 실현 가능성과 무관하게 대중으로부터 환심을 사기 위한 정책이나 공약을 남발하는 정치권의 행태를 의미하는 것이다.

한국에서 포퓰리즘은 인민 주권 회복의 프로젝트를 이끄는 새로운 정치 지도자에 의한 사회운동이나 이념으로 진화하지 못하고 있다. 물론 안철수나 이재명처럼 포퓰리스트 행태를 보이는 지도자의 등장은 목격되고 있다. 그러나 우리에게 익숙한 포퓰리즘은 인민을 받드는 척하지만, 실제로는 정당 혹은 집권층이 정치적 위기를 타개하기 위해 혹은 선거 승리를 위해 대중에 영합하여 선심성 정책을 남발하며 자신들의 이익을 추구하는 대중영합주의이다. 더불어 김대중과 노무현 정권 당시 보수 진영이 진보 진영의 정책을 폄하하기 위해서 동원되었던 포퓰리즘 정치 공세가 여전히 이념 혹은 진영과 상관없이 한국 사회를 관통하고 있다.

이 장은 포퓰러리즘(대중영합주의)으로 명명되는 한국적 포퓰리즘에 주목하되, 다음의 두 가지 현상에 대한 이해를 강조하고자 한다. 첫째, 경제적 및 정치적 위기 상황에서 정치권의 대중영합주의 행태가 등장 및 확산된다고 전제하고, 위기와 대중영합주의의 관련성을 규명한다. 즉 경제 성장률 둔화, 대통령 지지율 하락, 총선 이후의 의석수 열세 등 정치적 수세에 몰린 여당과 야당이 선심성 정책을 남발하고, 그에 따라 포플리즘 정치 공세가 확대된다는 점을 규명하는 것이다. 둘째, 정치권 및 시민사회에서 정치 공세의 수단으로 확산되어 온 포퓰리즘 정치 공세의 특성을 분석한다. 이 작업은 사회 네트워크 분석 방법(social network analysis)을 차용하여 복지, 교육, 안보 등 다양한 정책 영역에서 전개된 포퓰리즘 정치 공세를 "포퓰리즘 공방 네트워크"로 정의하고, 그 구조적 특성을 제시하는 과정을 포함한다. 그리고 본격적인 실증 분석 이전에 기존 연구의 검토를 통해 한국 포퓰리즘의 특수성을 소개하고, 포퓰리즘 연구 동향을 간략히 소개한다.[1]

한국의 포퓰러리즘, 즉 대중영합주의에 주목하는 이 장은 포퓰리즘에 대한 연구 지평의 확대에 기여할 수 있다. 2000년대 초반 일부 학자들은 대중영합주의로 포퓰리즘을 명명하고, 보수 진영이 "포퓰리즘=대중영합주의"로 진보 정권을 비판하는 현상을 비판하였다. 그 핵심은 한국의 포퓰리즘이 포퓰리즘을 설명하는 각종 특성들과 비교할 때 유사성 혹은 상관성이

---

1 이 장은 다음 두 논문을 발췌 및 재구성한 것이다. 도묘연, 2020, "한국 포퓰리즘의 변화 추이와 영향 요인: 경제적 및 정치적 위기의 관점," 『평화연구』 제28권 1호(고려대학교 평화와민주주의연구소), 241~285쪽; 도묘연·진희원, 2020, "한국 포퓰리즘 공방 네트워크의 구조적 특성," 『한국정치연구』 제29집 2호(서울대학교 한국정치연구소), 117~151쪽. 이 논문의 인용은 따로 표기하지 않는다.

없다는 것이었다.[2] 그러나 정치권에서 대중의 환심을 사기 위한 선심성 정책의 남발과 포퓰리즘 정치 공세가 여전히 한국의 정치 과정을 지배하고 있다면, 남아메리카나 서유럽의 포퓰리즘 특성에 정확히 부합하지는 않더라도 한국적 포퓰리즘 현상의 한 측면으로 받아들일 수 있으며, 그 특성을 규명하려는 연구도 병행되어야 한다. 따라서 이 장은 대중영합주의 등장과 확산에 대해 합의할 수 있는 현상적 및 실증적 단초 제공함으로써 현재하는 한국 포퓰리즘 정치의 한계를 제시한다는 의미가 있다.

1. 포퓰리즘과 한국의 포퓰러리즘

포퓰리즘으로 불리는 현상을 정의하고 개념화하는 것은 매우 어려운 일이다.[3] 포퓰리즘을 '신데렐라의 신발'에 비유한 메니와 슈렐(Mény and Sure)[4]의 주장은 포퓰리즘이라는 모습에 딱 맞는 보편적 개념화가 어렵다는 것을 단적으로 보여준다. 대신 학자들은 고정된 실체가 있는 개념으로 포퓰리즘을 정의하기보다는 포퓰리즘이라고 불리는 현상에서 공통적으로 나타나는 특성을 파악한 후, 이 특성을 조합하는 방식으로 포퓰리즘을 개념화하거나 유형화하고 있다.

포퓰리즘에 대한 개념화의 혼란에도 불구하고, 대부분의 학자들이 포퓰리즘의 보편적 특징으로 인정하는 몇몇 요소가 존재한다. 그것은 바로 인민과 엘리트의 적대적인 관계의 설정과 인민 주권 회복의 명시적 언급이다.

---

2 서병훈, 2006, "'포퓰리즘 구하기': 개념 규정을 위한 시도," 『철학연구』 72집(고려대학교 철학연구소), 203~222쪽; 이성형, 2004, "민중주의. 인기영합주의로의 해석은 국적불명의 편의적 용법," 『신동아』(2004년 신년호 특별 부록), 50~55쪽.

3 Taggart, Paul, 2000, *Populism* (Philadelphia: Open University Press).

4 Mény, Yves and Yves Surel, 2002, "The Constitutive Ambiguity of Populism," Yves Mény and Yves Surel (eds.), *Democracies and the Populist Challenge* (New York: Palgrave), p.3.

동시에 인민은 순수한 인민으로 엘리트는 부패한 적으로 표상된다.[5]

이러한 맥락에서 포퓰리즘은 사회를 궁극적으로 각기 동질적이고 서로 적대적인 두 집단, 즉 '순수한 인민'과 '부패한 엘리트'로 분리된 것으로 간주하며, 인민의 일반 의지를 표현하는 이데올로기로 정의할 수 있다.[6] 단 포퓰리즘은 제도화된 대의 민주주의에 적대적이고 직접 민주주의를 추구하지만, 인민 중심의 세상을 구현하는 과정에서 카리스마적 지도자에 의존하는 이중적인 특성을 가진다.[7]

포퓰리즘은 대의 민주주의에 긍정적 혹은 부정적 영향을 미치고 있다. 고전적 포퓰리즘으로 불리는 1870년대 러시아의 브나로드(V narod; 인민 속으로) 운동과 1890년대 미국의 인민당(People's Party) 운동은 인민의 열망을 표출한 아래로부터의 개혁 운동이었다. 러시아 경우는 차르 체제와 자본주의 경제 구조를 혁파하려는 혁명적 지식인인 인텔리겐챠(intelligentia)가 농민들의 생활양식을 찬양하면서 농촌 사회의 전통적 공동체인 미르(mir: 농민 가장들의 협의체)를 근간으로 새로운 사회를 건설하려는 운동이었다. 미국의 인민당 중심의 포퓰리즘은 기업가, 은행가, 대지주의 지배에 맞서 소농 지주와 숙련 노동자 등이 평등한 대우를 요구하며 출범한 운동이었다.[8] 당시 미국의 포퓰리즘은 운동을 이끄는 강력한 카리스마적인 지도자가 없었으며, 농민들은 스스로를 포퓰리스트라고 부르길 주저하지 않았다.[9] 이러한 고전적

---

5 Stanley, B., 2008, "The Thin Ideology of Populism," *Journal of Political Ideologies*, vol.13, no.1. p.102

6 Mudde, Cas, 2004, "The Populist Zeitgeist," *Government and Opposition*, vol.39, no.4. p.543.

7 Taggart, Paul, 2004, "Populism and Representative Politics in Contemporary Europe," *Journal of Political Ideologies*, vol.9. no.3, p.273.

8 한국정치학회, 2011, 『한국 정치에서 포퓰리즘에 관한 진단과 대책』(서울: 특임장관실), 21~22쪽.

9 백영민, 2016, "커뮤니케이션 관점으로 본 포퓰리즘의 등장과 대의 민주주의 위기," 제12권 4호(한국언론학회), 13쪽.

포퓰리즘은 지배집단 혹은 엘리트 계층과 대립되는 보통 인민에게 최고의 가치를 부du하는 인민 혹은 대중 중심의 사회운동으로 등장한 것이다. 따라서 고전적 포퓰리즘은 대의 민주주의에서 소외된 인민의 정치 참여를 독려하는 참여 민주주의 실현의 긍정적 기능을 가졌다고 할 수 있다.

반면, 현실에서 목격되는 포퓰리즘은 대의 민주주의의 병리적인 현상이라는 부정적 의미로 받아들여지고 있다. 이러한 인식은 포퓰리즘을 인민주의 지향의 이념과 운동보다는 정치적 양식(political style)으로 바라보는 연구자들에게서 발견된다. 이들은 인민과 엘리트라는 핵심 속성을 따르나, 포퓰리스트가 추구하는 정치적 양식에 초점을 맞추어 포퓰리즘을 정의한다. 이 경우 포퓰리스트의 정치적 양식은 정치가들의 회피적 수사와 관료주의적인 전문 용어에 대한 보통 사람들의 불신, 그에 반해 자신들의 간단 명료성(simplicity)과 직접성(directness)을 '민주주의'적인 것으로 호소하는 것으로 나타난다.[10]

또한 포퓰리스트들은 '우리'와 '그들', 즉 정부와 경제관료, 국회의원, 기존 정당, 기업 대표와 같은 엘리트를 구분하고, '우리'와 '외부자', 즉 이민자를 구분하여 '우리'만이 침묵하는 다수의 뜻을 대리한다는 명분으로 선동적이고 폭력적인 정치를 미화하기도 한다.[11] 국내에서 포퓰리즘 개념화를 시도한 연구들도 포퓰리즘의 기본명제로 '인민 주권 회복론'과 함께 '선동 정치인에 의한 감성 자극적 단순 정치'를 제시하고 있다.[12] 이러한 정치적 양식으로서의 포퓰리즘은 대의 민주주의에 반할 뿐만 아니라, 포퓰리즘이 지향

---

10 Canovan, Margaret, 1999, "Trust the People! Populism and the Two Faces of Democracy," *Political Studies*, vol.47, p.5, pp.2~16.

11 Reinfeldt, Sebastian, 2013, *Wir für Euch: Die Wirksamkeit des Rechtspopulismus in Zeilen der Krise* (Münster: Unrast), p.50.

12 서병훈(2006).

하는 직접 민주주의의 이상을 왜곡하고 우상화로 이어진다.[13] 그 결과 포퓰리즘은 대의 민주주의에서 소외된 인민 주권의 회복이라는 긍정적 가치가 희석된 채 카리스마적 지도자가 체제 개혁을 약속하며 대중의 감성을 자극하여 선동을 펼치는 정치라는 부정적인 비판을 받게 된다.

한국에서 통용되는 포퓰리즘은 인민 주권의 회복을 강조하는 이념 혹은 운동보다는 대의제 내의 엘리트들이 주도하는 부정적인 정치적 양식에 가깝다. 한국의 포퓰리즘은 인민주의 혹은 대중주의라는 역사적 혹은 보편적 가치를 망각한 채, 현실적으로 실현 가능성이 없거나 혹은 가능성이 빈곤함에도 불구하고 직접적으로 대중에 호소하여 자신의 정치적 이익을 성취하고자 하는 세력 혹은 그 리더십을 비판할 때 동원되는 정치 행태로 인식되고 있다.[14] 다시 말해 정책 실현의 현실성, 옳고 그름, 가치판단 등의 본래 목적을 외면하고, 일반 대중의 불만과 고통 및 인기에 영합하여 목적을 달성하려는 엘리트의 정치 행태가 포퓰리즘으로 유통되는 것이다.[15]

따라서 한국의 포퓰리즘은 정치인이나 정당이 대중의 인기에 영합하여 실현 불가능한 공약이나 선심성 정책을 남발하고, 이를 상호 비방하는 정치 행태로 정의할 수 있다. 이러한 현상은 애초부터 인민주의나 대중주의를 의미하는 포퓰리즘이 아니라 포퓰러리즘으로 지칭되었어야 했다.[16] 그러나 한

---

13 김현준·서정민, 2017, "포퓰리즘 정치 개념 고찰: 문화적 접근의 관점에서," 『한국정치학회보』 제51집 4호(한국정치학회), 61쪽.

14 이광일, 2017, "신자유주의 시대 한국의 포퓰리즘: 김대중, 노무현 정권에 대한 논의를 중심으로," 진태원 편, 『포퓰리즘과 민주주의』(서울: 소명출판), 266쪽.

15 채진원, 2019, "포퓰리즘의 이해와 이재명 현상에 대한 시론적 논의," 『사회과학연구』 제50집 1호(서강대학교 사회과학연구소). 53~76쪽; 조기숙, 2016. 『포퓰리즘의 정치학』(파주: 인간사랑), 55쪽.

16 홍윤기, 2006, "한국 '포퓰리즘' 담론의 철학적 검토: 현실능력 있는 포퓰리즘의 작동편제와 작동문법 탐색," 『시민사회와 NGO』 제4권 1호(한양대학교 제3섹터연구소), 14쪽; 정병기, 2012, "서유럽 포퓰리즘의 성격과 특징: 프랑스, 이탈리아, 오스트리아, 벨기에, 노르웨이의 네오포퓰리즘 정당을 중심으로," 『대한정치학회보』 제20집 2호(대한정치학회), 139쪽.

국 정치권의 대중영합주의 행태 역시 포퓰리즘의 인민 주권 회복이라는 본질적 속성은 아니더라도 포퓰리즘의 개별적 속성으로서 부정적 성격의 한 측면으로 볼 수 있다.

한국에서 포퓰리즘이 대중영합주의로 각인된 배경에는 언론의 역할을 무시할 수 없다. 실제로 포퓰리즘이라는 외래어를 정치적 의미로 본격적으로 사용한 것은 보수 신문이었다. 당시 보수 언론과 지식인들은 김대중 정권의 사회·경제적 불평등 완화를 위한 개혁 정치와 노무현 정권의 인터넷을 통한 시민참여 확산 정책을 포퓰리즘이라는 담론을 통해 비판하였다. 이 경우 보수 언론은 포퓰리즘을 대중영합주의로 병기하여 두 정권의 개혁 정책을 1940년대 남아메리카 페론(Juan Perón) 정부가 추진했던 포퓰리즘의 부정적 경험과 동일화시켰다. 그 결과 포퓰리즘은 일반 대중의 인기에 영합하고, 일반 대중을 정치적으로 앞세워 권력을 유지하는 정치 행태의 표본으로 상징화된 것이다.[17]

이러한 대중영합주의는 포퓰리즘의 보편적 개념과 일정한 차이가 있다. 첫째, 대중영합주의는 인민에 호소하지만, 실제로 인민을 받드는 정치원리는 아니다. 1990년대 후반부터 대중영합주의와 포퓰리즘이 언론에서 병기되어 사용되기 시작할 때, 일부 연구자들은 잘못된 용어 사용에 대한 문제를 지적해 왔다. 즉 한국의 대중영합주의는 포퓰리즘에 함의된 역사적 가치를 도외시하여 포퓰리즘과 인민주의 및 민중주의와의 정당한 결합을 차단시키고, 인민(people)에 관한 담론을 모두 부정적인 포퓰리즘으로 매도한다는 것이다. 우리의 포퓰리즘이 인민주의를 망각하고 대중의 인기를 최우선으로 놓고 벌어지는 각종 정치 행태를 가리키는 용어라면, 포퓰러리즘이라

---

17 강정인, 2008, "개혁적 민주정부 출범 이후(1998~) 한국의 보수주의: 보수주의의 자기쇄신?" 『사회과학연구』 제16권 2호(서강대학교 사회과학연구소), 25쪽.

는 용어를 사용하는 것이 더 적절하다.[18] 또한 정책의 단기 처방적 효과에만 집중하는 단기 업적주의, 즉 쇼터미즘(shortemism)이라고 부르는 것[19]이 더 바람직할 것이다. 따라서 한국에서 포퓰리즘은 인민 주권 회복이라는 본질적 가치가 결여된 채 유통되고 있다.

둘째, 정치 엘리트들의 포퓰러리즘 행태는 자신들의 권력을 확대하는 정치적 동원의 전략으로 기능하고 있다. 부패한 기존 엘리트에 저항하여 인민 주권 회복의 프로젝트를 지향한 포퓰리스트는 주로 대의제 밖 카리스마적 지도자에 의존하는 경향을 가지며, 이때 포퓰리스트는 인민의 지지를 획득하기 위해 체제 개혁을 약속하며 감성을 자극하는 전술을 펼친다. 반면 우리의 경우는 대의제 내의 정당과 엘리트들이 자신들의 지지 기반을 확대하는 수단으로 포퓰러리즘 행태가 나타난다. 소위 언론에서 만들어낸 표포퓰리즘이라는 신조어가 함의하듯이, 정당과 정치인들이 선거의 승리를 위해 실현 불가능한 공약을 내걸어 대중으로부터 환심과 표를 얻고자 하는 선심성 공약이나 정책을 지칭하는 명칭으로 굳어져 가고 있다.[20]

물론 이러한 포퓰리스트적 전략은 민주주의 국가에서 보편적으로 존재하는 현상으로 볼 수 있으며, 정당 정치의 위기 및 정치의 이미지화로 상징되는 포스트민주주의 시대의 일반적인 흐름으로 이해할 수도 있다.[21] 그러나 정치인들이 경제적 및 사회적 위기와 그로부터 발생하는 대중들의 불안에 대해 근본적인 원인을 파헤쳐 치유책을 모색하지 않고, 실현 가능성 및 합리성과 무관하게 단순히 대중의 인기와 지지를 얻기 위한 수단으로 포퓰

18 홍윤기(2006), 16~17쪽.

19 이원태, 2006, “인터넷 포퓰리즘과 한국 민주주의,” 『시민사회와 NGO』 제4권 1호, 94쪽.

20 진태원, 2017, “포퓰리즘, 민주주의, 민중,” 진태원 편, 『포퓰리즘과 민주주의』(서울: 소명출판), 20쪽.

21 이광일(2017), 288쪽.

리즘을 활용한다면, 우리의 포퓰리즘은 민주주의 퇴행을 유발하는 부정적인 결과를 초래할 수밖에 없다.

2. 포퓰리즘 연구 동향

2000년대 초반 진보 진영에 대한 보수 진영의 포퓰리즘 공세가 가속화될 무렵, 한국 사회에서는 포퓰리즘 가능론과 불가론에 대한 일부 논쟁이 있었다. 불가론에서는 언론에서 포퓰리즘을 페론주의와 등치시켜 대중영합주의로 결합시키는 현상을 비판하였고, 보수 진영이 대중영합주의로 진보 정권을 비판하는 현상을 포퓰리즘으로 볼 수 없다고 지적하였다. 남아메리카의 포퓰리즘을 연구한 이성형은 한국 사회의 포퓰리즘 담론은 현존하는 포퓰리즘이 갖는 각종 특성들과 그 어떤 유사성이나 상관성도 보이지 않는다고 주장하였다. 그는 남아메리카의 포퓰리즘처럼 카리스마적 정치 지도자가 출현하기에는 한국에서 대의제 민주주의와 시민사회의 성숙이 급속도로 이루어졌고, 노동조직과 중하층계급을 정치적 지지기반으로 삼기에는 사회분화가 너무 고도화되어 있다고 지적하였다. 이러한 상황에서 포퓰리즘이란 용어를 쓰는 것은 보수 엘리트들의 인식 부조화를 보여주는 것일 뿐이라고 주장하였다.[22] 정상호도 포퓰리즘은 근본적으로 국가의 정점에 있는 대통령의 권한을 획기적으로 강화시키지만, 포퓰리즘이 적용되기에는 한국의 시민사회가 너무 성장했고 포퓰리스트를 시도하기에는 대통령의 힘이 너무나 미약하다고 주장하였다.[23]

반면, 가능론에서는 김대중 정권과 노무현 정권의 정치 전략을 포퓰리

---

22 이성형(2004).

23 정상호, 2003, "노무현 정권, '반개혁' 공세에 어떻게 대응할 것인가," 강준만 외 편. 『인물과 사상 26』 (서울: 개마고원).

즘으로 규정하였다. 김일영은 김대중 정권에 대한 포퓰리즘적 비판은 개념을 오남용한 측면도 있지만, 부분적으로는 포퓰리즘적 정치 전술을 사용한 것으로 평가한다. 노무현 정권에 대해서는 대의제도를 우회하여 대중과 무매개적 관계를 맺는 수단으로 사이버 공간을 적극 활용하고, 노무현 정권과 코드가 맞는 네티즌들을 사이버 홍위병으로 동원하여 인류 역사상 처음으로 디지털 포퓰리즘의 가능성을 보여주었다고 주장했다. 특히 그는 네티즌들이 보여주는 분노의 정치 혹은 배설의 정치가 포퓰리즘의 공격성과 파괴성을 그대로 보여주었다고 판단하였다.[24]

당시 포퓰리즘 불가론은 보수 세력이 노무현 정권에 대한 정치 공세 수단으로 포퓰리즘을 오남용한 것에 대한 대응적 성격이 강했다고 볼 수 있다. 즉 본래 포퓰리즘이라는 개념이 대중영합주의와는 차이가 있는 개념임에도, 보수 언론이 남아메리카의 경제적 실정을 상기시키면서 김대중과 노무현 정권의 개혁적 정책을 무력화시키는 수단으로 포퓰리즘을 사용했다는 사실에 대한 반작용으로 불가론이 등장한 것이었다.

주목할 것은 한국 정치 과정에서 포퓰리즘이라는 용어가 부정할 수 없는 현실이라는 점이다. 우리의 정치 과정을 포퓰리즘 관점에서 진단 및 예측하는 연구들이 발표되고 있다는 것은 포퓰리즘의 보편적 특성에 정확히 부합하지는 않지만, 서유럽과 남아메리카와는 다른 형태로 포퓰리즘이 현존한다는 것을 보여준다. 대중영합주의로 명명된 포퓰리즘이 정치권의 대중동원을 위한 수단으로 이용되는 동시에 보수와 진보를 넘어 정치 공세 수단으로 활용된다면, 이러한 현상을 한국적 포퓰리즘 연구의 한 주제로 수용할 필요가 있다.

---

24 김일영, 2004, "참여 민주주의인가 신자유주의적 포퓰리즘인가: 김대중 및 노무현 정권과 포퓰리즘 논란," 『의정연구』 제10권 1호(한국의회발전연구회), 115~144쪽.

과거 정치평론을 중심으로 진행되었던 한국의 포퓰리즘 연구는 서구의 경향과 궤를 같이하면서 진화하고 있다. 서구의 포퓰리즘 연구는 정치이론 및 사상 차원에서 민주주의의 변형으로 포퓰리즘을 개념화하고, 포퓰리즘을 지향하는 정당과 정치인이 등장하고 퇴장하는 거시적 정치구조의 변화를 분석 및 설명하는 경향성을 가진다.[25] 최근에는 서유럽에서 포퓰리즘 정당이 득세하면서 미시적인 차원에서 포퓰리즘에 열광하는 대중들의 특성을 분석하는 실증적인 연구들이 축적되고 있다.[26] 한국의 경우도 이론적 및 철학적 차원에서 포퓰리즘의 개념화를 시도하거나,[27] 남아메리카와 서유럽에서 발흥한 포퓰리즘의 특성과 구조적 배경을 설명하는 연구[28]들이 축적되었다. 그리고 최근에는 포퓰리즘에 대한 관심이 고조되면서 대중의 포퓰리즘 성향을 실증적으로 분석하는 연구[29]로 확장되었다.

특히 조기숙[30]과 채진원[31] 및 하상응[32]의 연구는 한국에서 포퓰리스트

---

25 하상응, 2018, "한국 유권자의 포퓰리즘 성향이 정치 행태에 미치는 영향." 『의정연구』 제24권 1호(한국의회발전연구회), 137쪽.

26 Spruyt, Bram et al., 2016, "Who Supports Populism and What Attracts People to It?" *Political Research Quarterly*, vol.69, no.2, pp.335~346.

27 홍윤기(2006); 주정립, 2006a, "포퓰리즘에 대한 이론적 검토," 『시민사회와 NGO』 제4권 1호(한양대학교 제3섹터연구소), 43~79쪽; 김현준·서정민(2017); 설한, 2019, "이데올로기로서의 포퓰리즘'에 대한 비판적 고찰," 『한국정치연구』 제28권 3호(서울대학교 한국정치연구소), 57~83쪽; 정병기, 2020, "포퓰리즘의 개념과 유형 및 역사적 변화: 고전 포퓰리즘에서 포스트포퓰리즘까지," 『한국정치학회보』제54집 1호(한국정치학회), 91~110쪽.

28 정병기(2012); 유정환, 2008, "서유럽의 포퓰리즘 정당과 유럽 통합," 『유럽연구』 제26권 1호(한국유럽학회), 1~22쪽; 박설아·류석진, 2018, "신생 소수정당의 성장과 포퓰리즘: 독일 대안당(AfD: Alternative für Deutschland)과 우파 포퓰리즘을 중심으로," 『한국정치연구』 제27집 1호(서울대학교 한국정치연구소), 493~520쪽.

29 하상응(2018); 이승원 외, 2018, "청와대 국민청원 참여요인 분석: 포퓰리즘인가, 정치효능감인가," 『OUGHTOPIA』 제33권 3호(경희대학교 인류사회재건연구원), 111~141쪽.

30 조기숙(2016).

31 채진원(2019).

32 하상응(2018).

혹은 포퓰리즘 정당의 등장과 발전 가능성을 제시했다는 점에서 의미를 가진다. 조기숙은 변혁적 리더와 포퓰리스트 감별법, 즉 동질적인 국민 의지와 존재의 가정, 기득권과 제도에 대한 불신과 정치의 사인화, 소명의식과 권력의지에 대한 양면적 태도를 기준으로 안철수의 수사학에 보이는 포퓰리스트 특징을 규명하였다. 채진원 역시 포퓰리스트의 정치적 행태, 즉 적과 우리를 나누는 이분법으로서 법 위의 사회주의 성향 급진 정책의 추구, 대의 정치와 정당보다는 국민 직접 정치와 SNS를 매개로 한 인민 호소 추구, 숙의와 토론보다는 선동을 통한 단순화 등을 근거로 하여 이재명을 좌파 포퓰리스트로 분류하였다. 또한 하상응은 포퓰리즘 성향을 가진 유권자들의 높은 정치 참여 의사와 기존 정치에 대한 강한 불신 및 소수정당에 대한 높은 지지 성향을 경험적으로 규명하여, 한국에서도 포퓰리즘 정당이 득세할 가능성이 있다고 주장하였다.

3. 포퓰리즘의 등장과 확산: 김대중-문재인 정권

대다수 학자들은 포퓰리즘의 등장 조건으로 정치적 및 경제적 위기를 제시한다. 즉 위기에 대한 반작용으로 포퓰리즘이 등장했다는 것이다.[33] 위기는 기술적이거나 경제적으로 급격한 변화가 발생하면서 기존에 존재하던 경제적 수행에 대한 요구, 사회적 자원배분 방식, 정치적·문화적·규범적 의식 형태들의 균형이 깨어지고, 이러한 급격한 변화에 적응하지 못하는 광범위한 대중들이 불안과 불만의 심리에 빠져 정치적·규범적 지향점을 상실하

33 Taggart, Paul, 2002, "Populism and the Pathology of Representative Politics," Yves Mény and Yves Surel (eds.), *Democracies and the Populist Challenge* (New York: Palgrave), p.69.

는 상황이라고 할 수 있다.[34] 따라서 위기는 객관적인 현실인 동시에 그러한 현실에 대해 개인이나 집단들이 주관적으로 불만이나 불안을 지각하는 상황을 의미한다.

역사적으로 인민당을 중심으로 전개된 미국의 포퓰리즘 운동은 산업화와 자본주의 발전이 초래한 경제적·사회적 위기를 타파하기 위한 농민들의 본능적 대응이었다.[35] 남아메리카와 서유럽의 포퓰리스트와 정당 역시 신자유주의 세계화 정책이 가져온 경제적 위기를 기성 엘리트가 적절히 대응하지 못하면서 득세하였다. 특히 포퓰리스트 지도자들은 위기에 따른 대중의 불안과 불만을 정치적 자산으로 활용하면서 권력을 쟁취할 수 있었다.

포퓰리즘 운동이나 포퓰리스트의 등장이 대의 민주주의 위기와 경제적 위기 상황에서 발생한다면, 한국 정치권의 포퓰리즘 행태 역시 위기의 맥락에서 고찰할 수 있다. 즉 정치권에서 실행 가능성과 무관하게 대중의 환심을 사기 위한 정책이나 공약을 남발하고, 여당과 야당이 상호 포퓰리즘으로 비방하는 정치 행태를 작동시키는 특정한 위기가 존재한다는 것이다. 이 경우 서구 포퓰리스트의 행태와 한국 엘리트들의 대중영합적 포퓰리즘 행태를 발생시키는 위기에는 일정한 차이가 있다.

서구의 포퓰리스트들은 대의제 내의 기존 엘리트들이 만들어 놓은 경제적 및 정치적 위기에서 파생된 대중의 불만을 타개하기 위해 감성 선동적인 전략과 양식을 동원한다. 반면, 우리의 경우는 대의제 내의 정당과 엘리트 스스로가 직면한 위기를 극복하기 위해 대중영합적 포퓰리즘 행태를 동원하는 경향이 강하게 나타난다. 즉 경제적 위기에 따른 대중의 불만을 치유하는 동시에 정치적으로 수세에 몰리는 특정한 정치적 국면에서 포퓰리

34 주정립, 2006b, "포퓰리즘과 위기," 『대한정치학회보』 제14집 1호(대한정치학회), 360쪽.

35 주정립(2006b), 362쪽.

즘 행태가 강화될 수 있다는 것이다.

이러한 한국 포퓰리즘 행태의 등장과 확산은 신자유주의 경제정책의 위기와 정치적 위기의 관점에서 설명할 수 있다. 우리의 포퓰리즘 행태는 신자유주의 경제정책을 추구한 대통령과 집권당이 그 정책의 피해자인 대중들의 지지 획득에 실패하여 서민의 수호자를 자처하는 재분배 정책을 추구하면서 등장하였다. 특히 신자유주의 경제위기와 결합된 포퓰리즘은 특정한 정치적 위기, 즉 선거가 다가오는 경우 혹은 정권 자체가 원내에서 소수파인 경우처럼,[36] 여당과 집권당이 정치적 수세에 몰린 경우에 더욱 강화될수 있다. 이러한 경향은 김대중 정권부터 현 정권에 이르기까지 일정 부문에서 확인된다.

한국에서 신자유주의 위기와 포퓰리즘 행태의 결합은 진보 정권이면서도 신자유주의 경제정책을 추진해야 했던 김대중과 노무현 정권에서 시작되었다. IMF로부터 구제 금융을 받아야 하는 심각한 경제위기에서 집권한 김대중 정권은 대중들로부터 시장 주도의 경제개혁에 대한 일정한 동의를 구하면서 민주주의와 시장경제의 병행 발전론을 내세워 시장주의로 전환하는 개혁을 감행하였다. 그러나 1999년 경제 회복이 가시화되는 시점에서 시장 개혁적 구조조정하에서 희생당했던 노동 부문의 불안과 불만의 목소리를 치유하기 위해 서 '생산적 복지' 개념에 기초한 재분배 정책을 제시하였고, 이것은 야당으로부터 대중들의 불만을 잠재우는 포퓰리즘 정책이라는 비판을 받게 된다. 특히 재분배 정책은 여소야대의 정국이라는 여당의 수세적 상황에서 2000년 총선을 겨냥한 선심성 복지 정책의 성격을 가졌다.[37]

노무현 정권의 경우는 '참여 복지'라는 구호 속에서 집권 초기에는 전면

36 김일영(2004), 124쪽.

37 김일영(2004), 130~132쪽.

적인 신자유주의 경제정책을 제시하지는 않았다. 그러나 2003년 중반 이후 정책 기조는 정권 초기의 분배와 안정에서 성장과 개발로 서서히 바뀌었고, 노동시장 유연화, 기업 구조조정, 자본시장 개방, 벤처산업 육성 등과 같은 정책을 수용하게 된다.[38] 신자유주의 편승 속에서 GNI 증가 등 거시 경제지표들은 회복되었으나, 당시 청년 실업자 증가, 생계형 자살자 속출, 카드 사용에 기인하는 신용 대란으로 인한 가계 부채율 증가 등 국민들이 체감하는 경제적 위기의식은 더욱 팽배한 상황이었다.[39] 노무현 정권은 집권 초반에는 김대중 정권처럼 여소야대의 정국에서 출발했으나, 탄핵 이후 치러진 2004년 총선에서 과반 의석을 차지했기 때문에 대중영합적 전술의 유혹이 상대적으로 약한 정치적 상황을 맞이하였다. 그럼에도 경제적 위기 속에서 2006년 초반부터 성장과 분배의 동시 추구 및 양극화 해소의 정책 기조 속에서 각종 분배정책을 실시하여 대중의 불만을 치유하기 위한 해결책을 제시하기 시작하였고, 이들 정책은 야당과 시민사회로부터 2006년 6월 지방선거를 의식한 포퓰리즘 정책이라는 비판을 받게 된다.[40]

이처럼 진보 정권에서 신자유주의 경제정책의 위기와 정치적 수세를 만회하기 위한 수단으로 등장한 분배 중심의 포퓰리즘 정책은 보수 정권인 이명박과 박근혜 정권에서도 지속되었다. 이명박 정권은 2008년 4월 총선에서 과반수 이상의 안정된 의석을 가지고 있었기 때문에 정치적 수세를 만회하기 위한 전략으로 포퓰리즘 전술을 사용할 동기가 적었다고 할 수 있다.

---

38 조명래, 2004, "참여정부의 얇은 진보주의와 포퓰리즘적 신개발주의," 『환경과 생명』 제39호, 70~87쪽.

39 이상배·김은령, 2006, "빚이 사람 잡네 신용 대란후 자살 급증," 『머니투데이』 09.18, https://news.mt.co.kr/mtview.php?no=2006091817232263820&type=1 (검색일: 2020.01.15.)

40 문화체육관광부 대한민국 정부 브리핑, 2006, ""양극화 선거용" 공세는 '정치 언론'의 왜곡," 03.29,
http://www.korea.kr/special/policyFocusView.do?newsId=135087744&pkgId=40000011&pkgSubI=&pageIndex=1 (검색일: 2020.02.01.)

그러나 출범 초기 미국발 금융위기의 결과로 거시 경제지표는 노무현 정권 때보다 더욱 침체되어 있었다.[41] 더욱이 2008년 봄부터 이어진 미국산 소고기 수입 반대 촛불집회는 대중들의 불만을 잠재우는 수단으로 강력한 재분배 정책의 동기를 만들어냈다고 할 수 있다. 이러한 상황에서 이명박 정권은 공공부문 개혁을 핵심으로 하는 민간주도 경제성장 정책(공기업 민영화와 출자총액제한제도 철폐 등)의 신자유주의적 경제정책을 추진하면서도, 2009년 8·15 경축사를 통해 영세상인의 배려 등과 같은 '친서민 정책'을 공식적으로 발표하여 지지율 반등을 이루기도 하였다.[42] 그러나 친서민 정책은 야당으로부터 2010년 6월 지방선거를 의식한 선거용 슬로건이라는 비판에 직면하게 된다.[43]

박근혜 정권은 '줄푸세'("세금과 정부 규모를 '줄'이고, 불필요한 규제를 '풀'고, 법질서를 '세'우자")로 대변되는 신자유주의 공약을 전면으로 내세우면서도, 신자유주의와 결합하기 어려운 재벌 개혁과 같은 경제 민주화 정책과 한국형 복지국가 건설(기초노령연금 20만 원 지급, 무상보육, 반값 등록금 등)을 핵심 공약으로 설정하여 대선에서 승리하였다. 그러나 박근혜 대통령의 공약은 정치공학적으로 포퓰리즘이라는 비판을 받게 되고, 실제로 취임 이후 경제 민주화와 사회복지 및 분배 개선의 목표는 점차 희미해지게 된다.[44] 분배 위주의 포퓰리즘 정책의 후퇴는 박근혜 정권의 안정적인 정치적 기반과 무관하지

---

41 2006년, 2007년, 2008년, 2009년 경제성장률은 각각 5.2%, 5.1%, 2.3%, 0.2%였고, 물가상승률은 2.2%, 2.5% 4.7%, 2.8%였다. e-나라지표 (http://www.index.go.kr).

42 고기정·유원석, 2009, "친서민-경제성과로 지지율 U자 반등," 『동아일보』 12.19, http://www.donga.com/news/article/all/20091219/24924945/1 (검색일: 2020.01.15.)

43 김인영, 2010, "친서민 정책을 통해서 본 이명박 정부의 본질," 『자유와 시장』 제2권 1호(한국하이에크소사이어티), 154쪽.

44 서울사회경제연구소, 2014, 『박근혜 정부의 경제 사회 정책: 경제 민주화와 복지의 실종』 (파주:한울아카데미).

않다고 할 수 있다. 대통령 선거 전에 치러진 2012년 4월 총선에서 새누리당은 과반수 이상 의석을 확보하고 있었고, 2014년 6월 지방선거에서도 새누리당은 승리하였다. 그러나 2016년 4월 총선에서 여소야대의 정국이 형성된 이후에는 대통령과 여당이 포퓰리즘이라고 비판했던 야당의 청년수당 정책을 수용하여 정부판 청년수당으로 불리는 '청년내일채움공제'(만 15세 이상 34세 이하 청년에게 장기근속과 목돈 마련의 기회를 제공하고 기업에게 우수 인재를 확보하게 하려는 사업)를 도입하기도 하였다.[45]

이러한 맥락에서 볼 때, 문재인 정권에서 포퓰리즘으로 비판받는 소득주도 성장론과 공정 성장론은 보수 정권이 만들어낸 신자유주의 경제정책의 폐해를 치유하고 대중의 지지를 확보하기 위한 전략에서 추진된 정책이라고 볼 수 있다. 물론 촛불집회의 후광 효과에 따른 대중들의 강력한 지지와 안정적인 대통령 지지율, 그리고 2017년 대선과 2018년 지방선거의 대승을 고려한다면, 문재인 정권과 집권당이 정치적 수세를 만회하기 위한 전략으로 포퓰리즘 정책을 추진할 동기는 분명 적다고 할 수 있다. 그러나 정권 중반기 들어 정권 초기에 주창했던 정책, 즉 최저임금 인상, 근로시간 단축, 사회복지 확대 등의 정책이 후퇴하고 있다는 비판[46] 에 따르면, 문재인 정권의 분배정책 역시 선거를 의식한 포퓰리즘 정책의 한 측면으로 볼 수 있다.

이상의 논의는 신자유주의 경제정책의 위기와 그에 대응한 분배정책을 중심으로 집권당과 대통령이 정치적 위기를 극복하는 수단으로 포퓰리즘 행태가 확산되었다는 점을 보여준다. 즉 신자유주의가 제시하는 체제의 약속과 국민들의 현실 사이에 나타난 괴리 속에서 대중들의 불만을 치유하는

---

45 김경락·정은주, 2016, "'돈 직접지원' 전환…정부판 청년수당," 『한겨레』 04 27, https://www.hani.co.kr/arti/economy/economy_general/741532.html (검색일: 2020.01.21.)

46 장석준, 2019, "오늘의 대한민국에서 포퓰리즘에 주목해야 하는 이유," 『시민과 세계』 통권 제34호(참여연대 참여사회연구소), 1~36쪽; 조영철, 2018, "문재인 정부 경제정책 평가," 『경제와 사회』 통권120호(비판사회학회), 134~157쪽.

동시에 여소야대나 선거 국면에서 정치적 수세를 만회하는 전략으로 포퓰리즘 행태가 등장 및 확산되었다는 것이다. 그러나 보수 정권하에서는 집권당뿐만 아니라 야당 역시 분배정책을 둘러싼 포퓰리즘 정책을 지속적으로 제시하였다. 대표적으로 이명박 정권 당시 2010년 6월 지방선거 국면에서 진보 정당이 내놓은 무상급식 정책과 박근혜 정권에서 박원순 서울시장과 이재명 성남시장이 추진했던 다양한 청년지원 정책을 들 수 있다. 이들 정책은 대통령과 야당으로부터 포퓰리즘이라는 대대적인 공세를 받게 된다.[47]

이러한 야당의 선택 역시 정치적 수세를 만회하고 대중들의 지지를 획득하는 포퓰리즘 행태의 한 측면으로 해석할 수 있다.

4. 포퓰리즘 정치 공세의 전개와 확산: 김대중-박근혜 정권

대중영합주의로 명명된 한국의 부정적 포퓰리즘은 애초에 정치 공세를 위한 수단으로 등장했다. 김대중 정권에서 김대중과 노무현 정권 당시 보수 진영이 진보 진영의 정책을 폄하하는 수단으로 포퓰리즘 용어가 등장했으며, 현재는 여당과 야당 혹은 보수와 진보 진영이 서로의 정책과 공약을 대중영합적 선심성 정책이라고 노골적으로 비판하는 수단으로 포퓰리즘은 활용되고 있다. 이러한 현상은 보수와 진보라는 한국의 이념적 균열 구조에서 파생되었다.

정치 공세를 위한 수단으로 포퓰리즘을 처음 사용한 집단은 보수 언론과 지식인이었다. 대중들이 인민주의를 함의하는 포퓰리즘의 역사적 및 원형적 의미를 제대로 인식하기 이전에, 보수 언론이 "포퓰리즘=대중영합주

47 남혁상, 2016, "박 대통령 포퓰리즘법안은 현재, 미래세대 모두에 부담," 『국민일보』 04 22, http://news.kmib.co.kr/article/view.asp?arcid=0010555573 (검색일: 2020.01.15.)

의"로 병기하여 유통시킨 결과로 포퓰리즘은 대중 인기몰이식 정책을 상징하는 단어로 한국에서 회자되기 시작하였다.[48] 실제로 1990년대 이전까지 한국 사회에서 포퓰리즘은 예외 없이 인민주의, 민중주의, 대중주의로 번역되었다.[49] 당시 보수 세력이 차용했던 포퓰리즘은 1940년대 등장했던 남아메리카 페론 정부의 부정적 경험과 동일시되면서 대중을 선동하고 대중을 앞세워 권력을 유지하는 정치 행태의 표본이 되었다. 이처럼 보수 언론이 포퓰리즘이라는 외래어에 병기법까지 동원하여 대중영합주의로 고착시킨 의도는 김대중과 노무현 정부의 개혁 정치를 비판하기 위한 것이었다.

보수 진영의 진보 정권에 대한 포퓰리즘 정치 공세는 보수 세력의 정치적 의도를 표시하는 담론 공세 성격을 가졌다. 즉 김대중과 노무현의 진보 정권 집권으로 국정운영의 주도권을 상실한 보수 세력이 진보 정권의 시민참여 개혁 정치와 사회불평등 완화 정책을 포퓰리즘이라는 담론 공세를 통해 무력화시켰다는 것이다.[50] 일반적으로 특정한 정치적 목적을 실현하기 위해서 생산되고 유통되는 담론은 그것을 필요로 하는 시대적 상황이 있다.[51] 또한 담론 정치는 지배집단이 사회 구성원들에게 자신들의 이해관계를 정당화시키고, 대중으로부터 지지를 확보하는 수단으로 정치적 상징과 가치 및 의미 체계를 생산하는 복잡한 과정을 포함한다.[52]

이러한 맥락에서 볼 때, "대중영합주의=포퓰리즘"이라는 보수 세력의

---

48 대중인기영합주의라는 의미에서 포퓰리즘을 처음 사용한 기사는 1997년 3월 15일 유근열 논설주간이 조선일보에 기고한 "이(회창)·고(건)·강(경식) 과도체제"라는 칼럼이었다고 한다. 홍윤기(2006).

49 홍윤기(2006), 14쪽.

50 강정인(2008).

51 Said, E., 1978. *Orientalism* (New York: Random House); 강국진·김성해, 2011, "정치화된 정책과 정책의 담론화,"『한국행정학보』 제45권 2호(한국행정학회), 218쪽 재인용.

52 조희연, 2003,『한국의 정치사회적 지배 담론과 민주주의 동학』(서울: 함께하는책).

담론 공세는 정부 수립 이후 김영삼 정부에 이르기까지 한국 정치를 장악해 온 보수 세력이 야당으로 내몰리는 시대적 상황에서 등장하였고, 일반 대중들이 의식 및 무의식적으로 진보 세력에 대해 부정적인 이미지를 가지게 하여 진보 정권이 추진하는 개혁 정치를 무력화시키는 수단으로 사용된 것으로 볼 수 있다. 나아가 진보 정권을 지지하는 국민들을 민주주의를 타락시킨 중우 정치의 표본으로 몰아세우는 보수 세력의 전략이었다고 할 수 있다. 즉 포퓰리즘의 능동적 발화자인 보수 세력에게 포퓰리즘 정치 공세는 자신들의 기득구조를 방어하고 정치적 경쟁자를 제어하는 효과적인 수단이 된 것이다.[53]

김대중 정부와 노무현 정부에서 이루어진 보수 세력의 포퓰리즘 정치 공세는 진보 정권의 분배정책과 시민사회 육성 정책에서 중점적으로 이루어졌다. 김대중 정부 당시 추진했던 '국민과의 대화' 프로그램이나 '제2건국위원회 추진', '노사정위원회 신설' 등도 포퓰리즘이라는 비판을 받았다.[54] 그러나 진보 정권이면서도 IMF 시대라는 초유의 상황에서 신자유주의를 표방할 수밖에 없었던 김대중 정부가 신자유주의 경제정책을 보완하기 위해 추진했던 생산적 복지 정책은 보수 세력으로부터 포퓰리즘 공격을 받은 주요 대상이었다. 특히 보수 세력은 국민 참여라는 구호 아래 국정 현안과 인사 문제에서 네티즌의 의견을 구하는 노무현 정권의 시민동원 전략을 디지털 포퓰리즘이라는 이름으로 강하게 비판하였다. 더불어 김대중 정부의 시민단체 지원정책과 2000년 총선시민연대의 낙천·낙선운동에 대한 암묵적 지지 역시 진보 정권의 포퓰리즘적 행태라고 강하게 공격하였다. 당시 보수 세력의 정치적 의도는 제도권 정치에서 소수파였던 김대중과 노무현 정

---

53 이광일(2017), 289쪽.

54 이원태(2006), 94~95쪽.

권이 의회 정치를 우회하여 일반 국민에게 무매개적이고 직접적으로 호소하여 국민을 동원하는 전략을 대중선동적·대중영합적이라고 비판하고, 진보 정권이 대중영합적이고 인위적인(반시장적인) 분배나 복지 정책을 추진함으로써 시장과 경제의 활력을 떨어뜨렸다고 폄하하는 것이었다.[55]

분배정책과 시민사회 동원 정책을 중심으로 이루어진 포퓰리즘 정치 공세는 보수 세력에만 한정되지 않는다. 이명박과 박근혜의 보수 정권 하에서는 진보 정당 역시 포퓰리즘 정치 공세에 적극적으로 가담하였다. 물론 재집권에 성공한 보수 정권도 여전히 진보 정당의 정책을 포퓰리즘이라고 공격했다. 2010년 지방선거 국면에서 진보 정당이 내놓은 무상급식 정책은 복지 포퓰리즘이라는 이름으로 보수로부터 대대적인 공격을 받았고,[56] 박근혜 정권에서 박원순 서울시장과 이재명 성남시장이 추진했던 다양한 청년지원 정책도 포퓰리즘 정치 공세의 주요한 대상이었다.[57] 그러나 진보 진영도 2007년 대선 당시 이명박 후보자가 내걸었던 실용주의 공약과 2010년 8·15 경축사에서 발표한 친서민 정책을 포퓰리즘이라고 공격하였다. 또한 박근혜 정권이 선거 공약으로 내걸었던 경제 민주화 및 복지 정책, 즉 기초노령연금 20만 원 지급, 무상보육, 반값 등록금 등도 포퓰리즘 공세의 주요한 대상이었다.

진보 진영은 이명박 정권의 중도좌파적 친서민 정책을 선거 참패를 만회하기 위한 혹은 선거용 슬로건에 불과하다고 비판하였고,[58] 박근혜 정권의 경제 민주화 정책 역시 선거 공학적 포퓰리즘 정책에 불과하다고 비판하

55 강정인(2008), 29쪽.

56 정재철, 2011, "한국 신문과 복지 포퓰리즘 담론: 동아일보와 한겨레신문을 중심으로," 『언론과 학연구』 제11권 1호(한국지역언론학회), 372~399쪽.

57 남혁상(2016).

58 김인영(2010), 154쪽.

였다. 즉 신자유주의를 전면에 표방한 보수 정권은 애초부터 친노동, 친민중, 친서민 정책이 아니라 탈빈곤과 경제성장에 맞추어져 있었기 때문에 그들이 추진한 중도좌파적 경제정책은 선거용 슬로건으로 제시되었다는 것이다. 보수 정권의 중도좌파적 정책 기조는 집권 이후에도 한동안 주창되었지만 현실적으로는 집권 중반기에 들면 사실상 조용히 퇴출되었다.[59]

더욱이 보수 내부에서도 보수 정권의 분배정책을 우파 포퓰리즘으로 비판하는 양상을 보이기도 하였다. 이명박 정권이 추진했던 대기업-중소기업 간 불공정하도급 논쟁, 보금자리주택, 미소금융과 햇살론, 등록금 후불제 등의 친서민 정책은 보수 지식인들로부터 시장 원칙을 벗어난 포퓰리즘으로 비판을 받았다.[60] 또한 2011년 한나라당과 정치권을 중심으로 제기된 반값 등록금 혹은 등록금 부담 완화 정책은 한나라당 내부에서도 선거를 의식한 포퓰리즘이라는 공격을 받아왔다.[61]

이제 "포퓰리즘=대중영합주의"라는 정치 공세는 한국 정치 과정의 일상적인 풍경 중의 하나가 되었다. 진보 정권의 분배정책과 시민단체 지원정책을 비판하기 위해서 보수 진영으로부터 시작되었던 포퓰리즘 정치 공세는 진보 또는 보수와 상관없이 모든 정치 세력으로 확대되었다. 더욱이 분배정책을 중심으로 진행되었던 정치권의 포퓰리즘 공방은 모든 정책 영역으로 확장되었다. 재정 포퓰리즘, 교육 포퓰리즘, 안보 포퓰리즘, 군 포퓰리즘, 토건 포퓰리즘 등 포퓰리즘은 다양한 정책과 결합하여 보수와 진보 혹

---

59 윤상철, 2019, "촛불집회 이후의 경제적·사회적 민주주의의 전망," 『경제와 사회』 통권 제121호(비판사회학회), 15쪽.

60 정천기, 2010, "친서민정책은 시장원칙 벗어난 포퓰리즘," 『연합뉴스』 08. 26, https://www.yna.co.kr/view/AKR20100826180800003 (검색일: 2020.01.20.)

61 이용욱·강병한, 2011, "여 우파의 반격 "감세 철회·무상복지는 당 정체성 위협," 『경향신문』 06. 22, http://news.khan.co.kr/kh_news/khan_art_view.html?art_id=201106222133475 (검색일: 2020.01.20.).

은 여당과 야당 간 정치적 공방의 수단으로 활용되고 있다.

보수와 진보 혹은 여당과 야당, 즉 정치적 경쟁자에 대한 비방은 후보자들이 선거 승리를 위해 상대를 악으로 자신을 선으로 포장하는 포퓰리즘 전략으로 볼 수 있다.[62] 또한 포퓰리스트에게 발견되는 부정적인 포퓰리즘의 한 측면으로 볼 수 있다. 인민이 마주하는 경제적 및 사회적 위기를 부패한 엘리트의 탓으로 돌리는 포퓰리스트의 수사는 노상강도 귀족(robber baron), 금권 정치가(plutocrat), 잘난 척하는 지식인(pointy-headed intellectuals) 등 상대방을 폄하하는 부정적 이미지들로 가득 차 있다. 포퓰리스트가 상대방을 부정적 이미지로 묘사하는 전략은 기존 엘리트를 악마시하는 사람들의 지지를 결집하고, 그들 간의 연대감을 확대하는 계기가 될 수 있다.[63]

이러한 맥락에서 대의제 내 기득권 세력들이 상대방의 정책을 대중영합주의로 폄하하는 포퓰리즘 정치 공세는 보수와 진보 진영 지지자들을 결집시키는 효과를 가진다고 할 수 있다. 그러나 정치권의 포퓰리즘 정치 공세는 국민들에게 다양한 정책에 대한 타당성과 합리성을 판단할 수 있는 기회를 차단시킨다는 데 문제가 있다.

5. 경제적 및 정치적 위기에 따른 포퓰리즘의 등장과 확산: 실증 분석

1) 분석 변수의 선정과 자료 수집

앞선 3절의 논의를 통해 대중영합주의로 유통되는 포퓰리즘 행태가 경제적 및 정치적 위기 속에서 등장 및 확산된다는 점을 제시하였다. 이러한

62 조기숙(2016), 189쪽.

63 Taggart(2000), 94쪽.

현상을 실증적으로 분석하기 위해서 포퓰리즘이 한국 사회에서 본격적으로 등장한 김대중 정권부터 현 정권까지 시간적 변화에 따른 정치권의 포퓰리즘 행태의 변화 추이를 고찰하고, 포퓰리즘 행태와 위기의 인과성을 설명하는 모형을 구축한다. 그리고 분석 결과를 바탕으로 포퓰리즘 행태의 일반성을 도출하였다.

이 글에서 정의한 경제적 위기는 각종 경제지표를 통해 객관적으로 드러나거나 혹은 대중이 주관적으로 경제 상황에 불만을 느껴 대중의 정당과 엘리트에 대한 지지가 이반되는 상황을 의미한다. 정치적 위기는 대통령과 집권당 및 야당이 정치적으로 수세에 몰리는 상황으로 정의된다. 이러한 위기와 포퓰리즘의 행태의 인과성을 실증적으로 증명하기 위해서 <표 6-1>의 분석 변수와 측정 변수를 설정하였다. 구체적인 내용과 자료 수집 방법은 다음과 같다.

첫째, 포퓰리즘 행태는 신문기사에서 포퓰리즘이 언급된 빈도로 구성하였다. 이 글은 기본적으로 한국의 포퓰리즘을 정당 및 정치 엘리트들이 대중 선동적인 전술을 바탕으로 전개되는 각종 선심성 정책의 남발과 이를 상호 비방하는 행태로 정의한다. 이러한 현상의 등장과 확산을 포착할 수 있는 지점으로 이 글은 신문기사에 주목하였다. 물론 신문기사가 정치권에서 실행되는 포퓰리즘 행태의 모든 현실을 대변할 수는 없다. 그러나 정치권에서 제시한 정책이나 공약을 대중영합적 포퓰리즘이라고 비판하는 기사 및 칼럼, 그리고 정당과 정치인이 서로의 정책을 포퓰리즘이라고 비판하는 기사의 확산과 축소는 포퓰리즘 행태의 경향성을 반영할 수 있는 자료라고 판단하였다.

포퓰리즘 행태를 추적하기 위한 신문기사 자료 수집은 한국언론진흥재단에서 제공하는 빅카인즈에서 "포퓰리즘"을 검색어로 하여 신문기사를 검색하였고, 이 경우 검색 조건은 중앙지(경향신문, 국민일보, 내일신문, 동아일보, 문화일보, 서울신문, 세계일보, 한겨레, 한국일보, 아시아투데이)[64]의 정치·사회·경제면으로 한정하였다. 그리고 "포퓰리즘"으로 검색된 뉴스 기사 중 한국 정치권의 포퓰리즘 행태를 설명하는 기사, 컬럼, 사설만을 분석 대상에 포함하였고, 해외의 포퓰리즘 현상을 소개하는 기사 혹은 포퓰리즘 관련 서적을 소개하는 기사 등 국내 포퓰리즘 행태와 관련 없는 기사는 제외하였다. 분석 시기는 김대중 정권기(1998.03~2003.02), 노무현 정권기(2003.03~2008.02), 이명박 정권기(2008.03~2013.02), 박근혜 정권기(2013.03~2017.02), 문재인 정권기(2018.05~2019.09)로 구분하였다.[65] 그 결과 총 9,314건의 신문기사가 도출되었다.

둘째, 경제적 위기는 국내 경제 활동의 축소와 확대의 과정을 대변하는 객관적 및 주관적 경제지표로 구성하였다. 객관적 지표는 국가 경제의 경기 상황과 성장 잠재력을 직접적으로 나타내는 대표적인 지표인 경제성장률, 물가상승률, 실업률로 구성하였다. 그리고 일반적인 경제상황은 실물경제의 변화 그 자체가 아니라 국민들의 의식에 반영된 경제상황이 중요하다는 기존 연구에 기초하여[66], 주관적인 경제지표로서 소비자동향지수(Consumer Survey Index: CSI)를 포함하였다. 이들 변수에 대한 자료는 e-나라지표 사이트(http://www.index.go.kr)를 통해 수집하였다.[67]

---

64 빅카인즈에서 중앙지 10개의 정치·경제·사회면을 대상으로 "포퓰리즘"으로 검색하였으나, 실제로 5개 정권에서 조선일보, 중앙일보, 동아일보의 "포퓰리즘" 기사가 검색되지 않았다. 이처럼 보수 신문에서 포퓰리즘 기사를 확보하지 못한 자료 수집의 한계가 있었다. 그러나 이 글은 포퓰리즘 행태의 이념적 특성을 추적하는 것이 아니라 정치권 전체에서 일상화된 포퓰리즘 행태를 포착하는 데 초점을 두기 때문에 세 보수 신문이 배제된 상태에서도 포퓰리즘 행태에 대한 일정한 경향성을 확인할 수 있다고 판단하였다.

65 대통령의 임기의 시작과 종료 시점은 2월 25일과 24일지만, 월별 데이터 구축을 위해 임기의 시작과 종료 시점을 3월 1일과 2월 28일(29일)로 설정하였다. 같은 이유로 문재인 대통령의 경우도 임기 시작 시점을 5월 9일이 아닌 5월 1일로 설정하였다.

66 MacKuen, Michael B. et al., 1992. "Peasants or Bankers: The American Electorate and the U.S. Economy," American Political Science Review, vol.86, no.3, pp.597~611.

67 월별로 데이터를 구축한다는 원칙 하에 e-나라지표에서 제시된 거시적 경제지표 중 분기별로 제시된 경제성장률은 월별로 동일하게 적용하였다.

셋째, 정치적 위기는 대통령 지지율, 여소야대 상황, 선거 국면, 그리고 여당과 야당의 의석 점유율 및 여당과 제1야당 간의 의석률 차이로 정의된 정당 간 경쟁도로 구성하였다. 먼저 정치적 위기를 의미하는 대통령 지지율은 중요한 권력 자원인 동시에 긍정적 사건(positive event) 혹은 다양한 위기로 대변되는 부정적인 사건(negative event)에 의해서 변동되는 경향을 가진다. 즉 국가의 경제 상황과 같은 경제적 위기와 정치 및 사회적 위기를 동시에 반영하는 지표라고 할 수 있다.[68] 그러나 이 글은 대통령과 집권당이 정치적 수세에 몰리는 정치적 위기로 정의하였다. 대통령 지지율은 위키백과에서 제공하는 "대한민국 대통령 지지율" 중 한국갤럽의 자료를 5개 정권에서 동일하게 사용하였다.[69]

그리고 여소야대는 여당이 정치적 수세에 몰리는 위기 상황으로 반면, 야당은 여당에 비해 상대적으로 정치적 위기가 약한 상황으로 정의할 수 있다. 또한 정당 간 경쟁도는 국회의원 의석수 차이에 의해 여당과 야당이 정치적 수세에 몰리는 상황으로 정의된다. 이 경우 독립변수 간의 자기 상관성을 최소화하기 위해서 여당의 의석 점유율과 여당과 제1야당의 의석수 차이로 정의된 여당 경쟁력이라는 새로운 변수를 차용하였다. 따라서 여당의 의석 점유율과 경쟁력이 높으면 야당의 위기로, 여당의 의석 점유율과 경쟁력이 낮으면 여당의 위기로 해석된다. 마지막으로 선거 국면은 여당과 야당 모두 지지율을 확대하거나 혹은 만회해야 하는 정치적 위기 상황으로 정

---

68 전용주, 2006, "대통령 지지도 변화 요인에 대한 연구: 한국의 대통령 지지율 변화를 설명하기 위한 이론적 모형의 탐색적 구축," 『21세기정치학회보』 제16권 1호(21세기정치학회), 67~90쪽.

69 월별 데이터 구축을 위해 위키백과에서 제공하는 "대한민국 대통령 지지율"을 변환하여 사용하였다. 3개월 단위(3월~5월, 6월~8월, 9월~11월, 12월~1월)로 제시된 김대중, 노무현, 이명박 대통령의 지지율은 월별로 동일하게 적용하였고, 매주 단위로 제시된 박근혜와 문재인 대통령의 지지율은 월 단위의 평균으로 제시하였다.

의하였고, 여기서 포퓰리즘 행태가 선거 전에 확대된다는 논의[70] 에 기초하여 선거 국면은 선거전 기간, 선거 당월, 비선거 기간으로 구분하였다.

총선 결과에 의해 구성된 정치적 위기의 변수들은 중앙선거관리위원회 역대 선거정보 시스템을 통해 자료를 수집하였다. 이 경우 월별 정당 간 경쟁도를 정확히 파악하기 위해서 총선 결과뿐만 아니라 재보궐 선거 결과를 반영하여 자료를 구축하였다.

<표 6-1> 분석 변수의 선정 및 자료 수집

<table>
<tr><th>분석 변수</th><th>측정 변수</th><th>자료 출처</th><th>DB 시차</th><th>분석 시기</th></tr>
<tr><td>포퓰리즘</td><td>▪신문기사 포퓰리즘 행태 언급 수</td><td>정치·경제·사회면 기사(중앙지)</td><td rowspan="3">월별</td><td rowspan="3">김대중 정권-문재인 정권 (1998. 03.01 ~ 2019. 09.30)</td></tr>
<tr><td>경제적 위기</td><td>▪경제 성장율 ▪물가 상승률
▪실업률 ▪소비자동향지수</td><td>e-나라지표</td></tr>
<tr><td>정치적 위기</td><td>▪대통령 지지율
▪여소야대 유무
▪정당 간 경쟁도
$\text{의석 점유율}=\frac{\text{여당 의석수}}{\text{총의석수}}\times 100$
$\text{여당 경쟁력}=\frac{\text{여당 의석수}}{\text{제1야당 의석수}}\times 100$
▪선거 국면(선거 기간 전(3개월), 선거 당월, 비선거)</td><td>위키백과 중앙선관위 선거통계 정보시스템</td></tr>
</table>

2) 연구 모형의 설정과 분석 방법

<표 6-1>의 분석 변수에 기초하여, 포퓰리즘 행태와 정치적 및 경제적 위기의 인과성을 추정하기 위해서 분석 모형을 구축하였다. 종속변수인 포퓰리즘은 신문기사에서 도출된 포퓰리즘 건수로 측정하였다. 그리고 독립

70 김일영(2004).

변수와 종속변수 모두 시계열 자료라는 특성을 반영하여 분석 모형을 구축하였다. 구체적인 분석 모형은 다음과 같다.

$$p_t = \beta_0 + \beta_1 x1_t + \beta_2 x2_t + \beta_3 x3_t + \beta_4 x4_t + \beta_5 x5_t + \beta_6 d1_t + \beta_7 d2_t + \beta_8 d3_t + \beta_9 x6_t + \beta_{10} x7_{t+} v_t$$
$$v_t = \epsilon_t - \phi_1 \epsilon_{t-1} - \phi_2 \epsilon_{t-2} - \phi_3 \epsilon_{t-3}$$
$$\epsilon_t \sim i.i.d.\ N(0, \sigma^2)$$

여기서 $\ln P_t$ = 자연로그를 취한 t월의 포퓰리즘 형태 언급 수
$x1_t$ = t월의 경제 성장율
$x2_t$ = t월의 물가 상승률
$x3_t$ = t월의 실업률
$x4_t$ = t월의 소비자동향지수
$x5_t$ = t월의 대통령 지지율
$d1_t$ = t월의 여소야대 더미
$d2_t$ = t월의 선거 기간 전 더미
$d3_t$ = t월의 선거 기간 더미
$x6_t$ = t월의 의석 점유율
$x7_t$ = t월의 여당 경쟁력

이상의 분석 모형에 기초하되, 실제 분석은 3개의 분석 모형을 구축하여 진행하였다. [모형 1]은 경제적 위기를, [모형 2]는 정치적 위기를, 그리고 [모형 3]은 경제적 및 정치적 위기를 종합하여 포퓰리즘 행태의 확산을 설명하는 모형이다. 이러한 과정은 각각의 위기 맥락에서 포퓰리즘에 영향을 미치는 요인을 추출한다는 의미를 가진다.

한편, 이 글은 시계열 자료의 특성을 반영하여 자기회귀오차모형(autoregressive error model)의 회귀분석을 사용한다. 이 글에서 독립변수와 종속변수를 구성하는 자료는 1998년 3월부터 2019년 9월까지 총 259개월의 시계열 자료이고, 독립변수는 2개 이상의 변수로 구성되어 있다. 이 경우 포퓰리즘 행태에 영향을 미치는 독립변수의 영향을 추정하기 위해서는 시계열 자료의 특성과 독립변수가 2개 이상이라는 특징을 반영한 자기회귀오차

모형(autoregressive error model)을 적용해야 한다.[71] 자기회귀오차모형은 시계열 자료의 자기상관성 문제점을 통제하여 독립변수의 회귀계수와 모수를 동시에 추정한다. 이 글에서는 SAS(Statistical Analysis System)를 이용하여 자기회귀오차모형을 추정하였고, 추정방법은 최대우도법(Maximum likelihood: ML)을 사용하였다.

3) 분석 결과: 정치적·경제적 위기가 포퓰리즘 행태에 미친 영향

<표 6-2>는 경제적 및 정치적 위기가 포퓰리즘 행태에 미친 영향을 분석한 결과이다.[72] 경제적 위기의 영향력을 추정한 [모형 1]에서는 통계적으로 유의미한 결과가 도출되지 않았다. 반면, 정치적 위기의 영향력을 추정한 [모형 2]에서는 유의미한 결과가 확인되었다.

[모형 2]에서는 정치적 위기 중 대통령 지지율의 부(-)의 영향과 선거 기간 전 및 여당 경쟁력의 정(+)의 영향이 나타났다. 추정계수의 절대값을 기준으로 할 때, 선거 기간 전(β=0.2708, t1.94)의 영향력이 가장 높았고, 그다음으로 여당 경쟁력(β=0.0111, t=1.96)과 대통령 지지율(β=-0.0100, t=-1.67)의 순으로 포퓰리즘에 유의한 영향을 미치고 있었다. 따라서 [모형1]을 기준으로 할 때, 선거 기간 전 3개월 동안, 여당 경쟁력이 높을수록, 그리고 대통령 지지율이 낮을수록 포퓰리즘 행태가 확산되고 있었다.

---

71 일반적으로 시계열 자료는 ARIMA(Auto-Regressive Integrated Moving Average) 모형을 적용하지만, ARIMA 모형은 현재의 관측값을 자신의 과거와 오차만을 이용하는 일변량 분석을 전제로 한다. 조신섭·이정현, 2014,『경제 시계열 분석을 위한 SAS/ETS 사용법』(파주: 자유아카데미).

72 측정 변수의 기술통계량은 [부록 9-2]를 참조한다.

<표 6-2> 포퓰리즘 행태의 결정 요인

구분			[모형 1]	[모형 2]	[모형 3]
상수			2.0371 (1.50)	2.7085* (2.51)	1.8330 (1.03)
경제적 위기	경제 성장률		-0.0361 (-0.77)	-	-0.0762* (-1.68)
	물가 상승률		0.0314 (0.34)	-	-0.0378 (-0.41)
	실업률		-0.0087 (-0.08)	-	-0.0520 (-0.50)
	CSI		0.0083 (0.70)	-	0.0139 (1.15)
정치적 위기	대통령 지지율		-	-0.0100* (-1.67)	-0.0108* (-1.81)
	여소야대 더미		-	-0.3896 (-0.80)	-0.4123 (-0.87)
	선거 국면	선거기간전더미	-	0.2708* (1.94)	0.3020** (2.11)
		선거 당월 더미	-	0.2563 (1.48)	0.2651 (1.50)
	정당 경쟁도	의석 점유율	-	-0.0161 (-0.69)	-0.0162 (-0.69)
		여당 경쟁력	-	0.0111** (1.96)	0.0120** (2.17)
시차	AR1		-0.6116* (-9.54)	-0.5894* (-9.09)	-0.5796* (-8.77)
	AR2		-0.2998* (-4.60)	-0.2959* (-4.51)	-0.2734* (-4.04)
모형 적합도	r^2		0.7621	0.7731	0.7755
	Durbin-Watson (prob)		2.0044 (0.5396)	2.0392 (0.4350)	2.0317 (0.5053)
	MSE		0.42719	0.41112	0.41404

*** p<0.05, * p<0.10*

[모형3]은 경제적 및 정치적 위기를 종합하여 개별 변수가 포퓰리즘에 미친 영향력을 도출한 결과이다. [모형3]에서는 [모형1]에서 영향을 미치지 않았던 경제적 변수의 영향력이 확인되었다. 즉 정치적 위기의 변수들이 통제된 상태에서는 경제적 위기 변수의 영향이 나타난 것이다. 정치적 변수

의 영향력은 [모형2]와 동일하게 도출되었다. 구체적인 분석 결과는 다음과 같다.

첫째, 경제적 위기 중 경제성장률(β=-0.0762, t=-1.68)은 포퓰리즘에 유의미한 영향을 미치고 있었다. 즉 경제성장률이 떨어질수록 포퓰리즘이 확산된다는 것이다. 이것은 소비자동향조사와 같이 대중들이 주관적으로 느끼는 경제지표보다 거시적이고 객관적인 경제지표가 포퓰리즘 확산에 영향을 미친다는 점을 확인시켜 주었다. 이러한 결과는 김대중 정권에서 문재인 정권에 이르기까지 경제성장률이 지속적으로 낮아지고 있다는 점을 고려할 때 (<표 2>참조), 향후 저성장 국면이라는 경제적 위기가 유지된다면 포퓰리즘이 증가할 개연성이 높다는 점을 보여준다.

둘째, 정치적 위기 중 대통령 지지율(β=0.0108, t=-1.81)과 선거 기간 전(β=0.3020, t=2.11) 및 여당 경쟁력(β=0.0120, t=2.17)은 포퓰리즘에 유의한 영향을 미치는 변수였다. 즉 대통령의 지지율이 떨어질수록, 선거 기간 전 3개월 동안, 그리고 여당이 제1당에 비해 많은 의석수를 가질수록 포퓰리즘이 증가되는 것이다. 이러한 결과는 대통령이 다양한 부정적 사건에 의해서 위기에 몰릴수록 그리고 여당과 야당 모두 위기로 인식되는 선거가 다가올수록 포퓰리즘이 확산된다는 것을 의미한다. 특히 여당 경쟁력을 위기의 맥락에서 해석한다면, 단순히 여당과 야당의 의석 점유율이 많거나 혹은 적은 상황이 아니라 제1야당이 여당에 비해 의석수가 적을수록 포퓰리즘이 증가하는 것으로 확인되었다. 즉 양당 구도를 전제할 때 제1야당이 여당에 비해 수세에 몰릴수록 포퓰리즘이 확산된다는 것이다.

셋째, 추정계수의 절대값을 기준으로 할 때, 선거 기간 3개월 전에 포퓰리즘이 가장 많이 증가하였고, 그다음으로 경제성장률, 여당 경쟁력, 그리고 대통령 지지율 순으로 나타났다. 이러한 결과는 상대적으로 경제적 위기보다는 정치적 위기에 의해서 포퓰리즘이 더 영향을 받는다는 것을 보여준다.

4) 분석 결과의 종합 및 함의

이상의 분석 결과는 한국 정치권의 포퓰러리즘, 즉 대중의 인기에 영합하여 실현 불가능한 공약이나 정책을 남발하거나 상호 비방하는 행태가 시간의 변화에 따라 증가되고 있다는 점을 보여 주었다. 그리고 특정한 경제적 및 정치적 위기가 도래하면 정치권의 포퓰리즘 행태는 더욱 확대된다는 점을 실증적으로 확인시켜 주었다. 분석 결과를 종합하여 그 의미를 제시하면 다음의 네 가지로 요약할 수 있다.

첫째, 정치권의 포퓰리즘 행태는 전체적으로 확장되는 추세에 있다고 할 수 있다. 김대중 정권하에서 신자유주의 경제정책의 위기에 대응하여 추진되었던 재분배 정책과 이를 공격하기 위한 담론으로 유통되기 시작한 정치권의 포퓰리즘 행태는 시간이 변화함에 따라 증가되는 경향을 보였다. 정당이나 대통령의 대중영합적 정책 발표와 이를 상호 비판하는 정치 행태는 노무현 정권에서 증가하기 시작하다가 이명박 정권기에 최고조에 이르렀다. 단 박근혜 정권에서는 다시 축소되는 경향을 보이기도 하였다. 그러나 문재인 정권 임기 중반기를 넘기지 않은 시점에서 이미 박근혜 정권에서 확인된 포퓰리즘 뉴스 기사 수의 약 50%에 육박했다는 점은 이명박 정권만큼은 아니더라도 포퓰리즘 행태가 확산될 수 있다는 점을 시사하고 있다.

둘째, 경제성장률의 부(-)의 영향은 경제적 위기가 지속된다면 포퓰리즘 행태가 확산될 수 있다는 점을 보여주었다. GDP(Gross Domestic Product) 증가율, 즉 경제성장률은 국가 경제의 경기상황과 성장 잠재력을 직접적으로 나타내는 대표적인 지표이다. 한국의 경우 경제성장률은 1998년 외환위기 이전까지는 7% 이상의 높은 수준을 유지하였으나 2000년대 이후에는 약 4%로 감소하였고, 2008년 이후에는 글로벌 금융위기와 유럽 재정위기의 여파로 세계경기가 침체되면서 한국의 경제성장률도 3% 내외로 하락하였다. 이처럼 장기적인 경제성장률의 하락은 경제가 성숙 단계에 진입하면서 일반적으로 나타나는 현상으로,[73] 서구 선진 국가에서도 나타나는 현상이다. 2020년 들어 발표된 한국의 경제성장률 전망 역시 2.0% 초반에 머물러 있어, 문재인 정부 들어서도 경제성장률은 하락하는 추세에 있다. 따라서 향후에도 저성장으로 대변되는 경제적 위기가 지속된다면, 이에 따른 대중의 불만을 치유하기 위한 전략으로 정당과 엘리트들의 포퓰리즘 행태가 확산될 가능성이 높다고 할 수 있다.

셋째, 대통령 지지율의 부(-)의 영향과 선거 기간 전 및 여당 경쟁력의 정(+)의 영향은 집권당과 야당이 정치적 위기에 직면하게 되면, 그 위기를 탈피하기 위한 전략으로 포퓰리즘 행태가 확산한다는 점을 함의한다. 우선 집권당이 직면한 위기로 대변되는 대통령 지지율 하락은 포퓰리즘 확산의 주요한 요인이었다. 대통령 지지율의 하락은 친인척을 포함한 측근 비리로 대변되는 정치적 사건과 자연재해를 포함한 각종 사회적 사건 등의 부정적인 사건에 의해서 가속화된다. 또한 경제적 위기 역시 대통령 지지율 하락에 영향을 미치는 주요한 요인이다. 특히 대중들은 자신들의 개인적 경제상황에 대한 전망보다는 국가 전체의 경기 전망에 대한 판단에 근거하여 현직 대통령을 평가하는 경향이 높다고 한다.[74] 여기서 경제성장률의 하락이 포퓰리즘 행태의 확산에 영향을 미쳤다는 분석 결과를 참고한다면, 경제성장률의 하락은 대통령 지지율의 하락을 유인하고, 그 결과 포퓰리즘 행태가 확산되었다고 유추해 볼 수 있다. 따라서 부정적 사건에 따른 대통령 지지율의 하락은 여당의 선심성 정책 남발과 그에 대한 야당의 비판으로 이루어지는 포퓰리즘 행태를 더욱 확산시킬 수 있다.

---

73 e-나라지표, https://www.index.go.kr/unify/idx-info.do?idxCd=4201&clasCd=7 (검색일: 2019.02.01)

74 전용주, 2006, “대통령 지지도 변화 요인에 대한 연구: 한국의 대통령 지지율 변화를 설명하기 위한 이론적 모형의 탐색적 구축,” 『21세기정치학회보』 제16권 1호(21세기정치학회), 67~90쪽.

그리고 여당과 야당 모두의 위기로 정의된 선거 국면, 즉 선거를 앞둔 시점은 포퓰리즘 행태가 확산되는 주요한 국면이었다. 이러한 현상은 소위 '표포퓰리즘'이라는 신조어가 함의하듯이, 정치적 지지의 확대와 선거에서의 승리를 위해 실현 불가능한 공약을 내걸어 대중의 환심과 표를 얻고자 하는 행태로서 정당 정치의 위기와 정치의 이미지화로 상징되는 포스트민주주의 시대의 일반적인 흐름으로 이해할 수도 있다.[75] 만약 선거 국면에서 대중의 요구를 받드는 민심이 공약으로 제시되어 선거 이후의 정책 결정 과정에 반영된다면, 선거 전에 제시되는 정당과 정치인의 공약은 부정적 포퓰리즘 행태가 아니라 대의제하에서 정치적 지지와 경제적 보상을 교환하여 인민 이익을 실현한다는 긍정적 기능을 가질 수도 있다. 그러나 문제는 선거라는 경쟁의 장이자 위기의 국면에서 여당과 야당은 대중을 호명하면서 다양한 정책과 공약을 만들어내지만, 그들이 제시한 정책과 공약이 선거 이후에는 실현 가능성이 없는 빈 수레로 전락하는 경우가 많다는 것이다. 이러한 행태는 엘리트를 주축으로 민주주의의 퇴행을 유발하는 포퓰러리즘 그 이상의 의미를 가질 수 없을 것이다.

마지막으로 여당 경쟁력은 제1야당에 비해 여당의 의석수가 많은 상황에서 포퓰리즘 행태가 확산된다는 것을 의미한다. 다시 말해 양당 구도를 전제할 때, 여당의 우위 혹은 야당의 위기라는 상황에서 선심성 정책의 남발이나 상호 포퓰리즘이라고 공격하는 양상이 많이 전개된다는 것이다. 앞선 논의했듯이, 한국의 포퓰리즘 행태는 진보 정권이면서도 신자유주의 경제정책을 추진했던 김대중과 노무현 정권이 재분배 정책을 추진하면서 등장하였고, 특히 정치적 수세에 몰린 여당의 포퓰리즘 정책의 제시와 그에

75 이광일(2017), 288쪽

대한 야당의 공격에 의해서 형성되었다.[76] 즉 여당이 수세에 몰린 상황에서 포퓰리즘 행태가 발현된 것이다.

그러나 역대 정권 모두를 분석한 결과에서는 오히려 제1야당이 수세에 몰린 상황에서 포퓰리즘 행태가 더욱 확산되는 것으로 나타났다. 이러한 경향은 포퓰리즘 행태가 가장 많이 나타난 동시에 여당 경쟁력이 가장 높았던 이명박 정권의 사례와 관련지어 설명해 볼 필요가 있다. 이명박 정권에서는 야당의 무상급식과 반값 등록금 정책으로 대변되는 복지 포퓰리즘과 여당의 친서민 정책에 따른 재벌 규제를 중심으로 여야 간의 대대적인 포퓰리즘 공방이 이루어졌던 시기였다. 즉 안정적으로 과반수 이상의 의석을 차지한 여당도 여당과의 의석 격차가 많았던 제1야당도 포퓰리즘 행태를 보인 것이다. 그러나 포퓰리즘 행태는 주로 야당이 내놓은 소위 복지 포퓰리즘을 중심으로 진행되었다. 이러한 야당의 포퓰리즘 행태는 여당과의 의석 격차를 줄이고 선거 국면에서 정치적 수세를 만회하기 위한 선택이었다고 할 수 있다. 실제로 야당은 2010년 6월 지방선거에서 무상급식 이슈를 전면에 내세워 승리를 거두었다.

6. 포퓰리즘 공방 네트워크의 성격과 변화: 실증 분석

1) 분석틀

앞선 4절의 논의를 통해 정치권의 포퓰리즘 정치 공세가 역대 정권을 거치면서 지속되고 있다는 점을 확인하였다. 이러한 경향을 실증적으로 규명하기 위해서 사회 네트워크 분석 방법을 차용하여 포퓰리즘 정치 공세의

---

76 강정인(2008).

특성을 제시한다. 즉 정치사회 및 시민사회 행위자들이 상호 간에 포퓰리즘 정치 공세를 전개한 상황을 "포퓰리즘 공방 네트워크"로 정의하고, 다양한 행위자들이 상호 1회 이상 포퓰리즘 공방을 벌인 경우를 네트워크로 개념화하는 것이다.

여기서 네트워크의 규모와 행위자 중심성 및 핵심 네트워크 분석은 포퓰리즘 공방 네트워크의 구조적 특성을 밝히는 주요한 내용이다. 네트워크 규모는 포퓰리즘 공방에 참여한 행위자 수와 그들 간의 연결망을 규명하는 것이고, 행위자 중심성은 포퓰리즘의 공방에서 공격 주체(외향 중심성)와 공격 객체(내향 중심성)를 확인하는 것이다. 그리고 핵심 네트워크는 포퓰리즘 공방을 주도하는 핵심 행위자를 파악하는 것이다. 이러한 분석은 김대중 정권부터 박근혜 정권별로 구분하여 제시되며, 다양한 정책 영역에서 나타난 포퓰리즘 공방의 현황과 변화를 제시하는 과정을 포함한다.

이상의 연구 문제에 대한 해답을 구하기 위해서, 이 글은 신문기사의 내용 분석을 통해 포퓰리즘 공방 네트워크에 참여한 행위자와 정책 영역을 유형화하였다. 행위자는 대통령, 정부 및 공공기관, 국회, 사법부, 정당 및 무소속 의원, 지방정부, 시민사회, 기타로 대분류한 후, 다시 하위 행위자로 세분화하였다. 정책 영역은 각 정권에서 제시한 정책 이념 혹은 정책 방향으로 정의된 정책 기조, 경제·재정, 정치(국정운영, 인사, 조직, 탄핵 등), 복지, 언론·통신, 교육·학술, 종교, 노동·농어민, 북한(통일)·외교안보, 지역자치·행정, 문화·예술, 법으로 구분하였다. 신문기사의 내용 분석을 통해 구성된 포퓰리즘 공방 네트워크의 행위자 및 정책 영역의 유형은 <표 6-3>과 같다.

<표 6-3> 포퓰리즘 공방 네트워크의 행위자 및 정책 영역 유형

<table>
<tr><th>구분</th><th colspan="2">내용</th></tr>
<tr><td rowspan="8">행위자</td><td>대통령</td><td>김대중, 노무현, 이명박, 박근혜, 인수위원회</td></tr>
<tr><td>정부 및 공공기관</td><td>정부, 국책연구소, 군대</td></tr>
<tr><td>국회</td><td>국회의장, 국회사무처</td></tr>
<tr><td>사법부</td><td>헌법재판소, 법원, 판사</td></tr>
<tr><td>정당 및 무소속 의원</td><td>한나라당, 민주당, 열린우리당, 민주노동당, 진보신당, 자유선진당, 새정치국민회의, 새천년민주당, 자민련, 창조한국당, 국민중심당, 통합 신당, 국민통합21, 녹색사민당, 정의당, 자유한국당, 더불어민주당, 국민의당, 바른정당, 새누리당, 진보정의당, 새정치민주연합, 통합진보당, 공화당, 민주통합당, 국민생각</td></tr>
<tr><td>지방정부</td><td>자치단체장, 교육감 및 교육청</td></tr>
<tr><td>시민사회</td><td>시민단체·국민, 재계·경제단체, 변호사, 학계·교육계, 종교단체, 의료단체</td></tr>
<tr><td>기타</td><td>정치권 일반, 야당</td></tr>
<tr><td>정책 영역</td><td colspan="2">정책 기조, 경제·재정, 복지, 언론·통신, 교육·학술, 종교, 노동·농어민, 북한(통일)·외교안보, 지역자치· 행정, 정치 기타(국정운영, 인사, 조직, 탄핵 등), 문화·예술, 법</td></tr>
</table>

2) 자료 수집과 분석 방법

정책 영역에서 나타난 포퓰리즘 공방 네트워크의 구조적 특성을 분석하기 위해서 신문기사 내용 분석을 통해 자료를 수집하였다. 물론 신문기사가 포퓰리즘 공방의 모든 현실을 대변할 수는 없다. 그러나 정당과 정치인 및 시민사회가 주요한 정책에 대해 포퓰리즘이라고 비판하는 기사의 확산과 축소는 포퓰리즘 공방의 경향성을 반영하는 자료라고 판단하였다. 자료 수집은 다음의 과정과 원칙을 통해서 이루어졌다.

첫째, 한국언론진흥재단에서 제공하는 빅카인즈에서 "포퓰리즘"을 검색어로 하여 신문기사를 검색하였고, 이 경우 검색 조건은 중앙지(경향신문, 국민일보, 내일신문, 동아일보, 문화일보, 서울신문, 세계일보, 한겨레, 한국일보, 아시아투데이)[77] 의 정치·사회·경제면으로 한정하였다. 분석 시기는 김대중 정권기(1998.02.25~2003.02.24), 노무현 정권기(2003.02.25~2008.02.24), 이명박 정권기(2008.02.25~2013.2.24), 박근혜 정권기(2013.02.25~2017.05.08)로 구분하였다.

둘째, 한국 사회에서 진행된 포퓰리즘 공방의 객관적 현황을 포착하기 위해 사설, 기획 연재, 칼럼과 같이 신문의 이념적 성향을 드러낼 수 있는 장르는 제외하였고, 뉴스 기사만을 대상으로 자료를 수집하였다. 이것은 포퓰리즘 공방에서 드러난 보수 신문과 진보 신문 간의 이념적 공세를 배제하고, 객관적인 포퓰리즘 공방의 현실을 포착하기 위한 노력의 일환이었다.

셋째, 뉴스 기사는 특정한 정책 혹은 이슈를 두고 정치사회와 시민사회 간에 포퓰리즘 공방이 있었던 기사만을 선택적으로 수집하였다. 특히 뉴스 기사는 앞선 <표 6-3>에 확인할 수 있듯이, 포퓰리즘 공격 주체와 공격 객체를 명확히 확인할 수 있는 경우로만 한정하여 수집하였다.[78] 이러한 선택은 네트워크 분석 방법에 기초하여 포퓰리즘 공방 행위자들을 명확하게 규정하기 위해서다. 그리고 같은 내용의 뉴스 기사가 다른 신문에 중복 게재된 경우도 제외하였다. 그 결과 최종 분석 대상으로 1,194건의 뉴스 기사가 도출되었다.[79]

---

77 빅카인즈의 중앙지 10개의 정치·경제·사회면을 대상으로 "포퓰리즘"으로 검색하였으나, 이 조사에서도 실제로 조선일보, 중앙일보, 동아일보에서는 "포퓰리즘"기사가 검색되지 않았다. 이처럼 보수 신문에서 포퓰리즘 기사를 확보하지 못한 자료 수집의 한계가 있었다. 그러나 이 글은 포퓰리즘 정치 공세의 이념적 기반을 추적하는 것이 아니라 정치권 전체에서 일상화된 포퓰리즘 정치 공세를 분석하는 데 초점을 두기 때문에 세 개 보수신문이 배제된 상태에서도 일정한 경향성을 확인할 수 있다고 판단하였다.

78 예를 들어 "일각", "보수 및 진보 진영" 등과 같이 포퓰리즘 공방에 참여한 주체가 명확히 제시되지 않은 뉴스 기사는 분석 대상에서 제외하였다. 그러나 <표 6-3>에서 알 수 있듯이, 정치권 일반 및 야당 전체로 행위자가 확인된 경우는 분석 대상에 포함하였다.

79 빅카인즈 중앙지의 정치·경제·사회면 기사를 "포퓰리즘"으로 검색한 최초의 결과에 의하면, 김

한편, 포퓰리즘 공방 네트워크의 구조적 특성은 사회 네트워크 분석의 전문 소프트웨어인 UCINET을 이용하였다. 첫째, 포퓰리즘 공방 네트워크의 규모는 행위자 수와 공방의 건수를 기준으로 도출된 밀도로 분석한다. 여기서 밀도는 연결 가능한 총행위자 수 중에서 실제로 맺어진 공방 건의 비율, 즉 c/ n(n-1) 로 정의된다.[80] 따라서 네트워크 내에서 행위자가 일정하다면, 공방 건수가 많아질수록 밀도가 높아진다. 밀도는 0과 1 사이의 값을 가지며, 1에 가까울수록 밀도가 높음을 의미한다.[81] 둘째, 포퓰리즘 공방 네트워크 내에서 공격을 주도하는 행위자(공격 주체)와 공격을 받는 행위자(공격 객체)를 파악하기 위해 외향 중심성(outdegree)과 내향 중심성(indegree)을 분석한다. 셋째, 전체 포퓰리즘 공방 네트워크에 구축된 핵심 네트워크를 파악하기 위해 파당 분석(clique analysis)을 수행한다. 여기서 핵심 네트워크는 1회적인 포퓰리즘 공방이 아닌 2번 혹은 3번 이상의 집중적인 공방을 주고받은 행위자들 간의 독자적인 하위 네트워크를 의미한다.

<그림 6-1> 분석내용 및 분석방법

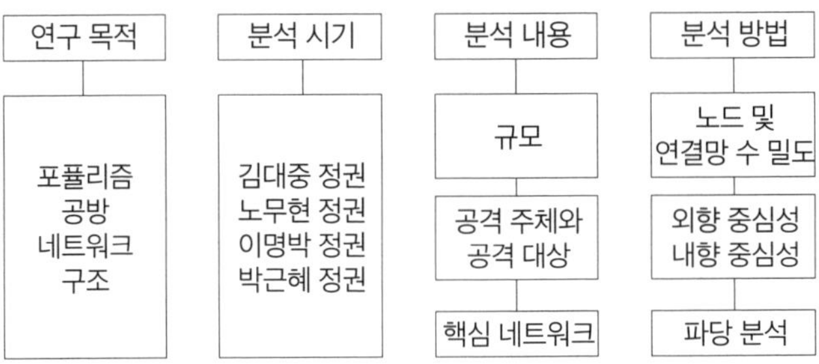

대중 정권 151건, 노무현 정권 926건, 이명박 5,056건, 박근혜 정권 2,893건이었다.

80 여기서 n은 행위자 수를, c는 공방 건수를 의미한다.

81 도묘연, 2016, "정부주도형 및 민간주도형 NGO 네트워크의 규모와 다양성: 충청남도의 사례를 중심으로," 『한국정치연구』 제25집 2호(서울대학교 한국정치연구소), 102쪽.

3) 분석 결과: 포퓰리즘 정치 공세의 구조적 특성

<표 6-4>는 정권별로 나타난 포퓰리즘 공방 네트워크의 규모를 분석한 결과이다. 행위자 수는 김대중 정권 12개, 노무현 정권 24개, 이명박 정권 26개, 박근혜 정권 29개였다. 밀도는 김대중 정권 0.0102(0.2149), 노무현 정권 0.0729(0.7962), 이명박 정권 0.1941(1.5979), 박근혜 정권 0.1565(1.4904)였다.

<표 6-4> 포퓰리즘 공방 네트워크의 규모

구분	김대중 정권	노무현 정권	이명박 정권	박근혜 정권
행위자 수	12	24	26	29
연결망 수	27	199	546	422
밀도(sd.)	0.0102(0.2149)	0.0729(0.7962)	0.1941(1.5979)	0.1565(1.4904)

이러한 결과는 시간에 변화에 따라 나타난 다음의 두 가지 특성을 보여준다. 첫째, 전체적으로 포퓰리즘 공방에 참가한 행위자 수와 연결망 수가 증가하는 경향성을 보여, 포퓰리즘에 참여하는 정치사회 및 시민사회 행위자들의 공방이 증대되고 있었다. 단, 행위자는 수는 박근혜 정권에서, 그리고 연결망 수는 이명박 정권에서 가장 많았다. 둘째, 밀도 역시 김대중과 노무현 정권에 비해 이명박과 박근혜 정권에서 밀도가 급격히 증가하는 경향을 보였다. 이것은 노무현 정권과 이명박 및 박근혜 정권에서 행위자 수에서 크게 차이가 나지 않지만 연결망 수에서 많은 차이가 난다는 점을 고려할 때, 보수 정권 하에서 행위자들 간의 포퓰리즘 공방이 치열했다는 것을 보여준다. 단 밀도는 이명박 정권에서 가장 높았다가 박근혜 정권에서 다소 낮아지는 경향을 보여준다.

[그림 6-2] 김대중 및 노무현 정권의 소시오그램

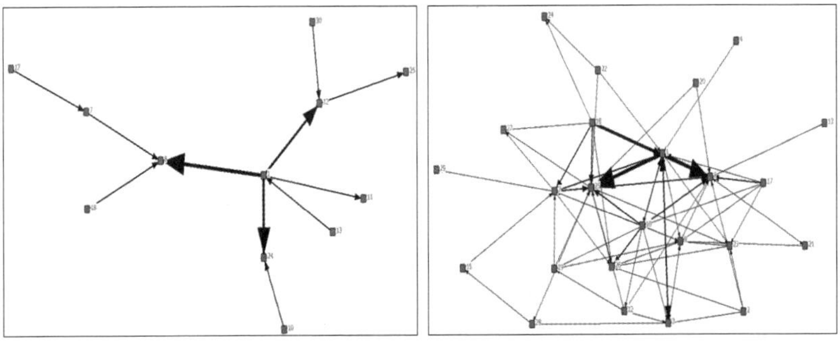

[그림 6-3] 이명박 및 박근혜 정권의 소시오그램

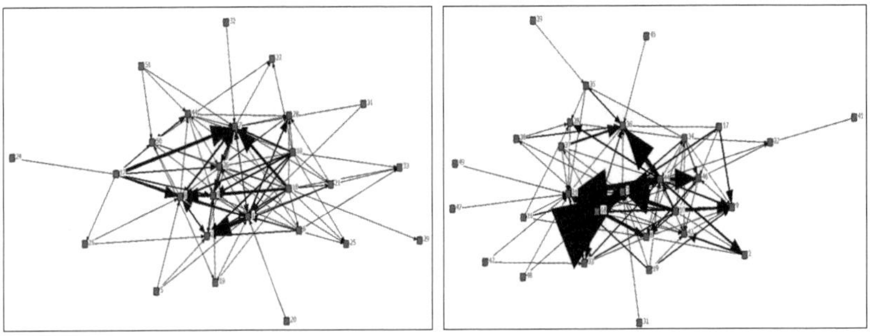

<표 6-5>는 포퓰리즘 공방 네트워크의 외향 중심성과 내향 중심성을 분석한 결과이다. 즉 "포퓰리즘=대중영합주의"라고 공격을 주도하는 행위자(공격 주체)와 공격을 받은 행위자(공격 객체)를 도출한 것이다.

정권별로 외향 중심성과 내향 중심성이 높았던 주요한 행위자를 정리하면 다음과 같다. 김대중 정권에서 외향 중심성은 한나라당(5.429)이 가장 높았고, 내향 중심성은 김대중 대통령(7.000), 정부(2.517), 새천년민주당(1.714)의 순으로 나타났다. 노무현 정권의 경우 외향 중심성은 한나라당(4.870), 학계(2.957), 시민단체·국민(1.739), 정치권 일반(1.043)에서 높게 나타났고, 내향 중심성은 정부(5.217)와 노무현 대통령(3.391)이 높았다. 이명박 정권에서 외향 중심성은 학계(4.800), 한나라당 및 재계·경제단체(각각 4.057), 시민단체·국민

(3.943), 정치권 일반(2.114), 정부(1.829), 민주당(1.314), 이명박 대통령(1.143), 자유선진당(1.086) 순으로 높았다. 반면 내향 중심성이 높은 행위자는 정치권 일반(6.971), 정부(5.200), 민주당(4.343), 한나라당(3.086), 야당(1.371), 이명박 대통령(1.086) 순으로 나타났다. 박근혜 정권의 경우 외향 중심성은 새누리당(4.235), 학계(3.451), 시민단체·국민(1.608)의 순으로 높았고, 내향 중심성이 높은 행위자는 정치권 일반(4.331), 더불어민주당(1.843), 국회(1.771)였다.

이러한 분석 결과를 종합해 보면, 포퓰리즘 공방의 공격 주체가 다양화되었다는 점을 보여준다. 첫째, 보수 진영이 진보 정권을 공격하는 일반적 양상이 약해지고, 모든 진영 내에서 포퓰리즘 공방이 확대되는 경향을 보였다. 김대중과 노무현 정권에서는 한나라당이 김대중과 노무현 대통령, 정부, 새천년민주당을 공격하는 형태가 중심을 이루었다. 노무현 정권 당시 주요한 공격 주체였던 시민단체나 학계도 보수 성향의 단체와 인사들이었다. 그러나 이명박 정권에 들어서는 진영 논리와 관계없이 포퓰리즘이 공방이 가속화되는 특성을 보인다. 한나라당과 이명박 대통령 및 정부는 민주당을 공격하는 중요 주체였지만, 이들은 포퓰리즘 공격을 받는 주요한 객체이기도 했다. 민주당 역시 포퓰리즘 공격 주체인 동시에 공격 객체였다. 이명박 정권에서 포퓰리즘의 중요한 공격 주체였던 시민단체는 보수와 진보 진영의 단체가 모두 포함되어 있었다. 단 박근혜 정권에서는 다시 새누리당의 더불어민주당에 대한 포퓰리즘 공세가 주요한 흐름을 형성하였다

둘째, 정치사회 이외에 시민사회 행위자가 포퓰리즘 공방에 적극적으로 참여하고 있다. 이 경우 다양화는 두 가지 측면, 즉 포퓰리즘 공방에 참가하는 시민사회 유형이 다양화되었고, 시민사회가 핵심적 공격 주체가 되었다는 것으로 설명할 수 있다. <표 6-5>에서 알 수 있듯이, 김대중과 노무현 정권에서는 학계, 시민단체(국민), 경제단체가 포퓰리즘에 공방에 참가하는 중요한 행위자였으나, 이명박과 박근혜 정권에서는 이들 이외에 종교단체, 변호사단체, 국책연구소, 의료단체도 참가하는 양상을 보였다. 무엇보다 시민

사회 행위자가 포퓰리즘 공방의 핵심적 공격 주체로 부상하였다. 학계는 이명박 정권에서 여당보다 외향 중심성이 높았고, 노무현과 박근혜 정권에서는 여당과 야당 다음으로 외향 중심성이 높았다.

<표 6-5> 포퓰리즘 공방 네트워크의 규모

	행위자	외향 중심성 (공격 주체)	내향 중심성 (공격 객체)	행위자	외향 중심성 (공격 주체)	내향 중심성 (공격 객체)
김대중 정권	한나라당	5.429	0.286	정치권일반	0.286	0.286
	국민통합21	0.286	0.000	자민련	0.286	0.000
	학계(교육계)	0.286	0.000	정부	0.000	2.571
	시민단체(국민)	0.286	0.000	국민회의	0.000	0.286
	재계(경제단체)	0.286	0.000	김대중대통령	0.000	7.000
	새천년민주당	0.286	1.714	노무현대통령	0.000	0.286
노무현 정권	한나라당	4.870	2.714	노무현대통령	0.348	3.391
	학계(교육계)	2.957	0.000	변호사단체	0.261	0.174
	시민단체(국민)	1.739	0.174	군대	0.174	0.000
	정치권 일반	1.043	1.043	자치단체장	0.174	0.087
	재계(경제단체)	0.783	0.000	야당	0.174	0.174
	열린우리당	0.783	0.957	자민련	0.174	0.000
	민주당	0.435	0.000	이명박 대통령	0.087	0.957
	정부	0.435	5.217	국민중심당	0.087	0.087
	국회	0.435	0.783	민주노동당	0.087	0.000
	새천년민주당	0.435	0.087	김대중 대통령	0.000	0.174
	무소속 의원	0.348	0.000	인수위원회	0.000	0.261
	통합 신당	0.348	0.348	헌법재판소	0.000	0.087

이명박 정권	학계(교육계)	4.800	0.000	야당	0.299	1.371
	한나라당	4.057	3.086	진보신당	0.171	0.000
	경제단체	4.057	0.000	종교단체	0.171	0.000
	시민단체(국민)	3.943	0.114	변호사단체	0.171	0.114
	정치권 일반	2.114	6.971	국민생각	0.171	0.000
	정부	1.829	5.200	국책연구소	0.114	0.057
	민주당	1.314	4.343	군대	0.057	0.000
	이명박 대통령	1.143	1.086	교육감 (교육청)	0.057	0.171
	자유선진당	1.086	0.057	녹색사민당	0.057	0.000
	자치단체장	0.971	0.400	무소속의원	0.000	0.343
	새누리당	0.800	0.914	김대중 대통령	0.000	0.057
	민주통합당	0.686	0.857	헌법재판소	0.000	0.057
	국회	0.286	2.743	노무현 대통령	0.000	0.343
박근혜 정권	새누리당	4.235	1.059	박근혜 대통령	0.157	0.471
	학계(교육계)	3.451	0.039	지방의회	0.118	0.000
	시민단체(국민)	1.608	0.039	교육감 (교육청)	0.078	0.784
	정부	0.902	0.863	정치권 일반	0.078	4.331
	자치단체장	0.706	2.667	새누리당	0.039	0.000
	새정치 민주연합	0.627	0.980	야당	0.039	0.353
	정의당	0.588	0.078	통합진보당	0.039	0.000
	재계(경제단체)	0.510	0.039	진보정의당	0.039	0.000
	국민의당	0.471	0.118	공화당	0.039	0.000
	더불어민주당	0.392	1.843	국회	0.039	1.176
	변호사단체	0.353	0.000	의료단체	0.039	0.000
	국책연구소	0.314	0.000	종교단체	0.039	0.000
	바른정당	0.275	0.039	법원	0.039	0.078
	민주당	0.235	0.314	무소속 의원	0.000	0.196
	자유한국당	0.196	0.078			

<표 6-6>은 포퓰리즘 공방 네트워크를 견고하게 이끄는 핵심 행위자를 중심으로 형성된 핵심 네트워크를 보여준다. 일반적으로 핵심 네트워크 내 행위자들은 전체 네트워크 내 다른 행위자들의 활동을 견인하고 매개하는 촉매자 역할을 담당한다. 따라서 핵심 네트워크 확인은 향후 포퓰리즘 공방의 확산을 예측하는 중요한 근거가 될 수 있다.

김대중 정권에서는 핵심 네트워크가 형성되지 않았고, 노무현 정권부터 "한나라당-열린우리당-국회"로 구성된 핵심 네트워크가 발견되었다. 특히 이명박 정권의 경우는 6개의 핵심 네트워크로 "한나라당-정치권 일반-정부-야당", "정치권 일반-정부-국회", "한나라당-민주당-정부", "민주당-정부-국회", "민주당-정부-시민단체(국민)", "한나라당-민주당-자치단체장"이 확인되었다. 그러나 박근혜 정권에서는 "정부-자치단체장-새누리당", "정부-새누리당-새정치민주연합" 2개의 핵심 네트워크가 발견되어, 핵심 네트워크의 규모는 줄어들었다.

이러한 분석 결과는 다음 세 가지 특성을 보여준다. 첫째, 포퓰리즘 공방의 주요한 진원지는 정치사회였다. 김대중 정권에서는 핵심 네트워크가 형성되어 있지 않았기 때문에 정치사회 및 시민사회 행위자가 파편적으로 포퓰리즘 공방을 이어간 데 반해, 노무현 정권부터 정치권을 중심으로 견고한 포퓰리즘 공방이 시작되었다. 노무현 정권에서 형성된 핵심 네트워크는 박근혜 정권까지 추출되었고, 핵심 네트워크는 "정부-여당 및 야당-국회"를 주축으로 구축되어 있다.

둘째, 포퓰리즘 공방의 핵심 네트워크는 다양화되고 있었다. 정치사회를 중심으로 구축되었던 핵심 네트워크는 시민사회와 지방자치단체로 확대되었다. 이명박 정권에서는 "민주당-시민단체·국민-민중당"의 핵심 네트워크가 1개 도출되었고, 박근혜 정권에서는 "새누리당-자치단체장-정부"의 핵심 네트워크가 1개 추출되었다. 노무현 정권 때부터 포퓰리즘 공방의 공격 주체로 참여했던 시민사회가 이명박 정권 때는 더욱 확대되어 핵심 행위자로 부상하였다. 더불어 복지 정책을 중심으로 정부와 치열한 공방을 펼친 자치단체장 역시 핵심 행위자로 등장하였다.

셋째, 핵심 네트워크는 다양화되었다가 다시 줄어들었으나, 핵심 네트워크 내 행위자들 간의 포퓰리즘 공방은 더 강화되는 경향을 보였다. 이명박 정권 하에서 6개 핵심 네트워크의 등장은 김대중 정권과 노무현 정권에 비해 포퓰리즘 공방이 다양한 층위에서 형성되고 확대되었다는 것을 보여준다. 즉 핵심 네트워크를 구성한 행위자들 간에 강한 포퓰리즘 공방이 진행되었다는 것이다. 그러나 박근혜 정권에서 핵심 네트워크는 2개로 축소되었다. 박근혜 정권은 이명박 정권에 비해 밀도와 행위자 수에서 차이가 많이 나지 않았지만(<표 6-4> 참고), 핵심 네트워크는 2개만 추출되었다. 이것은 박근혜 정권에서 핵심 네트워크가 다양화되지 않았더라도 2개의 핵심 네트워크를 구성한 행위자, 즉 "정부-새누리당-자치단체장-새정치민주연합" 간에 더 강한 포퓰리즘 공방이 진행되었다는 것을 의미한다.

<표 6-6> 포퓰리즘 공방 핵심 네트워크

구분		행위자 1	행위자 2	행위자 3	행위자 4
김대중 정권			-		
노무현 정권	파당 1	한나라당	열린우리당	국회	
이명박 정권	파당 1	한나라당	정치권 일반	정부	야당
	파당 2	정치권 일반	정부	국회	
	파당 3	한나라당	민주당	정부	
	파당 4	민주당	정부	국회	
	파당 5	민주당	정부	시민단체(국민)	
	파당 6	한나라당	민주당	자치단체장	
박근혜 정권	파당 1	정부	자치단체장	새누리당	
	파당 2	정부	새누리당	새정치민주연합	

4) 분석 결과의 종합 및 함의

이상의 분석 결과는 한국의 정치 과정을 지배하는 포퓰리즘 정치 공세가 다양한 정책 영역에서 이루어진다는 점을 보여주었다. 김대중 정권부터 박근혜 정권까지의 포퓰리즘 공방은 정책이념 혹은 정책 방향인 정책 기조와 경제·재정 및 복지 영역(약 66%)을 중심으로 진행되었고, 이러한 경향은 이후의 네 정권에서 비슷하게 나타났다. 다만 진보 정권에서는 정책 기조와 경제·재정 정책에서, 보수 정권에서는 복지 정책에서 포퓰리즘 공방이 상대적으로 더 치열했다는 특징을 보여주고 있다. 그러나 교육·학술, 노동·농어민, 지방자치·행정의 기타 영역도 네 정권에서 진행된 포퓰리즘 공방에서 주요한 비율을 차지하고 있었다. 다양한 정책 영역에서 진행된 포퓰리즘 공방 네트워크의 구조적 특성을 살펴보면, 다음의 세 가지로 요약할 수 있다.

첫째, 포퓰리즘 공방 네트워크 규모는 확대되고 있었다. 김대중과 노무현 정권에 비해 이명박과 박근혜 정권하에서는 포퓰리즘 공방에 참여하는 행위자의 수와 연결망 수는 증가하고 있었고, 밀도가 높아져 정치사회 및 시민사회 행위자를 중심으로 한 포퓰리즘 공방이 더욱 치열해지는 양상을 보였다.

둘째, 포퓰리즘 공방을 이끄는 공격 주체와 공격 객체는 다양화되었다. 즉 보수와 진보를 떠나 모든 진영의 정치권이 공격 주체로 참가하고, 시민사회 및 지방정부 행위자들이 공격 주체로 등장했다는 것이다. 김대중과 노무현 정권에서 포퓰리즘 공방은 보수 정당이 진보 정권과 정당을 공격하는 형태로 단순하게 나타났으나, 이명박과 박근혜 정권에서는 진보 정당이 보수 정권에게, 그리고 보수 정당이 진보 정당에게 상호 정치 공세를 벌이는 형태로 다양화되었다. 또한 공격 주체는 중앙정부와 대통령 및 정당 이외에 국민, 시민단체, 학계, 경제단체로 확대되었다. 더욱이 지방자치단체장 및 교육감 등 지방정부 역시 포퓰리즘 공격을 주도하는 주체로 등장하였다.

이러한 경향은 포퓰리즘 정치 공세가 이념을 초월하여 좌우와 결합된 양상을 보인다는 일반적인 인식을 실증적으로 확인시켜 주고 있다. 이명박과 박근혜 정권 들어 "정치권 일반"과 "국회"가 포퓰리즘 공격 주체와 공격 객체로 등장한 것도 포퓰리즘 정치 공세가 일상화되었다는 점을 단적으로 보여준다. 포퓰리즘 공방의 공격 주체로서 시민사회의 부상은 한국 사회에서 시민사회의 성장 및 그 역할의 강화를 대변하는 것으로 볼 수 있다. 더불어 재계를 포함한 경제단체 역시 주요한 공격 주체로 확인되었다. 이것은 김대중 정권부터 박근혜 정권까지 신자유주의 경제정책을 추진하면서도 복지 정책을 강화하고, 경제 민주화에 따른 재벌 개혁 및 규제 정책을 추진했던 정권에 대한 반발로 해석할 수 있다.

셋째, 핵심 네트워크는 정치사회 행위자를 중심으로 분화되어 있었으나, 시민사회와 지방정부가 참여하여 다양화되는 동시에 특정한 행위자들 간의 포퓰리즘 공방이 집중화되는 경향을 보였다. 포퓰리즘 공방의 초기였던 노무현 정부에서는 "정당-국회"가 핵심 네트워크를 형성하는 단순한 구조였다. 반면 이명박과 박근혜 정권에서는 "중앙정부-시민사회·국민-정당"과 "중앙정부-자치단체장-정당"으로 형성된 핵심 네트워크가 각각 한 개씩 확인되었다. 이것은 노무현 정권부터 포퓰리즘 공방에 참가했던 보수 및 진보 시민단체가 포퓰리즘 공방을 촉진시키는 핵심 행위자로 부상했다는 의미를 가진다. 더불어 박근혜 정권에서 복지 포퓰리즘 공방에 참가했던 자치단체장 역시 핵심 네트워크의 중요한 행위자가 되었다. 물론 여전히 포퓰리즘 공방을 주도하는 핵심 행위자는 중앙 정치권, 즉 "거대야당-거대여당-중앙정부-국회"였다. 즉 정당이 정부와 의회를 매개로 하여 지속적으로 포퓰리즘 공방을 생산 및 유통했다는 것이다. 그럼에도 핵심 네트워크 내 행위자는 다른 행위자들의 활동을 견인하고 매개하는 촉매자라는 점을 고려한다면, 핵심 행위자로서 시민단체와 자치단체장의 등장은 향후 포퓰리즘 공방이 전방위적으로 더욱 확대될 수 있다는 점을 시사한다.

특히 이명박 정권에서는 여섯 개의 핵심 네트워크가 형성되어 행위자들 간 포퓰리즘 공방이 다층화되면서 견고해졌다가, 박근혜 정권에서는 두 개로 다시 축소되는 경향을 보였다. 이러한 경향은 단순히 포퓰리즘 공방이 줄어들었다는 것을 의미하지 않는다. 박근혜 정부의 포퓰리즘 공방 밀도가 이명박 정권과 별로 차이가 없다는 점을 고려한다면, 포퓰리즘 공방은 "여당-야당-정부-자치단체장"의 특정 행위자를 중심으로 더 강화되고 있었다.

7. 한국 민주주의와 포퓰리즘의 특성 및 전망

지금까지 제6장에서는 한국의 포퓰리즘을 정당이나 엘리트가 대중의 인기에 영합하여 실현 불가능한 공약이나 정책을 남발하거나 혹은 이를 상호 비방하는 행태, 즉 포퓰러리즘(대중영합주의)으로 규정하여 김대중 정권부터 문재인 정권(2019년 9월 30일까지)에 이르기까지 포퓰리즘 행태가 확산되는 경제적 및 정치적 조건을 규명해 보았다. 그리고 "포퓰리즘=대중영합주의"라는 정치 공세를 "포퓰리즘 공방 네트워크"로 개념화하여 김대중 정권부터 박근혜 정권까지 나타난 포퓰리즘 공방 네트워크의 현황과 변화를 분석하였다. 이러한 과정은 기존 문헌의 검토와 함께 신문기사의 내용 분석에 기초한 실증 분석(사회 네트워크 분석 포함)을 병행하여 수행되었다.

경험적 분석 결과를 요약하면 다음과 같다. 첫째, 정치권의 포퓰리즘 행태는 경제적 및 정치적 위기에 따라 확산되는 경향성을 보였다. 국가 전체의 거시적인 경기전망을 나타내는 경제성장률이 하락할 때 확산되는 경향성을 보였다. 또한 집권당의 위기를 의미하는 대통령 지지율이 하락할 때, 여당과 야당 모두의 위기로 대변되는 선거 이전 시기에, 그리고 제1야당이 여당에 비해 의석수가 적을 때 증가하고 있었다. 이를 통해 집권당과 야당 모두 자신들이 처한 위기를 극복하고 대중의 지지를 확대하는 정치적 전술로서 포퓰리즘 행태를 지속적으로 벌이고 있다는 점을 확인할 수 있다.

둘째, 정치권 및 시민사회의 포퓰리즘 정치 공세는 확대되고 있었다. 포퓰리즘 공방에 참여하는 정치사회 및 시민사회 내 행위자 수와 밀도가 증가하여 포퓰리즘 정치 공세는 더욱 치열해지고 있었다. 또한 포퓰리즘 정치 공세의 공격 주체와 공격 객체는 정부, 여당, 야당, 국회의 정치사회와 재계, 시민사회 내 행위자(시민단체, 시민 학계 등)로 다양화되고 있었다. 또한 포퓰리즘 공방을 주도하는 핵심 네트워크는 다양화되는 동시에 집중화되는 경향성을 보여, 핵심 행위자를 중심으로 포퓰리즘 공방이 조밀해지는 특성을 보였다.

이상의 분석 결과는 대중영합주의적 포퓰리즘 행태가 증가하는 동시에 특정한 위기의 국면에서 확산된다는 사실을 실증적으로 확인시켜 주었다. 그리고 "포퓰리즘=대중영합주의"라는 정치 공세가 한국의 정치 과정을 지배한다는 일반적인 통념을 실증적으로 증명해 주었다. 또한 과거 보수 세력이 진보 세력을 공격하는 포퓰리즘 담론 공세가 이념과 진영과 상관없이 정치사회와 시민사회에 전방위적으로 확산되고 있다는 점을 보여주었다. 이는 다음의 네 가지 측면에서 한국의 정치 과정과 민주주의 발전을 가로막는 포퓰리즘 행태의 한계를 여실히 드러내고 있다.

첫째, 정치권의 대중영합적 포퓰리즘 행태가 지속된다는 것이다. 포퓰리즘은 대의 민주주의에서 소외된 인민이 중심이 되어 기존 정당과 엘리트에 대한 적대감을 바탕으로 생활상의 위기를 해결하기 위한 운동에서 출발하였다. 물론 이 과정에서 포퓰리즘 운동을 이끄는 카리스마적 지도자의 부정적 행태도 포착된다. 그러나 한국에서 포퓰리즘은 인민이 아니라 대의 민주주의의 기득권 세력인 정당과 엘리트들이 스스로 직면한 위기를 타개하기 위한 수단으로 등장하였다. 기득권 세력들은 경제적 위기 속에서 분출된 대중들의 불만을 정치적 자본으로 활용하는 수단으로서 포퓰리즘을 동원한다. 더불어 포퓰리즘은 선거를 앞두고 의석수 확대를 위한 혹은 의석수 만회를 위한 정치적 도구로서 기능하고 있다.

이러한 현상은 한국에서 포퓰리즘이라는 용어가 역사적 배경에 대한 이해를 고려하지 못한 채 오용된다는 학자들의 지적처럼,[82] 처음부터 포퓰리즘이 아니라 대중영합주의 혹은 대중추수주의를 의미하는 것이었다. 따라서 정치권의 포퓰리즘 행태는 지지층의 확대 혹은 지지자 응집을 위해서 대중을 통치의 대상으로 전락시킬 뿐 대중을 정치적 주체로 인식하지 않은 채 한국 사회를 지배하고 있을 뿐이다.

둘째, 정치권의 포퓰리즘 정치 공세의 악순환이 지속된다는 것이다. 단순다수대표제를 근간으로 하는 선거제도에서 한국의 포퓰리즘은 대륙 유럽 국가에서처럼 정당의 형태로 등장하거나, 남아메리카에서처럼 집권한 카리스마 정치인의 장기 집권 획책의 수단으로 출현하지 않는다. 한국에서 나타나는 포퓰리즘에 고정된 실체가 있다면, 그것은 기성 정당이나 정치인들이 자신의 정치적 위기를 벗어나거나 입지를 강화하기 위해 대중영합적 정책과 공약을 남발하는 전술인 동시에 정치 공세의 수단이자 담론이다.

이러한 포퓰리즘 정치 공세의 가장 큰 문제는 국민들이 정치권에서 제시한 정책의 합리성과 타당성을 객관적으로 판단할 기회를 차단한다는 데 있다. 만약 특정한 정책 영역에서 건전한 정책 토론이 이루어진다면, 기존 정책이 개선 및 보완되거나 혹은 새로운 정책이 도입되는 환류적인 결과가 창출되어 토론은 종료될 것이다. 그리고 이러한 정책 토론의 장은 국민들에게 정책에 대한 이해를 확대하는 기회를 제공한다. 그러나 우리의 포퓰리즘 공방은 합리적인 대안 없이 정당들 간에 정책을 둘러싼 비난과 공격의 도구로 활용되기 때문에 지속적으로 확대 및 재생산될 수밖에 없으며, 한국 사회에서 근거 없는 정치 공세만 난무하게 만들고 있다.

셋째, 포퓰리즘 정치 공세는 정치사회를 넘어 시민사회까지 확장되었다.

---

82 홍윤기(2006); 진태원(2017).

이러한 경향은 부정적 측면과 긍정적 측면을 동시에 함의한다. 과거 포퓰리즘 공방의 생산과 유통의 출발점은 정치 엘리트와 정당이었으나, 현재는 시민사회 역시 포퓰리즘 정치 공세에 적극적으로 가담하는 주체로 부상하였다. 시민사회는 정치사회에서 내놓은 정책의 합리성과 실현 가능성에 대한 냉정한 비판자로 존재해야 하지만, 정치권에서 생산한 포퓰리즘의 유령에 사로잡혀 냉정한 비판자의 역할을 잃어가고 있는 듯하다. 더욱이 정치권에서 만들어 놓은 보수와 진보의 대립적 이념 지형이 그대로 시민사회에 투영되어, 시민단체 역시 이념 논리에 근거하여 포퓰리즘 정치 공세에 동참하는 모습을 보이기도 한다. 한국이 포퓰리즘 공화국이라는 주장은 어쩌면 정치권과 시민사회 모두 합리적 대안 없이 포퓰리즘 정치 공세에 동참하는 현실에 대한 냉소적 비판을 반영하는 것일 수도 있다

넷째, 정치권의 포퓰리즘 행태의 확산은 정치 불신에 따른 대의 민주주의의 위기를 더욱 가중시킬 수 있다. 남아메리카와 유럽 대륙의 포퓰리스트와 포퓰리즘 정당은 신자유주의 경제정책의 위기 속에서도 대중의 이익을 제대로 매개하지 못했던 기성 정당 정치와 의회 정치의 한계에서 배태되었다. 즉 대의 민주주의의 한계가 포퓰리즘을 촉발한 것이다. 물론 포퓰리즘은 새로운 포퓰리스트가 정치를 단순한 선악 구도로 나누고, 기득권에 대한 적대감을 동원하는 정치적 양식을 추구하기 때문에 민주주의에 부정적인 영향을 미치는 것도 사실이다. 그러나 인민이 중심이 되어 대의 민주주의의 위기를 극복하려는 시도 자체는 참여 민주주의의 확장이라는 긍정적인 가능성을 내포하고 있다.

민심의 이반으로 대변되는 대의 민주주의의 한계는 우리의 경우도 당연히 예외가 아니다. 이러한 위기 상황에서 우리 정치권의 선택은 포퓰리즘 행태였다. 만약 정치 지도자가 리더십을 발휘해 다른 정당들과의 협조와 타협을 이끌어내고 정책에 대한 책임성(accountability)을 확보하는 건전한 토대를 만들었다면, 대중영합적 정치 행태의 유혹을 뿌리치면서도 대중들의 지

지를 효과적으로 유도할 수 있었을 것이다.[83]

그러나 한국의 정치권은 책임성과 리더십에 대한 고민 이전에 대중영합적 행태에만 몰두해 왔다. 이러한 선택은 단기적인 측면에서는 지지층의 결집과 대중의 지지를 확보할 수 있으나, 장기적 측면에서는 정치권의 불신에 따른 민심의 이반을 가속화시킬 수 있다. 즉 엘리트 중심의 대의 민주주의 한계를 가중시킨다는 것이다. 과거 안철수에 열광했던 대중들의 경험과 최근 기성 정치인에 대한 불신으로 가득 찬 무당파층의 증가를 고려한다면, 기성 정치권에 반기를 든 또 다른 포퓰리스트의 등장도 기대해 볼 수 있을 것이다.

참고문헌

강국진·김성해, 2011, "정치화된 정책과 정책의 담론화," 『한국행정학보』 제45권 2호(한국행정학회), 215~240쪽.

강정인, 2008, "개혁적 민주정부 출범 이후(1998~) 한국의 보수주의: 보수주의의 자기쇄신?"『사회과학연구』 제16권 2호(서강대학교 사회과학연구소), 6~40쪽

고기정·유원석, 2009, "친서민-경제성과로 지지율 U자 반등," 『동아일보』 12.19, http://www.donga.com/news/article/all/20091219/24924945/1 (검색일: 2020.01.15.)

김경락·정은주, 2016, "'돈 직접지원' 전환…정부판 청년수당," 『한겨레』 04 27, https://www.hani.co.kr/arti/economy/economy_general/741532.html (검색일: 2020.01.21.)

김인영, 2010, "친서민 정책을 통해서 본 이명박 정부의 본질," 『자유와 시장』 제2권 1호(한국하이에크소사이어티), 135~162쪽.

김일영, 2004, "참여 민주주의인가 신자유주의적 포퓰리즘인가: 김대중 및 노무현 정권과 포퓰리즘 논란," 『의정연구』 제10권 1호(한국의회발전연구회), 115~144쪽.

김현준·서정민, 2017, "포퓰리즘 정치 개념 고찰: 문화적 접근의 관점에서," 『한국정치학회보』 제51집 4호

83 김일영(2004).

(한국정치학회), 49~74쪽.

남혁상, 2016, "박 대통령 포퓰리즘법안은 현재, 미래세대 모두에 부담" 『국민일보』 04.22, http://news.kmib.co.kr/article/view.asp?arcid=0010555573 (검색일: 2020.01.15.)

도묘연, 2016, "정부주도형 및 민간주도형 NGO 네트워크의 규모와 다양성: 충청남도의 사례를 중심으로," 『한국정치연구』 제25집 2호(서울대학교 한국정치연구소), 89~118쪽.

문화체육관광부 대한민국 정부 브리핑, 2006, ""양극화 선거용" 공세는 '정치 언론'의 왜곡," 03.29, http://www.korea.kr/special/policyFocusView.do?newsId=135087744&pkgId=40000011&pkgSubI=&pageIndex=1 (검색일: 2020.02.01.)

박설아·류석진, 2018, "신생 소수정당의 성장과 포퓰리즘: 독일 대안당(AfD: Alternative für Deutschland)과 우파 포퓰리즘을 중심으로," 『한국정치연구』 제27집 1호(서울대학교 한국정치연구소), 493~520쪽.

백영민, 2016, "커뮤니케이션 관점으로 본 포퓰리즘의 등장과 대의 민주주의 위기," 제12권 4호(한국언론학회), 5~57쪽.

서병훈, 2006, "'포퓰리즘 구하기': 개념 규정을 위한 시도," 『철학연구』 제72집(고려대학교 철학연구소), 203~222쪽.

서울사회경제연구소, 2014, 『박근혜 정부의 경제 사회정책: 경제 민주화와 복지의 실종』, 서울: 한울아카데미.

설 한, 2019, "이데올로기로서의 포퓰리즘'에 대한 비판적 고찰," 『한국정치연구』 제28집 3호(서울대학교 한국정치연구소), 57~83쪽.

유정환, 2008, "서유럽의 포퓰리즘 정당과 유럽 통합," 『유럽연구』 제26권 1호(한국유럽학회), 1~22쪽.

윤상철, 2019, "촛불집회 이후의 경제적·사회적 민주주의의 전망," 『경제와 사회』 통권 제121호(비판사회학회), 12~36쪽.

이광일, 2017, "신자유주의 시대 한국의 포퓰리즘: 김대중, 노무현 정권에 대한 논의를 중심으로," 진태원 편, 『포퓰리즘과 민주주의』, 서울: 소명출판, 266~310쪽.

이상배·김은령, 2006, "빚이 사람 잡네 신용대란후 자살 급증," 『머니투데이』 09.18, https://news.mt.co.kr/mtview.php?no=2006091817232263820&type=1 (검색일; 2020.01.15.)

이성형, 2004, "민중주의. 인기영합주의로의 해석은 국적불명의 편의적 용법," 『신동아』 (2004년 신년호 특별 부록), 50~55쪽.

이승원·임한샘·이현우, 2018, "청와대 국민청원 참여요인 분석: 포퓰리즘인가, 정치효능감인가," 『OUGHTOPIA』 제33집 3호(경희대학교 인류사회재건연구원), 111~141쪽.

이용욱·강병한, 2011, "여 우파의 반격 "감세 철회·무상복지는 당 정체성 위협," 『경향신문』 06. 22, http://news.khan.co.kr/kh_news/khan_art_view.html?art_id=201106222133475 (검색일: 2020.01.20.)

이원태, 2006, "인터넷 포퓰리즘과 한국 민주주의," 『시민사회와 NGO』 제4권 1호(한양대학교 제3섹터연구소), 81~100쪽.

장석준, 2019, "오늘의 대한민국에서 포퓰리즘에 주목해야 하는 이유," 『시민과 세계』 통권 제34호(참여연대 참여사회연구소), 1~36쪽.

전용주, 2006, "대통령 지지도 변화 요인에 대한 연구: 한국의 대통령 지지율 변화를 설명하기 위한 이론적 모형의 탐색적 구축," 『21세기정치학회보』 제16권 1호(21세기정치학회), 67~90쪽.

정병기, 2012, "서유럽 포퓰리즘의 성격과 특징: 프랑스, 이탈리아, 오스트리아, 벨기에, 노르웨이의 네오포퓰리즘 정당을 중심으로," 『대한정치학회보』 제20집 2호(대한정치학회), 139~164쪽.

정병기, 2020, "포퓰리즘의 개념과 유형 및 역사적 변화: 고전 포퓰리즘에서 포스트포퓰리즘까지," 『한국정치학회보』 제54집 1호(한국정치학회), 91~110쪽.

정상호, 2003, "노무현 정권, '반개혁' 공세에 어떻게 대응할 것인가," 강준만 외 편. 『인물과 사상 26』, 서울: 개마고원.

정재철, 2011, "한국 신문과 복지 포퓰리즘 담론: 동아일보와 한겨레신문을 중심으로," 『언론과학연구』 제11권 1호(한국지역언론학회), 372~399쪽.

정천기, 2010, "친서민정책은 시장원칙 벗어난 포퓰리즘," 『연합뉴스』 08. 26, https://www.yna.co.kr/view/AKR20100826180800003 (검색일: 2020.01.20.)

조기숙, 2016, 『포퓰리즘의 정치학: 안철수와 로스 페로의 부상과 추락』, 고양: 인간사랑.

조명래, 2004, "참여정부의 얕은 진보주의와 포퓰리즘적 신개발주의," 『환경과 생명』 제39호, 70~87쪽.

조신섭·이정현, 2014, 『경제 시계열 분석을 위한 SAS/ETS 사용법』, 파주: 자유아카데미.

조영철, 2018, "문재인 정부 경제정책 평가," 『경제와사회 』 통권 120호(한국비판사회학회), 134~157쪽.

조희연, 2003, 『한국의 정치사회적 지배 담론과 민주주의 동학』, 서울: 함께하는책.

주정립, 2006a, "포퓰리즘에 대한 이론적 검토," 『시민사회와 NGO』 제4권 1호(한양대학교 제3섹터연구소), 43~79쪽.

주정립, 2006b, "포퓰리즘과 위기," 『대한정치학회보』 제14집 1호(대한정치학회), 351~378쪽.

진태원, 2017, "포퓰리즘, 민주주의, 민중," 진태원 편, 『포퓰리즘과 민주주의』, 서울: 소명출판, 19~54쪽.

채진원, 2019, "포퓰리즘의 이해와 이재명 현상에 대한 시론적 논의," 『사회과학연구』 제50집 1호(서강대학교 사회과학연구소), 53~76쪽.

하상응, 2018, "한국 유권자의 포퓰리즘 성향이 정치 행태에 미치는 영향," 『의정연구』 제24권 1호(한국의회발전연구회), 135~170쪽.

한국정치학회, 2011, 『한국 정치에서 포퓰리즘에 관한 진단과 대책』, 서울: 특임장관실.

홍윤기, 2006, "한국 '포퓰리즘' 담론의 철학적 검토: 현실능력 있는 포퓰리즘의 작동편제와 작동문법 탐색," 『시민사회와 NGO』 제4권 1호(한양대학교 제3섹터연구소), 7~41쪽.

Canovan, Margaret, 1999 "Trust the People! Populism and the Two Faces of Democracy," *Political Studies*, vol.47, no.1, pp.2~16.

MacKuen, Michael B., Robert S. Erikson, and James A. Stimson, 1992, "Peasants or Bankers:

The American Electorate and the U.S. Economy," *American Political Science Review*, vol.86, no.3, pp.597~611.

Mény, Yves and Yves Surel, 2002, "The Constitutive Ambiguity of Populism," Yves Mény and Yves Surel (eds.), *Democracies and the Populist Challenge*. New York: Palgrave, pp.1~21.

Mudde, Cas, 2004, "The Populist Zeitgeist," *Government and Opposition*, vol.39, no.4, pp.542~563.

Reinfeldt, Sebastian, 2013, *Wir für Euch: Die Wirksamkeit des Rechtspopulismus in Zeilen der Krise*, Münster: Unrast.

Spruyt, Bram, Gil Keppens and Filip Van Droogenbroeck, 2016, "Who supports populism and What attracts people to it?," *Political Research Quarterly*, vol.69, no.2, pp.335~346.

Stanley, B., 2008, "The Thin Ideology of Populism," *Journal of Political Ideologies*, vol.13, no.1, pp.95~110.

Taggart, Paul, 2000, *Populism*, Philadelphia: Open University Press.

Taggart, Paul, 2002, "Populism and the Pathology of Representative Politics," Mény, Yves and Yves Surel (eds.), *Democracies and the Populist Challenge*, New York: Palgrave, pp.62~80.

Taggart, Paul, 2004, "Populism and Representative Politics in Contemporary Europe," *Journal of Political Ideologies*, vol.9 no.3, pp.269~288.

e-나라지표 (http://www.index.go.kr).

7장

빅데이터로 본 한국 포퓰리즘

| 김찬우 |

포퓰리즘은 현대 민주 정치에서 가장 많이 사용되는 단어 중 하나이다. 언론에서는 대중인기영합주의, 대중추수주의, 민중주의, 대중주의로 번역해서 사용하기도 하고,[1] 포퓰리즘이라는 단어 그대로 사용하기도 한다. 또한 포퓰리즘이 정치 용어로 사용될 때는 특정 이데올로기를 표방한 집단이나 인물이 다른 집단이나 인물을 공격할 때 사용하는 경우도 있다. 이는 종북-반공, 좌파-우파 등 이념에 기반한 단어와 포퓰리즘이 결합하여 상대방을 비판하는 경우에 두드러지게 나타난다.

그러나 포퓰리즘 용어의 사용은 정치 영역과 경제 영역에서 다른 양상

1 정재철, 2011, "한국 신문과 복지 포퓰리즘 담론: 동아일보와 한겨레신문을 중심으로," 『언론과학연구』 제11권 1호(한국지역언론학회), 372~399쪽.

을 보인다. 미국 트럼프(Donald John Trump) 대통령을 두고 포퓰리스트의 전형이라고 칭하며, '트럼피즘(Trumpism)'이라고 부르는 것은 좌에서 우로 공격하는 경우라고 할 수 있다. 반면 경제 영역에서 재난지원금을 두고 경제지에서 복지 포퓰리즘이라고 비판하는 것은 우에서 좌로 공격하는 예가 될 것이다. 즉, 같은 포퓰리즘이라는 용어를 두고 정치와 경제 등 분야에 따라 접근하는 방향이 다르고, 좌-우에서 사용하는 용도가 다르다. 따라서 포퓰리즘이라는 용어가 현대 사회에서 어떻게 사용되고 있고, 어떤 맥락에서 인식되는지에 대한 연구는 매우 중요하다. 특히 메시지를 전달하는 언론과 메시지를 소비하는 대중의 반응을 살펴볼 필요가 있다.

따라서 제7장은 2003년부터 2020년까지 포퓰리즘 용어가 포함된 뉴스와 그 댓글을 수집, 분석하여 언론이 전달한 내용과 댓글에서 나타난 반응을 분석한다. 2003년 이전에도 포퓰리즘 뉴스가 있으나 온라인 포털사이트에서 자료 수집이 가능한 기간을 고려하고, 정권별 비교를 위해 분석의 시작점은 2003년으로 잡았다. 또한 자료 수집을 위한 온라인 포털사이트는 다음(daum.net)을 활용하였는데, 다른 포털사이트(naver.com)보다 뉴스 하단에 광고가 많이 없는 구조로 되어 있어 좀 더 정확한 뉴스 본문을 수집할 수 있기 때문이다.

이 장은 다음과 같이 구성하였다. 제1절에서는 온라인 뉴스와 댓글의 분석 방법을 간략하게 정리하였다. 뉴스는 18년 동안 등록된 대용량 데이터에서 주요한 의미를 파악하기 위해 토픽모델링(Topic Modeling)을 사용하였고, 댓글은 작성자의 의도를 파악할 수 있는 화행(speech act: 언어를 통해 이루어지는 행위)을 통해 분류 및 분석하였다. 제2절에서는 수집된 온라인 뉴스와 댓글의 현황 및 포퓰리즘 관련 뉴스를 작성한 언론사의 특징을 검토하였다. 특히 정권별로 구분하여 어떤 언론사가 포퓰리즘 관련 뉴스를 많이 제공하였는지 분석하였다. 제3절은 온라인 뉴스를 대상으로 토픽모델링 방법론을 적용하여 주요 토픽을 도출하고, 각 토픽에 해당하는 단어를 행위자와 이슈로 구분하여 의미를 파악하였다. 이 과정에서 포퓰리즘 관련 전체 뉴스와 정권별로 구분한 뉴스에서 나타난 주요 토픽을 주제별로 묶어 의미를 명확하게 밝히고자 하였다.[2] 제4절은 제3절에서 분석한 정권별 주요 이슈 중에서 핵심적인 포퓰리즘 이슈와 대상 등을 요약하여 함의를 밝힌다.

제5절에서는 포퓰리즘 관련 뉴스에 달린 댓글의 화행을 분석하였다.[3] 화행 분석은 샘플링한 댓글에서 추출한 화행을 정리하여 사전형으로 정리한 것을 활용하였다. 화행은 크게 [약속], [주장], [선언], [명령], [기대], [표현], [질문]의 7개로 구분하였으며, 전체 기간 댓글과 정권별 댓글에서 화행의 차이점을 밝혔다. 제6절에서는 정권별로 나타난 화행 결과 중 통계적으로 유의미한 화행을 확인하기 위해 일원배치 분산분석(One Way ANOVA)을 수행하였다. 마지막으로 제7절에서는 전체 결과를 요약하고, 결론으로 마무리하였다.

1. 온라인 뉴스 및 댓글과 포퓰리즘

온라인상에서 유통되는 포퓰리즘 관련 대용량 뉴스를 분석하기 위해 포털사이트 다음에 등록된 뉴스를 분석 대상으로 설정하였다. 이를 위해 2003년 1월 1일부터 2020년 12월 31일까지 국내 포털사이트 중 다음(Daum)에 등록된 뉴스와 뉴스에 달린 댓글을 수집하였다. 수집된 뉴스 중 포퓰리즘과 관련된 뉴스는 제목과 본문에 포퓰리즘이 포함된 경우로 한정하였다. 구체적인 분석 내용 및 방법은 다음의 세 가지로 정리된다.

---

2 제2절은 『국제정치연구』에 발표한 글을 확장하여 작성한 것이다. 김찬우, 2021, "토픽모델링을 이용한 포퓰리즘 뉴스 분석," 『국제정치연구』 제24권 2호(동아시아국제정치학회), 99~126쪽.

3 제5절은 한국자료분석학회 '2020년 추계학술논문대회'에서 발표한 글을 확장하여 작성하였다. 김찬우, 2020, "포퓰리즘 뉴스 댓글의 화행 분류," 2020년 추계학술대회 발표논문(자료분석학회), 93~96쪽.

첫째, 포털사이트 다음에 등록된 포퓰리즘 뉴스와 댓글 데이터의 특징을 뉴스량과 댓글량을 통해 설명하였다. 여기서 분석은 연도별 뉴스량과 댓글량 변화를 검토하고, 포털사이트에 뉴스를 등록한 언론사를 확인하여 어떤 언론사가 여론을 주도했는지 파악하였다. 언론사를 확인하는 것은 기간 변화에 따른 뉴스량이 일정하게 나타나는지 혹은 특정 언론사에 집중되었는지를 확인하기 위해서다. 포퓰리즘 뉴스의 기간은 네 시기로 구분하였다. 2003년부터 2020년까지 13년간 뉴스를 정권별로 구분하여 2003년부터 2007년까지를 노무현 정권으로, 2008년부터 2012년까지를 이명박 정권으로, 2013년부터 2016년까지를 박근혜 정권으로, 그리고 2017년부터 2020년까지를 문재인 정권으로 구분하였다.[4]

둘째, 포퓰리즘 뉴스를 대상으로 토픽모델링(Topic Modeling) 방법론을 사용하여 전체 토픽과 기간별 토픽을 도출하고, 토픽의 내용을 분석하였다. 대용량 텍스트 데이터를 분석하는 데 있어 다양한 분석 방법 중 토픽모델링은 전체 문서에서 통계적 방법을 활용하여 본문의 숨겨진 의미 구조를 발견하는 데 유용한 방법이다.[5] 토픽모델링은 문서에서 존재하는 토픽들에 대한 확률 모형으로서 대표적인 모형은 잠재 디리클레 할당(LDA: Latent Dirichlet Allocation)을 들 수 있다.[6] 이 경우 모형 자체에 대한 설명은 하지 않고 기본적인 내용만 설명하면, 문서 집합에서 확률 분포로 토픽을 뽑은 후 토픽에 해당하는 단어를 뽑게 된다. 예를 들어 토픽 1에 뽑힌 단어가 배, 사

4 포털사이트 '다음'에 등록된 뉴스를 확인한 결과, 1994년부터 포퓰리즘 관련 뉴스를 제공하고 있었으나 연합뉴스의 기사만 제공하고 있어 포퓰리즘 사안에 대한 다양한 의견을 확인하기 어려운 점이 있었다. 따라서 분석 기간은 국내 주요 언론사들의 뉴스가 확인된 2003년을 시작점으로 설정하였다.

5 Newman, D., Asuncion, A., Smyth, P., &Welling, M., 2009, "Distributed Algorithms for Topic Models," *Journal of Machine Learning Research*, no.10, pp.1801~1828.

6 잠재 디클레 할당(LDA: Latent Dirichlet Allocation), 위키백과, https://ko.wikipedia.org/wiki/잠재_디클레_할당 (검색일: 2021.03.21.)

과, 귤 등이면, 과일의 내용은 담은 것이라고 할 수 있다. 따라서 문서 집합에서 몇 개의 토픽을 선택할 것인가 혹은 토픽이 설명하는 토픽명은 무엇인가 등의 문제가 중요하다. 이 글에서는 토픽모델링 라이브러리로 토마토피와이(tomotopy)를 사용하였는데,[7] 이는 기존 LDA뿐만 아니라 자동레이블링 LDA(Labeled LDA)와 토픽 상관관계 분석모델(Correlated Topic Model) 등 다양한 모듈을 제공하는 장점이 있다.

토픽 개수는 토픽 일관성(Topic coherence) 지표를 사용하여 수치가 높은 지점을 기준으로 선별하였다.[8] 토픽 일관성 지표는 토픽 안에 포함된 단어의 유사도를 계산하여 도출되는 것으로, 지표가 높을수록 의미 있는 결과를 얻을 수 있다.[9] 다만, 지표 값이 너무 커질 경우 주제가 겹칠 수 있으므로 적정한 개수는 실제 데이터를 확인 후 선택해야 한다.

토픽에 포함된 단어를 이해관계자와 이슈로 재분류하고, 토픽명을 기준으로 유사한 내용을 정리하여 분석하였다. 예를 들어 '전국민 재난지원금'이나 '지자체 재난 기본소득 실험' 등은 코로나19로 인한 공공의 지원 정책으로 같은 유형이라고 할 수 있다. 따라서 주요 대상과 이슈를 주제별로 정리함으로써 포퓰리즘 용어의 대상과 내용을 파악할 수 있다.

셋째, 포퓰리즘을 다룬 뉴스에 달린 댓글의 화행을 분석하였다. 이때 화행은 진술 행위, 정표 행위, 명령 행위, 선언 행위 등으로 구분할 수 있다. 따

7 tomotopy 홈페이지, https://bab2min.github.io/tomotopy/v0.5.1/kr/index.html#tomotopy (검색일: 2021.03.22.)

8 일반적으로 토픽 개수를 정하는 방법은 토픽 일관성과 함께 혼잡도(perplexity)를 함께 고려하는 방식이 있다. 그러나 실제 토픽 일관성과 혼잡도를 고려하여 분석한 결과, 전체 뉴스와 정권별 뉴스 모두 토픽이 15~16개로 나타나 토픽의 다양성을 확인할 수 없는 문제가 있었다. 즉 각 정권별 토픽이 15~16개 범주에 있다면, 전체는 16개 이상 도출되어야 함에도 토픽 개수가 같았다는 것이다. 이를 고려하여 이 글에서는 토픽 일관성만을 활용하였다.

9 Röder, M., Both, A., & Hinneburg, A., 2015, "Exploring the Space of Topic Coherence Measures," *Proceedings of the eighth ACM International Conference on Web Search and Data Mining*, pp.399~408.

라서 문장에서 질문이나 약속 및 위협 등의 의미나 의도를 파악할 수 있게 한다. 댓글의 화행을 분석해야 하는 이유는 포퓰리즘의 정의에서 확인할 수 있다. 포퓰리즘 현상의 주요 혹은 핵심 속성은 '인민(민중, 국민, 대중)에 대한 호소'와 '엘리트에 대한 공격'이며, '서로 적대하는 동질적인 두 진영'으로 정의된다.[10] 적대적인 구도에서 대중의 의사 반영은 주장과 선동 등의 언어 활동이 매우 중요한 요소가 된다. 특히 소셜미디어(Social Media) 시대에 들어 상호연결이 강화된 상황에서 포퓰리즘의 확산은 더욱 쉬워진다. 언론은 포털사이트를 통해 포퓰리즘적 주장과 선동을 전달 및 확산하며, 대중들은 소셜미디어를 통해 관련 정보를 획득할 수 있으며, 다양한 주장에 대한 반응도 즉각적으로 가능하다. 따라서 언론에서 보도한 포퓰리즘 관련 뉴스의 댓글을 대상으로 시민의 주장과 반응을 확인하는 것은 중요하다.

화행을 분석하기 위해서는 화행의 유형 분류가 필요하다. 따라서 화행론을 제시한 오스틴(Austion)의 일상 언어 6개 유형을 기준점으로 하되,[11] 약속, 주장, 선언, 명령, 기대, 표현, 질문의 7개 유형으로 추가 및 재구분하여 화행 분류 사전을 구성하여 분석에 활용하였다. 화행 사전은 전체 댓글에서 단순 무작위 추출법(simple random sampling)으로 10%를 추출하고, 불필요한 댓글은 삭제 후 분석에 필요한 서술어 위주로 구성하였다. 예를 들어 선언에는 "선언합니다"와 "밝힙니다", 약속에는 "다짐합니다"와 "약속합니다" 및 "하겠습니다" 같이 명시적으로 확인 가능한 서술어 위주로 구성하였다. 댓글에서 화행을 분류한 예시는 아래 <표 7-1>과 같다.

---

10 Mudde, Cas and Cristóbal R. Kaltwasser, 2019, 『포퓰리즘』 이재만 역 (파주: 교유서가), 15~16쪽.

11 장석진, 1984, "화행의 이론과 실제: 동문서답," 『어학연구』 제20권 1호(서울대학교 언어교육원), 1~18쪽.

<표 7-1> 화행 분류 예시

약속	주장	선언	명령	기대	표현	질문
찍는다	이건아니다	선언합니다	하시고	것같습니다	싫어	해주실수 있는지
울겁니다	표합니다	갈것입니다	해주세요	주실겁니다	흥겹	왜?
해봅니다	해야한다	걸어갑니다	하실거죠	할것이다	하고싶	하는가
일어서려 합니다	인정한다	범행을 저지른	시켜보시요	좋겠다	편협하	안돼?
지켜봅니다	이어야합니다	천명합니다	해야합니다	바란다	눈부시	내시나요
갑니다	지지했습니다	밝힙니다	일어나라	살리면 그만이지	볼만하	안됨?
다짐합니다	믿습니다	범법행위 입니다	자중해	보여주길	감탄사 절로나오	안되나요?

넷째, 화행 분류 사전을 수집한 댓글에 적용하기 위해 구조적 정보를 담은 제이슨(JSON, JavaScript Object Notation) 형태로 변환하여 댓글에 매치하였다. 분석은 뉴스를 시기별로 구분한 것과 동일하게 전체 및 정권별로 화행이 나타난 댓글량을 파악하였으며, 정권별 차이점도 분석하였다. 그리고 정량적인 현황 파악과 더불어 실제 댓글에서 화행을 표현한 이유를 밝히기 위해 추가 분석을 진행하였다. 이 과정은 화행이 포함된 댓글에서 화행 분류 단어를 기준으로 앞의 명사를 추출하여 데이터를 만든 후 빈도 분석을 수행하여 이루어졌다. 예를 들어 "대통령을 찍는다"라는 댓글에서 화행 단어 "찍는다"는 약속으로 분류하고, 앞의 명사인 "대통령"을 추출하는 방식이다. 이처럼 데이터를 정리한 후, 어떤 대상이나 메시지가 높은지를 확인하였다.

마지막으로 뉴스와 댓글 데이터 분석에서 나온 결과를 종합적으로 평가

하고 의미를 도출하였다. 위의 과정을 정리하면 아래 <표 7-2>와 같다

<표 7-2> 포퓰리즘 뉴스와 댓글 분석 프로세스

데이터 수집	대상: 포퓰리즘을 포함한 뉴스 기간: 2003.1.1.~2020.12.31.	대상: 포퓰리즘 뉴스의 달린 댓글 기간: 2003.1.1.~2020.12.31.
↓		
데이터 처리	형태소 분석(명사 위주) 불용어 처리(조사, 특수문자 등) 복합명사 처리(자유 한국당-> 자유한국당) 동의어 처리(예: 문 대통령->문재인)	형태소 분석(명사 위주) 화행 분류 사전 구성(JSON) 및 매칭(원문) 화행 단어 기준 Window 2 적용
↓		
데이터 분석	토픽모델링 토픽 자동라벨링(2-gram 적용) 연도별 토픽 증감	전체, 연도별 화행 현황 연도별 화행 이슈 파악
↓		
결과 해석	전체, 기간별 주요 행위자 및 이슈 파악 주요 대상 및 이슈의 변화 검토	전체, 기간별 주요 행위자 및 이슈 파악 주요 대상 및 이슈의 변화 검토

2. 온라인 뉴스 데이터와 댓글의 특징

2003년 1월부터 2020년 12월까지 온라인 뉴스에 등록된 포퓰리즘 뉴스량을 연도별로 정리하면 아래 [그림 7-1]과 같다. 전체 뉴스량은 69,389건이었고, 연도별로는 2011년 10,832건으로 전체 기간 중 가장 많은 뉴스가 확인되었다. 다음으로 2017년 9,547건, 2012년 7,358건 등의 순으로 뉴스가 나타났다. 2003년 포퓰리즘 뉴스가 131건의 최소값을 보인 이유는 국내 정치에서 포퓰리즘 담론이 활성화되지 않은 점, 그리고 아직 온라인 뉴스가 활성화되지 않은 점과도 관련되어 있다고 볼 수 있다. 반면, 2011년에 가장 많

은 뉴스량을 보인 것은 오세훈 당시 서울시장의 무상급식 논란과 유럽과 중남미 주요 국가에서 확산한 포퓰리즘이 국내에 많이 보도된 것과 관련되어 있다.

[그림 7-1] 연도별 포퓰리즘 뉴스 및 댓글량 비교

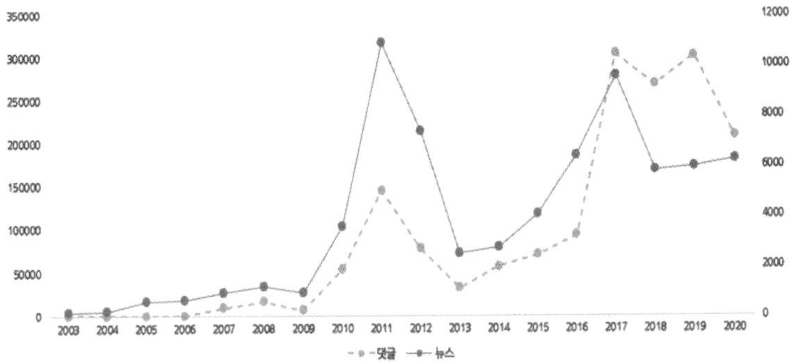

<표 7-3> 연도별 포퓰리즘 뉴스 및 댓글량

(단위: 건)

	기간	2003	2004	2005	2006	2007	합계
노무현 정권	뉴스량	131	171	576	599	926	2,403
	댓글량	0	0	0	0	9,255	9,255
	기간	2008	2009	2010	2011	2012	합계
이명박 정권	뉴스량	1,178	935	3,559	10,832	7,358	23,862
	댓글량	16,526	6,379	54,242	145,265	77,165	222,412
	기간	2013	2014	2015	2016		합계
박근혜 정권	뉴스량	2,494	2736	4,042	6,353		15,625
	댓글량	31,742	56,987	70,183	93,105		252,017
	기간	2017	2018	2019	2020		합계
문재인 정권	뉴스량	9,547	5,806	5,917	6,229		27,499
	댓글량	303,689	267,718	301,523	208,541		1,081,471

다음으로 포퓰리즘 뉴스에 달린 댓글량의 현황을 정리한 <표 7-3>을 보면, 2017년 303,689건으로 가장 많았으며, 2019년 301,523건, 2018년 267,718건 등의 순이다. 이는 문재인 정권에 들어 댓글량이 많이 증가한 점과 관련되는데, 이 시기 댓글량은 다른 정권 전체량보다 많았다. 다른 정권의 경우 이명박 정권인 2011년에 145,265건으로 댓글량이 가장 많았다. 특히 2011년에는 무상급식 논란으로 댓글에서 찬반 의견이 폭넓게 제기되면서 댓글량도 많아진 것이다. 그리고 2017년에는 대통령 탄핵과 이후 대선 등의 과정을 거치면서 다양한 의견들이 표출되어 댓글량이 많아졌다. 그러나 다른 정권에서는 포퓰리즘 뉴스에 반응하여 댓글이 증가했지만, 문재인 정권에서는 포퓰리즘 관련 뉴스가 적어짐에도 불구하고 댓글이 많이 나타나고 있다. 이는 온라인 사용자들이 댓글로 적극적인 의사를 많이 표현한 결과로 볼 수 있다. 더불어 인터넷을 사용하는 환경이 기존 PC에서 모바일 환경으로 변화함에 따라 간편한 뉴스 소비와 함께 댓글을 통한 간편한 의견 작성은 댓글 수를 급격히 증가시키는 요인이 되었다.[12] 댓글의 주요 내용은 4절에서 자세하기 살펴보기로 한다.

포퓰리즘 뉴스량을 언론사별로 분석한 결과는 <표 7-4>와 같다. 먼저 전체 뉴스량은 국내 통신사인 연합뉴스(6,473건), 한국경제(3,883건), 뉴시스(3,528건), 서울경제(3,013건) 등의 순으로 많았으며, 다음으로 헤럴드경제(2,812건), 머니투데이(2,699건), 매일경제(2,577건), 문화일보(2,526건) 등의 순서대로 상위에 나타났다. 전반적으로 한국경제, 서울경제, 헤럴드경제, 머니투데이,

---

12 2020 언론수용자 조사에 따르면, 2011년 PC 인터넷 이용률은 64.7%였으나, 2020년에 들어서는 38.9%로 감소하였고, 모바일 인터넷 이용률은 2011년 36.7%에서 2020년 88.5%로 크게 증가하였다. 또한 한국리서치에서 수행한 2019년 11월 댓글 작성 관련 조사에 의하면, 응답자의 63%가 온라인 컨텐츠를 매일 이용하며, 포털사이트 이용자의 86%가 댓글도 함께 읽는다고 한다. 한국언론진흥재단 조사분석팀, 2020, 『언론수용자 조사』(파주: 한국언론진흥재단), 19쪽; 정관철, 2019, "[기획] 악성댓글, 이대로 괜찮은가," 『한국리서치』, https://hrcopinion.co.kr/archives/14589 (검색일: 2021.04.20.)

매일경제, 파이낸셜뉴스, 아시아경제, 이데일리 등 국내 경제지에서 포퓰리즘 관련 뉴스량이 많았다. 종합지를 보면, 문화일보(2,526건), 중앙일보(2,372건), 세계일보(2,187건), 경향신문(2,136건), 조선일보(2,128건) 등이 있었다. 즉 뉴스를 언론사에 제공하는 통신사를 제외하면, 포털에 뉴스를 제공하는 대부분의 국내 경제지가 20위 안에 있으며, 한국경제는 통신사인 뉴시스나 뉴스1보다 더 많이 포퓰리즘 기사를 다루었다.

포퓰리즘을 다룬 뉴스량을 시기별로 나누어 비교하면, 다소 차이점을 확인할 수 있다. 먼저 노무현 정권(2003~2007)에서 포퓰리즘을 다룬 언론사는 연합뉴스(457건), 데일리안(223건), 오마이뉴스(215건), 국민일보(185건) 등으로 확인되었다. 다음으로 노컷뉴스(130건), 머니투데이(125건), 한국일보(116건), 한겨레(102건) 등이 있었다. 앞서 전체 시기에는 경제지가 타 언론사보다 더 많은 보도량을 보였으나, 노무현 정권에서는 데일리안, 오마이뉴스, 노컷뉴스 등 인터넷 신문이 상위에 있었다. 그리고 주간경향과 한겨레21 등 시사주간지도 20위 안에 있었다.

이명박 정권(2008~2012)에서는 연합뉴스(2,263건), 한국경제(1,360건), 뉴시스(1,317건), 헤럴드경제(1,272건), 머니투데이(1,219건) 등의 순으로 많은 뉴스량을 보였다. 다음으로 매일경제(1,193건), 서울경제(991건), 경향신문(877건), 파이낸셜뉴스(871건) 등이 있었다. 즉 이명박 정권에 들어서 경제지들이 타 언론사보다 더 많은 포퓰리즘 뉴스량을 보였다. 그리고 인터넷 신문은 노무현 정권 시기에는 상위에 있었던 반면, 이명박 정권에 들어서는 10위권 밑으로 내려갔다. 그 외 종합지로는 8위 경향신문(877건), 10위 문화일보(865건), 11위 세계일보(830건), 15위 한국일보(699건) 등이 있었다.

박근혜 정권(2013~2016)에서는 연합뉴스(1,332건), 한국경제(1,165건), 문화일보(721건), 서울경제(665건), 헤럴드경제(632건) 등의 순으로 뉴스량이 많았다. 다음으로 매일경제(614건), 뉴시스(601건), 동아일보(569건), 파이낸셜뉴스(538건) 등의 순이다. 이명박 정권과 비교하여 한국경제, 서울경제, 헤럴드경제,

매일경제 등의 경제지는 계속 상위에 있으며, 종합지인 문화일보, 동아일보가 순위가 상승하였다. 또한 조선일보와 함께 2011년에 창간한 민간통신사인 뉴스1이 17위로 상위에 있었다.

마지막으로 문재인 정권(2017년-2020년)에서는 연합뉴스(2,420건), 뉴시스(1,515건), 뉴스1(1,432건) 등 통신사가 1~3위를 차지하였으며, 다음으로 서울경제(1,367건), 한국경제(1,339건), 중앙일보(1,256건), 조선일보(1,141건) 등의 경제지와 보수지가 있었다. 그 외 헤럴드경제(869건), 이데일리(847건), 파이낸셜뉴스(836건) 등 상위 경제지 이외의 다른 경제지가 다음 순위를 차지하였다. 또한 다른 기간에는 순위권에 없던 KBS(608건)도 20위에 올랐다.

<표 7-4> 전체 및 기간별 언론사 뉴스량 상위 20위 비교

(단위: 건)

	전체		노무현 정권 (2003~2007)		이명박 정권 (2008~2012)		박근혜 정권 (2013~2016)		문재인 정권 (2017~2020)	
순위	언론사	뉴스수	언론사	뉴스수	언론사	뉴스수	언론사	뉴스수	언론사	뉴스수
1	연합뉴스	6,473	연합뉴스	457	연합뉴스	2,263	연합뉴스	1,332	연합뉴스	2,420
2	한국경제	3,883	데일리안	223	한국경제	1,360	한국경제	1,165	뉴시스	1,515
3	뉴시스	3,528	오마이뉴스	215	뉴시스	1,317	문화일보	721	뉴스1	1,432
4	서울경제	3,013	국민일보	185	헤럴드경제	1,272	서울경제	655	서울경제	1,367
5	헤럴드경제	2,812	세계일보	161	머니투데이	1,219	헤럴드경제	632	한국경제	1,339
6	머니투데이	2,699	노컷뉴스	130	매일경제	1,193	매일경제	614	중앙일보	1,256
7	매일경제	2,577	머니투데이	125	서울경제	991	뉴시스	601	조선일보	1,141
8	문화일보	2,526	한국일보	116	경향신문	877	동아일보	569	문화일보	940
9	중앙일보	2,372	한겨레	102	파이낸셜뉴스	871	파이낸셜뉴스	538	헤럴드경제	869

10	파이낸셜 뉴스	2,245	경향신문	101	문화일보	865	머니투데이	535	이데일리	847
11	세계일보	2,187	뉴시스	95	세계일보	830	중앙일보	533	파이낸셜 뉴스	836
12	아시아경제	2,149	서울신문	93	아시아경제	813	아시아경제	479	머니투데이	820
13	경향신문	2,136	미디어오늘	66	데일리안	722	세계일보	450	아시아경제	809
14	조선일보	2,128	이데일리	65	노컷뉴스	710	국민일보	447	매일경제	770
15	이데일리	1,953	아시아경제	48	한국일보	699	경향신문	444	세계일보	746
16	뉴스1	1,857	헤럴드경제	39	서울신문	697	조선일보	440	경향신문	714
17	국민일보	1,846	YTN	28	국민일보	664	뉴스1	425	한국일보	662
18	동아일보	1,825	주간경향	27	한겨레	651	이데일리	399	동아일보	660
19	한국일보	1,770	한겨레21	22	이데일리	642	서울신문	390	한겨레	630
20	한겨레	1,743	한국경제	19	오마이뉴스	607	노컷뉴스	371	KBS	608

언론사별 전체 뉴스량과 정권별 포퓰리즘 뉴스량을 종합하여 비교해 보면, 전반적으로 경제지가 노무현 정권을 제외하고 상위권에 있었다. 노무현 정권에는 다른 시기에 비해 뉴스량은 적었으나, 온라인 뉴스 시장의 초기 단계임에도 온라인 신문들이 상위권에 있었다. 그리고 주간경향, 한겨레21 등 주간지들이 포퓰리즘 내용을 좀 더 깊고 폭넓게 다루고 있었다. 이명박 정권부터 경제지가 포퓰리즘을 많이 다루기 시작했으며, 종합지는 경향신문과 한겨레 등 진보 성향의 언론사가 상위에 위치하여 보수 정권에 대한 비판적 입장을 많이 피력하였다.

다음으로 포퓰리즘 관련 뉴스를 다룬 언론사의 댓글 반응 수를 살펴보면, 아래 <표 7-5>과 같다. 앞서 포퓰리즘 뉴스를 많이 게재한 언론사와는 순위가 다르게 나타났다. 전체 댓글량이 많은 언론사를 보면, 연합뉴스

(229,620건), 뉴스1(178,129건), 뉴시스(171,170건) 등 통신사 뉴스에서 댓글이 많았다. 다음으로 노컷뉴스(114,397건), 머니투데이(77,136건), 조선일보(74,127건), 한겨레(69,660건) 등의 순으로 댓글이 많았다. 앞서 전체 포퓰리즘 뉴스 수가 많은 언론사는 경제지가 다수를 차지했으나, 댓글이 많은 뉴스는 머니투데이, 이데일리, 헤럴드경제 외 종합지들이다.

댓글이 많은 언론사를 시기별로 나눠 차이점을 확인하면 다음과 같다. 먼저 2003년부터 2007년까지 댓글은 연합뉴스(2,981건), 경향신문(2,415건), 미디어오늘(661건), 오마이뉴스(661건) 등의 순으로 많았다. 다음으로는 머니투데이(407건), 한국일보(215건), 데일리안(132건) 등이 확인되었다. 이 기간에는 전반적으로 경향신문, 오마이뉴스, 한겨레 등 진보적 성향의 언론사에서 댓글량이 많았다.

2008년부터 2012년까지 댓글이 많은 언론사는 연합뉴스(52,359건), 머니투데이(29,604건), 한겨레(23,925건), 뉴시스(22,303건) 등의 순이며, 다음으로 노컷뉴스(20,937건), 서울신문(12,015건), 경향신문(11,271건) 등이 확인되었다. 앞서 노무현 정권인 2007년의 댓글은 9,255건이지만, 이명박 정권에는 전체 222,412건이며, 댓글은 2009년 6,379건을 제외하고 나머지 기간에는 노무현 정권보다 더 많았다. 그리고 언론사별로는 다른 기간에 비해 경제지인 머니투데이에서 댓글이 가장 많았고, 한겨레, 경향신문, 오마이뉴스 등 진보 성향의 언론사와 함께 동아일보와 조선일보 등 보수 성향의 언론사도 상위에 위치하였다.

2013년부터 2016년까지 댓글이 많은 언론사는 연합뉴스(35,285건), 노컷뉴스(28,305건), 뉴시스(17,867건), 국민일보(14,426건) 등의 순으로 나타났고, 그 다음은 한겨레(13,608건), 오마이뉴스(9,824건), YTN(9,504건) 등이었다. 다른 기간에 비해 노컷뉴스와 국민일보의 뉴스에 댓글이 많이 증가하였으며, 민영 통신사인 뉴스1이 새롭게 순위에 들어왔다.

마지막으로 2017년부터 2020년까지 댓글이 많은 언론사는 뉴스1(169,422

건), 연합뉴스(137,995건), 뉴시스(130,899건), 노컷뉴스(65,085건) 등의 순이며, 다음으로 조선일보(65,007건), 중앙일보(52,689건), 세계일보(48,112건), 머니투데이(38,999건) 등이 있었다. 특히 2011년 4월에 창립한 뉴스1은 문재인 정권에 들어 포퓰리즘 뉴스량도 증가하였고, 동시에 전체 댓글 순위에서도 2위를 차지하였다. 조선일보 역시 다른 기간보다 문재인 정권 시기에 댓글 반응이 높아 전체 6위를 차지하였다. 그리고 문재인 정권에서는 통신사(뉴스1, 연합뉴스, 뉴시스 등)에 달린 댓글량이 종합지나 경제지 등에 비해 2배 이상 많았다.

<표 7-5> 전체 및 기간별 언론사 댓글량 상위 20위 비교

(단위: 건)

	전체		노무현 정권 (2003~2007)		이명박 정권 (2008~2012)		박근혜 정권 (2013~2016)		문재인 정권 (2017~2020)	
순위	언론사	댓글수	언론사	댓글수	언론사	댓글수	언론사	댓글수	언론사	댓글수
1	연합뉴스	229,620	연합뉴스	2,981	연합뉴스	52,359	연합뉴스	36,285	뉴스1	169,422
2	뉴스1	178,129	경향신문	2,415	머니투데이	29,604	노컷뉴스	28,305	연합뉴스	137,995
3	뉴시스	171,170	미디어오늘	1,873	한겨레	23,925	뉴시스	17,867	뉴시스	130,899
4	노컷뉴스	114,397	오마이뉴스	661	뉴시스	22,303	국민일보	14,955	노컷뉴스	65,085
5	머니투데이	77,136	머니투데이	407	노컷뉴스	20,937	경향신문	14,426	조선일보	65,007
6	조선일보	74,127	한국일보	215	서울신문	12,015	한겨레	13,608	중앙일보	52,689
7	한겨레	69,660	데일리안	132	경향신문	11,271	오마이뉴스	9,824	세계일보	48,112
8	중앙일보	66,271	국민일보	124	헤럴드경제	10,475	YTN	9,504	머니투데이	38,999

9	세계일보	59,046	뉴시스	101	한국일보	9,994	뉴스1	8,707	오마이뉴스	33,439
10	오마이뉴스	50,511	노컷뉴스	70	아시아경제	9,431	머니투데이	8,126	한겨레	32,089
11	경향신문	48,029	한겨레21	57	한국경제	7,748	중앙일보	7,545	이데일리	26,789
12	한국일보	38,412	주간경향	50	문화일보	7,610	서울신문	7,335	한국일보	24,181
13	이데일리	34,187	한겨레	38	세계일보	7,562	동아일보	6,447	신동아	23,132
14	동아일보	30,890	YTN	36	국민일보	7,558	SBS	6,106	경향신문	19,917
15	국민일보	30,788	세계일보	24	매일경제	7,352	한겨레21	5,883	동아일보	17,501
16	헤럴드경제	30,062	MBC	19	동아일보	6,942	서울경제	5,129	YTN	17,064
17	아시아경제	28,375	SBS	17	오마이뉴스	6,587	문화일보	4,643	헤럴드경제	15,364
18	서울신문	27,844	아시아경제	11	중앙일보	6,037	헤럴드경제	4,223	KBS	15,335
19	YTN	27,802	이데일리	10	이데일리	5,920	한국일보	4,022	아시아경제	15,184
20	매일경제	24,419	서울신문	5	조선일보	5,217	매일경제	3,990	매일경제	13,077

3. 기간별·정권별 주요 주제

제3절에서는 포퓰리즘 뉴스를 전체 기간과 각 정권별로 토픽모델링 방법을 사용하여 이슈를 분석하였다. 토픽모델링에서는 각 토픽에 포함되는 키워드를 확률로 도출하여 분류하기 때문에 얼마나 많은 토픽 개수를 선정하는가에 따라 내용이 다르게 나올 수 있다. 그러므로 주제 일관성(Topic Coherence) 값에 기초하여 적정한 토픽 개수를 도출하였다. 최종적으로 토픽 개수를 선정한 결과, 전체 기간에는 31개의 토픽이 적정한 값으로 나왔다.

구체적으로는 노무현 정권(2003~2007) 19개, 이명박 정권(2008~2012) 25개, 박근혜 정권(2013~2016) 22개, 문재인 정권(2017~2020) 23개의 토픽이 선정되었다. 다만, 기간별 토픽을 검토하는 과정에서 잘못된 분류나 다른 토픽과 중복된 내용이 있는 경우에는 선정에서 제외하였다.

토픽 선정 이후에는 토픽모델링에서 나오는 토픽키워드를 통해 토픽의 의미를 파악해야 하는데, 이 글에서는 자동라벨링(Auto Labeling)으로 가장 적당한 토픽명을 선정하였다. 이때 사용한 패키지는 토마토피와이의 자동라벨링 LDA모델(Labeled LDA Model)이며,[13] 라벨링이 단어 수준으로 나올 경우에는 해석상의 어려움이 있어 라벨링 단어를 중심으로 앞의 2개 단어(2-gram) 중 자주 나오는 단어를 붙여서 구성하였다. 그리고 토픽 내 키워드 확률 상위 30개 단어 중에서 행위자와 이슈로 구분하여 정리하였다.

먼저 포퓰리즘 뉴스 전체를 분석한 결과는 아래 <표 7-6>과 같다. 토픽의 비중이 높은 순으로 정리한 결과를 살펴보면, 보수 정당의 '국회 보이콧', 트럼프 대통령으로 인한 '미·중 무역 갈등', 민주당계 지자체장의 '지자체 복지 정책' 및 '보수 통합 갈등', 태국과 러시아의 '반정부 시위', 무상급식 관련 '교육감 선거 공약', 복지 정책 관련 '국가 재정수지 적자', '그리스 경제 위기', 영국 브렉시트(Brexit) 등으로 인한 '유로존 위기', 정권별 '시장 공정 경쟁', '코로나19 지원 정책', 반값 등록금을 둘러싼 '한나라당 복지 정책' 갈등, '중남미 포퓰리즘 정권' 소식, 법인세, 종합부동산세 등 '세제 개편안', 트럼프 당선 후 '미국 우선주의', '카드 수수료 개정', '글로벌 금융시장 변화', 일본 자민당의 극우 활동으로 인한 '한일 관계', '한반도 비핵화', 이탈리아

---

13 Labeled LDA 관련 개념은 Ramage, D., Hall, D., Nallapati, R., & Manning, C. D. 2009, "Labeled LDA: A Supervised Topic Model for Credit Attribution in Multi-labeled Corpora," *Proceedings of the 2009 Conference on Empirical Methods in Natural Language Processing*, vol.1 (Association for Computational Linguistics), pp.248~256을 참조.

'오성운동', '유럽 극우 정당 돌풍', 온라인 공간의 '디지털 포퓰리즘', 코로나19로 인한 '재난 기본소득 지급', 금융, 펀드 등의 규제에 따른 금융사의 '금융 포퓰리즘', 공공기관 이전 및 시설 건설 등의 '국가 균형 발전 정책', 국정농단 재판에 대한 '사법 포퓰리즘', '전기요금 누진제 완화', 정권별 '보편복지제도' 반응, '여야 포퓰리즘 법안 갈등', '경제 민주화 정책', '최저임금' 정책이 확인되었다.

<표 7-6> 전체 기간(2003~2020)뉴스 토픽모델링 결과

번호	토픽명	토픽 키워드	
		주요 행위자	주요 이슈
1	국회 보이콧	문재인, 한국당, 민주당, 국민의당, 바른정당	비판, 경제, 소득주도성장, 최저임금, 안보, 좌파, 적폐 청산, 민생
2	미·중 무역 갈등	중국, 미국, 한국, 기업, 아시아, 유럽, 일본	경제, 글로벌, 기술, 산업, 세계화, 무역, 협력, 전략, 변화, 투자, 미래, 리더십
3	지자체 복지 정책	박원순, 이재명, 남경필, 시민, 복지부	청년, 사업, 지원, 비판, 시행, 의료, 미세먼지, 청년수당, 예산, 중앙, 공무원
4	보수 통합 갈등	박근혜, 안철수, 친박연대	보수, 통합, 정당, 공천, 혁신, 대선, 개혁, 경선, 출마, 탈당, 가치, 전당대회
5	반정부 시위	러시아, 태국, 미얀마, 푸틴, 시위대, 탁신, 터키, 이스라엘	시위, 여성, 집회, 시민, 경찰, 테러, 반대, 시위대, 난민, 군부, 쿠데타, 인권
6	교육감 선거 공약	교육감, 학부모, 교사, 교육청, 교육부, 홍준표	무상급식, 학생, 학교, 지원, 예산, 정책, 대학, 공약, 추진, 자사고, 폐지, 지역
7	국가 재정수지 적자	정부, 자자체, 기획재정부	예산, 재정, 복지, 규모, 지원, 국가채무, 부채, 전망, 재정 건전, 적자, 선심

8	유로존 위기	영국, 그리스, 독일, 스페인, 유럽연합, 프랑스, 이탈리아, 스위스	위기, 투표, 경제, 긴축, 유로존, 회원국, 재정, 탈퇴, 반대, 협상, 통합, 상황
9	시장 공정 경쟁	정부, 기업, 서민	경제, 성장, 일자리, 복지, 개혁, 규제, 투자, 소득, 산업, 혁신, 일자리 창출
10	코로나19 지원 정책 비판	정부, 문재인, 이재명, 주호영, 유승민, 홍준표	코로나19, 경제, 국회, 가능성, 재정, 위기, 고용
11	한나라당 복지 정책	한나라당, 이명박, 홍준표, 박근혜, 민주당, 서민	비판, 복지, 반값 등록금, 정치, 반대, 당내, 논의, 여야, 책임
12	중남미 포퓰리즘 정권	베네수엘라, 아르헨티나, 브라질, 차베스, 미국, 멕시코, 인도, 룰라	경제, 좌파, 집권, 대선, 당선, 우파, 석유, 위기, 빈곤, 지지, 개혁
13	세제 개편안	정부, 기업, 서민	증세, 감세, 법인세, 부담, 소득, 과세, 소득세, 통신 요금, 부자 증세, 종부세
14	미국 우선주의	트럼프, 오바마, 바이든, 클린턴	승리, 연설, 비판, 지적, 외교, 미국인, 백인 노동자, 히스패닉
15	카드 수수료 개정	정부, 국회, 소비자, 카드사, 대형마트, 저축은행	법안, 규제, 금융, 개정안, 피해, 통과, 보상, 특별법, 수수료, 소상공인, 유통
16	글로벌 금융시장 변화	미국, 한국, 유럽, 기업	경제, 시장, 위기, 전망, 금융, 금리, 투자, 불확실성, 수출, 환율, 증시
17	한일 관계	일본, 한국, 중국, 미국, 아베, 자민당	외교, 독도, 역사, 대응, 경제, 비판, 한일 관계, 발언, 전쟁
18	한반도 비핵화	북한, 미국, 중국, 한국, 김정은	안보, 통일, 외교, 평화, 북핵, 핵무장, 전략, 국방, 사드 배치, 대북 정책, 군사, 한미동맹
19	오성운동	이탈리아, 유럽연합	오성운동, 난민, 연정, 정당, 총선, 동맹, 우려, 투표, 집권, 반대, 내각
20	유럽 극우 정당 돌풍	프랑스, 독일, 네델란드, 오스트리아, 르펜, 메르	극우, 총선, 난민, 지지, 대선, 투표, 극우 정당, 우파, 당선, 이민, 좌파, 집권

21	디지털 포퓰리즘	네티즌, 감독, 작자, 선수, 시민, 대중	인터넷, 비판, 영화, 문화, 미디어, 가짜, 광고, 트위터, 프로그램, 여론, 대중, 작품, 매체, 온라인, 비난, 표현
22	재난기본소득 지급	정부, 국민, 민주당, 미래통합당	재난기본소득, 지급, 지원금, 소득, 추경, 코로나19, 통신비, 총선, 현금, 재정
23	금융 포퓰리즘	정부, 기업, 서민, 투자자	금융, 부동산, 투자, 주택, 은행, 펀드, 대출, 자산, 주식, 규제, 공급, 금리
24	국가균형발전 정책	세종시, 서울시, 부산시, 대구시, 정부, 주민	공항, 지방, 도시, 개발, 계획, 중앙, 건설, 공약, 발전, 행정, 반대
25	사법 포퓰리즘	검찰, 국민, 법원, 국정원, 경찰, 사법부, 대법원	수사, 사건, 재판, 공개, 의혹, 판결, 불법, 처벌, 논란, 범죄, 특검, 지적, 법관
26	전기요금 누진제 완화	정부, 농민, 한전, 택시업계	원전, 택시, 재생에너지, 전기요금, 산업, 비용, 농민, 안전, 농업, 결정, 환경
27	보편복지제도	정부, 국민, 노인, 아동	복지, 확대, 부담, 재정, 무상보육, 보편복지, 증세, 무상복지, 국민연금, 노인, 보험료
28	무상급식 주민투표	오세훈, 민주당, 한나라당, 서울시의회	주민투표, 무상급식, 반대, 서명, 참여, 결정, 복지포퓰리즘추방단체, 시장직
29	여야 포퓰리즘 법안 갈등	민주당, 새누리당	입법, 합의, 통과, 처리, 논의, 반대, 개혁, 협상, 입장, 민생, 요구, 회의, 과정
30	경제 민주화 정책	김종인, 새누리당, 민주당, 박근혜, 문재인	공약, 대선, 총선, 경제 민주화, 정책, 비판, 경제, 약속, 지적, 실현, 공천 탈락
31	최저 임금	대기업, 중소기업, 재벌, 전경련, 삼성, 노동자	대기업, 중소기업, 재벌 개혁, 경제 민주화, 최저임금, 규제, 노조, 삼성, 전경련

전체 31개 토픽을 유사한 주제로 묶어서 살펴보면, 크게 여섯 개로 구분할 수 있다. 첫째, 정부의 재정 정책에 대한 정부와 여야 간의 대립 상황이 나타난 경우이다. 가장 높은 비중을 차지한 [토픽 1]은 '국회 보이콧' 관련 내용으로 문재인 정권의 소득주도성장 정책과 적폐 청산 활동에 대한 자유한국당, 국민의당, 바른정당 등의 국회 보이콧 활동이었다. 이때 보수 정당은 안보와 민생을 위주로 정책 시행을 요구하였다. [토픽 7]은 '국가 재정수지 적자' 이슈인 복지 예산의 증가에 대한 비판으로 2010년부터 국가부채 및 국가 재정적자에 대한 지적을 언론사들이 사설을 통해서 제시하고 있다. 예를 들어 "내년 예산서 포퓰리즘 거품 빼내라",[14] "눈덩이 나랏빚 보고도 복지 보따리 계속 풀 건가",[15] "10일 사상 최대 재정적자 포퓰리즘 정책이 부른 재앙 아닌가"[16] 등이 있다. [토픽 24] '국가균형발전 정책'은 정부의 지자체 공공기관 이전 및 공공시설 건설을 포퓰리즘 정책이라고 비판한 것이다. 주요 이슈로는 2009년 세종시 행정기관 이전, 2016년 KTX 세종역 설치 반대, 2020년 김해 신공항 백지화와 가덕도 신공항 건설 등이 있다.

둘째, 보편복지 이슈에 대한 것이다. [토픽 27] '보편복지제도'는 무상보육, 아동수당, 기초연금, 국민연금을 둘러싼 지급 범위 확대와 감소 및 재원 마련을 위한 증세 등의 논란이 2011년부터 2019년까지 지속되면서 많이 보도되었다. 그리고 [토픽 28] '무상급식 주민투표'는 2011년 오세훈 시장이 시장직을 걸고 진행한 무상급식 주민투표와 관련된 이슈였다. 이 토픽은 다른 토픽에 비해 단일 뉴스로 이슈가 묶여 있었다. [토픽 3] '지자체 복지 정

---

14 매일경제, 2010, "[사설] 내년 예산서 포퓰리즘 거품 빼내라," 『매일경제』 09.28, https://news.v.daum.net/v/20100928170529046 (검색일: 2021.05.20.)

15 세계일보, 2017, "[사설] 눈덩이 나랏빚 보고도 복지 보따리 계속 풀 것인가," 『세계일보』 10.30, https://news.v.daum.net/v/20171030235437664 (검색일: 2021.05.20.)

16 디지털타임즈, 2019, "[사설] 사상최대 재정적자, 포퓰리즘 정책이 부른 재앙 아닌가," 『디지털타임즈』 11.11, https://news.v.daum.net/v/20191110184132001 (검색일: 2021.05.20.)

책'은 박원순, 이재명, 남경필 등의 지자체장이 추진한 미세먼지 저감을 위한 무상버스 운행, 청년수당 지급 등을 둘러싼 중앙정부와 지방정부 간의 갈등 및 예산 문제 등을 포함하고 있다. [토픽 6]은 '교육감 선거 공약'이다. 주로 무상급식과 자사고 지원 및 폐지가 주요한 이슈로 언급되었고, 특히 대다수 교육감 및 지자체가 무상교육을 공약으로 제시한 가운데 홍준표 전 경남지사가 무상급식 전면 중단을 주장하면서 이슈가 되었다.

특히 [토픽 10]은 '코로나19 지원정책 비판'으로 코로나 팬데믹시기 정부의 지원 정책에 대한 국민의힘 소속 의원들의 비판이 주로 나타났다. 예를 들어 2020년 9월 8일 "주호영 "文 대통령 '먹튀'할 것 아니면 빚 갚을 계획 제시하라""[17], 2020년 10월 28일 "유승민, 文 연설에 "나라 거덜 내려 작정.. 나라 망치는 악성 포퓰리즘""[18], 2020년 5월 11일 "홍준표 "재난지원금 신청 않기로...나라 곳간 비워지고 있다""[19] 등이 대표적인 뉴스들이다. [토픽 22] '재난 기본소득 지급'은 2020년 3월부터 정부가 재난지원금과 통신비 지원 등의 정책을 추진하기 시작하자, 이를 유승민 의원이 악성 포퓰리즘 정책으로 비판하거나 황교안 전 대표를 포함해 여야 정치권에서 지원 기준을 두고 논쟁을 벌이면서 나타난 이슈이다.

셋째, 보수 정당이 선거를 앞두고 중도 정책을 제시하면서 당내 갈등이 나타난 경우이다. [토픽 4]는 '보수 통합 갈등'으로 한나라당, 새누리당, 미래통합당으로 이어지는 보수 정당의 당내 공천 및 탈당 이슈가 하나의 토픽

---

17 조준혁, 2020, "주호영 "文 대통령 '먹튀'할 것 아니면 빚 갚을 계획 제시하라"," 『한국경제』 09.08, https://www.hankyung.com/politics/article/2020090859097 (검색일: 2021.05.20.)

18 김현지, 2020, "유승민, 文 연설에 "나라 거덜 내려 작정.. 나라 망치는 악성 포퓰리즘," 『머니투데이』 10.28, https://news.mt.co.kr/mtview.php?no=2020102816391230692 &VNC_T (검색일: 2021.05.19.)

19 임춘환, 2020, "홍준표 "재난지원금 신청 않기로...나라 곳간 비워지고 있다,"『아시아경제』 05.11, https://www.asiae.co.kr/article/2020051114150557067 (검색일: 2021.05.19.)

으로 나타났다. 주로 보수 정당이 경쟁력 확보를 위해 정부나 진보 정당의 정책 및 공약을 포퓰리즘으로 비판하는 활동이 많아지면서 하나의 이슈로 묶이게 되었다. [토픽 11]은 '한나라당 복지 정책' 이슈로 2011년 반값 등록금 정책을 두고 당내 정체성 논란과 관련한 내용이 주를 이루고 있다. [토픽 18]은 '한반도 비핵화'로 2016년 1월 7일 새누리당이 북한의 핵실험 이후 핵무장론[20]을 주장한 것에 대해 더불어민주당이 '안보 포퓰리즘'으로 비판한 것이 하나의 토픽으로 도출된 것이다. 이후 2019년 8월 다시 자유한국당이 핵무장론을 주장한 것에 대한 비판도 포함되었다. [토픽 29] '여야 포퓰리즘 법안 갈등'은 2012년 5월 처리되어 19대 국회부터 적용된 2014년 기초연금, 2015년 국민연금 및 공무원연금 등의 법안을 여야가 포퓰리즘 법안으로 평가하면서 정치권의 갈등이 심화되고 있다는 점을 지적하는 것이었다.

넷째, 경제 분야의 포퓰리즘 이슈가 있다. [토픽 9]는 '시장 공정 경쟁'으로 각 정권에서 사회적 약자를 위한 정책을 비판하며 기업 활동을 지원해야 한다는 내용을 담고 있다. 특히 2011년 이명박 정권의 공생 발전 정책에 대한 비판이 다수 포함되어 있어 시장경제 중심의 정책을 강조하고 있다. [토픽 13]은 '세제 개편안'으로 전체 정권 동안 공통적으로 소득세와 법인세 등의 과세 조정안에 대한 내용이 포함되어 있다. 2015년도에는 통신비 인하 정책에 따른 정부와 통신사 간의 포퓰리즘 공방도 있었으며, 부자 증세와 저소득층 감세 정책 역시 포퓰리즘 정책이라는 비판과 평가가 쏟아졌다. [토픽 15]는 '카드 수수료 개정'으로 2012년 국회의 대형마트 의무휴업과 영세 가맹점 수수료율 감소 등의 내용을 담은 유통법 개정안에 대해 유통업계와 카드사가 유통업을 규제하는 포퓰리즘 법안이라고 반발하면서 나

---

20 주영은, 김주미, 2016, "새누리당, 대북 총공세… 원유철, 핵무장론 주장," 『데일리중앙』 01.07, http://www.dailiang.co.kr/news/articleView.html?idxno=93544 (검색일: 2021.05.20.)

타난 갈등이었다. [토픽 23] '금융 포퓰리즘'은 2016년 금융위원회의 전세금 투자펀드와 2020년 문재인 정부의 뉴딜 펀드 및 공매도 금지 등의 정책에 대해 금융업계가 포퓰리즘 정책이라고 비판한 상황을 반영하여 하나의 토픽으로 도출되었다. [토픽 26] '전기요금 누진제 완화'는 2019년 누진제 완화 및 폐지에 대한 논란으로 정부의 여름 전기료 할인이 포퓰리즘 정책이라는 비판을 주요 내용으로 한다. 또한 한전의 탈원전으로 인한 적자를 지적하면서 원전의 필요성을 강조하는 뉴스도 함께 언급되었다. [토픽 30] '경제 민주화 정책'은 2012년부터 김종인 당시 새누리당 국민행복추진위원회 위원장의 경제 민주화 정책에 대해 보수 정당이 포퓰리즘 정책으로 평가하여 여야 간의 논쟁이 지속되면서 주요 이슈로 도출되었다. [토픽 31]은 '최저임금' 이슈로 전경련(전국경제인연합회), 경총(한국경영자총협회), 상의(상공회의소) 등 경제단체의 최저임금 1만 원에 대한 부정적 입장과 근로시간 단축에 대한 중소기업의 반발 등 노동 정책에 대한 포퓰리즘 논쟁을 주요 내용으로 한다.

다섯째, 미국과 중남미 등 해외 포퓰리즘 정권에 대한 소개 및 영향을 다룬 토픽이다. [토픽 2]는 '미·중 무역 갈등' 이슈이다. 미국 트럼프 대통령 당선 이후 고립주의와 미국 우선주의 등의 정책 기조에 따른 미국과 중국 간 무역 갈등의 심화를 다룬 것이다. [토픽 14]는 '미국 우선주의'로 미국 대통령 선거에서 트럼프 당선과 이후 신고립주의 정책에 대한 평가와 관련한 내용이다. [토픽 16]은 '글로벌 금융시장 변화'와 관련된 사안이다. 2012년 유럽의 경제위기와 2018년 미국의 보호무역에 따른 금리 인상 등으로 글로벌 금융시장의 위기가 국내 경제에 미친 영향을 다룬 내용이다. [토픽 8]은 '유로존 위기'에 대한 이슈이다. 그리스 디폴트 이후 스페인과 포르투갈의 재정적자 등에 따른 유로존의 위협과 영국의 브렉시트 등이 주요 내용으로 도출되었고, 유럽 상황을 전파하면서 포퓰리즘 정책으로 인해 재정위기가 발생했다는 점을 강조하고 있다. [토픽 12]는 '중남미 포퓰리즘 정권'에 대한 사안으로 베네수엘라, 브라질, 아르헨티나 등 중남미 주요 국가들의 재정위기와 정권교체 과정에서 나타난 좌파 정권의 행태를 비판한 내용이다. 예를 들어 2015년 11월 24일 "재정 파탄 아르헨티나 12년 포퓰리즘 정권 마침표"[21], 2019년 10월 29일 "IMF 가고도 포퓰리즘 중독 아르헨 또 좌파 집권"[22], 2016년 9월 1일 "포퓰리즘으로 권력 잡은 좌파들 경제난에 연대 붕괴"[23]등의 내용을 언론이 보도하였다. [토픽 19]는 '오성운동' 이슈이다. 2018~2019년 극우 포퓰리즘 정권 출범과 오성운동의 득세 과정에서 나타난 총리 추대와 유럽연합과의 충돌 등 이탈리아의 정치 변화에 대한 정보를 전달하는 내용이다. [토픽 20]은 '유럽 극우 정당 돌풍' 관련 뉴스들이다. 2017년 3월 네덜란드 총선에서 극우 포퓰리즘 정당의 의석 확보, 2018년 스웨덴 극우 정당의 캐스팅보트 역할 확보, 2019년 스페인 극우 정당 의회 입성 등 극우 포퓰리즘 정당들의 의석 확보 현황을 다루고 있다. [토픽 5]는 해외의 '반정부 시위' 관련 내용이다. 주로 태국의 반정부 시위와 러시아 푸틴의 장기 집권에 대한 반대 시위 등을 다루고 있다. [토픽 17]은 '한일 관계'로 아베 총리의 극우 포퓰리즘을 다룬 내용으로 소녀상과 독도 영유권이 주요 내용이다.

여섯째, 온라인 공간과 사법부 등 기타로 분류할 수 있는 토픽들이다. [토픽 21]은 '디지털 포퓰리즘'으로, 2008년 이문열 작가가 촛불집회를 비판하는 과정에서 디지털 포퓰리즘을 언급하면서 논쟁이 시작되었다. 이후 전여옥 한나라당 의원이 포털사이트, 트위터, 유튜브로 이어지는 온라인 공간

---

21 손진석, 2015, "재정 파탄 아르헨티나 12년 포퓰리즘 정권 마침표," 『조선일보』 11.24, https://www.chosun.com/site/data/html_dir/2015/11/24/2015112400164.html (검색일: 2021.05.21.)

22 오윤희, 2019, "IMF 가고도 포퓰리즘 중독 아르헨 또 좌파 집권," 『조선일보』 10.29, https://www.chosun.com/site/data/html_dir/2019/10/29/2019102900096.html?utm_source=daum&utm_medium=original&utm_campaign=news (검색일: 2021.05.21.)

23 손고운, 2016, "포퓰리즘으로 권력 잡은 좌파들 경제난에 연대 붕괴," 『문화일보』 09.01, http://www.munhwa.com/news/view.html?no=2016090101070209312001 (검색일: 2021.05.21.)

에서의 집단적 비판 활동을 부정적으로 평가하면서 주요 토픽으로 나온 것이다. 그리고 [토픽 25]의 '사법 포퓰리즘'은 국정농단 사태 이후 박근혜 대통령 탄핵과 최순실 재판 과정에서 최순실 측의 변호인이 사법 포퓰리즘이라고 비판한 것이 가장 많았으며, 기타 사법부의 결정에 대한 비판 등이 함께 언급되었다.

다음으로 정권별로 기간을 구분하여 주요 이슈를 확인하였다. 먼저 노무현 정권(2003~2007) 주요 토픽을 정리하면, <표 7-7>과 같다. 전체 토픽은 19개였으며, 전체 문서에서 가장 비중이 높았던 토픽은 '국민연금 개정안'을 둘러싼 정당 간의 갈등이었다. 그리고 과거 '안기부(국가안전기획부) 불법도청 사건', 차기 권력 확보를 위한 정당별 '통합 신당 창당', '중남미 좌파 정권'의 승리, 노무현 정권의 '정부 부처 혁신', 보수 정당의 '감세 정책' 주장, '학계의 포퓰리즘 현상 평가', '국가균형발전' 정책 추진과 반대, '금산분리법'을 둘러싼 금융기관의 반발, 정부의 '사법개혁', '뉴라이트 정치 세력화' 활동, 노무현 대통령의 발언에 대한 야당의 '대통령 리더십' 비판, 야당의 참여정부에 대한 '국가 정체성 비판', 한미FTA, 이라크 파병 등 '한미 외교', '언론 보도 행태 비판', '한나라당 대선 주자 토론회'에서 나온 주요 공약 평가, 정부의 '양극화 해소'를 위한 규제 정책, '글로벌 경제성장'을 위한 재계 입장, '대북 정책'이 도출되었다.

<표 7-7> 노무현 정권(2003~2007) 기간 토픽모델링 결과

번호	토픽명	키워드	
		주요 행위자	주요 이슈
1	국민연금 개정안	정부, 한나라당, 열린우리당, 민주노동당, 홍준표, 유시민	국민연금, 반대, 통과, 입법, 개정, 처리, 의견, 논란, 제한, 우려, 부결, 발의
2	안기부 불법도청 사건	노무현, 국정원, 검찰, 국가, 국민, 국회	공개, 문제, 국정원, 특검, 검찰, 수사, 의혹, 특별법, 진실, 불법도청, 청문회

3	통합 신당 창당	한나라당, 민주당, 이회창, 열린우리당	통합, 세력, 신당, 경선, 탈당, 전략, 유권자, 출마, 지방선거, 호남
4	중남미 좌파정권	차베스, 룰라, 베네수엘라, 아르헨티나, 브라질, 멕시코, 미국	좌파, 대선, 경제, 집권, 당선, 지지, 쿠데타, 혁명, 승리, 지도자, 석유
5	공무원퇴출제	정부, 공무원	개혁, 평가, 제도, 인사, 운영, 혁신, 핵심, 위원회
6	감세정책	정부, 서민, 한나라당	감세, 부동산, 부담, 재정, 예산, 대책, 규모, 소득, 주택, 복지, 증세, 강남
7	학계 포퓰리즘 현상 평가	교수, 대중	민주주의, 인터넷, 비판, 체제, 민주화, 논쟁, 현상, 참여, 개혁, 권력, 연구
8	국가균형발전	수도권, 지방, 정부, 김문수	국민투표, 발전, 국가균형발전, 계획, 참여, 반대, 행정수도, 지자체
9	금산분리법	삼성, 기업, 은행, 증권사	삼성, 금융, 경영, 국정감사, 규제, 경쟁, 재벌, 개선, 금산개정안, 자본
10	사법개혁	국민, 검찰, 사법부, 경찰	재판, 헌법, 소환, 위원회, 사법개혁, 공판중심주의, 긴급조치, 우려, 검찰수사
11	뉴라이트 정치 세력화	보수단체, 노무현	보수, 진보, 이념, 좌파, 뉴라이트, 개혁, 운동, 자유주의, 우파, 연대, 정체성
12	대통령 리더십	노무현, 야당	개헌, 임기, 리더십, 연정, 책임, 발언, 지도자, 헌법, 민생, 국정운영, 권위주의
13	국가 정체성 비판	한나라당, 열린우리당, 박근혜, 노무현	발언, 야당, 비판, 여당, 토론, 체제, 제안, 책임, 경제, 정체성
14	한미 외교	미국, 한국, 중국, 일본, 독일, 프랑스, 영국	협상, 외교, 독도, 전쟁, 공화당, 해외, 국익, 개방, 한미FTA, 이라크파병, 무역

15	언론 보도 행태 비판	언론사, 네티즌, 시민단체	보도, 여론, 지적, 발언, 반대, 인터넷, 왜곡, 연대, 태도, 촉구, 규정
16	한나라당 대선 주자 토론회	이명박, 박근혜, 오세훈, 홍준표	공약, 대선, 이미지, 검증, 경선, 토론회, 경부운하, 대운하, 토론
17	양극화 해소 정책	정부, 기업, 국민	경제, 복지, 양극화, 교육, 재벌, 규제, 세계화, 소득, 발전, 분배, 빈곤, 일자리
18	글로벌 경제성장	정부, 기업, 노조	위기, 투자, 상황, 비정규직, 안정, 노조, 고용, 발표, 개혁, 재계, 소비, 금리
19	대북 정책	북한, 정부, 미국	안보, 평화, 군 복무, 대북 정책, 북핵, 정상회담, 대북 지원, 통일, 한미동맹, 외교, 원칙

노무현 정권에서 도출된 19개 뉴스 토픽을 유사한 주제로 묶어보면, 크게 5개로 구분할 수 있다. 첫째, 노무현 정부의 경제개혁 정책에 대한 갈등 이슈이다. 가장 문서 분포가 높은 [토픽 1]은 '국민연금 개정안'이다. 2007년 정부의 국민연금 개혁은 한나라당의 비판과 당시 유시민 장관의 사퇴 등 일련의 과정을 거치면서 정치적 포퓰리즘이라는 평가를 받게 된다. 그리고 [토픽 6] '감세 정책'의 경우는 2005년 한나라당에서 서민 감세안을 제시한 이후, 정당 간에 증세와 감세 논쟁을 다룬 내용이 주를 이룬다. [토픽 10] '사법 개혁'은 국가보안법 폐지, 공직자비리수사처(공수처) 신설, 검경 수사권 조정, 사형제 폐지 등의 검찰 개혁, 사법부의 국민참여재판제도 도입, 삼성과 론스타 등의 재판을 비판하는 재계의 입장 등 사법 제도를 비판하는 내용을 포함한다. [토픽 9]는 '금산분리법'이다. 삼성생명과 삼성카드의 계열사 지분 구조에 대한 문제점 지적과 함께 삼성의 지배구조에 대한 자율 해결론 등이 부각되면서 정부의 금산분리법을 국가 개입적 포퓰리즘이라고 비판하는 정치권과 재계의 입장이 주요한 이슈로 나타났다. [토픽 18] '글로벌

경제성장'은 글로벌 경제 위기에 대한 재계의 우려와 함께 국내 경제의 활성화를 위해 노동조합이 기업의 입장을 수용하여 상호 간 합의를 이루어야 한다는 기업 주장이 나오면서 주요 토픽이 된 것이다.

둘째, 행정 개혁 정책에 대한 이슈이다. [토픽 2] '안기부 불법도청 사건'은 불법도청 수사를 위한 특검 도입을 주장하는 국회와 이에 반대하여 도청 내용의 공개 여부에 대한 특별법을 제정하자는 대통령 간의 갈등이 주요 내용이다. 이 과정에서 국정원 개혁으로 논의가 확대되면서 개혁안을 반대하는 관점도 함께 언급되었다. [토픽 5] '공무원 퇴출제'는 2007년 지자체 공무원 퇴출제 도입으로 "공직 사회의 줄 세우기"가 우려된다는 점을 지적하는 뉴스와 서울시 공무원 퇴출이 포퓰리즘 행정이라는 비판을 다룬 것이다. [토픽 8] '국가균형발전'은 참여정부가 수도권 집중을 해소하기 위해 내놓았던 정부 부처의 지방 이전 정책에 대해 수도권 지자체들과 야당이 반대하는 상황을 다룬 것이다.

셋째, 정치 구조의 변화와 관련된 이슈이다. [토픽 3] '통합 신당 창당'은 열린우리당 창당, 차기 대선을 앞둔 민주당의 신당 창당 논의, 그리고 박근혜 후보 지지를 위한 서청원 한나라당의원 탈당 등 정당 구도의 변화를 다룬 것이다. [토픽 12]는 '대통령 리더십'이다. 노무현 대통령의 연설이나 발언 형태를 '검투사'로 비판하면서 차기 대통령 유형으로 '부드러운 관리자형'이 필요하다는 점을 강조하는 내용을 포함하고 있으며, 특히 대통령 4년 연임제와 5년 단임제 등 개헌에 대한 논의가 확대되어 주요 토픽으로 나온 것이다. [토픽 13] '국가 정체성 비판'은 한나라당 박근혜 대표의 법무 지휘권 발언으로 인해 민주당 및 다른 시민단체가 유신 독재의 망령을 다시 상기시킨다고 비판한 것이 주된 내용이다. [토픽 16] '한나라당 대선 주자 토론회'의 경우는 한나라당 대선 후보들이 제시한 한반도 대운하 건설, 자율형 사립고 신설, 대학 입시 자율화 등의 공약에 대한 찬반 논란이 확대되면서 이슈가 된 것이다. [토픽 17] '양극화 해소 정책'은 대선 후보자들이 소득

불평등 심화에 따른 양극화 극복을 위한 정책을 제시하면서 이슈가 되었다. [토픽 19]는 '대북 정책' 관련 사안이다. 2006년 국방부의 작전통제권 환수, 2007년 한나라당 군 복무 단축, 남북정상회담 등의 안보 이슈가 부각되면서 대북 정책에 대한 변화를 지적하는 내용이 주로 포함되어 있다. 즉 야당이 권력을 획득하기 위한 전략으로 집권 정당을 비판한 토픽들이다.

넷째, 해외 포퓰리즘 정권에 대한 내용이다. [토픽 4] '중남미 좌파 정권'은 2006년 페루의 실용 좌파 진영의 대선 승리, 에콰도르 좌파 승리, 베네수엘라 우고 차베스(Hugo Rafael Chávez Frías) 대통령의 3선 승리 등 중남미 국가에서 좌파 전선이 확대되는 상황을 보도한 내용이다. [토픽 14] '한미 외교'는 미국 민주당의 보호무역 위주의 포퓰리즘 정책에 대한 소개를 포함한다.

다섯째, 인터넷 활성화와 관련된 이슈들이다. [토픽 7] '학계 포퓰리즘 현상 평가'는 인터넷의 활성화로 인한 인터넷 정치의 폐해를 다루면서 학술대회나 교수들의 연구 결과를 보도한 것이다. [토픽 11] '뉴라이트 정치 세력화'의 경우는 2004년에 들어 활성화된 뉴라이트 운동이 우파 집결의 성격을 띤다는 내용을 주로 다루고 있으며, 2007년에 들어 대선을 앞두고 뉴라이트 계열의 단체들이 대중 집회를 진행한다는 내용이 이슈로 나타났다. [토픽 15] '언론 보도 행태 비판'은 인터넷의 활성화로 나타난 인터넷 실명제 논의와 왜곡된 정보 제공 및 보수 편향적인 언론 보도 행태에 대한 네티즌의 언론 비판 활동 등이 많이 보도되면서 이슈로 나타났다.

이명박 정권(2008~2012)에서 나타난 뉴스의 주요 토픽을 정리하면 <표 7-8>과 같다. 전체 토픽은 25개였고, 가장 비중이 높았던 토픽은 총선을 앞두고 야당의 현역 물갈이와 합종 연횡 상황을 대변하는 '총선 야권연대'였다. 다음으로 '대통령 국정운영 방향', 안철수 대선 후보 중심의 '정치 쇄신', 사법부의 '법치주의 강화' 기반 활동, 오세훈 전 서울시장의 '무상급식 주민투표', 보육 정책의 보편 복지에서 '복지 선별 지원'으로 변화, '민주당의 보편복지' 정책에 대한 여당의 반대, 총선 대비 '새누리당 경제 민주화' 정책,

유럽발 '글로벌 금융위기', '공정거래법', 복지 예산 증가에 따른 국가채무 관리를 위한 '국가 균형재정 정책', 인터넷 활성화에 따른 '대중문화' 변화, '공정거래 규제', 독도 관련 '일본 우익 영토분쟁', 복지 포퓰리즘 반대를 위한 '보수단체 활동', '유럽 우파 포퓰리즘 확대', 남북 관계 경색에 따른 '대북 정책' 강경화, '물가 안정 정책', '국가균형발전' 정책에 대한 지자체 반대, 무상급식 이후 지역별 '교육감 선거' 공약, 부실 저축은행 피해자 구제를 위한 '예금자보호법', '무상급식 투표 거부운동', 한나라당 정강 정책 변화에 따른 '보수 정당 정체성' 논란, '전경련 국정감사', 부동산 관련 '과세 감면 정책' 등의 순으로 도출되었다.

<표 7-8> 이명박 정권(2008~2012) 기간 토픽모델링 결과

번호	토픽명	키워드	
		주요 행위자	주요 이슈
1	총선 야권연대	한나라당, 민주당, 박근혜, 유권자	총선, 공천, 경선, 지역, 출마, 유권자, 승리, 단일화, 지방선거, 친박, 정권 심판
2	대통령 국정운영 방향	이명박, 노무현	인사, 비판, 사람, 임기, 지적, 경제, 반대, 인수위, 원칙, 부처, 측근 인사
3	정치 쇄신	안철수	정당, 개혁, 책임, 비판, 요구, 현실, 안철수, 여론, 대의 민주주의, 정치 불신
4	법치주의 강화	검찰, 경찰, 국민	사건, 수사, 논란, 판결, 조사, 공개, 결정, 대책, 판사, 사형, 의혹, 범죄, 인사
5	무상급식 주민투표	오세훈, 한나라당, 민주당, 서울시민	주민투표, 복지, 무상급식, 시장직, 지원, 반대, 상황, 선택, 대선, 결정, 사퇴
6	복지 선별 지원	정부, 학생, 대학생, 아동	반값 등록금, 무상보육, 예산, 부담, 소득, 확대, 지자체, 어린이집, 공약, 아동

7	민주당 보편복지	민주당, 한나라당, 정부	복지, 보편복지, 재정, 무상복지, 재원, 세금, 무상급식, 증세, 공약, 일자리
8	새누리당 경제 민주화	새누리당, 박근혜, 민주통합당, 문재인	공약, 경제 민주화, 총선, 비판, 복지, 평가, 실현, 약속, 실천
9	글로벌 금융위기	미국, 유럽, 중국, 일본	경제위기, 시장, 재정, 금융, 투자, 글로벌, 수출, 우려, 외환 보유, 경제성장
10	공정거래법	대기업, 중소기업, 재벌, 정부, 삼성	규제, 경제 민주화, 투자, 동반 성장, 재벌 개혁, 삼성, 상생, 서민, 일자리, 경쟁력
11	국가 균형재정 정책	정부, 지자체, 기획재정부	재정, 복지, 지출, 예산안, 재정 건전, 부채, 위기, 선심, 국가채무
12	대중문화	여성, 시민	마음, 여성, 비난, 인터넷, 발언, 트위터, 역사, 표현, 인기, 현실, 문화
13	공정거래 규제	대형마트, 통신업계, 유통업계, 소비자	가격, 규제, 대형마트, 소비자, 요금, 서비스, 인하, 산업, 제한, 피해, 요구
14	일본 우익 영토분쟁	일본, 중국, 한국, 미국	독도, 원전, 외교, 소비세, 집권, 영토, 대응, 역사, 방문, 전략, 사과
15	보수단체 활동	시민단체, 박원순, 나경원, 한나라당	뉴라이트, 보수 진영, 운동, 연대, 토론회, 촉구, 토론, 집회, 시민사회
16	유럽 우파 포퓰리즘 확대	그리스, 미국, 아르헨티나, 독일, 프랑스, 영국, 태국, 이탈리아	지지, 집권, 긴축, 위기, 선거, 경제난, 구제금융, 실업, 이민자, 유로존
17	대북 정책	북한, 한국, 중국, 미국	안보, 통일, 평화, 개헌, 역사, 대북 정책, 외교, 대화, 남북관계, 햇볕정책, 전쟁
18	물가안정 정책	기획재정부, 서민	복지, 성장, 재정, 위기, 물가, 공생 발전, 일자리, 서비스산업, 가계부채

19	국가균형발전	세종시, 중앙정부, 지방정부, 주민, 국토해양부	도시, 개발, 공약, 택시, 발전, 혁신도시, 행정도시, 4대강사업, 공항
20	교육감 선거	교육감, 교육청, 학부모, 교사, 학생	예산, 공약, 확대, 지방선거, 반대, 전면무상급식, 친환경무상급식, 혁신학교
21	예금자보호법	국회, 저축은행, 정무위원회, 피해자	금융, 통과, 부실은행, 특별법, 보상, 개정안, 피해, 법사위, 예금보험공사
22	무상급식 투표 거부운동	서울시선관위, 복지포퓰리즘추방 국민운동본부, 민주당, 오세훈	참여, 무상급식주민투표, 투표거부운동, 단계무상급식, 결정, 불법, 투표 독려
23	보수 정당 정체성	한나라당	보수, 진보, 정체성, 개혁, 복지, 정강정책, 노선, 중도, 뉴라이트, 자유주의
24	전경련 국정감사	전경련, 대기업, 노조	전경련, 국정감사, 대기업, 비판, 노동단체, 경영, 입장, 청문회, 한진중공업, 출석요구
25	과세감면 정책	정부, 서민, 기업	감세, 종부세, 법인세, 부담, 감세 철회, 소득세, 부자 감세, 부자 증세, 부동산

이명박 정권기에 도출된 주요 뉴스 토픽 25개를 유사한 주제로 묶어보면, 크게 5개로 구분할 수 있다. 첫째, 정당의 당내 갈등 이슈이다. [토픽 1] '총선 야권연대'에서는 총선을 앞두고 정당들의 공천 개혁에 의해 촉발된 현역 의원 물갈이 이슈와 선거 승리 전략으로서 야권연대 활동의 이슈가 많이 나타났다. [토픽 3] '정치 쇄신'은 18대 대통령 선거를 앞두고 무소속 안철수 후보의 새 정치 주장에 대한 포퓰리즘 평가와 여야 정당들의 반대 의견을 다루고 있다. [토픽 8] '새누리당 경제 민주화'의 경우는 새누리당 김종인 국민행복추진위원장이 총선용 경제공약으로 내세운 '경제 민주화 정책'을 둘러싼 이한구 원내대표와의 갈등과 언론의 부정적 평가 등의 내용을

포함한다. [토픽 23] '보수 정당 정체성' 논란은 2012년 한나라당 정강·정책에서 보수 표현의 삭제를 둘러싼 갈등이었다. 당시 한나라당이 중도 개혁으로 방향을 선회하면서 벌어진 당내 이념 갈등을 다룬 내용이며, 이 과정에서 이념적 좌클릭이 포퓰리즘 정당이 된다는 당내 비판이 불거지면서 주요 이슈가 되었다.

둘째, 역대 정권의 비판을 통한 현 정권의 정당성 강화를 다룬 것이다. [토픽 2] '대통령 국정 운영 방향'은 이명박 대통령 인수위원회가 전임 대통령의 활동을 포퓰리즘이라고 비판하면서 쟁점이 되었으며, [토픽 19] '국가 균형발전'은 세종시 공공기관 이전에 대한 김문수 경기지사의 강한 반발과 2010년 정부 부처 분할 이전 백지화에 따른 긍정 반응 등 역대 정권의 정책을 비판하는 내용을 포함한다.

셋째, 무상복지 이슈들이다. [토픽 5] '무상급식 주민투표'는 오세훈 서울시장이 무상급식 주민투표 부결시에 시장직을 사퇴한다는 발언이 집중적인 관심을 받으면서 주요 이슈가 되었다. [토픽 6] '복지 선별지원'은 이명박 정부가 영유아 무상보육을 전면에서 선별지원으로 전환하는 대신 양육보조금을 확대하는 정책을 발표하면서 다시 무상보육 논란이 제기되어 나타난 것이다. [토픽 7] '민주당 보편복지'는 2011년 민주당의 보편적 복지 정책과 새누리당의 선별적 복지 정책 논쟁이 복지 포퓰리즘 논란으로 확대되는 가운데, 여당과 야당 간 복지 정책 갈등이 부각되면서 이슈가 되었다. [토픽 22] '무상급식 투표 거부운동'의 경우는 [토픽 5]의 서울시 무상급식 주민투표를 앞두고, 언론에서 시민사회 단체들의 투표 참가 독려 혹은 거부 운동을 다루면서 나타난 것이다. [토픽 11]은 '국가 균형재정 정책'에 대한 사안이다. 건강보험료와 고령화에 따른 기초연금 지출 등 복지 예산의 증가로 국가채무가 늘어난다는 우려 속에서 예산안 조정의 필요성을 다룬 내용이 주로 포함되었으며, 복지 예산 예비타당성 조사, 건강보험 재정 조정, 선심성 포퓰리즘 복지 차단 등과 관련된 내용도 함께 보도되었다. [토픽 15] '보수단체 활동'은 국회의원과 지자체장의 포퓰리즘 입법 거부 서약, 범시민사회단체연합과 자유민주국민연합 등 보수단체의 복지 포퓰리즘 입법 중단 촉구 활동 등의 내용을 다룬 것이다. [토픽 20] '교육감 선거'는 무상급식, 혁신학교, 학생 인권조례 등 지역 후보들의 공약이 교육청의 재원을 고려하지 않는 포퓰리즘적 정책이라는 우려와 지적을 언급하고 있다. 종합하면, 무상복지 이슈는 오세훈 시장의 무상급식 투표와 정부의 복지 정책, 즉 복지 포퓰리즘을 둘러싼 정당과 지방자치단체 및 사회단체 간의 갈등이 주를 이루고 있었다.

넷째, 경제 분야의 규제 정책과 관련된 이슈들이다. [토픽 9] '글로벌 금융위기'에서는 유럽의 재정위기에 따른 국내 경제 위기와 국내의 포퓰리즘 경제정책에 따른 외국 투자 감소 등을 지적하고 있었다. [토픽 10] '공정거래법'의 경우 대기업과 중소기업의 상생 구조 마련을 위해 대통령 산하 동반성장위원회에서 제시한 초과이익공유제와 순환출자금지 등의 정책에 대한 재계의 반발이 주로 나타났으며, 이러한 기업 환경 변화에 따른 주한 외국 기업들의 활동을 우려하는 내용이 함께 언급되었다. [토픽 13] '공정거래규제'는 국회의 유통산업발전법 통과에 대해 전경련을 중심으로 대형마트와 협력사들이 법안의 폐지를 촉구한 이후, 국회와 정부 및 재계 간에 벌어진 갈등과 관련된 이슈를 다루고 있다. 또한 시민단체와 한나라당이 제시한 SKT와 KT 등 이동통신사의 통신비 인하 요구에 대한 이동통신사들의 반발이 주요 이슈로 나타났다. [토픽 18] '물가안정 정책'은 박재완 기획재정부 장관이 체감경기 개선을 위해 무분별한 복지 포퓰리즘를 반대하고, 내수 기반의 경제 강화를 통한 경제 체질 개선과 일자리 창출 등의 정책 기조를 발표하면서 나타난 이슈이다. [토픽 21] '예금자보호법'은 국회가 부실저축은행 피해자의 보상 문제를 해결하기 위해 피해자 구제법을 통과시키는 과정에서 포퓰리즘 입법이라는 비판이 제기되면서 주요 이슈로 부각되었다. [토픽 24] '전국경제인연합회 국정감사'는 정부의 감세 철회와 등록금 인하 정책을 포퓰리즘 정책이라고 비판하는 허창수 전국경제인연합회 회장과 이에 반발하여 국정감사와 청문회를 요청한 정치권 간의 갈등에 의해 나타난 이슈이다. [토픽 25] '과세 감면 정책'에서는 이명박 대통령 초기부터 부동산 보유세 완화, 종합부동산세 개편, 소득세율 인하 등의 감세 정책과 신용카드 소득공제 및 과세 비율에 따른 부자 증세 등의 조세 정책 이슈들이 주로 포함되었다. 종합하면, 경제 규제와 관련된 토픽들은 정부와 재계 및 국회와 재계 등이 규제 정책으로 인한 갈등 관계를 노정하는 과정에서 포퓰리즘 용어를 사용한 경우가 많았다.

다섯째, 단일한 사건이나 이슈로 나타나 일정하게 분류할 수 없는 기타 이슈들이다. 먼저 [토픽 4] '법치주의 강화'는 사법부의 '사형수 얼굴 공개', '사형제 시행', '조두순 사건' 대응 등 중요한 사회적 사건에 대한 찬반 논의가 활발해지면서 이슈화 되었다. 또한 '로스쿨' 도입, 국민참여재판 등 사법부 개혁과 관련된 이슈도 포함되었다. [토픽 12] '대중 문화'는 2008년 이문열 작가가 광우병 촛불집회를 디지털 포퓰리즘이라고 평가한 이후, 문화계 인물 간의 논쟁이 보도되면서 이슈화된 경우이다. 또한 종합편성채널과 트위터 등에서 정부에 비판적인 메시지를 내는 연예인이 광우병 사태를 두고 선동 활동을 펼친다고 비판하는 내용도 함께 있었다. [토픽 14] '일본 우익 영토분쟁'은 이명박 대통령의 첫 독도 방문 이후, 일본 자민당의 극우 발언과 독도를 일본 땅으로 표시하는 하시모토 신당의 행태 등 독도를 둘러싼 일본의 극우 포퓰리즘과 관련된 내용이다. [토픽 16] '유럽 우파 포퓰리즘 확대'는 구제 금융 긴축안의 의회 통과에 따른 그리스 전역의 항의 시위, 핀란드 극우 정당 승리, 아르헨티나 우파 포퓰리즘 강화 등 유럽과 남아메리카 전반의 포퓰리즘 확대에 대한 현황을 공유하는 내용이다. [토픽 17] '대북 정책'은 천안함 침몰과 북한 로켓 발사에 따른 국내 핵무장 주장 등 남북한 대립이 격화되는 상황에서 국방 주권 확보와 군 복무 축소 등의 정책을 주장하는 야당의 정책을 여당이 포퓰리즘 정책이라고 비판하면서 나온 뉴스들이 묶인 것이다.

박근혜 정권(2013~2016)에서 확인된 뉴스의 주요 토픽을 정리하면 <표 7-9>와 같다. 전체 토픽은 22개였고, 전체 문서에서 가장 비중이 높았던 토픽은 '김영란법'을 둘러싼 언론기관과 법조계의 반발이었다. 다음으로 '경제 민주화 입법', '최저임금' 1만 원 인상, 민주당 '야권 연대', 미국 '트럼프 대선 승리', '지자체 공약' 평가, 정부의 경제 활성화를 위한 '규제 완화 정책', '서울시 청년수당' 지급 논란, '중남미 정권 경제 위기', 복지예산 감소에 따른 '누리과정 예산 논란', '공적연금 개혁', 세월호 참사 후 '해경 해체', 대통령 탄핵 '촛불집회', 카드사, 통신사 대상 '경제 규제', '이탈리아 국민투표', '무상복지 증세 논란', '국회선진화법'으로 인한 국회 합의 난항 과정, '정당 세력 교체', 미국 보호주의에 따른 '글로벌 금융위기', '한일 과거사 문제', '자사고(자율형 사립 고등학교), 무상급식', '북한 핵실험'에 대응한 핵무장론 논쟁 등이 확인되었다.

<표 7-9> 박근혜 정권(2013~2016) 기간 포퓰리즘 뉴스 토픽모델링 결과

번호	토픽명	키워드	
		주요 행위자	주요 이슈
1	법조계 갈등	검찰, 국정원, 경찰, 국민	사건, 보도, 수사, 지적, 규정, 김영란법, 공개, 논란, 처벌, 개입, 사면, 불법
2	경제 민주화 입법	대기업, 중소기업, 삼성, 전경련, 현대차, 노조	경제 민주화, 규제, 경영, 투자, 재벌, 구조조정, 삼성, 법안, 우려, 지배 구조
3	최저임금	제계, 노동자, 노인	소득, 최저임금, 복지, 기본소득, 스위스, 일자리, 반대, 보수, 사회안전망
4	야권 연대	새누리당, 국민의당, 더불어민주당, 김종인	공약, 선거, 총선, 유권자, 공천, 심판, 경제 민주화, 운동권, 야권연대, 야권 분열

5	트럼프 대선 승리	트럼프, 샌더스, 오바마, 클린턴, 힐러리	미국, 대선, 유권자, 당선, 세계화, 공약, 분노, 백인, 현상, 아웃사이더, 흑인
6	지자체 공약	남경필, 김진표, 시민	무상버스, 안전, 교통, 예산, 정책, 지적, 지하철, 버스 공영제, 도로
7	규제 완화 정책	정부, 노동자	경제, 성장, 일자리, 복지, 미래, 노동 개혁, 혁신, 규제, 규제 개혁, 구조조정
8	서울시 청년수당	박원순, 이재명, 행정자치부, 보건복지부	청년, 청년수당, 복지, 비판, 중앙, 협의, 청년배당, 시행, 반대, 사회보장제도
9	중남미 정권 경제 위기	베네수엘라, 아르헨티나, 브라질	탄핵, 생필품, 경제위기, 사회주의, 복지, 인플레이션, 부패 스캔들, 빈민
10	누리과정 예산 논란	정부, 기획재정부, 지자체	예산, 재정, 복지, 부담, 무상보육, 재원, 상황, 누리과정, 부채, 선심, 지방세
11	공적연금 개혁	국민, 공무원	국민연금, 공무원연금, 개혁, 법인세, 부담, 보험료, 기초연금, 증세, 소득세
12	해경 해체	박근혜, 최경환, 문재인, 국민	세월호 참사, 안전, 담화, 해경 해체, 국정조사, 진상규명, 정부조직 개편
13	촛불집회	박근혜, 최순실, 문재인, 반기문	개헌, 탄핵, 시위, 시민, 쿠데타, 헌법, 군부, 촛불집회, 퇴진, 게이트, 정권 교체
14	경제 규제	정부, 소비자, 업계	규제, 요금, 폐지, 비용, 에너지, 경쟁, 전기요금, 통신, 우려, 수수료, 강제
15	이탈리아 국민투표	영국, 이탈리아, 독일, 프랑스, 유럽연합	난민, 지지, 총선, 반대, 긴축, 오성운동, 탈퇴, 유로존, 국민투표, 극우 정당
16	무상복지 증세 논란	새누리당, 박근혜	증세, 공약, 무상복지, 무상급식, 무상보육, 재원, 보편복지, 공짜, 선별복지

17	택시법 갈등	새누리당, 민주당	국회법, 국회선진화법, 통과, 국회의원, 택시, 법안 처리, 상임위, 민생, 여야 합의
18	안철수 신당	민주당, 새누리당, 안철수	혁신, 공천, 보수, 개혁, 진보 정당, 비례대표, 혁신위, 당원, 상향 공천, 전략 공천
19	글로벌 금융위기	미국, 인도, 중국, 일본	금융, 투자, 재정, 금리, 수출, 신흥국, 기준금리, 환율, 인플레이션, 경기 부양
20	한일 과거사 문제	일본, 한국, 중국, 미국, 러시아, 아베	외교, 역사, 테러, 평화, 정상회담, 과거사, 관계 개선, 우경화, 동맹국
21	자사고, 무상급식	홍준표, 교육감, 교육청, 학부모, 교육부	자사고, 무상급식, 중단, 확대, 보수, 예산, 교육 복지, 학교 현장, 중학교, 진보 교육감
22	북한 핵실험	북한, 미국, 한국, 중국	안보, 핵무장, 통일, 사드 배치, 원전, 모병제, 주한미군, 핵실험, 핵무장

박근혜 정권에서 보도된 22개 주요 토픽을 유사한 주제로 묶어보면, 크게 5개로 구분할 수 있다. 첫째, 공적 및 경제 규제와 관련된 이슈이다. [토픽 1] '김영란법'은 2015년 국회에서 '부정청탁 및 금품 등 수수의 금지에 관한 법률'을 통과한 이후 2016년 합헌 결정에 이르기까지, 변호사와 언론기관 등에서 반대와 비판이 많았던 이슈이며, 당시 대한변호사협회의 경우 언론 통제라는 악용 가능성을 들어 헌법소원까지 진행했던 사안이다. 그리고 경제 규제와 관련된 [토픽 2] '경제 민주화 입법'은 경제 민주화를 위한 정부의 경제 규제 강화에 대해 경제단체들이 포퓰리즘 경제 악법 혹은 과잉 규제라는 프레임으로 반대하면서 나온 이슈이다. 특히 일감 몰아주기와 불법 경영권 세습 등의 문제를 해결하기 위한 정부의 규제를 시장 개입으로 판단하고 반대한 것이다. 또한 [토픽 3] '최저임금'은 총선을 앞두고 최저임금 1만 원 인상이 이슈가 되면서 나타났다. 일자리가 감소할 수 있다는 분석 결

과를 중심으로 최저임금 인상을 반대하는 경제단체의 입장이 주로 나타났으며, 스위스에서 기본소득 정책을 도입하기 위해 시행된 국민투표가 부결되었다는 내용도 함께 소개하고 있었다. [토픽 14] '경제 규제'는 카드 수수료 인하 및 통신비 기본료 인하 등과 관련된 규제 정책에 대해 카드사와 통신사들이 반발한 이슈이다. [토픽 19] '글로벌 금융위기'에서는 장기적인 세계 경기 침체로 인해 G20을 중심으로 통화 정책뿐만 아니라 적극적인 재정 정책을 통해 글로벌 수요를 확대해야 한다는 내용이 소개되었고, 앞서 정부의 재정 투입의 정당성을 부여하는 내용도 있었다.

반면, [토픽 7] '규제 완화 정책'에서는 정부의 경제 활성화와 노동 개혁 등의 4대 개혁 방향에 대한 새누리당의 협력과 청년 실업의 해결 및 일자리 창출을 모색하는 정치권의 행보에 대한 이슈가 포함되었다. [토픽 11] '공적연금 개혁'은 정부의 공무원연금 개혁과 국민연금 보험률 인상 등 연금 개혁과 관련된 내용으로, 조윤선 정무수석이 개혁의 미흡함에 책임을 지고 사퇴하는 내용이 주를 이루고 있다.

둘째, 정치 권력과 관련된 이슈이다. [토픽 4] '야권연대'는 총선 과정에서 더불어민주당을 중심으로 이루어진 후보 단일화 과정이 주요 내용이다. [토픽 17] '택시법 갈등'은 택시를 대중교통수단으로 인정하는 법안(대중교통의 육성 및 이용촉진에 관한 개정 법률)을 둘러싼 대통령과 국회의 갈등 상황을 다룬 것으로, 대통령의 법안 거부권 행사로 국회가 난항을 겪는 과정을 포함하고 있다. [토픽 18] '정당 세력 교체'에서는 친노 세력 중심으로 민주당을 개혁하자는 요구와 안철수의 민주당 참여를 요청하는 내용이 주로 나타났으며, 민주당이 제시한 기초의원 공천제 폐지 논란도 다수 확인되었다.

셋째, 미국과 유럽 및 중남미의 포퓰리즘 정치 현황을 다룬 것이다. 먼저 [토픽 5] '트럼프 대선 승리'는 트럼프의 이민 정책 등 고립주의 공약에 대한 백인 노동자의 높은 지지와 이것이 영국 브렉시트에 미친 영향 등 주로 트럼프의 당선 요인을 다룬 내용이다. [토픽 9] '중남미 정권 경제위기'는 2015년도에 들어 확산된 중남미 좌파 포퓰리즘 정권들의 패배를 다룬 것으로, 베네수엘라 총선에서의 집권당 참패와 아르헨티나 대선 실패 등의 내용을 소개하고 있다. [토픽 15] '이탈리아 국민투표'는 의회를 단원제로 바꾸기 위한 이탈리아 국민투표의 부결로 총리가 사임하는 상황과 이후에 유럽연합의 탈퇴 주장을 하는 정당에게 권력이 넘어가는 상황에 대한 우려를 다룬 것이다. 또한 오스트리아 대선에서도 무소속 대선후보가 당선되는 등 유럽에서 포퓰리즘 정치가 강화되고 있는 점을 소개하고 있다.

넷째, 지자체의 정책과 관련된 내용이다. [토픽 6] '지자체 공약'은 보육교사 공무원 전환, KTX 세종역 및 광주역 정차, 경기도 무상버스 운영 등 지방선거에서 후보들의 공약을 평가하는 내용을 주로 다룬 것이다. [토픽 8] '서울시 청년수당'은 박원순 서울시장의 청년활동지원사업(1인당 50만 원 지급)과 이재명 성남시장의 청년 배당 정책을 둘러싼 지자체와 새누리당 및 보건복지부 등과의 갈등을 다룬 것이다. [토픽 10] '누리과정 예산 논란'은 복지 예산 감소를 통해 공공부채 억제와 국가재정의 건전성을 확보하겠다는 정부 정책의 발표로 인해 무상복지 예산이 감소된다는 내용을 포함하고 있다. [토픽 16] '무상복지 증세 논란'은 김무성 의원의 '증세 없는 복지 불가능'이라는 메시지 이후, 복지 정책을 위해서는 증세가 필요하다는 주장이 확산하여 나타난 이슈이다. [토픽 21] '자사고, 무상급식'은 정부의 자사고 축소 폐지 정책에 대해 서울 소재 자율형 사립 고등학교 교장들이 법적으로 대응하겠다는 내용과 홍준표 경상남도지사의 무상급식 중단 선언 등 교육 정책을 둘러싼 갈등을 다룬 것이다.

다섯째, 사건 사고를 다룬 것들이다. 먼저 [토픽 12] '해경(해양경찰청) 해체'는 세월호 참사 후 내놓은 정부의 해양경찰청 해체 발표에 대해 문재인 더불어민주당 대표가 무책임한 포퓰리즘 대책이라고 비판한 내용을 다룬 것이다. [토픽 13] '촛불집회'는 2016년 국정농단 사태 이후의 촛불집회를 보도한 것으로, 탄핵 소추안 가결을 포퓰리즘으로 평가한 내용을 포함한다.

[토픽 20] '한일 과거사 문제'는 박근혜 대통령을 여학생으로 비유한 일본 노다 전 총리의 발언과 아베 총리의 독도 도발 및 2차 대전 침략 전쟁 부인 등 일본의 우익 포퓰리즘 강화에 대한 비판을 담고 있다. [토픽 22] '북한 핵실험'은 여당의 전술핵 재배치를 통한 핵무장론 발언에 대하여 민주당이 안보 포퓰리즘으로 평가하며 비판하는 내용이다.

문재인 정권(2017~2020) 동안 뉴스에서 나타난 주요 토픽을 정리하면 <표 7-10>와 같다. 전체 토픽은 23개였고, 전체 문서에서 가장 비중이 높았던 토픽은 문재인 정부의 '경제 정책 비판'이었다. 다음으로 야당의 '소득주도성장' 정책에 대한 비판, 서울시 대중교통 무료운영을 통한 '미세먼지 저감 정책'에 대한 비판, '재난지원금 지급' 대상 선정 논란, '민주주의 논쟁', '글로벌 금융시장' 대응 정책, 지자체의 '재난기본소득 실험', 경제단체의 '정부 일자리 정책' 비판, 북한 핵실험에 따른 '핵무장론' 제기, 선거법 개정을 둘러싼 '패스트트랙 법안', '국가 재정 전략', 트럼프 재선 과정을 다룬 '미국 대선', 보수 정당들의 '보수 통합' 과정, 기업규제 3법을 통한 '금융 규제 강화'에 대한 반발, '자사고 폐지' 논란, 이탈리아 '오성운동', '복지예산 증가' 비판, '유럽 극우 정당' 상황, '미·중 갈등' 심화, '적폐 청산', '베네수엘라 인플레이션', '전국민 재난지원금'을 둘러싼 지급 대상 선정 방식의 갈등 등이 나타났다.

<표 7-10> 문재인 정권(2017~2020) 기간 포퓰리즘 뉴스 토픽모델링 결과

번호	토픽명	키워드	
		주요 행위자	주요 이슈
1	경제 정책 비판	국민, 정부, 대통령	코로나19, 경제, 부동산, 재정, 방역, 의료, 뉴딜, 대출
2	소득주도성장	정부, 대통령, 국민, 자유한국당, 국회	경제, 소득주도성장, 안보, 좌파, 원전, 책임

3	미세먼지 저감 정책	시장, 서울시, 시민, 구청장, 경기도, 서초구	원전, 미세먼지, 재산세, 에너지, 전기요금, 비용, 주택
4	재난지원금 지급	국민, 정부, 국회, 민주당, 미래통합당, 김종인	통신비, 경제, 추경, 예산, 선별, 재정
5	민주주의	국민, 대통령, 정당, 정부, 시민, 국회	정치, 민주주의, 권력, 선거, 개혁, 보수, 정치인, 제도, 헌법, 진보, 개헌, 역사
6	글로벌 금융 시장	미국, 유럽	금융, 글로벌, 경제, 시장, 위기, 금리, 유로존, 불확실성, 재정, 부채
7	재난 기본소득 실험	경기도, 이재명, 청년, 국민, 지자체	기본소득, 복지, 지급, 시장, 소득, 제도, 지원, 논의, 고용, 현금, 보험, 재원
8	정부 일자리 정책	정부, 기업, 국가, 대기업, 노동자, 노조	성장, 일자리, 혁신, 최저임금, 규제, 투자, 고용, 임금, 소득주도성장, 복지
9	핵무장론	북한, 일본, 한국, 미국, 중국, 문재인, 김정은	안보, 외교, 평화, 한반도, 대화, 합의, 사드, 북핵, 한미동맹, 협상, 모병제
11	패스트트랙 법안	국회, 민주당, 한국당, 국민의당	논의, 입장, 법안, 반대, 합의, 개혁, 입법, 협상, 처리, 통과, 상황, 국감, 민생
12	국가 재정 전략	정부, 국민	재정, 증세, 세금, 복지, 소득, 경제, 국가채무, 법인세, 적자, 국민연금, 부채
13	미국 대선	미국, 트럼프, 바이든, 민주당, 공화당, 오바마	대선, 러시아, 정책, 승리, 인도, 취임, 지도자, 연설, 비판, 분석, 유권자, 후보
14	보수 통합	한국당, 바른정당, 홍준표, 국민의당, 새누리당, 문재인, 박근혜	보수, 통합, 혁신, 개혁, 세력, 친박, 지방선거, 총선, 정권, 미래, 출마
15	금융 규제 강화	정부, 국회, 기업, 소비자	금융, 규제, 시장, 법안, 지적, 투자, 폐지, 통신, 펀드, 도입, 요금, 우려, 개정안, 제도, 부담, 제한, 경영
16	자사고 폐지	정부, 부산시, 서울시, 교육감, 교육부,	교육, 지방, 공항, 추진, 학생, 학교, 지자체, 공약, 평가, 무상급식, 손해배상

17	오성운동	이탈리아, 유럽연합, 로마, 스페인, 프랑스	난민, 오성운동, 연정, 동맹, 총선, 구성, 장관, 예산안, 위기, 합의, 거부
18	복지예산 증가	정부, 문재인, 국회	공약, 복지, 예산안, 일자리, 재정, 재원, 부담, 아동수당, 최저임금, 공무원 증원
19	유럽 극우 정당	프랑스, 독일, 영국, 르펜, 네델란드, 유럽연합, 국민	정당, 총선, 투표, 지지, 세력, 승리, 당선, 득표, 예상, 극우 정당, 차지, 전망
20	미중 갈등	중국, 미국, 트럼프, 러시아, 영국, 독일	경제, 협력, 문제, 무역, 협상, 세계화, 리더십, 회의, 다보스, 외교, 상황, 지적
21	적폐 청산	검찰, 대통령, 청와대, 대법원, 국정원, 박근혜, 삼성	수사, 사건, 재판, 의료, 의혹, 문제, 인사, 특검, 판결, 비판, 정부, 검사, 삼성
22	베네수엘라 포퓰리즘	베네수엘라, 아르헨티나, 브라질, 차베스, 멕시코, 중남미, 대통령, 그리스	경제, 정책, 좌파, 대선, 시위, 집권, 그리스, 우파, 당선, 복지, 부패, 위기
23	전국민 재난지원금	국민, 정부, 황교안, 민주당, 미래통합당	총선, 지원, 경제, 지급, 선거, 재난기본소득, 추경, 코로나19, 긴급재난지원금, 소득, 재정

문재인 정권에서 도출된 주요 토픽들을 유사한 주제로 묶으면, 크게 6개로 구분할 수 있다. 첫째, 소득주도성장과 한국형 뉴딜 정책 등 문재인 정부의 경제 및 복지 정책에 대한 내용이다. [토픽 1] '경제 정책 비판'은 정부의 한국형 뉴딜 정책 발표에 대해 국민의힘이 정부 부채(410조 원)를 고려하지 않고 새로운 사업을 제시한다고 비판한 것이 주요 내용이다. [토픽 2] '소득주도성장'에서는 자유한국당이 문재인 정권의 경제정책을 무대책 좌파 포퓰리즘이라고 평가하는 동시에 무능과 독선의 정권이라고 비판하는 내용이 주로 나타났다. [토픽 8] '정부 일자리 정책'은 경제단체협의회가 규제 완화와 함께 일자리 창출을 위해서는 고용 친화적 기업 환경의 조성이 필요하다는 견해를 밝히면서 과도한 복지 포퓰리즘을 지적한 내용이다. 그리고 중소기업계에서 노동시간 단축안에 결사반대의 견해를 밝히면서 정부의 일

자리 정책을 반대하는 내용을 담고 있다. [토픽 12] '국가재정 전략'의 경우는 국가재정 건전성 확보를 위해 복지 포퓰리즘을 반대하는 내용이 주를 이루며, 2020년에 들어서는 세금, 연금, 보험료 인상을 '재정 포퓰리즘'으로 비판하는 내용이 함께 언급되었다. [토픽 15] '금융 규제 강화'는 더불어민주당의 기업규제 3법(상법, 공정거래법, 금융그룹감독법)의 강행 처리에 대한 재계의 반발을 다룬 것이다. [토픽 18] '복지예산 증가'는 문재인 정부의 첫 정부 예산안 심사 과정에서 복지 예산 증가에 대해 야당이 복지 포퓰리즘 예산이라고 비판하는 내용을 담고 있으며, 이후 아동수당과 출산장려금 등 복지 예산 지급에 대해 야당이 강한 반대 의사를 보인 내용이다. 즉 정부의 복지 정책에 대한 야당과 재계의 반대를 복지 포퓰리즘으로 명명하며 비판하는 내용이 주로 나타났다.

둘째, 지자체의 정책들이다. [토픽 3] '미세먼지 저감 정책'은 서울시의 미세먼지 비상조치에 따른 대중교통 무료 정책에 대해 안철수 바른미래당 대표와 남경필 경기도지사가 포퓰리즘 정책이라고 반대하는 것이었다. 그리고 [토픽 16] '자사고(자율형 사립 고등학교) 폐지'는 외국어고등학교, 자율형 사립 고등학교, 국제고등학교의 일반고등학교 전환이 입법 예고됨에 따라 자율형 사립 고등학교 교장단과 학부모들이 교육청과 충돌하면서 불거진 이슈이며, 지난 박근혜 정부에 이어서 지속해서 제기된 내용이다.

셋째, 재난지원금을 둘러싼 갈등이다. [토픽 4] '재난지원금 지급'은 전국민 재난지원금 지급 이후 3차 재난지원금 지급 대상을 논의하던 중 정부와 민주당이 통신비 2만 원 지급 정책을 내놓자, 이에 자유한국당이 "푼돈 포퓰리즘"이라고 비판한 내용이다. 또한 이재명 경기도지사도 "통신사로 들어가는 돈"이라며 반대 입장을 밝히면서 주요 이슈가 된 것이다. 그리고 [토픽 7] '재난기본소득 실험'은 이재명 지사가 실시한 청년 대상의 기본소득 정책에 대한 논쟁을 포함하며, 특히 이 논쟁은 2018년 지방선거에서 남경필 자유한국당 후보의 1억 청년 통장 정책을 이재명 더불어민주당 후보가 '사행성 포퓰리즘'이라고 비판하면서 확대되었다. [토픽 23] '전국민 재난지원금'은 미래통합당의 재난지원금 지급 방식 결정 과정에서 불거진 논란, 즉 선별과 보편 지급을 두고 보편 지급을 악성 포퓰리즘이라고 비판한 유승민 의원과 비상 응급조치로 전국민 지급을 주장한 황교안 대표와의 당내 갈등을 담고 있다.

넷째, 정치 권력과 관련된 이슈들이다. [토픽 5] '민주주의 논쟁'에서는 취임 100일 대국민 보고대회에서 "직접민주주의"라는 용어를 사용한 대통령의 발언이 헌법 정신을 위배했다는 논란과 적폐 청산 과정에서 야당의 민주주의를 파괴했다는 비판이 포함되었다. [토픽 10] '패스트트랙 법안'은 선거법 개정안을 두고 극한 대립을 벌이는 과정에서 신속한 처리를 위해 한국당을 빼고 진행하자는 민주당과 제1야당을 무시한다는 한국당이 충돌하는 내용을 다룬 것으로, 이 과정에서 정치 혐오를 가져오는 포퓰리즘이라는 평가가 함께 언급되었다. [토픽 14] '보수 통합'은 자유한국당, 바른정당, 국민의당의 당내 경선 과정에서 불거진 보수 정당의 통합 필요성과 정부와 여당의 비판을 담은 출마 선언 등이 주요 토픽으로 묶인 것이다.

다섯째, 해외 국가들의 극우화와 관련된 내용이다. [토픽 6] '글로벌 금융 시장'은 유럽 극우 정당의 약진으로 인해 유럽 국가의 채권금리가 급락하면서 글로벌 금융 시장의 위기를 우려하는 내용을 담고 있다. 더불어 한국은행에서 국내 금융 불균형을 해소하기 위한 방안으로 금리 인하를 시사하면서 기업 투자 활성화를 촉구하는 내용도 포함하고 있다. [토픽 13] '미국 대선'은 트럼프 대통령의 재선 과정에서 불거진 트럼피즘과 대선 실패 이후에도 미국 사회에 남아 있는 트럼피즘을 분석하는 보도를 다룬 것이다. [토픽 19] '유럽 극우 정당'은 스페인 극우 정당의 첫 의회 진출과 체코 우파 포퓰리즘 정당의 승리 등 유럽 극우 포퓰리즘 정당의 돌풍으로 인한 유럽의회 구성을 우려하는 내용이 주를 이룬다. [토픽 20] '미중 갈등'은 트럼프의 보호주의에 따른 중국과의 무역 갈등이 주요 내용이다. [토픽 17] '오성운동'은 이탈리아 포퓰리즘 정권 출범 이후 연립정부 해체 등의 상황을 소개한 내용이다. [토픽 22] '베네수엘라 인플레이션'은 경제난과 대선 불법선거 등의 상황을 설명하면서 포퓰리즘으로 국가가 위기 상태에 빠졌다는 내용이 주를 이룬다. 즉 유럽과 미국 및 중남미에서 포퓰리즘으로 인해 경제적 위기가 나타났다는 점을 강조하고 있다.

마지막으로 기타 이슈들이다. [토픽 9] '핵무장론'은 한국당이 북한의 지속적인 핵실험과 미사일 발사 실험에 대한 대응으로 핵무장론을 주장하자, 다른 정당들이 '안보 포퓰리즘'으로 비판하는 내용이다. 안보 이슈에는 모병제, 군 복무 단축, 전작권 전환 등 국방 관련 이슈도 함께 포함되었고, 안보를 정치인의 인기를 위해서 사용하면 안 된다는 평가도 언급되었다. [토픽 21] '적폐 청산'의 경우는 최순실과 이재용 재판 과정의 생중계 허용을 둘러싼 찬반 논쟁과 최순실 변호인이 대법원 선고 이후 국민 정서에 편승한 포퓰리즘 판결이라고 비판한 내용을 담고 있다.

4. 온라인 뉴스에 나타난 포퓰리즘의 성격

<표 7-11>는 앞서 제3절에서 분석한 정권별 포퓰리즘 토픽을 주요 행위자와 대상별로 비교한 결과이다. 먼저 노무현 정권(2002~2007)에서 나타난 주요 행위자는 정부와 여당, 지자체, 검찰, 경제단체 등이다. 먼저 국가균형발전 정책에서는 정부와 야당 및 지자체가 좌파 포퓰리즘으로 정부를 공격하고 있으며, 공공기관의 이전으로 혜택을 받는 지역과 그렇지 못한 지역의 지자체간의 갈등과 두 지역과 정부와의 갈등도 있었다. 다음으로 한나라당의 종부세 완화 정책과 정부의 부동산 투기 우려에 대한 목소리가 대립하는 상황에서, 한나라당은 정부의 부동산 정책이 서민의 주택 마련을 막는 정책이라고 비판하는 반면, 정부는 국민연금의 재정 고갈을 해소하기 위해서 증세가 필요하다는 주장이 다시금 대립하게 되었다. 즉 정부의 재정 정

책을 야당이 공격하는 구조이다. 그 외 사법 개혁의 경우는 사법부와 검찰 등이 사법 포퓰리즘이라는 프레임으로 정부를 공격하였고, 이 과정에서 사법 엘리트와 국민 간의 갈등 구도가 형성되기도 하였다.

<표 7-11> 시기별 포퓰리즘 주요 행위자 및 이슈 특성

기간	주요 행위자		주요 이슈	주요 대상
노무현 정권 2002 ~ 2007	정부	야당 지자체	국가균형발전 (기회적 포퓰리즘, 좌파 포퓰리즘)	좌파 / 우파 수도권 / 지방
	정부	한나라당	종부세 완화 정책 (실용 포퓰리즘)	서민 / 부유층
	정부, 여당	사법부 검찰	사법개혁 (사법 포퓰리즘)	국민 / 사법엘리트
	정부	한나라당	국민연금 개혁 (재정 포퓰리즘)	서민 / 부유층
	정부	대기업 경제단체	금산분리법 (좌파 포퓰리즘)	정부 / 경제단체
이명박 정권 2008 ~ 2012	오세훈 한나라당 시민단체	민주당 시민단체	무상급식, 선별/보편 복지 (복지 포퓰리즘, 선심성 포퓰리즘)	좌파 / 우파 서민 / 부유층
	새누리당	민주당 등 야당	경제 민주화 (좌파 포퓰리즘)	좌파 / 우파
	안철수	한나라당	정치 쇄신 (정치 포퓰리즘)	시민 / 정치엘리트
	동반성장 위원회	전경련 통신사 카드사	공정거래법 (경제 포퓰리즘)	좌파 / 우파 정부 / 경제단체
	정부 기획재정부	지자체 국민	국가 균형재정 (재정 포퓰리즘)	좌파 / 우파 재정기관 / 지자체
	이문열	촛불집회 참석자	광우병 촛불집회 (디지털 포퓰리즘)	시민

<table>
<tr><td rowspan="9">박근혜
정권
2013
~
2016</td><td>정부</td><td>경제단체</td><td>경제 민주화
(시장 개입 포퓰리즘)</td><td>정부 / 경제단체</td></tr>
<tr><td>정부</td><td>경제단체
노동자</td><td>최저임금 인상 및 일자리 증대
(무대책 포퓰리즘)</td><td>정부 / 경제단체
노동자 / 기업</td></tr>
<tr><td>민주당</td><td>안철수</td><td>정당 개혁 및 공천
(정치 포퓰리즘)</td><td>친노 / 반노</td></tr>
<tr><td>정부</td><td>공무원
시민</td><td>공적연금 개혁(공무원연금, 기초연금 등)
(재정 포퓰리즘)</td><td>정부 / 공무원
청년 / 노인</td></tr>
<tr><td>정부</td><td>지자체
교육감</td><td>누리과정 예산 축소
(복지 포퓰리즘)</td><td>좌파 / 우파</td></tr>
<tr><td>정부
복지부
새누리당</td><td>서울시
성남시</td><td>청년 수당
(복지 포퓰리즘)</td><td>좌파 / 우파
정부 / 자자체</td></tr>
<tr><td>교육감</td><td>학교장
학부모</td><td>자사고 폐지</td><td>시민 / 교육엘리트</td></tr>
<tr><td>여당</td><td>야당</td><td>전술핵 배치
(안보 포퓰리즘)</td><td>대화파 / 강경파</td></tr>
<tr><td colspan="2">미국, 유럽, 중남미 국가</td><td>극우 정당 승리
(극우 포퓰리즘)</td><td>좌파 / 우파</td></tr>
<tr><td rowspan="8">문재인
정권
2017
~
2020</td><td>정부</td><td>야당</td><td>소득주도성장, 한국판 뉴딜
(무대책 좌파 포퓰리즘)</td><td>좌파 / 우파</td></tr>
<tr><td>정부</td><td>경제단체</td><td>노동시간 단축
(좌파 포퓰리즘)</td><td>정부 / 경제단체
노동자 / 기업</td></tr>
<tr><td>정부</td><td>유승민
황교안</td><td>전국민 재난지원금
(악성 포퓰리즘)</td><td>좌파 / 우파</td></tr>
<tr><td>정부</td><td>야당</td><td>3차 재난지원금
(푼돈 포퓰리즘)</td><td>수해대상 / 미대상</td></tr>
<tr><td>이재명</td><td>남경필 등
야당</td><td>청년기본소득
(사행성 포퓰리즘)</td><td>수해대상 / 미대상</td></tr>
<tr><td>여당</td><td>야당</td><td>패스트트랙
(혐오 포퓰리즘)</td><td>정치권력</td></tr>
<tr><td>야당</td><td>여당</td><td>전술핵 배치
(안보 포퓰리즘)</td><td>대화파 / 강경파</td></tr>
<tr><td colspan="2">유럽, 베네수엘라</td><td>유럽 극우 포퓰리즘 정당
베네수엘라 인플레이션</td><td>좌파 / 우파
정부 / 시민</td></tr>
</table>

이명박 정권(2008~2012)에 들어서는 무상급식 정책을 둘러싼 선별 복지와 보편 복지가 포퓰리즘 논쟁의 주요 대상이었다. 이 과정에서 우파 진영은 무상급식을 복지 포퓰리즘 혹은 선심성 포퓰리즘이라고 평가하며 좌파 진영을 공격하였고, 나아가 서민과 부유층 간의 논쟁도 불거졌다. 즉 선별복지를 주장하는 보수 진영은 부유층에게까지 무상급식을 확대하는 정책을 반대한 것이다. 이러한 무상급식 도입을 둘러싼 갈등은 인터넷의 활성화와 맞물리면서 국민 및 시민사회단체도 무상급식 논쟁에 적극적으로 참여하는 양상으로 확대되었다. 이후 이명박 정권이 국가재정의 문제로 무상복지를 반대하자 정부와 기획재정부 및 지자체와 국민 간에 대립 구도가 형성되었다. 그리고 기획재정부가 복지 포퓰리즘으로 인한 국가재정 악화를 강조하며 지자체 예산을 삭감하는 등 일련의 조치를 취하자 실제 중앙정부와 지방정부의 갈등도 발생하였다.

박근혜 정권(2013~2016)에서는 이명박 정권에서 언급된 경제 민주화 정책을 받아들인 결과로, 이전 정부에서 야당을 중심으로 진행되었던 좌파 포퓰리즘이 시장개입 포퓰리즘으로 전환되었다. 경제 민주화 정책 중 최저임금 인상과 일자리 증대 등은 정부와 경제단체 및 노동자와 기업 간의 갈등을 확대하였다. 특히 경제단체들은 정부의 최저임금 인상을 무대책 포퓰리즘이라고 평가하면서 강한 불만을 표시하였다. 또한 정부가 국가재정의 건전성을 확보하기 위해 공무원연금 및 기초연금 개혁을 시행하자, 대상인 공무원과 노인의 반발을 가져왔고, 기초연금의 경우는 청년도 논쟁에 참여하면서 세대 갈등의 양상도 나타났다.

한편, 정부와 지자체 간의 복지 예산을 둘러싼 포퓰리즘 논쟁도 치열하였다. 먼저 정부의 누리과정 예산 축소에 대해 지자체와 교육청의 반대가 있었으며, 서울시와 성남시의 청년수당 정책의 경우는 지자체와 보건복지부 간의 갈등도 분출되었다. 이러한 복지 포퓰리즘은 주로 좌파 포퓰리즘으로 평가되면서 우파의 주요한 공격 대상이 되었다.

문재인 정권(2017~2020)에 들어서는 소득주도성장을 중심으로 한 경제정책 대한 야당의 좌파 포퓰리즘 공세가 불거졌고, 노동시간 단축과 관련해서는 경제단체가 반대하기도 하였다. 코로나 정국에 들어서는 재난지원금 지급에 대한 야당의 반대가 있었으나, 2020년 4월 전국민 재난지원금 지급의 경우는 야당 내에서도 찬성과 반대의 목소리가 동시에 제기되었다. 이는 국가적 재난 상황에서 제시된 정부의 경기부양 정책과 국민들의 긍정적 반응으로 인해 쉽게 복지 포퓰리즘이라는 공격을 하기 힘든 상황을 반영한 것으로 볼 수 있다.

그러나 3차 재난지원금 지급과 관련해서는 여당 내에서도 선별과 보편 지급이라는 갈등이 있었고, 코로나가 장기화되어 국가 부채가 증가하고 있는 상황에서 기획재정부의 반대 입장이 함께 나타나기도 하였다. 특히 국가 재정 문제의 경우 경제지를 중심으로 베네수엘라의 좌파 포퓰리즘 정권의 부작용, 즉 인플레이션 발생 및 국가 부도 위기 등이 지속적으로 언급되면서 기획재정부의 재정 관리 필요성을 지지하는 여론이 형성되기도 하였다.

종합하면, 역대 정권에 걸쳐 무상급식과 무상보육 등 복지 포퓰리즘을 둘러싼 논쟁은 지속되고 있으며, 이것은 좌파와 우파의 대립으로 분출되었다. 그러나 박근혜 정권에 들어 추진된 경제 민주화 정책으로 인해 정부의 시장 개입 정책에 대한 포퓰리즘 공격은 감소하는 양상을 보인다. 또한 중앙정부와 지방정부 간의 정책 대립이 복지 포퓰리즘을 중심으로 늘어나고 있다. 예를 들어, 박근혜 정권과 서울시 및 성남시 간의 청년수당 정책 갈등이나 누리과정 예산 축소로 인한 지방 교육청의 반대 등을 들 수 있다. 그리고 이재명 경기도지사의 청년 기본소득 정책 같은 복지 정책에서는 보수 야당과의 대립 구조도 형성되었다. 즉 지방정부의 새로운 복지 정책의 실험이 증가할수록 기존 중앙정부와 정당 및 경제단체 등의 갈등에 더하여 중앙정부와 지방정부 간의 갈등이 늘어날 수 있다는 것이다.

5. 온라인 뉴스 댓글에 나타난 포퓰리즘 성향

이 절에서는 포퓰리즘 뉴스에 달린 댓글을 화행론에 기반하여 분석한다. 포퓰리즘 뉴스가 주요 이슈나 사안 등의 정보를 제공했다면, 댓글은 뉴스 정보에 대한 대중들의 반응을 확인하는 특성이 있다. 따라서 그 반응의 성격을 분석하는 작업은 매우 중요하다. 예를 들어 포퓰리즘 정책에 대한 댓글에서 기대가 높다면, 대중이 포퓰리즘에 반응하는 것이라 할 수 있다. 오히려 반대로 질문이 많다면, 아직 정책에 대한 이해가 낮아 적극적인 지지를 보내기는 힘들 것이다. 따라서 댓글에 대한 대중의 반응을 유형화하여 분류 및 분석하고, 정권별로 그 특징을 분석하는 작업은 포퓰리즘 정책에 대한 대중의 평가를 유추한다는 의미를 가진다.

<표 7-12>는 [약속], [주장], [선언], [명령], [기대], [표현], [질문] 7개 화행 분류 사전을 활용하여 포퓰리즘 뉴스에 달린 전체 댓글과 시기별(혹은 정권별) 댓글을 분석한 결과이다. 먼저 전체 댓글에서 화행은 "좋다", "나쁘다" 등 감정을 담은 [표현]이 320,452건으로 가장 많았다. 다음으로 "해야 한다", "확신한다" 등의 [주장]이 76,028건, "해주세요", "주지마" 등의 [명령]이 63,022건의 순으로 나타났다.

시기별로 나타난 화행 현황을 살펴보면, 먼저 2007년에는 [표현]이 2,066건으로 가장 많았으며, 그다음이 [주장] 394건, [명령] 374건, [질문] 199건 등의 순이었다. 2008~2012년까지는 [표현]이 73,876건으로 가장 많았고, 그다음 순위로 [주장] 20,227건, [명령] 12,961건, [질문] 6,039건이 나타났다. 2013~2016년까지의 화행은 [표현]이 59,141건으로 가장 많았고, [주장] 13,744건, [명령] 11,164건, [기대] 6,611건 등이 후 순위를 차지하였다. 마지막으로 2017~2020년까지 화행은 [표현]이 185,369건으로 가장 많았으며, 그다음으로 [주장] 41,663건, [명령] 38,523건, [기대] 19,822건 등이 확인되었다.

<표 7-12> 전체 및 시기별 화행 현황

(단위: 건)

	약속	주장	선언	명령	기대	표현	질문	합계
노무현 정권 (2007)	145	394	98	374	220	2,066	199	3,496
이명박 정권 (2008~2012)	4,322	20,227	3,855	12,961	8,020	73,876	6,039	129,300
박근혜 정권 (2013~2016)	2,812	13,744	3,637	11,164	6,611	59,141	3,654	100,763
문재인 정권 (2017~2020)	9,416	41,663	10,667	38,523	19,822	185,369	9,731	315,191
합계	16,695	76,028	18,257	63,022	34,673	320,452	19,623	548,750

나아가 시기별 화행 현황의 특성을 살펴보면, 전반적으로 포퓰리즘 뉴스에 "좋다", "나쁘다" 등 감정을 담은 [표현]이 전체 정권에 걸쳐 많았다. 그리고 [주장]과 [명령]을 담은 댓글 역시 모든 정권에서 많이 나타났다. 특히 문재인 정권(2017~2020)에 들어 댓글이 다른 정권에 비해 많았기 때문에 화행 역시 많았다. 반면, 하위 순위의 화행은 정권마다 다른 순위를 보였다. 이명박 및 박근혜 정권에서는 [질문]이 5위였으나, 문재인 정권에서는 [선언]이 5위였다. 그리고 이명박 정권은 [약속]이 [선언]보다 많았으나, 박근혜 정권에서는 [선언]이 [약속]보다 많았다. 전체 댓글 수나 화행 문장수도 이명박 정권보다 박근혜 정권이 적었다. 이러한 화행 현황을 정권별로 비교한 결과는 아래 [그림 7-2]와 같다.

[그림 7-2] 시기별 화행 현황 비교

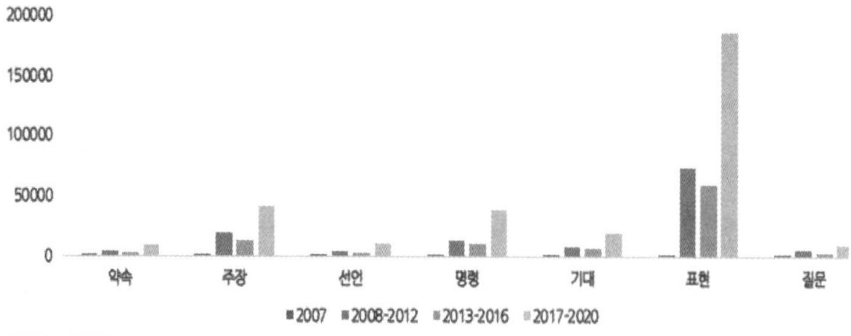

이러한 화행별 주요 메시지가 무엇인지를 구체적으로 파악하기 위해 화행 단어를 기준으로 앞의 명사형 단어 2개를 추출하고, 상위 빈도 단어를 정리하였다. 분석 결과는 아래 <표 7-13>과 같다. 먼저 [약속]에서는 투표가 1,802건으로 가장 많았으며, 다음으로 국민(747건), 선거(381건), 총선(262건), 대선(181건) 등 선거 관련 내용이 상위에 위치하였다. 그리고 세금(140건), 경제(92건) 등 경제 이슈와 무상급식(80건) 같은 복지 이슈도 확인되었다. 또한 코로나19 확산에 따른 신천지(76건), 한일 무역 분쟁과 역사 왜곡 등으로 발생한 반일 감정으로 인해 왜구(67건)도 상위에 있었다.

[주장]에서는 반대가 5,483건으로 가장 많았으며, 무상급식(2,812건), 복지(951건) 등 복지 이슈가 많았다. 그 외 정책(1,741건), 정부(1,420건), 대통령(1,249건) 등 정부 정책에 대한 주장이 있었다. 특히 4대강(422건), 조국 전 장관(232건), 사드 배치(369건) 등의 구체적인 사안에 대한 반응도 확인되었다.

[선언]의 경우는 폐지가 521건으로 가장 많았는데, 주로 과세와 정책의 폐지에 대한 선언적 메시지가 많아 나타난 결과이다. 세부적으로 특활비(268건), 누진제(254건), 연금(250건), 공수처(1,991건), 국민연금(146건), 무상급식(100건) 등 특혜나 과세 관련 제도가 다수 나타났다. 그리고 대상으로는 대법원(269건), 검찰(87건), 국정원(87건) 등 과거 권력이 집중된 기관과 연금 문제에 따른 노인(171건)도 확인되었다.

[명령]에서는 세금이 1,007건으로 가장 많았으며, 복지(380건), 월급(322건), 부자(221건), 담배(151건) 등 증세나 감세 사안에 대한 반응도 많이 나타났다. 그리고 언론 문제를 지적하는 기레기(224건)와 군대(155건) 문제 및 안보(146건) 등의 내용도 포함되었다. 주로 개인들의 경제적 이익을 위한 정책 요구가 많았다.

[기대]의 경우 대통령이 1,147건으로 가장 많았으며, 다음으로 보수(338건), 양심(204건), 세금(201건) 등의 순이다. 특히 [기대]에서는 양심, 성공, 개혁, 진실, 처벌, 정의 등 사회적 가치에 대한 요구가 주로 나타났다.

[표현]의 경우는 세금이 3,579건으로 가장 많았으며, 그다음 순위는 복지(2,561건), 경제(2,347건), 투표(2,254건) 등이었다. 주요 사안으로는 조국(1,316건)이 5위를 차지했는데, 이는 검찰 개혁 과정에서 나타난 장관 인사 및 조국 자녀 문제 등에 대한 찬반 논란이 많았던 결과를 반영한 것이다. 그리고 무상급식(1,308건) 역시 상위에 있었다. 그 외 언론(1,182건), 기레기(870건) 등 언론에 대한 반응도 있었다.

마지막으로 [질문]의 경우, 생각이 566건으로 가장 많았으며, 다음으로 세금(258건), 무상급식(172건), 복지(157건) 등의 순으로 확인되었다. 생각의 경우는 댓글 작성자가 "내 생각은 이러하다" 식으로 댓글을 올리기 때문에 많이 언급되었다. 그 외 이슈로는 복지 이슈와 남북관계, 한일 관계, 조국 사태 등이 있었다.

<표 7-4>에 알 수 있듯이, 전체 기간(2007년부터 2020년까지) 동안 화행을 담고 있는 댓글은 무상급식 이슈와 연금 등 복지 이슈를 중심으로 반응도가 높았다. 또한 4대강과 같은 정부 사업, 남북관계, 한일 관계 등 국제관계와 관련된 이슈에 대한 의견 제시도 많았다.

<표 7-13> 전체 기간(2007~2020) 주요 화행 이슈

(단위: 건)

순위	약속	주장	선언	명령	기대	표현	질문
1	투표 (1,082)	반대 (5,483)	폐지 (521)	세금 (1,007)	대통령 (1,147)	세금 (3,579)	생각 (566)
2	국민 (747)	무상급식 (2,812)	대법원 (269)	보수 (437)	보수 (338)	복지 (2,561)	세금 (258)
3	여러분 (402)	정책 (1,741)	특활비 (268)	복지 (380)	양심 (204)	경제 (2,347)	무상급식 (172)
4	선거 (381)	정부 (1,420)	누진제 (254)	일본 (368)	세금 (210)	투표 (2,254)	복지 (157)
5	총선 (262)	대통령 (1,249)	연금 (250)	월급 (322)	반성 (197)	조국 (1,316)	경제 (128)
6	대선 (181)	복지 (951)	공수처 (191)	공약 (274)	경제 (165)	무상급식 (1,308)	부자 (124)
7	세금 (140)	부자 (646)	노인 (171)	기레기 (224)	성공 (124)	미국 (1,254)	일본 (122)
8	노동자 (93)	4대강 (422)	국민연금 (146)	부자 (221)	역사 (147)	언론 (1,182)	북한 (82)
9	경제 (92)	친일 (399)	탄핵 (143)	청년 (212)	개혁 (111)	부자 (1,121)	언론 (80)
10	무상급식 (80)	사학 (388)	위헌 (115)	공무원 (199)	건강 (105)	북한 (969)	공무원 (55)
11	신천지 (76)	조국 (373)	무상급식 (100)	노인 (182)	조사 (94)	친일 (910)	청년 (49)
12	심판 (70)	사드 (369)	복지 (100)	공짜 (176)	진실 (86)	기레기 (870)	조국 (44)
13	왜구 (67)	빨갱이 (329)	특권 (95)	군대 (155)	책임 (101)	교육 (806)	4대강 (43)
14	공약 (61)	언론 (295)	검찰 (87)	담배 (151)	처벌 (80)	개혁 (790)	월급 (42)
15	청원 (59)	추경 (258)	국정원 (87)	안보 (146)	정의 (79)	공짜 (760)	독재 (40)

한편, 시기별 화행 현황에 더하여 시기별 화행 분야의 이슈를 구체적으로 분석하였다. 즉 개별 화행에서 어떠한 이슈가 시기별로 있었는지, 또는 계속 쟁점이 되고 있는지를 분석하는 것이다. 먼저 [약속] 화행의 경우는 전체 화행 문서량에서 [약속] 화행의 문서를 나누어 비교한 [그림 7-3]에서 알 수 있듯이, 2007년을 제외하면 이명박 정권이 다른 정권에 비해 상대적으로 많았으며, 박근혜 정권에서는 약속 화행이 적게 나타났다.

[약속] 화행의 주요 이슈를 정권별로 정리한 <표 7-14>에 의하면, 노무현 정권(2007년)에는 투표가 6건으로 가장 많았으며, 다음으로 경제(5건), 언론(3건), 개헌(3건) 등 정권의 개혁에 대한 의견이 많았다. 이명박 정권까지 이슈는 투표가 509건으로 가장 많았으며, 다음으로 무상급식(76건), 운동(59건), 오세훈(56건) 등이며, 주로 오세훈 전 서울시장의 무상급식 투표 관련 내용이 상위에 나타났다. 그 외 이명박 대통령의 4대강 개발(20건)과 북한(15건)도 상위에 위치하였다.

박근혜 정권에서는 투표가 142건으로 가장 많았으며, 다음 순위는 복지(29건), 세금(26건), 공무원(25건) 등이었다. 그 외 연금(13건), 택시(11건), 증세(9건), 대중교통(7건) 등 정책에 대한 언급이 있었다. 문재인 정권의 경우는 투표가 425건으로 가장 많았으며, 노동자(90건), 신천지(76건), 보수(66건) 등이 후 순위로 나타났다. 특히 신천지(76건), 손해배상(37건), 구상권(35건) 등은 코로나19 확산에 따른 처벌을 요구하는 내용도 언급되었다. 그 외 한일 무역 규제에 따른 친일(47건)이 있었으며, 최저임금(27건) 인상과 관련된 평가도 있었다.

전반적으로 [약속] 화행에서는 유권자의 투표 행위에 대해 지지와 반대의 의견을 밝히는 경우가 많았으며, 정부의 정책 중에서 복지나 과세에 대한 의견 제시가 이명박 및 박근혜 정권에서 나타났다. 문재인 정권에 들어서는 코로나19 방역과 한일 갈등에 대해 정부의 해결을 요구하는 목소리가 확인되었다.

[그림 7-3] 시기별 '약속' 화행 비율

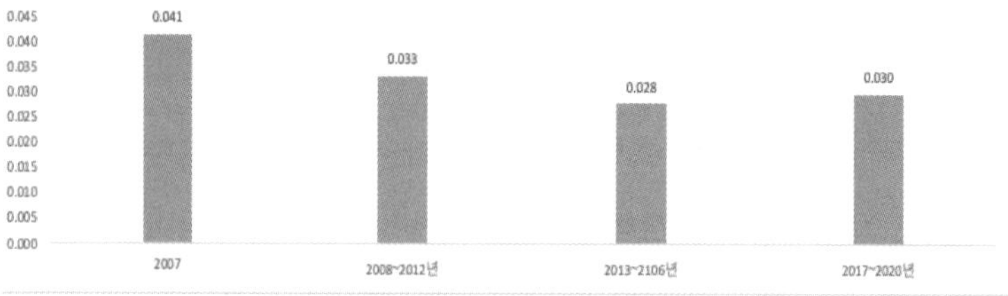

<표 7-14> 시기별 '약속' 화행 이슈 상위 15위

(단위: 건)

순위	노무현 정권 (2007)	이명박 정권 (2008~2012)	박근혜 정권 (2013~2016)	문재인 정권 (2017~2020)
1	투표(6)	투표(509)	투표(142)	투표(425)
2	경제(5)	무상급식(76)	복지(29)	노동자(90)
3	언론(3)	운동(59)	세금(26)	신천지(76)
4	개헌(3)	오세훈(56)	공무원(25)	보수(66)
5	서민(2)	세금(55)	국민투표(14)	일본(54)
6	양심(2)	아이들(28)	부정(14)	친일(47)
7	좌파(2)	소환(23)	심판(13)	청원(45)
8	신뢰(2)	4대강(20)	좌파(13)	손해배상(37)
9	공감(2)	심판(19)	연금(13)	탄핵(35)
10	후손(2)	민주주의(19)	택시(11)	구상권(35)
11	요트(2)	복지(19)	청년(11)	청산(33)
12	심판(1)	탄핵(16)	재벌(10)	언론(30)
13	민주주의(1)	젊은이들(16)	노인(9)	복지(28)
14	군대(1)	교육(16)	증세(9)	최저임금(27)
15	조중동(1)	북한(15)	대중교통(7)	촛불(24)

다음으로 [주장] 화행을 시기별로 비교한 [그림 7-4]에 의하면, 이명박 정권에서 상대적으로 많이 나타났다. 세부적인 이슈를 정리한 <표 7-15>를 보면, 2007년에는 정책과 언론이 각각 6건이며, 대운하(4건), 투기(4건), 노인(3건) 등이 나타났다. 특히 지도자(2), 검증(2), 도덕(2) 등 정치 지도자의 검증에 대한 관심도 확인되었다. 이명박 정권에서는 무상급식이 2,495건으로 월등히 많았으며, 그다음 순위로는 부자(466건), 복지(439건), 4대강(319건) 등이 도출되었다. 그 외 FTA(123건), (반값)등록금(117건), 대운하(60건) 등의 이슈에 대한 주장도 나타났으며, 사학(282건) 개혁 이슈도 확인되었다. 박근혜 정권에서는 정책이 293건으로 가장 많았으며, 그다음이 복지(223건), 사드(191건), 무상급식(158건) 등의 순이었다. 주요 정책으로는 무상급식과 택시법(각각 98건), 4대강(70건), 모병제(50건) 등이 나타났다. 문재인 정권의 경우에는 대통령이 825건으로 가장 많았으며, 그다음으로 조국(367건), 보수(311건), 개혁(306건) 등이 포함되었다. 주요 이슈로는 조국 사태와 정부의 검찰 개혁정책이 상위에 위치하였고, 제주 예멘 난민 논란으로 난민(281건)에 대한 댓글 작성자의 주장이 많았다.

전반적으로 [주장] 화행에서는 무상급식, 감세, 증세 이슈에 대한 댓글 작성자의 반응이 많았으며, 이명박과 박근혜 정권에서는 4대강, 그리고 문재인 정권에서는 검찰 개혁과 최저임금 등의 정책에 대한 주장이 나타났다.

[그림 7-4] 시기별 '주장' 화행 비율

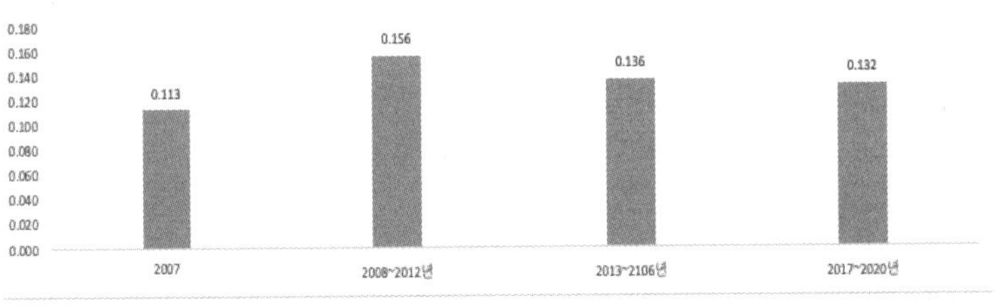

<표 7-15> 시기별 '주장' 화행 이슈 상위 15위

(단위: 건)

순위	노무현 정권 (2007)	이명박 정권 (2008~2012)	박근혜 정권 (2013~2016)	문재인 정권 (2017~2020)
1	정책(6)	무상급식(2,495)	정책(293)	대통령(825)
2	언론(6)	부자(466)	복지(223)	조국(367)
3	대운하(4)	복지(439)	사드(191)	보수(311)
4	투기(4)	4대강(319)	무상급식(158)	개혁(306)
5	노인(3)	사학(282)	세금(132)	세금(290)
6	데모(3)	예산(127)	종북(115)	복지(289)
7	개헌(2)	FTA(123)	친일파(104)	난민(281)
8	통일(2)	등록금(117)	택시법(98)	추경(253)
9	진보(2)	감세(105)	개혁(77)	공수처(220)
10	비리(2)	대학(89)	역사(70)	친일파(214)
11	평화(2)	촛불(83)	4대강(70)	증세(189)
12	노조(2)	재벌(80)	증세(63)	사드(175)
13	지도자(2)	공짜(74)	청년(62)	의사(152)
14	검증(2)	대운하(60)	거부권(59)	지급(149)
15	도덕(2)	민주주의(56)	모병제(50)	최저임금(140)

[선언] 화행은 [그림 7-5]에서 보듯이, 박근혜 정권 시기에 가장 많았다. 시기별 세부 내용을 정리한 <표 7-16>을 보면, 2007년에는 소모전이 4건으로 가장 많았으며, 유포(3건), 헌법(2건), 공산주의(2건) 등이 다음 순위로 나타났다. 소모전의 경우 노무현 대통령을 지지하는 세력 사이의 갈등을 비판하는 내용과 허위 사실 유포에 대한 처벌을 요구하는 내용을 담고 있었다. 이명박 정권에서는 사형이 109건으로 가장 많았으며, 그와 관련된 법원(54

건), 판사(47건) 등 범죄자에 대한 처벌을 요구하는 반응도 많았다. 그 외 무상급식(34건), 무상교육(32건), 무임승차(20건) 등의 복지 이슈와 중수부(31건), 검찰(29건) 등의 검찰 개혁 이슈도 함께 나타났다.

박근혜 정권 시기에는 국민연금이 40건으로 가장 많았으며, 다음 순위로는 노인(77건), 국정원(73건), 교육감(62건) 등이 나타났다. 무상급식(57건) 이슈가 여전히 한국 사회를 관통하면서 교육감이 나타났으며, 국민연금 개혁으로 인해 노인도 함께 도출되었다. 그리고 로스쿨(37건) 시행에 따른 평가 및 비례대표제(21건) 같은 선거제도에 대한 평가도 있었다. 특히 군 가산점(20건)과 여성부(18건) 등 남녀 갈등 사안도 상위에 위치하였다. 문재인 정권 기간에는 특활비가 268건으로 나타나, 국회와 검찰 등 권력 기관의 재정 운영에 대한 비판이 높았다. 다음으로 대법원(194건), 공수처(185건), 탄핵(124건) 등 탄핵 평가 및 검찰 개혁 이슈가 도출되었다. 그 외 정부의 탈원전 정책에 대한 반응과 함께 자사고 폐지, 제주 난민, 징병제 등의 다양한 이슈가 나타났다.

[선언] 화행에서 나타난 주요 이슈를 종합하면, 국민연금, 무상급식 등 복지 이슈와 검찰 및 사법부 개혁에 대한 반응이 지속해서 확인되었다. 또한 이명박 정권 이후에는 징병제와 군 가산점 등 군대 문제가 상위에 위치하여 주요 문제로 주목받고 있었다.

[그림 7-5] 시기별 '선언' 화행 비율

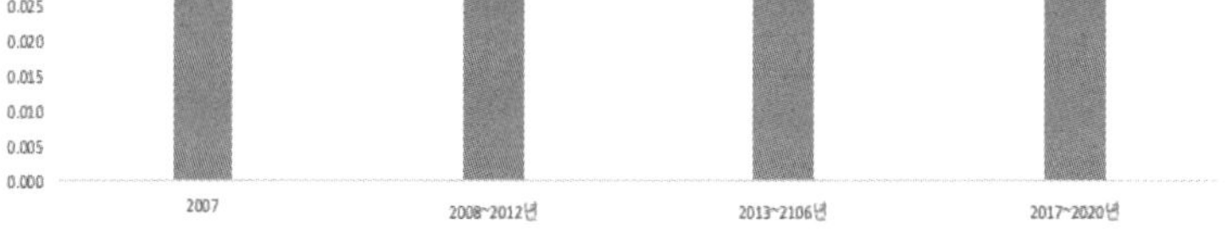

<표 7-16> 시기별 '선언' 화행 이슈 상위 15위

(단위: 건)

순위	노무현 정권 (2007)	이명박 정권 (2008~2012)	박근혜 정권 (2013~2016)	문재인 정권 (2017~2020)
1	소모전(4)	사형(109)	국민연금(40)	특활비(268)
2	유포(3)	법원(54)	노인(77)	대법원(194)
3	헌법(2)	교육(49)	국정원(73)	공수처(185)
4	공산주의(2)	판사(47)	교육감(62)	탄핵(124)
5	부도(2)	공제(35)	무상급식(57)	판사(101)
6	중소기업(2)	무상급식(34)	로스쿨(37)	국민연금(97)
7	학벌(2)	경찰(33)	유튜브(33)	민법(77)
8	세습(2)	무상교육(32)	빨갱이(31)	일본(68)
9	국민연금(1)	중수부(31)	야자(27)	특권(66)
10	헌법재판소(1)	노인(29)	택시법(23)	원전(66)
11	여성부(1)	검찰(29)	무임승차(22)	특목고(63)
12	혐의(1)	역사(23)	비례대표제(21)	비례대표제(48)
13	혜택(1)	무임승차(20)	탈세(21)	난민(47)
14	북한(1)	징병제(17)	군가산점(20)	무임승차(41)
15	대기업(1)	민주주의(17)	여성부(18)	징병제(41)

[명령] 화행은 [그림 7-6]에서 알 수 있듯이, 문재인 정권에서 가장 많았던 반면, 이명박 정권에서 가장 적었다. 시기별 주요 이슈를 정리한 <표 7-17>을 살펴보면, 2007년에는 언론이 8개로 가장 많았으며, 다음 순위로 대운하(8건), 경제(3건), 거짓말(3건) 등이 도출되었다. 대운하의 경우는 이명박 차기 대통령의 공약에 대한 비판적인 반응을 담고 있었고, 그 외 네거티브(3건), 정권교체(2건) 등도 차기 대선에 대한 평가를 담은 내용이다. 이명박

정권에서는 무상급식이 229건으로 가장 많았으며, 그다음은 세금(219건), 복지(143건), 4대강(80건), 등록금(77건) 등의 순이었다. 주로 복지 이슈에 대한 요구가 많았으며, 그 외 감세(38건), 취득세(34건) 등 정부의 감세 정책에 대한 평가도 있었다.

박근혜 정권에서는 세금이 199건으로 가장 많았으며, 다음으로 복지(134건), 공약(103건), 노인(80건) 등의 복지 이슈가 주요 내용으로 나타났다. 그 외 법인세(48건) 및 담배(44건) 등 세금 관련 이슈와 일자리(43건) 및 최저임금(29건) 등 노동 관련 이슈가 함께 도출되었다. 문재인 정권의 경우는 세금이 588건으로 가장 많았으며, 그다음은 일본(290건), 기레기(213건), 경제(189건), 언론(172건) 등의 순이었다. 일본의 경우는 한국에 대한 무역규제(반도체 생산에 사용되는 포토레지스트, 플로오린화 수소, 플로오린 폴리이미디 등 3개 품목에 대한 한국 수출 규제)로 인해 언급된 것으로 친일(123건)과 왜구(95건) 등 친일 집단에 대한 반발도 함께 나타났다. 그리고 기레기와 언론 등 언론을 비판하는 내용도 상위에 위치하였다. 그 외 신천지(100건)와 코로나(90건) 등의 코로나 방역 이슈와 최저임금(92건)도 확인되었다.

이상을 종합해보면, [명령] 화행에서는 언론 문제와 복지 이슈가 전반적으로 강하게 나타났으며, 세금 문제 역시 중요한 이슈로 확인되었다.

[그림 7-6] 시기별 '명령' 화행 비율

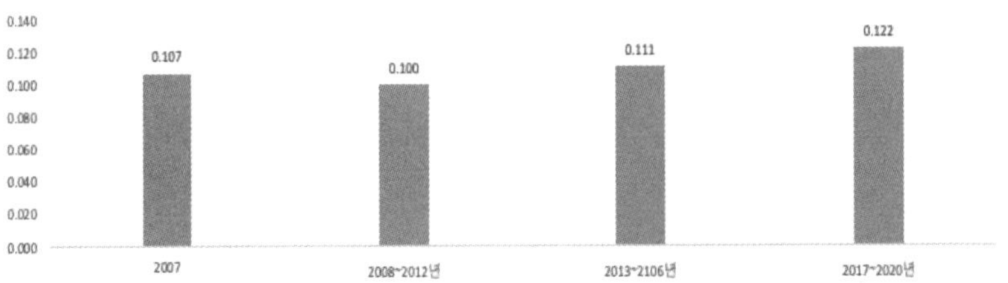

<표 7-17> 시기별 '선언' 화행 이슈 상위 15위

(단위: 건)

순위	노무현 정권 (2007)	이명박 정권 (2008~2012)	박근혜 정권 (2013~2016)	문재인 정권 (2017~2020)
1	언론(8)	무상급식(229)	세금(199)	세금(588)
2	대운하(8)	세금(219)	복지(134)	일본(290)
3	경제(3)	복지(143)	공약(103)	기레기(213)
4	거짓말(3)	4대강(80)	노인(80)	경제(189)
5	조중동(3)	등록금(77)	공무원(77)	언론(172)
6	원칙(3)	공짜(67)	거부권(61)	친일(123)
7	네거티브(3)	삽질(64)	무상급식(56)	안보(121)
8	소신(2)	일본(60)	법인세(48)	군대(109)
9	부동산(2)	재산(57)	북한(44)	봉사(107)
10	부패(2)	거짓말(43)	담배(44)	복지(103)
11	정권교체(2)	보상(41)	일자리(43)	신천지(100)
12	꼭두각시(2)	선동(39)	대중교통(35)	왜구(95)
13	행동(2)	감세(38)	세월호(34)	최저임금(92)
14	심판(2)	재벌(36)	최저임금(29)	코로나(90)
15	왜곡(2)	취득세(34)	거짓말(28)	반성(85)

[기대] 화행은 시기별로 비교한 [그림 7-7]에 알 수 있듯이, 박근혜 정권이 다른 정권에 비해 상대적으로 많았으며, 이명박 정권에서 가장 적었다. 시기별 이슈를 정리한 <표 7-18>을 살펴보면, 2007년에는 양심이 6건으로 가장 많았으며, 신중(4건), 검증(3건), 진실(2건) 등 인물을 평가하는 단어와 통합 신당(2건)이 도출되었다. 이명박 정권에서는 투표가 155건으로 가장 많았으며, 다음으로 무상급식(68건), 복지(58건), 서민(45건) 등의 복지 이슈가 많

았다. 그 외 세금(41건)과 예산(19건) 등 무상복지에 대한 예산 문제도 포함되었다.

박근혜 정권의 경우는 명복이 394건으로 가장 많았는데, 세월호 참사에 대한 애도의 반응이었다. 그 외 거부권(49건), 반성(30건), 심판(19건) 등 정권 심판에 대한 반응이 많았다. 그리고 문재인 정권 시기에는 대통령이 413건으로 가장 많았으며, 보수(264건), 기원(121건), 염치(76건) 등 탄핵 이후 대통령에 대한 기대감을 나타내는 반응도 많았다. 그러나 조국(43건)과 검찰(42건) 등의 조국 사태와 독재(33건)와 같이 문재인 정권을 비판하는 내용도 함께 있었다.

[기대] 화행의 내용을 요약하면, 대통령의 리더십에 대한 평가와 기대감이 주로 나타났으며, 심판과 반성 등 실질적인 행동을 요구하는 메시지가 전체 정권에 걸쳐서 확인되었다.

[그림 7-7] 시기별 '기대' 화행 비율

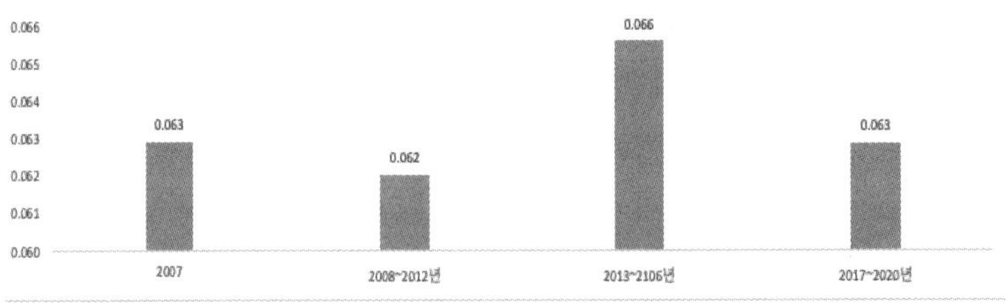

<표 7-18> 시기별 '기대' 화행 이슈 상위 15위

(단위: 건)

순위	노무현 정권 (2007)	이명박 정권 (2008~2012)	박근혜 정권 (2013~2016)	문재인 정권 (2017~2020)
1	양심(6)	투표(155)	명복(394)	대통령(413)
2	신중(4)	무상급식(68)	거부권(49)	보수(264)
3	검증(3)	복지(58)	강제(40)	기원(121)

4	진실(2)	서민(45)	복지(39)	염치(76)
5	소신(2)	세금(41)	행복(39)	세금(71)
6	인물(2)	반성(28)	희망(32)	건강(53)
7	리더(2)	심판(28)	반성(30)	심판(48)
8	건설(2)	역사(27)	세금(28)	조국(43)
9	통합 신당(2)	책임(25)	역사(24)	검찰(42)
10	토론(1)	아이들(24)	양심(23)	청산(40)
11	민심(1)	소송(22)	경제(20)	청년(37)
12	성장(1)	퇴직금(21)	행동(19)	지방선거(37)
13	자세(1)	기억(20)	심판(18)	탄핵(34)
14	임금(1)	공짜(19)	언론(18)	독재(33)
15	청렴(1)	예산(19)	개혁(17)	은퇴(32)

감정을 담고 있는 [표현] 화행을 시기별로 비교한 결과는 아래 [그림 7-8]과 같다. [표현] 화행의 비율은 이명박 정권 시기에 가장 낮았으며, 다른 기간에서는 큰 차이가 나타나지 않았다. 시기별 이슈를 정리한 <표 7-19>를 보면, 2007년에는 경제가 42건으로 가장 많았다. 그다음은 도덕(23건), 능력(18건), 양심(14건) 등의 순이었는데, 주로 정치 지도자들의 능력과 도덕성에 대한 반응이 많았다. 이명박 정권에 들어서는 세금이 1,086건으로 가장 많았으며, 무상급식(1,070건), 서민(742건), 부자(696건), 경제(477건) 등 무상급식과 경제성장 관련 내용이 후 순위를 차지하였다. 그 외 등록금(448건)과 4대강(340건) 등의 정책에 대한 반응도 확인되었다.

박근혜 정권에서는 복지가 748건으로 가장 많았으며, 다음으로 세금(701건), 공약(385건), 청년(375건) 등이 상위 순위에 있었다. 특히 청년(375건), 공무원(272건), 노인(247건) 등 특정 대상이 상위에 있었는데, 이는 기초연금 문제나 반값 등록금 등 정책에 영향을 받는 특정 사람들의 반응이 많았던 결과로 볼 수 있다. 문재인 정권에 들어서는 세금이 1,787건으로 가장 많았으며, 다음으로 보수(1,597건), 경제(1,420건), 조국(1,219건) 등이 많이 나타났다. 즉 조국 사태와 경제개혁에 따른 세금 논란 등이 주로 나타난 것이다. 또한 일본의 무역규제로 아베(752건) 등도 상위 순위에 있었다.

[표현] 화행의 특징을 종합하면, 무상급식과 기초연금 등의 복지 이슈가 이명박 및 박근혜 정권에 들어서 강조되었고, 이 시기에는 노인, 서민, 부자 등 특정 대상을 평가하는 내용이 주로 나타났다. 반면 문재인 정권에 들어서는 정부의 개혁에 대한 평가가 주로 나타났으며, 평가 대상이 청년과 여성으로 변화하는 양상을 보였다.

[그림 7-8] 시기별 '표현' 화행 비율

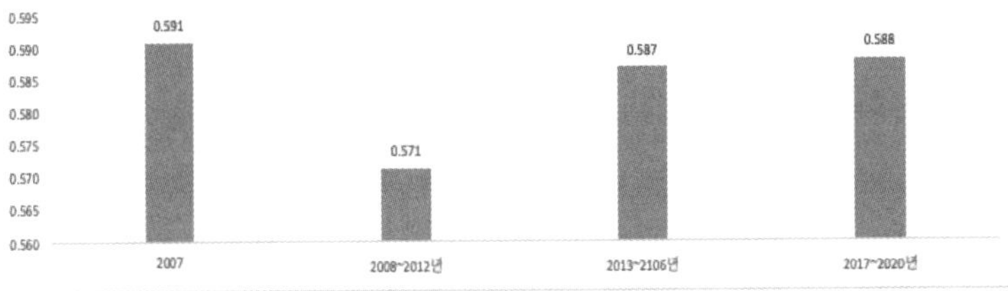

<표 7-19> 시기별 '표현' 화행 이슈 상위 15위

(단위: 건)

순위	노무현 정권 (2007)	이명박 정권 (2008~2012)	박근혜 정권 (2013~2016)	문재인 정권 (2017~2020)
1	경제(42)	세금(1,086)	복지(748)	세금(1,787)
2	도덕(23)	무상급식(1,070)	세금(701)	보수(1,597)
3	능력(18)	서민(742)	공약(385)	경제(1,420)
4	양심(14)	부자(696)	청년(375)	조국(1,219)

5	토론(10)	경제(477)	공무원(272)	언론(819)
6	불법(10)	등록금(448)	현실(269)	복지(758)
7	대운하(9)	예산(384)	노인(247)	아베(752)
8	거지(8)	4대강(340)	택시(237)	좌파(633)
9	비리(8)	북한(273)	북한(229)	개혁(524)
10	검증(8)	사기(265)	거지(202)	공무원(523)
11	검찰(7)	재벌(233)	공짜(200)	안보(495)
12	재산(7)	역사(200)	종북(191)	여자(469)
13	부동산(7)	민주주의(187)	국정원(187)	장관(464)
14	공개(7)	대기업(181)	무상급식(185)	돼지(451)
15	무능(5)	노인(174)	부자(178)	청년(408)

마지막으로 [질문] 화행은 [그림 7-9]에서 확인되듯이, 최근 정권일수록 감소하고 있었다. 시기별로 주요 이슈를 정리한 <표 7-20>를 살펴보면, 2007년에는 대통령이 12건으로 가장 많았으며, 그다음은 토론(5건), 정보(5건), 경제(4건), 언론(3건) 등의 순이었다. 그 외 민주주의(2건), 독선(2건), 좌파(1건) 등도 나타났다. 주로 대통령에 관한 질문이 많았고, 민주주의 실현에 대한 의견 제시도 있었다. 이명박 정권에서는 무상급식이 149건으로 가장 많았으며, 그다음 순위는 세금(137건), 복지(93건), 교육(49건), 예산(40건) 등이었다. 그 외 4대강(31건), 통일(23건), 등록금(22건) 등 이명박 대통령의 공약에 대한 의견과 재벌(21건)과 부익부(18건) 등 양극화 해소에 대한 의견도 확인되었다.

박근혜 정권의 경우는 복지가 33건으로 가장 많았으며, 그다음 순위는 청년(30건), 연금(29건), 무상급식(18건), 개혁(17건) 등이었다. 즉 복지와 관련된 단어가 상위를 차지한 것이다. 그 외 대기업(15건)과 재벌(12건) 등의 재벌 이슈가 있었으며, 국정원(10건)과 세월호(10건) 등 박근혜 정권의 주요한 사건들도 언급되었다. 문재인 정권에 들어서는 일본이 92건으로 가장 많았으며, 경제(75건), 세금(70건), 기자(45건) 등이 후 순위를 차지하였다. 그 외 조국(41건), 종교(33건), 신천지(28건) 등도 나타났다. 즉 한일 무역규제에 대한 정부의 대책에 대한 질문이 상위를 차지했으며, 그 외 조국 사태와 신천지발(發) 코로나 확산에 대한 처벌 반응이 많았다.

종합하면, [질문] 화행은 무상급식과 4대강 및 재벌 개혁 등 정권별로 추진한 주요 정책에 대한 내용이 많았다. 특히 이명박 정권부터 경제적 양극화 해소에 필요한 정책의 내용과 방향에 관련된 다양한 질문이 지속해서 나타났다. 또한 국정원과 검찰 등 권력 기관에 힘이 집중되는 것에 대한 의견이 지속해서 나타나고 있는 것도 특징적이다.

[그림 7-9] 시기별 '질문' 화행 이슈 상위 15개

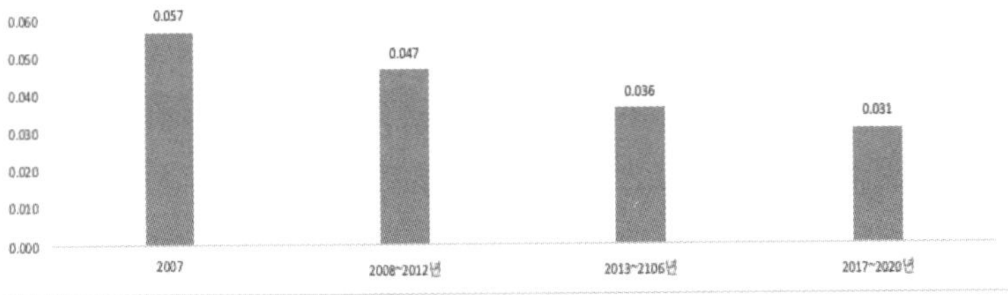

<표 7-20> 시기별 '질문' 화행 이슈 상위 15위

(단위: 건)

순위	노무현 정권 (2007)	이명박 정권 (2008~2012)	박근혜 정권 (2013~2016)	문재인 정권 (2017~2020)
1	대통령(12)	무상급식(149)	복지(33)	일본(92)
2	토론(5)	세금(137)	청년(30)	경제(75)
3	정보(5)	복지(93)	연금(29)	세금(70)
4	경제(4)	교육(49)	무상급식(18)	기자(45)

5	언론(3)	예산(40)	개혁(17)	친일(44)
6	부자(2)	4대강(31)	대기업(15)	조국(41)
7	사기(2)	북한(30)	재벌(12)	종교(33)
8	민주주의(2)	대학(27)	대중교통(12)	탄핵(32)
9	진실(2)	소득(23)	철새(12)	신천지(28)
10	검증(2)	통일(23)	민영화(11)	검찰(27)
11	투기(2)	등록금(22)	종북(11)	코로나(24)
12	독선(2)	재벌(21)	군대(10)	중국(22)
13	걱정(1)	놀이터(19)	국정원(10)	자격(21)
14	좌파(1)	부익부(18)	세월호(10)	의사(19)
15	조사(1)	민주주의(17)	공항(9)	일자리(18)

6. 화행 결과와 특징

앞선 4절에서 각 정권별로 화행 현황 및 이슈를 확인하였다. 이 절에서는 정권별 화행의 통계적 차이점을 분석한다. 즉 특정 정권에 집중된 화행이 무엇인지를 확인하는 것이다. 통계 분석은 SPSS(Statistical Package for the Social Sciences) 21을 활용하였고, 분석은 일원배치 분산분석(One Way ANOVA)을 수행하였다. 다만 분석 과정에서 노무현 정권은 제외하였다. 이는 2007년 한 해만 화행 결과가 존재하여 다른 정권과의 비교가 불가능한 상황을 반영한 것이다. 또한 정권별로 전체 화행량을 화행별 수치로 나누고, 그 비율을 연도별 대푯값으로 사용하였다. 시기별 화행의 기술 통계량을 정리하면 아래 <표 7-21>과 같다.

<표 7-21> 시기별 화행 통계 분석 결과

(단위: 건)

		N	Mean	Std. deviation	F	p
약속	이명박 정권	5	0.03	0.0054	0.501	0.62
	박근혜 정권	4	0.03	0.003		
	문재인 정권	4	0.03	0.0049		
주장	이명박 정권	5	0.14	0.0249	0.406	0.677
	박근혜 정권	4	0.13	0.0192		
	문재인 정권	4	0.13	0.0051		
선언	이명박 정권	5	0.04	0.0175	0.181	0.837
	박근혜 정권	4	0.04	0.0111		
	문재인 정권	4	0.03	0.0075		
명령	이명박 정권	5	0.10	0.0068	4.891	0.033**
	박근혜 정권	4	0.11	0.0007		
	문재인 정권	4	0.12	0.0179		
기대	이명박 정권	5	0.06	0.0025	0.352	0.711
	박근혜 정권	4	0.07	0.0129		
	문재인 정권	4	0.06	0.0064		
표현	이명박 정권	5	0.57	0.0125	0.755	0.495
	박근혜 정권	4	0.58	0.0331		
	문재인 정권	4	0.59	0.0148		
질문	이명박 정권	5	0.05	0.0197	3.522	0.07*
	박근혜 정권	4	0.04	0.0019		
	문재인 정권	4	0.03	0.0026		

*p<0.1, **p<0.05

먼저 기술통계 결과를 살펴보면, 화행 수치의 평균값은 [표현] 화행(이명박 0.57, 박근혜 0.58, 문재인 0.59)이 가장 많았다. 반면 [약속] 화행(이명박·박근혜·문재인 모두 0.03)과 [선언] 화행(이명박·박근혜 0.04, 문재인 0.03)은 다른 화행에 비해 평균값이 낮았다.

다음으로 정권별 화행 유형 분석에서는 [명령] 및 [질문] 화행에서만 통계적 유의성이 확인되었다.[24] [명령] 화행의 유의확률은 0.03으로 유의수준 0.05 하에서 세 집단 간의 평균 차이가 확인되었으며, [질문] 화행의 경우는 유의확률 0.07로 0.1 하에서 세 집단 간의 평균 차이가 있었다.

그 외 화행의 경우 세 집단 간의 평균값에서 차이가 나타나지 않았다. [명령] 및 [질문] 화행에 대한 사후검증을 진행한 결과는 아래 <표 7-22>과 <표 7-23>과 같다. [명령] 화행의 경우 이명박 정권과 박근혜 정권 간에 차이는 없었으며, 박근혜 정권과 문재인 정권 간에도 차이가 없었다. 그러나 이명박 정권과 문재인 정권 간에는 유의미한 차이가 있었다. [질문] 화행도 [명령] 화행과 동일한 패턴을 보였다. 즉 두 가지 화행 모두 박근혜-문재인 정권 간에서는 서로 차이가 없었으나, 이명박 정권과 문재인 정권 간에는 차이가 있다는 것이다.

<표 7-22> 명령 화행 비율

group		N	유의수준 = 0.05에 대한 부분집합	
			1	2
Duncan[a,b]	이명박 정권	5	0.1009	
	박근혜 정권	4	0.1110	0.1110
	문재인 정권	4		0.1234
	유의확률		0.199	0.121

24 [명령] 화행의 유의확률은 0.03으로 유의수준 0.05 이하에서 세 집단 간의 평균 차이가 확인되었으며, [질문] 화행의 경우는 유의확률 0.07로 0.1 이하에서 세 집단 간의 평균 차이가 있었다.

a. 조화평균 표본크기 4.286을 사용
b. 집단 크기가 동일하지 않음. 집단 크기의 조화평균이 사용

<표 7-23> 질문 화행 비율

group		N	유의수준 = 0.05에 대한 부분집합	
			1	2
Duncan[a,b]	이명박 정권	4	0.0310	
	박근혜 정권	4	0.0365	0.0365
	문재인 정권	5		0.0523
	유의확률		0.537	0.096

a. 조화평균 표본크기 4.286을 사용
b. 집단 크기가 동일하지 않음. 집단 크기의 조화평균이 사용

앞서 살펴본 주요 이슈에 기초할 때, [명령] 화행에서 정권별로 차이를 보인 주요 단어는 다음과 같다. 이명박 정권에서는 '4대강', '무상급식' '사학개혁', '반값 등록금' 등이 주요 이슈였다. 반면 문재인 정권에는 '증세 반대', '사드 배치', '적폐 청산', '최저임금' 등이 많이 언급되었다. 문장에서 명령은 댓글 작성자가 '어떻게 해야 한다'라는 강한 요구를 담고 있기 때문에 이명박 정권에서는 무상복지에 대한 대중들의 반응이 높았다. 반면, 문재인 정권에서는 탄핵 이후 전임 정권의 적폐 문제와 사회경제적 문제 해결에 대한 대중들의 요구가 높았다고 볼 수 있다.

그리고 [질문] 화행의 주요 내용을 보면, 이명박 정권에서는 '세금', '복지', '부자', '서민' 등이 많았으며, 문재인 정권에서는 '대통령', '정치', '보수', '총리' 등이 상위에 나타났다. 따라서 이명박 정권의 경우는 [명령] 화행과 마찬가지로 무상 복지 정책 수립과 실행이 주요한 흐름을 형성하고 있었다. 반면 문재인 정권에서는 대통령과 총리 등 정부 주요 인물에게 적폐 청산과 사회경제적 문제를 직접 해결해 달라는 대중으로 요구가 많았다고 할 수 있다.

7. 빅데이터로 본 한국 포퓰리즘의 성격과 전망

이 글은 2003년부터 2020년까지 온라인 뉴스에서 포퓰리즘 관련 뉴스와 뉴스에 달린 댓글을 수집하여 주요 이슈와 반응을 분석하였다. 포퓰리즘 뉴스는 대용량 텍스트 분석이라는 특성을 고려하여 주요 이슈를 자동으로 추출해주는 토픽모델링을 적용하여 분석하였다. 댓글 내용은 작성자의 의도를 파악하기 위해 7개 화행([약속], [주장], [선언], [명령], [기대], [표현], [질문]) 분류를 적용하여 분석하였다. 또한 포퓰리즘 뉴스 및 댓글을 전체 기간별로 그리고 정권별(2003~2007년 노무현 정권, 2008~2012년 이명박 정권, 2013~2016년 박근혜 정권, 2017~2020년 문재인 정권)로 나누어 비교하였다.

먼저 포퓰리즘 뉴스와 댓글량의 특징을 보면, 뉴스량은 이명박 정권 시기인 2011년에 가장 많았고, 박근혜 정권에는 적어졌다가 문재인 정권 초기에 증가한 후 유지되는 양상을 보였다. 2011년에 뉴스량이 크게 증가한 요인으로는 오세훈 시장의 무상급식 논란을 들 수 있다. 반면 댓글의 경우는 2011년도에 증가하였으나, 문재인 정권 초기인 2017년도에 가장 많이 증가하여 댓글량이 뉴스량보다 많았다.

다음으로 포퓰리즘 뉴스를 많이 생산한 언론사는 개별 언론사에 기본정보를 제공하는 연합뉴스, 뉴시스, 뉴스1과 같은 통신사였고, 특히 한국경제, 서울경제, 헤럴드경제 같은 경제지들이 다른 종합지에 비해 더 높은 순위를 차지하고 있었다. 경제지에 포퓰리즘 뉴스가 많이 등장하는 이유는 포퓰리즘 이슈가 주로 경제적 요인, 특히 복지 정책 및 기업규제와 관련된 이슈에 자주 등장한 결과로 볼 수 있다. 다시 말해 국내 포퓰리즘 이슈는 경제문제를 중심에 두고, 진보와 보수 및 여당과 야당 간의 충돌이 발생한다는 것이다. 그러나 댓글을 통한 온라인 사용자들의 반응은 경제지보다는 종합지를 중심으로 이루어지고 있었다. 상대적으로 조선일보, 중앙일보, 동아일보 등 보수 언론에서 댓글의 반응이 더 많았으나, 한겨레, 경향신문, 오마이뉴스 같은 진보적 성향의 언론과 큰 차이가 나타나지는 않았다.

구체적으로 포퓰리즘 뉴스의 분석 결과를 간단하게 정리하면 다음과 같다.

첫째, 주제 일관성 값을 활용한 토픽모델링 결과, 전체 기간(2003~2020) 동안 31개의 토픽이 선정되었고, 구체적으로 노무현 정권에서는 19개, 이명박 정권에서는 25개, 박근혜 정권에서는 22개, 문재인 정권에서는 23개의 토픽이 선정되었다.

둘째, 전체 포퓰리즘 뉴스는 문재인 정권의 소득주도성장과 노무현 정권의 국가균형발전 정책 및 복지 포퓰리즘에 따른 국가재정 관리 요구가 많았다. 또한 소위 무상 시리즈(무상급식 및 무상보육 등)와 코로나19로 인한 재난지원금과 같은 보편적 복지 이슈, 여야 정당 간의 권력 확보를 위한 갈등, 정부의 규제 확대에 대한 반발, 해외 포퓰리즘 정권 소개 등을 포함하고 있었다.

셋째, 시기별로 보면, 노무현 정권에서는 국민연금재정·감세정책·사법개혁 등 정권의 개혁 정책에 따른 갈등과 국가정보원 개혁, 공무원 퇴출제 등의 행정개혁, 통합 신당 창당 같은 정치구조 변화 등이 많이 보도되었다. 그리고 인터넷이 활성화되면서 발생한 문제도 언급되었다. 이명박 정권에서는 선거를 앞둔 여야 정당 간의 갈등, 역대 정권 비판을 통한 현 정권의 정당성 강화, 무상급식과 무상보육 등 무상복지 이슈, 경제 규제 정책에 따른 경제단체의 반발 등이 많이 포함되었다. 박근혜 정권에 들어서는 김영란법과 경제 민주화 입법 등 공적 규제 강화에 따른 이해관계자들의 반발, 야권연대와 보수통합 등 정치 권력을 둘러싼 정당 간의 갈등, 복지 정책을 둘러싼 지자체와 중앙정부의 갈등, 세월호 참사, 촛불집회 등이 큰 이슈가 되었다. 마지막으로 문재인 정권의 주요 토픽들은 정부의 경제 및 복지 정책을 둘러싼 야당과 경제단체의 갈등, 여당 소속 지자체장들의 복지 및 경제 정책에 대한 야당의 반대, 재난지원금 지급 대상을 둘러싼 여당과 야당의 갈등, 보수 통합 논의 등이 주요한 토픽으로 도출되었다.

이상의 이슈 중 두드러지는 것은 경제 규제 문제를 둘러싼 정부와 경제 단체 간의 갈등, 보편 복지와 선별 복지를 둘러싼 여야 간의 갈등, 정권 창출을 위한 정당들의 이합집산 등이었다. 그리고 중남미 포퓰리즘 국가의 성공과 실패 사례가 지속적으로 다루어지고 있었다. 앞서 포퓰리즘 뉴스를 가장 많이 다룬 언론사가 경제지라는 점을 고려한다면, 정치 권력보다 국가재정을 사용하는 복지나 경제규제 이슈가 역대 정권에 걸쳐 많이 언급되는 것은 당연할 수 있다. 중남미의 좌파 포퓰리즘 정권을 계속 다루는 것도 같은 맥락이라고 볼 수 있다. 특히 박근혜 정권에 들어서는 서울시의 청년수당 정책이나 경기도의 청년 기본소득 같은 지자체의 정책 실험을 둘러싼 중앙정부와 지방정부 간의 갈등에서 포퓰리즘 용어의 사용이 증가하고 있었다. 즉 지방정부의 정책 실험에 대하여 보수 정권이 진보 지자체장의 정책을 좌파 포퓰리즘이라는 프레임으로 공격하는 경향성을 보인 것이다.

한편, 화행 분류를 적용하여 포퓰리즘 뉴스에 달린 댓글 반응을 분석한 결과를 정리하면 다음과 같다.

첫째, 온라인 댓글에서는 감정을 담은 [표현]이 가장 많았으며, [주장]과 [명령]이 그다음으로 많았다. 정권별로 살펴보면, 이명박 및 박근혜 정권에서는 [질문]이 [선언]보다 많지만, 문재인 정권에서는 [선언]이 더 많았다. 또한 이명박 정권 시기에는 [약속]이 [선언]보다 많았다면, 박근혜 정권에서는 [약속]이 [선언]보다 더 낮은 순위를 차지하였다.

둘째, 전체 화행에서는 주로 무상급식 이슈와 연금 개혁 등 복지 관련 이슈가 주요한 흐름을 형성하였고, 4대강 사업이나 한일 관계 등 개발 이슈와 외교 문제도 많이 언급되었다. 특히 한일 관계의 경우 독도 문제와 2019년 무역규제에 따른 불매운동 등으로 인해 강한 반일 감정이 일어났고, 일본에 대해 우호적인 입장을 발표하면 강한 비판이 함께 제기되기도 하였다.

셋째, 7개 화행별 특징을 간략히 제시하면, [약속]에서는 유권자의 투표 독려, 정부의 복지 및 과세 정책, 문재인 정권의 코로나19 방역 등에 의견이 많았고, [주장]에서는 무상급식, 감세, 4대강 사업, 검찰 개혁, 최저임금 등의 이슈에 대한 반응이 높았다. [선언]에서는 무상급식과 국민연금 등의 복지 이슈와 검찰 및 사법부 개혁이 지속해서 나타났고, 특히 이명박 정권 이후에는 징병제와 군 가산점 등의 군 문제가 주요 이슈로 부각되었다. [명령] 화행에서는 언론 문제와 복지 이슈 및 세금 관련 반응이 지속해서 나타났다. [기대] 화행은 정치 지도자에 대한 기대감이 주요 내용이었다. 가장 많은 데이터 수를 기록한 [표현] 화행에서는 전체 정권에 걸쳐 무상급식과 기초연금 등 복지 이슈에 대한 반응이 높았다. 특히 노인, 서민, 부자 등 특정 대상을 직접 언급하고 평가하는 경우가 많았는데, 문재인 정권에 들어서는 청년과 여성으로 그 대상이 확대되었다. [질문] 화행에서는 무상급식, 4대강, 재벌 개혁 등과 양극화 해소를 위한 정책들이 지속해서 언급되고 있었다. 또한 국정원과 검찰 등 국가 기관의 개혁도 주요 이슈로 다루어지고 있었다.

넷째, 정권별 화행의 차이점을 밝힌 분산분석 결과에 의하면, [명령] 및 [질문] 화행에서 이명박 및 문재인 정권 간의 차이점이 확인되었다. [명령] 화행의 경우 이명박 정권에서는 무상복지에 대한 반응이 주요 높았다면, 문재인 정권에서는 코로나19 방역 및 언론 개혁 등이 주요하게 언급되었다. [질문] 화행의 경우 이명박 정권에서는 무상급식, 4대강, 반값 등록금 등 주요 정책의 수혜자와 비수혜자 및 서민과 부자, 즉 포퓰리즘 정책에 영향을 받는 대상들의 의견이 많았다면, 문재인 정권에서는 한일 관계와 신천지발 코로나19 확산 등 외교 문제와 방역 이슈로 인해 그 대상이 명확하지 않았다.

이상의 내용을 정리하면, 언론에서 다루는 복지 포퓰리즘은 지속해서 유지되고 있고, 좌우를 나누어 상대방을 공격하는 양상이 전개되고 있었다. 이 과정에서 복지 수혜 대상과 그렇지 못한 대상을 자기 진영으로 끌어들이기 위해서 더욱 자극적인 용어를 사용하고 있었다. 예를 들어 초기 무상급식에서는 좌파 포퓰리즘이 주요 수식어였다면, 이후 재난지원금에서는 무대책 포퓰리즘, 악성 포퓰리즘, 푼돈 포퓰리즘으로 표현한다는 것이다. 또한 기존 포퓰리즘 논쟁이 정부와 정당에서 메시지가 나왔다면, 이제 중앙정부와 지방정부로도 확대되었다는 것이다. 이는 이념 성향에 따라 정권이 교체될 때마다 더욱 확대될 것이다.

댓글 반응의 경우, 기존에는 복지 정책에 따라 서민과 부자로 나누어 갈등이 전개되었다면, 이제는 갈등의 양상이 청년과 노인 및 여성과 남성 등으로 확대되고 있었다. 앞서 복지와 관련된 갈등이 무상급식과 무상보육 등 무상복지 중심이었다면, 국민연금과 기초연금의 재원 부족에 따른 세대 갈등과 군 가산점 및 징병제 등을 둘러싼 남녀 갈등도 나타나고 있다는 것이다. 따라서 사회 환경과 의식의 변화에 따라 생겨나는 다양한 문제들은 향후 포퓰리즘 프레임 속에서 확대·재생산될 것이다.

참고문헌

김찬우, 2020, "포퓰리즘 뉴스 댓글의 화행 분류," 2020년 추계학술대회 발표논문(자료분석학회), 93~96쪽.

김찬우, 2021, "토픽모델링을 이용한 포퓰리즘 뉴스 분석,"『국제정치연구』 제24권 2호(동아시아국제정치학회), 99~126쪽.

김현지, 2020, "유승민, 文 연설에 "나라 거덜 내려 작정.. 나라 망치는 악성 포퓰리즘,"『머니투데이』 10.28, https://news.mt.co.kr/mtview.php?no=2020102816391230692&VNC_T (검색일: 2021.05.19.)

디지털타임즈, 2019, "[사설] 사상최대 재정적자, 포퓰리즘 정책이 부른 재앙 아닌가,"『디지털타임즈』 11.11, https://news.v.daum.net/v/20191110184132001 (검색일: 2021.05.20.)

매일경제, 2010, "[사설] 내년 예산서 포퓰리즘 거품 빼내라"『매일경제』 09.28, https://news.v.daum.net/v/20100928170529046 (검색일: 2021.05.20.)

세계일보, 2017, "[사설] 눈덩이 나랏빚 보고도 복지 보따리 계속 풀 것인가,"『세계일보』 10.30, https://

news.v.daum.net/v/20171030235437664 (검색일: 2021.05.20.)
손고운, 2016, "포퓰리즘으로 권력 잡은 좌파들 경제난에 연대 붕괴," 『문화일보』 09.01, http://www.munhwa.com/news/view.html?no=2016090101070209312001 (검색일: 2021.05.21.)
손진석, 2015, "재정 파탄 아르헨티나 12년 포퓰리즘 정권 마침표," 『조선일보』 11.24, https://www.chosun.com/site/data/html_dir/2015/11/24/2015112400164.html (검색일: 2021.05.21.)
오윤희, 2019, "IMF 가고도 포퓰리즘 중독 아르헨 또 좌파 집권," 『조선일보』 10.29, https://www.chosun.com/site/data/html_dir/2019/10/29/2019102900096.html?utm_source=daum&utm_medium=original&utm_campaign=news (검색일: 2021.05.21.).
임춘환, 2020, "홍준표 "재난지원금 신청 않기로...나라 곳간 비워지고 있다," 『아시아경제』 05.11, https://www.asiae.co.kr/article/2020051114150557067 (검색일: 2021.05.19.)
잠재 디클레 할당, 위키백과, https://ko.wikipedia.org/wiki/잠재_디클레_할당 (검색일: 2021.03.21.)
장석진, 1984, "화행의 이론과 실제: 동문서답," 『어학연구』 제20권 제1호(서울대학교 언어교육원), 1~18쪽.
정관철, 2019, "[기획] 악성댓글, 이대로 괜찮은가," 『한국리서치』, https://hrcopinion.co.kr/archives/14589 (검색일: 2021.04.20.)
정재철, 2011, "한국 신문과 복지 포퓰리즘 담론: 동아일보와 한겨레신문을 중심으로," 『언론과학연구』 제11권 1호(한국지역언론학회), 372~399쪽.
조준혁, 2020, "주호영 "文 대통령 '먹튀'할 것 아니면 빚 갚을 계획 제시하라"," 『한국경제』 09.08, https://www.hankyung.com/politics/article/2020090859097 (검색일: 2021.05.20.)
주영은, 김주미, 2016, "새누리당, 대북 총공세... 원유철, 핵무장론 주장," 『데일리중앙』 01.07, http://www.dailiang.co.kr/news/articleView.html?idxno=93544 (검색일: 2021.05.20.)
한국언론진흥재단 조사분석팀, 2020, 『언론수용자 조사』, 파주: 한국언론진흥재단.
Mudde, Cas and Cristóbal R. Kaltwasser, 2019, 『포퓰리즘』, 이재만 역, 파주: 교유서가.
Newman, D., Asuncion, A., Smyth, P., &Welling, M., 2009, "Distributed Algorithms for topic models," *Journal of Machine Learning Research*, no.10, pp.1801~1828.
Ramage, D., Hall, D., Nallapati, R., & Manning, C. D. 2009, "Labeled LDA: A Supervised Topic Model for Credit Attribution in Multi-labeled Corpora," *Proceedings of the 2009 Conference on Empirical Methods in Natural Language Processing*, vol.1 (Association for Computational Linguistics), pp.248~256.
Röder, M., Both, A., & Hinneburg, A. 2015, "Exploring the Space of Topic Coherence Measures," *Proceedings of the eighth ACM International Conference on Web Search and Data Mining*, pp.399~408.
tomotopy 홈페이지, https://bab2min.github.io/tomotopy/v0.5.1/kr/index.html#tomotopy (검색일: 2021.03.22.)

8장

한국 대중의 포퓰리즘 성향 : 시위 참가 및 이념별·유형별 특성

| 도묘연 · 정병기 |

포퓰리즘은 민주주의에 부정적인가 혹은 긍정적인가? 포퓰리즘 개념화에 대한 논쟁이 일정한 합의를 찾아가듯이, 포퓰리즘과 민주주의에 대한 논쟁도 일단락되는 듯하다. 그 해답은 긍정과 부정의 이중적 특성을 가진다는 것이다. 엘리트에 대한 적대감을 기반으로 표출된 인민 주권 회복의 열망은 대의제 내에서 기성 정당과 정치인에 의해 대표되지 못한 인민들의 의사를 정치적 의제화하는 계기가 될 수 있다. 반면, 포퓰리스트나 포퓰리즘 정당이 구사하는 이분법적이고 배제적인 정치적 양식과 담론의 설파, 그것에 동원되는 인민들의 모습은 분명 민주주의를 퇴행시키는 근원으로 기능하고 있다.

사실 한국에서 포퓰리즘 정당은 존재하지 않는다. 그러나 포퓰리즘의 예외 지역이라고 단언할 수는 없다. 2016/17년 촛불집회는 엘리트와 인민의 대립이라는 포퓰리즘적 사회운동의 성격을 보였다. 또한 정치권에서는 여당과 야당이 서로의 정책을 대중영합주의(popularism)로 낙인찍는 포퓰리즘 정치 공세가 지속되고 있으며, 이것은 상대 진영을 배제하고 폄하하는 포퓰리즘의 부정적 모습과 닮아있다. 만약 한국에서 포퓰리즘이 정당이나 지도자를 경유하여 등장할 경우, 그 포퓰리즘이 민주주의의 교정 장치로 표상될지 혹은 병리적 형태로 치부될지 현재로서는 확증을 내릴 수 없다. 이 경우 최근의 포퓰리즘 수요 측면(demand side)의 논의가 함의하듯이, 대중의 포퓰리즘 성향을 확인한다면 일정한 해답을 찾을 수 있다.

포퓰리즘 수요 측면의 논의는 대중의 심리에 내재화된 성격과 태도를 분석하여 포퓰리즘의 등장과 확산 및 민주주의와의 관련성을 제시하고 있다. 만약 한국에서도 포퓰리즘 성향이 대중의 심리에 현존하거나 혹은 잠재되어 있다면, 포퓰리즘이 지도자나 정당 혹은 사회운동의 형태로 등장할 수 있다. 포퓰리즘은 기성 엘리트에 대한 대중의 불신과 불만이 강한 모든 국가에서 나타날 수 있으며, 유의미한 포퓰리스트가 없는 국가에서도 대중의 포퓰리즘 수요는 꽤 널리 퍼져 있다. 따라서 포퓰리즘 성향에 대한 분석은 그 자체로 포퓰리즘의 등장과 활성화를 가늠하는 하나의 지표가 될 수 있으며, 나아가 민주주의에 미치는 긍정적 혹은 부정적 영향에 대한 근거를 제시할 수 있다.

따라서 이 장은 한국 대중의 포퓰리즘 성향에 주목하여 포퓰리즘 성향의 연구 동향을 소개한 후, 보다 구체적으로 다음의 세 가지 연구 문제를 설정하였다. 첫째, 포퓰리즘에 내포된 엘리트에 대한 적대감과 인민주의 열망이 저항적 정치 참여의 중요한 원동력이 된다는 전제하에, 포퓰리즘 성향과 시위 참가의 관련성을 규명한다. 둘째, 이념적 균열 구조, 즉 정당 지지와 주관적 이념 평가와 포퓰리즘 성향의 관련성을 제시한다. 셋째, 포퓰리즘 성향의 유권자들을 구포퓰리즘, 신포퓰리즘, 포스트포퓰리즘의 세 가지 유형으로 분류하여 그들의 사회경제적 특성 및 정치사회적 태도를 제시한다.[1]

---

1 이 장은 다음 세 논문을 발췌 및 재구성한 것이다. 도묘연, 2021, "한국 대중의 포퓰리즘 성향이

이상의 연구 문제를 경험적으로 증명하기 위해서 여론 조사기관[(주)마이크로빌 엠브레인]에 의뢰해 전국 단위의 온라인 설문 조사를 수행하였다. 설문 조사의 표본은 성별, 나이, 지역 등의 인구 통계학적 특성을 고려한 비례층화 방식으로 추출하였고, 실제 조사는 2020년 4월 20일부터 4월 28일까지 이루어졌다. 총 조사자는 1,683명이었고, 이들의 조사 결과는 응답상의 오류가 없어 모두 분석을 위해 사용하였다.[2]

한국 대중의 포퓰리즘 성향에 주목하는 이 글은 미시적인 차원에서 국내 포퓰리즘 연구의 확산에 기여할 수 있다. 해외에서는 수요 측면의 논의가 활성화되면서 포퓰리즘 성향을 분석하는 결과물이 꾸준히 산출되고 있다. 물론 포퓰리즘이 보편적인 현상으로 관찰되는 유럽 및 남아메리카를 우리와 동일한 수준에서 비교할 수는 없다. 그러나 포퓰리즘 성향이 모든 대의제 국가에서 잠재하거나 혹은 현재할 수 있다는 논의를 상기한다면, 우리에게도 포퓰리즘 성향을 경험적으로 검증할 필요성이 제기된다. 나아가 실제로 포퓰리즘 성향에 관한 경험적 연구는 대다수 포퓰리즘이 정치사회와 시민사회를 관통하는 유럽과 남아메리카 및 미국을 대상으로 이루어졌다는 점을 고려한다면, 사례연구의 확장이라는 의미가 있다. 즉 포퓰리즘이 뚜렷이 현재화되지는 않았지만, 그 징후가 포착되는 국가를 대상으로 포퓰리즘 성향을 확인한다는 것이다.

시위 참가에 미치는 영향," 『한국정치연구』 제30집 1호(서울대학교 한국정치연구소), 93~126쪽; 도묘연, 2021, "한국 대중의 이념 정향이 포퓰리즘 성향에 미치는 영향," 『의정연구』 제29권 1호(한국의회발전연구회), 117~154쪽; 정병기·도묘연, 2021, "한국의 대중과 포퓰리즘: 제21대 총선 유권자 설문 조사를 중심으로," 『동향과 전망』 통권 112호(한국사회과학연구회), 188~235쪽. 이 논문들을 인용한 경우에는 따로 출전을 표기하지 않는다.

2 1,683명 조사 대상자의 성별, 연령별, 지역별 분포는 [부록 9-4]를 참조한다.

1. 포퓰리즘 성향의 연구 동향

전 세계적인 포퓰리즘의 확산은 개념화 및 민주주의와의 관련성에 관한 논의에 더하여 포퓰리즘 등장과 성공의 원인을 규명하는 연구의 활성화로 이어졌다. 특히 유럽에서 좌우파와 상관없이 포퓰리즘이 보편적인 현상으로 나타나면서, 그 배경을 규명하는 연구들이 국내외적으로 꾸준히 축적되었다.[3] 이들 연구는 포퓰리즘의 공급 및 수요 측면으로 대별된다. 전자는 비례대표제의 선거제도와 기성 정당의 중도 이념으로의 수렴에 따른 정당 이데올로기 재편을 좌우 포퓰리즘 확산의 주요한 원인으로 지목한다. 반면 후자는 신자유주의 세계화와 탈산업화(post-industrialization) 및 유럽 통합이라는 급격한 사회경제적 변동에서 낙오된 사회적 계층의 경제적·심리적·사회적 불만의 표출이 포퓰리즘의 성공을 가능하게 한 주요한 원인으로 인식한다.[4] 또한 대중의 민주주의에 대한 낮은 만족도와 신뢰가 포퓰리즘과 관련이 있다고 주장한다.[5] 즉 수요 측면의 논의는 대중을 포퓰리스트들이 동원하는 객체로 인식하지 않고 포퓰리즘을 발화시키는 동등한 주체로 인식하는 것이다.

특히 수요 측면의 논의는 이론적 논의를 넘어서 대중 혹은 유권자의 포퓰리즘 성향에 대한 경험적 분석으로 확장되고 있다. 이들 연구는 포퓰리즘

---

3 Mény, Yves and Yves Surel (eds.), *Democracies and the Populist Challenge* (New York: Palgrave); 정병기, 2012, "서유럽 포퓰리즘의 성격과 특징: 프랑스, 이탈리아, 오스트리아, 벨기에, 노르웨이의 네오포퓰리즘 정당을 중심으로," 『대한정치학회보』 제20집 2호(대한정치학회), 139~164쪽; Mudde, Cas, 2007, *Populist Radical Right Parties If Europe* (UK: Cambridge University Press).

4 배병인, 2019, "기성 정당의 카르텔화와 포퓰리즘 정당의 성장: 유럽의 사례," 『21세기정치학회보』 제29집 4호(21세기정치학회), 79~80쪽.

5 Oesch, Daniel, 2008, "Explaining Workers' Support for Right-wing Populist Parties in Western Europe: Evidence from Austria, Belgium, France, Norway, and Switzerland," *International Political Science Review*, vol.29, no.3, pp.349~373.

의 등장과 확산의 주요한 요인으로 대중의 심리적 태도에 관심을 가지고 엘리트에 대한 적대감, 인민주의 열망, (반)다원주의 태도 등을 직접 측정하여 그 의미를 제시하였다. 나아가 포퓰리즘 성향이 평상시에는 잠재되어 있으나 특정한 환경에 의해서 촉발된다는 점을 강조한다.[6] 즉 잠재되어 있던 포퓰리즘 성향이 급격한 정치적 및 경제적 위기 상황에서 특정한 이슈 혹은 정치 지도자와 결합할 경우 포퓰리즘이 활성화된다는 것이다.[7]

포퓰리즘 성향에 관한 경험적 연구에서는 다음의 두 가지 경향성을 확인할 수 있다. 첫째, 포퓰리즘 성향의 측정변수를 변형 및 발전시켜 새로운 문항을 지속해서 발굴한다. 특히 호킨스 외(Hawkins et al.)의 연구[8]는 포퓰리즘 성향의 측정변수를 제시하는 첫 단계의 의미를 가지며, 이후 학자들이 측정변수를 고안하는 지침으로 활용되었다. 이 경우 측정변수의 구성은 두 가지 방법이 채택되었으며, 나름의 장점이 있다.

먼저 다양한 포퓰리즘 성향을 단일 모델로 묶어 제시하는 경우이다.[9] 이러한 접근은 반엘리트주의와 인민 중심주의 등을 종합하여 제시하기도 하고, 포퓰리즘 성향과 엘리트주의 및 다원주의 태도를 구별하기도 한다.[10] 다

---

6 Hawkins, Kirk A., 2010, *Venezuela's Chavismo and Populism in Comparative Perspective* (Cambridge, UK: Cambridge University Press).

7 김주형·김도형, 2020, "포퓰리즘과 민주주의: 인민의 민주적 정치 주체화," 『한국정치연구』 제29집 2호(서울대학교 한국정치연구소), 64쪽.

8 Hawkin, kirk A. et al., 2012, "Measuring populist Attitudes," *Political Concepts Committee on Concept and Methods Working Paper Series*, no.55, pp.1-35.

9 Spruyt, Bram et al., 2016, "Who Supports Populism and What Attracts People to It?," *Political Research Quarterly*, vol.69, no.2, pp.335~346; Zaslove, Andrej, et al., 2021, "Power to the People? Populism, Democracy, and Political Participation: A Citizen's Perspective," *West European Politics*, vol.44, no.3, pp.727~751; 하상응, 2018, "한국 유권자의 포퓰리즘 성향이 정치 행태에 미치는 영향." 『의정연구』 제24권 1호(한국의회발전연구회), 135~170쪽.

10 Hawkins et al.(2012); Akkerman, Agnes et al., 2014, "How Populist Are the People? Measuring Populist Attitudes in Voters," *Comparative Political Studies*, vol.47, no.9,

음으로 포퓰리즘 성향을 세분화하여 다차원 모델로 구성하는 경우이다. 이는 일차원적인 단일 모델이 가질 수 있는 포퓰리즘 성향의 과대평가를 차단하여 다양한 포퓰리즘 성향을 개별적으로 제시하는 장점이 있다. 예를 들어 엘리트에 적대감을 가진 대중 모두가 인민 중심주의와 반다원주의 태도를 가진다고 환원할 수 없기 때문에 구별적인 접근의 필요성을 강조하는 것이다. 양자 중 어느 쪽이 더 적합한지에 대한 학문적 합의는 없다.[11] 다만 스위스를 사례로 한 슐츠 외(Schulz et al.)의 연구[12]는 포퓰리즘 성향을 반엘리트주의, 인민 주권에 대한 선호, 인민의 동질성 및 도덕성으로 구분하는 다차원 모델이 세 가지 성향을 일차원적으로 설정하는 것보다 방법론상으로 우수하다는 결론을 내리고 있다.

둘째, 포퓰리즘 성향을 가진 대중 혹은 유권자의 정치적·경제적·사회적 특성을 제시한다. 이들 연구는 포퓰리즘 성향을 독립변수와 종속변수로 활용하여 사회경제적 배경, 지지정당, 이념적 성향, 민주주의 인식, 그리고 정치 참여 인식 등과의 관련성을 규명하고, 그에 기초하여 포퓰리즘의 등장 조건 혹은 성격을 규명한다.

대표적으로 호킨스 외[13]는 미국을 사례로 하여 단일 모델로 포퓰리즘 성향을 구성하였고, 포퓰리즘 성향이 엘리트주의 및 다원주의와 구분된다는 점을 실증적으로 규명하였다. 그들은 포퓰리즘 성향이 낮은 교육 수준과 이념적 급진주의 및 이민 반대와 강하게 연관되어 있지만, 소득 수준이나 성별과는 연관성이 없다는 점을 규명하여 미국의 포퓰리즘이 보수적인

---

pp.1324~1354.

11 하상응(2018), 148쪽.

12 Schulz, Anne et al, 2018, "Measuring Populist Attitudes on Three Dimensions," *International Journal of Public Opinion Research*, vol.30, no.2, pp.316~326.

13 Hawkins et al.(2012).

색채와 외국인 혐오와 관련될 수 있음을 제시하였다. 네덜란드를 사례로 한 애커먼 외(Akkerman et al.)[14] 는 호킨스 외의 방법론을 수용 및 확대하여 포퓰리즘 성향과 정당 투표와의 상관관계를 확인하였다. 즉 포퓰리즘 성향이 높은 사람들이 좌우 포퓰리즘 정당을 지지한다는 것이다. 나아가 다원주의와 포퓰리즘 성향 간의 차이를 분석하여 우파 포퓰리즘이 더 배타적인 반면 좌파 포퓰리즘은 더 포괄적이라는 성격을 도출하였다.

스프루이트 외(Spruytet et al.)[15]와 자스러브 외(Zaslove et al.)[16]는 포퓰리즘 성향을 단일 모델로 구성하여 연구를 수행했다. 스프루이트 등의 주요한 물음은 포퓰리즘이 세계화의 열패자에 의해 확대되었다는 이론적 주장을 플랜더스(Flanders)를 사례로 증명하는 것이었다. 그들은 소득과 교육 수준 및 외적 효능감이 낮은 동시에 상대적 박탈감이 강한 사람들의 포퓰리즘 성향이 높다는 점을 검증하였고, 결과적으로 포퓰리즘과 세계화 열패자의 관련성은 실증적으로 증명되었다. 자스러브 등은 포퓰리즘 성향을 가진 대중들의 정당 지지 경향을 규명하는 기존 연구 경향에서 탈피하여 민주주의 의식 및 정치 참여 방식으로 연구 주제를 확장한 경우이다. 그들은 포퓰리즘 성향이 높은 대중들의 경우 민주주의에 대한 지지, 국민투표에 대한 지지, 그리고 지역 차원에서 심의적(deliberative) 정치 참여가 높았다는 점을 증명하여 포퓰리즘이 반민주적인 성격이 아니라 자유 민주주의와 연계되어 있음을 강조하였다.

국내에서 포퓰리즘 성향에 관한 연구는 상당히 초기적인 수준이나, 예

---

14 Akkerman et al.(2014).

15 Spruyt et al.(2016).

16 Zaslove Andrej et al., 2012, “Power to the people? Populism, and Democracy, and Political Participation : A Citizen's Perspective,” *Western European Politics*, vol.44, no.3, pp.727-751

외적으로 이승원 외 이승원 외,[17]와 하상응[18]의 연구가 발표되었다. 이승원 외는 청와대 국민청원 참가 요인을 정치적 효능감과 포퓰리즘의 관점에서 접근했으며, 포퓰리즘 성향을 단순한 정치 불신이 아닌 인민주의 열망이 문재인 대통령에게 투영된 것으로 정의하였다. 분석 결과에서는 포퓰리즘이 아니라 내적 효능감과 정치 관심이 국민청원 참가의 주요한 요인으로 확인되었다. 특히 2017년 대선 국면에서 유권자의 포퓰리즘 성향을 분석한 하상응의 연구는 서구의 연구 경향과 궤를 같이하고 있다. 그는 포퓰리즘 성향을 단일 모델로 측정하였고, 포퓰리즘 성향을 가진 유권자가 젊은 세대보다는 중·장년층이며, 이념 성향이 강하고, 정치 지식이 높다는 점을 규명하였다. 나아가 거대 정당보다는 정의당과 심상정 후보에 대한 호감도가 높은 동시에 박근혜 정권에서 추진된 대다수 정책에 대한 지지가 적었다는 점을 밝혔다. 이를 통해 국정농단 게이트를 배경으로 한 선거 국면에서 나타난 포퓰리즘 성향도 단순히 진보 성향과 친화성을 가지지 않는다는 점을 강조하였다.

2. 포퓰리즘 성향과 시위 참가의 관련성

1) 대중의 포퓰리즘 성향은 시위 참가를 이끄는가?

이 글은 기본적으로 대중의 포퓰리즘 성향이 시위[19] 참가를 추동한다고

---

17 이승원 외, 2018, "청와대 국민청원 참여요인 분석: 포퓰리즘인가, 정치효능감인가," 『OUGHTOPIA』 제33권 3호(경희대학교 인류사회재건연구원), 111~141쪽.

18 하상응(2018).

19 한국의 '집회와 시위에 관한 법률'에서는 집회와 시위를 구분하고 있다. 그러나 시위는 움직이는 집회 또는 장소 이동적인 집회의 속성을 띠기 때문에 양자는 동질적인 속성을 가진다고 볼 수 있다. 따라서 이 글은 집회와 시위를 '시위'로 통칭하여 사용한다.

가정하고 있다. 시위는 비제도적 정치 참여(unconventional participation)의 한 유형이자 사회운동(social movement)으로 정의된다. 일반적인 사회운동은 기존의 사회 구조와 제도를 변화시키기 위해 일회적이지 않은 지속적인 집합적 행동으로 표출된다. 하지만 한국의 촛불집회처럼 특정한 사건이나 이슈에 의한 반응으로 촉발되었다가 사라지는 일시적인(episodic) 혹은 짧은 한때의 집합적 행동까지도 사회운동에 포함할 수 있다. 이러한 사회운동으로서 시위는 상충하는 이해에 기초하여 상반된 주장을 펼치는 사람들 간 공공의(public) 상호작용, 즉 집합적인 쟁투(collective contentious)의 성격을 가진다. 따라서 시위는 정부 및 정치권의 정책과 행태를 대상으로 대중의 불신이 집합적으로 표출되는 정치적 저항 행위이다.[20]

단, 일반적인 사회운동과 포퓰리즘적 사회운동은 일정한 차이가 있다. 대중을 동원하는 포퓰리스트들은 자신들이 사회 전체를 대표한다고 주장하면서 노동자, 환경, 성소수자 등 특정한 이슈의 개혁보다는 전면적인 사회 개혁의 필요성을 강조한다.[21] 또한 포퓰리즘적 사회운동은 포퓰리스트가 엘리트에 대한 대중의 광범위한 분노를 해석하고, 사회문제의 해결책이 인민에게 있다고 설득력 있게 제시할 때 성공할 수 있으며, 중앙집권적인 지도자가 완전히 배제되지는 않으나 지배적인 지도자 없이도 등장할 수 있다.[22]

사실 포퓰리즘 성향은 그 자체로 시위 혹은 사회운동 참가의 강력한 증거가 된다. 본질적으로 포퓰리즘은 직접적이고 무매개적인 정치 참여를 선

---

20 Tarrow, Sidney and Charles Tilly, 2007, "Contentious Politics and Social Movement," *The Oxford Handbook of Comparative Politics* (New York: Oxford University); 이준한, 2009 "촛불, 매스 미디어, 그리고 민주주의"『사회과학연구』 제17집 1호(서강대학교 사회과학연구소), 264~290쪽.

21 Aslanidis, Paris, 2016, "Populist Social Movements of the Great Recession," *Mobilization: An International Quarterly*, vol.21, no.3, pp.301~321.

22 Mudde, Cas and Cristóbal R. Kaltwasser, 2019,『포퓰리즘』, 이재만 역 (파주: 교유서가), 80쪽.

호한다.[23] 즉 지배 엘리트에 적대적인 동시에 인민이 정치의 주체가 되어야 한다는 대중의 요구는 자연스럽게 저항적이고 직접적인 시위 참가로 이어진다는 것이다. 역사적으로도 포퓰리즘의 원형을 제시한 19세기 말 미국의 인민당(People's Party) 운동은 남북전쟁 이후의 산업화 과정에서 농민들의 이익을 제대로 대변하지 못했던 공화당과 민주당의 주류 정치인에 대한 대중의 적대감에서 분출되어 농촌 민주주의의 복원을 주장하였다. 페론주의(Peronism)로 대변되는 남아메리카의 포퓰리즘 운동은 수입대체 산업화 과정에서 도시 빈민층의 이익을 고려하지 않은 기성의 농업 과두 세력에 대한 대중의 불만을 동원하여 집권에 성공했다.[24] 최근 남부 유럽에서 득세한 이탈리아 오성운동(M5S), 그리스의 시리자(SYRIZA)와 스페인의 포데모스(PODEMOS) 역시 기성의 정당에 대한 대중의 적대감을 동원한 사회운동에서 출발했거나 사회운동과 밀접한 관계를 갖고 있다.[25] 나아가 미국의 "월가를 점령하라(Occupy Wall Street)"와 스페인의 "분노한 자들의 운동(Los Indignados)"은 정치인과 재계를 부패한 집단으로 인식하는 대중의 인식에 기반을 두고 민중을 정치적 정당성의 유일한 원천으로 규정한 사회운동이었다.[26]

이에 더하여 대중의 민주주의 인식과 정치 참여 행태를 설명하는 연구를 원용한다면, 포퓰리즘 성향에 따른 시위 혹은 사회운동의 등장 가능성은 더욱 선명해진다. 포퓰리즘 성향은 기존 정치 질서와 정치인에 대한 광범

---

23 Mudde(2007).

24 한국정치학회, 2011, 『한국 정치에서 포퓰리즘에 관한 진단과 대책』(서울: 특임장관실). 4쪽.

25 정병기, 2020a, "포퓰리즘의 개념과 유형 및 역사적 변화: 고전 포퓰리즘에서 포스트포퓰리즘까지," 『한국정치학회보』 제54집 1호(한국정치학회), 104쪽; 2020b, "오성운동(M5S)의 직접 의회주의와 사이버크래틱 집중주의: 포스트포퓰리즘 정치 운동의 성공과 한계," 『한국정치연구』 제29집 2호(서울대학교 한국정치연구소), 91~116쪽.

26 Mudde and Kaltwasser(2019), 80~81쪽.

위한 불신 및 혐오감과 일맥상통한다.[27] 전통적으로 사회자본론과 감정의 인지평가 이론(Cognitive Appraisal Theory of Emotion)을 수용한 연구들은 정치인과 정부에 대한 불신과 분노가 제도적 정치 참여뿐만 아니라 시위와 같은 비제도적 정치 참여를 추동한다고 증명해 왔다.[28] 또한 포퓰리즘이 인민 주권이라는 본질적인 열망을 반영하지 못하는 대의 민주주의의 절차적 한계에서 발생한다는 이론적 논의에 기초한다면,[29] 포퓰리즘 성향을 가진 대중은 비판적 시민(critical citizens)으로 볼 수도 있다. 노리스(Norris)에 따르면, 비판적 시민은 정치체제로서 민주주의를 지지하지만, 민주 정부의 수행 능력과 성과 평가에 대해서는 회의적인 사람을 말한다.[30] 우리나라의 경우 비판적 시민으로 분류되는 대중은 정부 신뢰가 낮을 뿐만 아니라 법의 지배와 분배의 공정성에 대해서도 부정적인 태도를 보였다.[31]

이러한 대의제와 그 정책 실행에 대한 불신과 적대감은 소외된 이들의 목소리를 대변하려는 새로운 정치적 주체 의식을 발현시키고,[32] 궁극적으로 대중의 직접적 의사를 정치 과정에 반영하려는 저항적 시위 참가를 추동할 수 있다. 물론 포퓰리즘 성향은 정치 불신이나 정치 혐오로 환원 혹은 대체될 수 없으며,[33] 정치 불신이 높은 대중들이 오히려 정치 참여를 기피한다는 연구결

---

27 하상응(2018), 139쪽.

28 송경재, 2013, "사회적 자본과 한국의 시민참여: 관습적 · 비관습적 참여와 사회적 자본," 『한국정당학회보』 제12권 2호(한국정당학회), 221~244쪽; 민희 · 윤성이, 2016, "감정과 정치 참여," 『한국정치학회보』 제50집 1호(한국정치학회), 271~294쪽.

29 Canovan, Margaret, 1999 "Trust the People! Populism and the Two Faces of Democracy," *Political Studies*, vol.47, no.1, pp.2~16.

30 Norris, Pippa, 2011, *Democratic Deficit: Critical Citizens Revisited* (New York: Cambridge University Press).

31 서복경·황아란, 2015, "비판적 시민과 정부신뢰: 2014년 한국 유권자 사례," 『한국사회정책』 제22집 3호(한국사회정책학회), 73~102쪽.

32 이승원 외(2018), 123쪽.

33 하상응(2018) 141쪽.

과[34] 에도 주목해야 한다. 또한 네덜란드 시민을 대상으로 수행된 연구에서는 포퓰리즘 성향이 시위 참가를 약화시킨다는 결과가 도출되기도 하였다.[35] 그럼에도 엘리트에 대한 불신이 높은 대중들이 그들의 의사를 직접 대변하기 위해서 시위나 사회운동에 참가할 것이라는 가정은 충분한 설득력이 있다.

한국의 경우도 포퓰리즘 성향에 기반을 둔 사회운동 출현의 예외 사례로 볼 수 없다. 물론 유럽이나 남아메리카와 같이 사회운동에 토대를 둔 포퓰리즘 정당이나 포퓰리스트는 존재하지 않는다. 그러나 포퓰리즘이 민주주의의 "병리적 일상(pathological normalcy)"이라는 표현처럼,[36] 인민 주권이라는 민주주의의 근본 원리와 대의 민주주의 제도 간의 괴리로 인해 대중의 불만이 적재된 모든 사회에서 포퓰리즘 성향은 내재되어 있다. 따라서 포퓰리즘적 사회운동은 유의미한 포퓰리즘 징후가 없는 국가에서도 언제든 등장할 수 있다.

특히 2016/17년 촛불집회는 한국에서 포퓰리즘적 사회운동의 가능성을 보여준 사례였다. 촛불집회는 국정농단이라는 부패 스캔들에 의해서 촉발되었으며, 부패한 집권당과 그에 분노한 대중 간에 적대적인 전선을 구축하면서 '대한민국은 민주공화국이다'라는 민주주의의 근본 원리를 수호했던 저항 행위였다. 미시적인 차원에서 촛불집회의 성격을 규정한 연구들은 주로 네그리와 하트(Hardt and Negri)[37]의 개념을 원용하여 다중 운동에 천

---

34 Verba, Sidney, et al., 1995, *Voice and Equality: Civic Voluntarism in American Politics* (Cambridge: Harvard University Press).

35 그러나 그들의 지적처럼, 네덜란드는 프랑스와 같은 국가와 달리 시위를 반대하는 의식이 강해 포퓰리즘 성향이 강한 대중들이라도 시위 참가를 포기했을 수 있다. Zaslove et al(2020) 참조.

36 Mudde, Cas, 2010, "The Populist Radical Right: A Pathological Normalcy," *West European Politics*, vol.33. no.6, p.1175.

37 Hardt, Michael and Antonio Negri, 2004, *Multitude: War and Democracy in the Age of Empire* (New York: The Penguin Press).

착하였다.[38] 즉 소셜미디어로 무장한 개인이 중앙집권적인 조직의 동원이나 집합적 정체성에 기초하지 않고, 개별적 판단과 선택에 따라 자율적으로 연대하여 촛불집회에 참가했다는 것이다. 그러나 포스트포퓰리즘의 개념화에 기초하면,[39] 촛불집회에 참가한 다중은 엘리트에 대한 적대감과 인민주의를 지향하는 포퓰리즘 성향을 가진 대중인 동시에 개별적 정체성을 가진 존재이다. 이러한 맥락에서 촛불집회는 대중의 포퓰리즘 성향이 발현된 사회운동이라는 또 다른 성격을 부가할 수도 있다. 따라서 이 글은 한국 대중의 포퓰리즘 성향을 확인하는 동시에 시위 참가와의 관련성을 실증적으로 규명하여 촛불집회 이후 새로운 포퓰리즘적 사회운동의 출현 가능성을 탐색하고자 한다

2) 포퓰리즘 성향 세부 변수의 타당성 검증

포퓰리즘 성향과 시위 참가의 관련성을 규명하는 분석틀을 정립하기 이전에, 요인분석(factor analysis)을 통해 포퓰리즘 성향의 세부 변수를 확정하였다. 포퓰리즘 성향은 핵심적 속성이자 최소 정의에 기초하여 반엘리트주의와 인민 중심주의로 정의하였다. 반엘리트주의는 정치인과 정부에 대한 적대감 및 불신으로 정의되며, 인민 중심주의는 정치가 일반 대중의 의지를 구현해야 한다는 믿음을 의미한다. 일반적으로 포퓰리즘 성향의 측정변수는 개별 속성을 종합하여 단일 요인으로 제시하기도 하고,[40] 개별 속성을 분리하여 다차원 요인으로 분석하는 경우도 있다.[41] 양자 중 어느 쪽이 더

38 장우영 외, 2019, 『촛불집회와 다중운동』(파주: 한국학술정보).

39 정병기(2020a); 정병기(2020b).

40 Spruyt et al.(2016); Zaslove et al.(2021); 하상응(2018).

41 Akkerman et al.(2014).

타당하다는 명확한 합의는 없다.[42] 다만 이 글은 반엘리트주의와 인민 중심주의가 상호 관련성은 있지만, 환원될 수 없다는 전제하에 구별적인 개념으로 제시하였다.

포퓰리즘 성향의 세부 변수는 기존 연구를 참고하여 측정변수의 리스트를 작성하였고, 배리맥스(varimax)에 의한 요인분석을 수행하여 측정변수의 산술 평균값을 기준으로 반엘리트주의와 인민 중심주의로 유형화하였다. <표 8-1>의 요인분석 결과에 의하면, 반엘리트주의는 3가지 구성 변수가, 그리고 인민 중심주의는 5가지 구성 변수가 도출되었다.[43]

<표 8-1> 포퓰리즘 성향(반엘리트주의·인민 중심주의)의 요인분석

구분		요인1	요인2
반 엘리트주의	우리나라의 공직자와 정치인은 무능하고 부패하다	0.09	0.86
	정치인들은 국민의 이익보다 자신들의 이익을 추구한다	0.25	0.83
	정부는 그들의 이해관계를 대변하는 몇몇 사람들에 의해 운영되고 있다	-0.08	0.78
인민 중심주의	국민이 원하는 것이 정치에서 가장 중요한 원칙이 되어야 한다	0.83	0.07
	정책 결정은 다수 국민이 원하는 방향으로 이루어져야 한다	0.80	-0.02
	정부 관리는 권력을 국민의 생활을 개선하는 데 사용해야 한다	0.70	0.15
	정치인들은 항상 국민의 목소리에 귀를 기울여야 한다	0.73	0.21
	정치는 엘리트층(특권층)에 대항해 일반 국민의 이익을 대변해야 한다	0.57	-0.02
모형 적합성	고유값(eigenvalue)	3.1214	1.8388
	기여율(proportion)	0.3902	0.3902
	누적 기여율(cumulative)	0.2299	0.6200

* 7단계 리커트 척도로 측정됨(1=매우 동의하지 않음, 4=보통, 7=매우 동의함).

42 하상응(2018), 148쪽.

43 당초 반엘리트주의의 세부변수로 "대기업은 노동자를 착취하며 자신의 부를 축적한다"와 "정부는 주로 공공의 이익을 위해 운영된다(역코딩)"를 설정했으나, 요인분석에서는 유형화되지 않았다.

3) 분석틀과 분석 방법

포퓰리즘 성향이 시위 참가에 미치는 영향을 실증적으로 규명하기 위해서 [그림 8-1]의 분석틀을 구축하였다. 종속변수인 시위 참가는 참가 집단, 의사 집단, 비참가 집단으로 세분화하였다. 여기서 의사 집단은 시위에 참가할 의지는 있었으나, 여건상 참가하지 못한 경우를 의미한다. 이러한 구분은 단순한 시위 참가 여부가 아니라 참가 의사까지 고려하여 포퓰리즘 성향의 영향력을 추론한다는 장점이 있다. 그리고 독립변수인 포퓰리즘 성향은 <표 8-1>의 요인분석 결과에 따라 반엘리트주의와 인민 중심주의로 확정하였다.

[그림 8-1] 분석틀

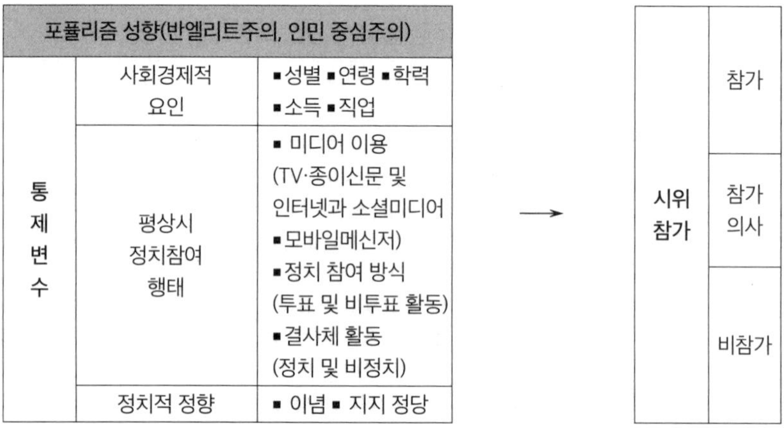

마지막으로 포퓰리즘 성향의 영향력을 객관적으로 도출하기 위해 통제변수를 설정하였다. 통제변수는 사회경제적 요인(성별, 연령, 학력, 소득, 직업)과 평상시 정치 참여 행태(미디어 이용, 정치 참여 방식) 및 정치적 정향(이념, 지지정당)으로 유형화하였다. 이러한 구성은 다음의 측면을 고려하여 이루어졌다.

첫째, 일시적으로 혹은 급작스럽게 형성될 수 있는 사회적 이슈나 현안에 대한 태도보다는 일상화된 혹은 일정 기간 체화된 정치 참여 행태나 정치적 정향을 중심으로 구성하였다. 둘째, 제도적 및 비제도적 정치 참여의 결정요인을 규명한 국내외의 연구를 참고하였다. 특히 국내에서는 촛불집회 참가자의 특성을 규명한 연구를 통해 시위 참가의 중요한 요인들이 해명되었다.[44] 이들의 논의를 종합해보면, 시위 참가의 주요 요인은 사회경제적 변수 이외에 정치적 효능감, 신뢰, 사회적 네트워크(결사체 활동), 미디어 이용, 분노, 그리고 정치적 정향으로 요약할 수 있다. 셋째, 이상의 시위 참가 요인 중 독립변수인 반엘리트주의와 연관되는 변수들은 통제변수에서 제외하였다. 전통적으로 제도 및 사회 신뢰, 분노의 감정, 내적 효능감(정치에 효과적으로 참여하고 정치를 이해할 수 있다는 자신감) 및 외적 효능감(시민의 요구에 대한 정부의 반응성 인지)은 시위 참가를 결정하는 주요한 요인으로 검증되었다. 그러나 이들 요인은 반엘리트주의가 대의체에 대한 불신과 불만 및 정치적 효능감 상실이라는 부정적 인식을 가정하기 때문에 통제변수에 포함하지 않았다. 넷째, 촛불집회 연구에서 알 수 있듯이, 한국의 시위 참가는 정치적 정향이 반영되기 때문에 이념과 지지 정당을 포함하였다. 다섯째, 평상시 정치 참여 행태 변수는 그 세부 유형별로 시위 참가에 구별적인 영향을 미칠 수 있다는 기존의 연구를 참고하여 하위 범주, 즉 TV·종이신문 및 인터넷·소셜미디어·모바일메신저 이용, 투표 및 비투표 활동, 정치적·비정치적 결사체 활동 및 비정치적 결사체 활동으로 다시 구분하였다.[45] 독립변수, 종속변수, 통제변수의 구체적인 정의와 측정 방식은 <표 8-2>와 같다.

---

44 시위 참가 및 촛불집회 참가의 결정요인에 대한 논의는 도묘연, 2017a, "2016년-2017년 박근혜 퇴진 촛불집회 참여의 결정요인," 『의정연구』 제23집 2호(한국의회발전연구회), 109~146쪽을 참조한다.

45 결사체 활동은 정치적·비정치적 결사체 활동과 비정치적 결사체 활동으로 유형화하였다. 이는 총 조사자 1,683명 중 정당(145명 8.6%), 노동조합(146명 8.7%), 시민단체(119명, 7.1%) 가입자 수가 너무 적었던 문제를 해결하기 위한 선택이었음을 밝힌다.

<표 8-2> 포퓰리즘 성향(반엘리트주의·인민 중심주의)의 요인분석

<table>
<tr><th>구분</th><th colspan="2">변수명</th><th>측정 변수</th><th>척도</th></tr>
<tr><td>종속
변수</td><td colspan="2">시위 참가</td><td>최근 3년간 참가, 의사(의사는 있었으나 여건상 참가하지 못한 사람), 비참가 여부</td><td>명목</td></tr>
<tr><td>독립
변수</td><td colspan="2">포퓰리즘 성향</td><td>반엘리트주의, 인민 중심주의
<표 8-1> 요인분석 결과 참조</td><td>7단계
리커트</td></tr>
<tr><td rowspan="11">통제
변수</td><td rowspan="5">사회
경제적
요인</td><td>성별</td><td>남자 더미(1)/여자(0)</td><td rowspan="5">명목</td></tr>
<tr><td>연령</td><td>18세-19세, 20대, 30대, 40대, 50대, 60대 이상</td></tr>
<tr><td>학력</td><td>초졸, 중졸, 고졸, 전문대재/졸, 4년대재/졸, 대학원석사재/졸, 대학원박사재/졸</td></tr>
<tr><td>소득</td><td>100만 원 단위 10개 구간</td></tr>
<tr><td>직업[1]</td><td>관리자, 전문가(관련 종사자), 사무 종사자 더미(1)/기타(0)</td></tr>
<tr><td rowspan="4">평상시
정치참여
행태</td><td>TV 및 종이
신문 지향성</td><td>TV 및 종이신문 이용시간 / 인터넷·소셜미디어·모바일 메신저 이용 시간</td><td>비율</td></tr>
<tr><td>투표 활동
지향성[2]</td><td>투표활동 수준 / 비투표활동 수준</td><td>7단계
리커트</td></tr>
<tr><td>정치적·
비정치적
결사체 활동[3]</td><td>정치적·비정치적 결사체 가입 더미(1)
/기타(0)</td><td rowspan="2">명목</td></tr>
<tr><td>비정치적
결사체 활동</td><td>비정치적 결사체 가입 더미(1)
/기타(0)</td></tr>
<tr><td rowspan="2">정치적 정향</td><td>이념</td><td>진보 혹은 보수로 생각하는 정도
(1 진보, 6 중도, 11 보수)</td><td>11단계
리커트</td></tr>
<tr><td>지지 정당[4]</td><td>21대 국회의원 선거 비례대표
투표 정당
진보 더미(1)/기타(0),
보수 더미(1)/기타(0)</td><td>명목</td></tr>
</table>

주): 1) 직업 중 기타는 서비스 종사자, 판매종사자, 농·어업 숙련 종사자, 기능원 및 관련 기능 종사자, 장치·기계 조작 및 조립 종사자, 단순 노무 종사자, 군인, 주부, 학생, 실업/무직, 기타로 구성됨.

2) 비투표 활동은 온라인 및 오프라인 정치문제 토론, 온라인 오프라인 정치·시사모임 참여, 정부 기관 대상의 민원 제기로 구성함.

3) 정치적 결사체는 정당·노동조합·시민사회단체로, 비정치적 결사체는 오프라인(온라인) 취미동호회와 친목모임 및 향우회·동창회·종친회로 구성함.

4) 진보 정당은 더불어시민당·정의당·열린민주당, 보수 정당은 미래한국당·우리공화당, 기타는 그 외 정당으로 구성함.

<표 8-2>에서도 알 수 있듯이, 평상시 정치 참여 행태를 구성하는 미디어 이용과 정치 참여 방식은 TV 및 종이 신문 지향성, 투표 활동 지향성으로 변환하여 사용하였다. 그 이유는 이들 변수의 세부 유형을 모두 독립변수로 사용할 때 발생하는 자기상관성 문제를 제어하기 위해서이다. 즉 하나의 세부 유형이 활성화될 경우 다른 세부 유형도 함께 증가할 수 있다는 점을 고려한 것이다. 예를 들어 투표 활동에 적극적인 개인이 비투표 활동에도 적극적일 수 있기 때문이다.[46]

나아가 실제 분석은 [그림 8-1]의 분석틀에 기초하되, 2개의 모형을 구축하여 진행하였다. [모형1]은 시위 참가 집단과 비참가 집단의 비교를 통해, [모형 2]는 의사 집단과 비참가 집단의 비교를 통해 포퓰리즘 성향과 통제변수가 시위 참가에 미친 영향력을 추론한다.

한편, 독립변수와 통제변수의 영향력을 추정하기 위해 시위 참가와 그 의사 및 비참가 여부를 종속변수로 하는 다항로짓 회귀분석을 유의 수준 0.05에서 수행하였다. 그 외 시위 참가 집단, 의사 집단, 비참가 집단 간에 나타나는 포퓰리즘 성향의 유의미한 차이는 던칸(Duncan) 검증 병행한 분산분석과 X^2-test를 통해 검증하였다. 그리고 앞서 확인했듯이, 두 가지 포퓰리즘 성향의 구성변수는 배리맥스에 의한 요인분석에 통해서 타당성을 확인하였다.

4) 분석 결과: 포퓰리즘 성향이 시위 참가에 미치는 영향

<표 8-3>은 시위 참가 집단, 의사 집단, 비참가 집단별로 나타난 포퓰리

---

46 이 경우 두 가지 지향성 변수의 추정치가 부(-)이면, 상대적으로 인터넷·소셜미디어·모바일메신저 이용과 비투표 활동이 시위 참가 혹은 그 의사에 긍정적 영향을 미친 것으로 추정된다.

즘 성향의 특성을 분석한 결과이다. 총 조사자 1,683명 중 참가 집단은 352명(20.9%), 의사 집단은 508명(30.2%), 비참가 집단은 823명(48.9%)으로 나타나 전체적으로 대중의 시위 참가는 활발하지 않았다.

두 가지 포퓰리즘 성향은 중간값 이상으로 나타났으나(7점 리커트 척도 기준으로 반엘리트주의 4.82, 인민 중심주의 5.63), 세 집단별로 일정한 차이가 확인되었다. 반엘리트주의는 의사 집단(4.94)과 참가 집단(4.78), 비참가 집단(4.77) 간에, 그리고 인민 중심주의는 참가 집단(5.75)과 비참가 집단(5.56) 간에 유의미한 차이가 나타났다. 이러한 결과는 시위 참가 의사를 가진 대중들은 반엘리트주의 성향이 높은 반면, 실제 시위에 참가하는 사람들은 인민 중심주의 성향이 높다는 점을 보여준다.

<표 8-3> 시위 참가 집단, 의사 집단, 비참가 집단의 포퓰리즘 성향 비교(n=1,683명)

구분		전체 (n=1,683)	참가 집단 (n=352)	의사 집단 (n=508)	비참가 집단 (n=823)	X^2/F
포퓰리즘 성향	반엘리트주의	4.82	4.78[b]	4.94[a]	4.77[b]	3.37 (0.0346)
	인민 중심주의	5.63	5.75[a]	5.67[ab]	5.56[b]	5.11 (0.0061)

<표 8-4>는 독립변수인 포퓰리즘 성향과 세 차원의 통제변수가 시위 참가에 미친 영향력을 분석한 결과이다.[47] 여기서 [모형 1]은 시위 참가 집단과 비참가 집단 간의 비교를 통해 실제 시위 참가에 영향을 미친 변수를, 그

47 측정변수의 기술통계량 및 참가 집단·의사 집단·비참가 집단별로 나타난 독립변수와 통제변수의 차이는 [부록 9-3]을 참조한다.

리고 [모형 2]는 의사 집단과 비참가 집단 간의 비교를 통해 시위 참가 의사에 영향을 미친 변수를 추론한 것이다.

[모형 1]에서는 두 가지 포퓰리즘 성향의 영향력이 확인되었다. 반엘리트주의(β=0.1531, z=2.26)와 인민 중심주의(β=0.1745, z=2.27)는 시위 참가에 정(+)의 영향을 미치고 있었다. 즉 포퓰리즘 성향이 강할수록 실제 시위에 참가한다는 것이다.

통제변수의 영향력은 정(+)과 부(-)의 영향력이 동시에 확인되었다. 연령(β=-0.2426, z=-4.53), 학력(β=0.2128, z=2.93), 소득(β=0.0560, z=1.97), 정치적 및 비정치적 결사체 동시 활동(β=1.7844, z=8.43), 이념(β=-0.0931, z=-2.50), 진보 정당(β=1.0731, z=5.61) 및 보수 정당(β=0.8640, z=3.51) 지지의 영향력이 나타났다. 따라서 연령이 낮을수록, 소득과 학력이 높을수록, 정당·노동조합·시민사회단체와 단순 취미동호회 등의 결사체에 참가할수록, 자신을 진보적으로 평가할수록 그리고 미래통합당 등의 보수 정당과 더불어민주당·정의당 등의 진보 정당에 대한 지지가 높을수록 대중들은 실제 시위에 참가하고 있었다. 추정계수의 절댓값을 기준으로 할 때, 반엘리트주의와 인민 중심주의는 정치적 및 비정치적 결사체 참가, 진보 및 보수 정당 지지, 학력 다음으로 시위 참가에 영향을 미치는 변수였다.

<표 8-4> 포퓰리즘 성향이 시위 참가 및 참가 의사에 미치는 영향(n=1,683명)

구분		[모형 1] 참가 집단/비참가 집단			[모형 2] 의사 집단/비참가 집단		
		Estimate (Std.err)	RRR* (Std.err)	z/ P>|z|	Estimate (Std.err)	RRR (Std.err)	z/ P>|z|
포퓰리즘 성향	반 엘리트주의	0.1465 (0.0622)	1.1578 (0.0720)	2.36 (0.018)	0.2045 (0.0537)	1.2269 (0.0658)	3.81 (0.000)
	인민 중심주의	0.1745 (0.0768)	1.1906 (0.0914)	2.27 (0.023)	0.0402 (0.0649)	1.0410 (0.0675)	0.62 (0.536)

사회 경제적 요인	성별	0.0811 (0.1443)	1.0845 (0.1565)	0.56 (0.574)	0.0207 (0.1229)	1.0209 (0.1255)	0.17 (0.866)
	연령	-0.2426 (0.0535)	0.7846 (0.0420)	-4.53 (0.000)	-0.1785	0.8365 (0.0376)	-3.97 (0.000)
	학력	0.2128 (0.0726)	1.2371 (0.0898)	2.93 (0.003)	0.0399 (0.0600)	1.0407 (0.0624)	0.67 (0.506)
	소득	0.0560 (0.0284)	1.0576 (0.0301)	1.97 (0.049)	0.0151 (0.0249)	1.0152 (0.0253)	0.60 (0.546)
	직업	0.0947 (0.1466)	1.0993 (0.1612)	0.65 (0.518)	0.0321 (0.1250)	1.0327 (0.1290)	0.26 (0.797)
평상시 정치참여 행태	TV 및 종이 신문 지향성	-0.0043 (0.0029)	0.9958 (0.0029)	-1.45 (0.148)	-0.0082 (0.0025)	0.9918 (0.0025)	-3.27 (0.001)
	투표 활동 지향성	0.0100 (0.0353)	1.0101 (0.0357)	0.28 (0.776)	0.0104 (0.0302)	1.0105 (0.0305)	0.35 (0.729)
	정치·비정치 결사체 활동	1.7844 (0.2118)	5.9558 (1.2613)	8.43 (0.000)	1.4747 (0.2066)	4.3696 (0.9026)	7.14 (0.000)
	비정치 결사체 활동	0.0841 (0.1740)	1.0878 (0.1893)	0.48 (0.629)	0.7802 (0.1526)	2.1820 (0.3330)	5.11 (0.000)
정치적 정향	이념	-0.0931 (0.0373)	0.9111 (0.0340)	-2.50 (0.013)	-0.1158 (0.0323)	0.8907 (0.0288)	-3.58 (0.000)
	진보 정당 지지	1.0731 (0.1913)	2.9245 (0.5595)	5.61 (0.000)	0.3752 (0.1478)	1.4553 (0.2151)	2.54 (0.011)
	보수 정당 지지	0.8460 (0.2413)	2.3303 (0.5622)	3.51 (0.000)	0.3865 (0.1880)	1.4719 (0.2767)	2.06 (0.040)
상수		-3.4684 (0.6631)	0.0312 (0.0207)	-5.23 (0.000)	-1.2289 (0.5388)	0.2926 (0.1577)	-2.28 (0.023)
모형적합성		LR X^2 (32) = 531.47 prob > X^2 = 0.0000 Pseudo R^2 = 0.1520 Log Likeihood = -1482.3053					

* RRR(Relative Risk Ratios)

[모형 2]에서는 포퓰리즘 성향 중 일부의 영향력이 나타났다. 반엘리트주의(β=0.2045, z=3.81)만이 시위 참가 의사에 정(+)의 영향을 미치고 있었다. 즉 엘리트와 특권층에 대한 불신과 불만이 높을수록 실제로 시위에 참가하지 않더라도 그 의사를 가진다는 것이다.

통제변수 역시 [모형 1]과 마찬가지로 정(+)과 부(-)의 영향력이 확인되었다. 구체적으로 연령(β=-0.1785, z=-3.97), TV 및 종이신문 지향성(β=-0.0082, z=-

3.27), 정치적 및 비정치적 결사체 동시 활동(β=1.4747, z=7.14), 비정치적 결사체 활동(β=0.7802, z=5.11), 이념(β=-0.1158, z=-3.58), 진보 정당(β=0.3319, z=2.16) 및 보수 정당 지지의 영향력이 도출되었다. 따라서 연령이 낮을수록, 인터넷과 소셜 미디어 및 모바일 메신저를 많이 이용할수록, 다양한 결사체에 가입하여 활동할수록, 자신을 진보적이라고 평가할수록, 진보 및 보수 정당에 대한 지지가 강할수록 대중들의 시위 참가 의사가 형성되었다. 추정계수의 절댓값에서는 반엘리트주의 성향이 결사체 활동 다음으로 시위 참가 의사에 영향을 미치는 변수였다.

5) 분석 결과의 종합 및 함의

이상의 분석 결과는 한국 대중의 포퓰리즘 성향이 내재화된 동시에 시위 참가와 그 의사 형성과 관련되어 있다는 점을 보여주었다. 즉 포퓰리즘 성향이 저항적이면서도 직접적인 정치 참여를 추동한다는 것이다. 또한 통제변수로 정의된 변수들 역시 시위 참가와 그 의사를 이끄는 유효한 요인이라는 점을 확인하였다. 분석 결과를 종합하여 그 함의를 요약하면, 다음의 세 가지로 제시할 수 있다.

첫째, 대중의 포퓰리즘 성향은 중간값 이상의 인식을 보였다. 구체적으로 엘리트에 대한 적대감의 평균값은 4.82, 인민 중심주의는 5.63이었다. 따라서 한국 대중들은 기성 정치인에 대한 회의와 불신도 강하지만, 상대적으로 정치가 인민의 의사를 반영해야 한다는 믿음을 더 강하게 가지고 있었다. 이러한 결과는 대의제 한계를 노정한 모든 국가에서 그러하듯이, 우리나라도 포퓰리즘의 핵심적 정의에 부합하는 포퓰리즘 성향이 내재해 있다는 것을 의미한다. 최근의 무당파층 증가에서 알 수 있듯이 엘리트 대의 정치의 한계가 포착되고 있으며, 이것은 대중의 포퓰리즘 성향의 강화로 나타날 수 있다.

둘째, 포퓰리즘 성향은 시위 참가를 추동하고, 그 의사를 형성시키는 요인이었다. 양변인 분석에서도 실제 시위 참가 집단은 인민 중심주의 성향이 더 높았고, 의사 집단에서는 반엘리트주의 성향이 높았다. 다변인 분석에서는 평상시 정치 참여 행태와 사회경제적 요인 및 정치적 정향이 통제된 상태에서도, 반엘리트주의 성향은 단순한 시위 참가뿐만 아니라 그 의사의 형성을 이끌었고, 인민 중심주의 성향 역시 시위 참가를 추동하고 있었다. 즉 포퓰리즘 성향이 저항적 정치 참여를 이끄는 조건이자 기반이라는 것이다. 이는 엘리트 중심의 대의제에 대한 회의와 불신 및 효능감을 상실한 대중, 나아가 인민이 정치의 주체가 되어야 한다는 믿음을 가진 대중들이 참여 민주주의 혹은 직접 민주주의에 대한 의지가 강하다는 것을 보여준다.

이러한 분석 결과와 시위 참가 집단과 의사 집단의 민주주의에 대한 인식을 조합하면, 포퓰리즘적 사회운동의 등장 가능성을 어느 정도 예상할 수 있다. 시위 참가자 혹은 그 의사를 가진 대중들은 포퓰리즘 성향을 가지는 동시에 대의 민주주의 체제에 대한 신념이 높은 사람들이었다.[48] 즉 한편으로는 엘리트에 대한 적대감을 전제로 새로운 인민 중심의 정치를 지향하지만, 다른 한편으로는 현실의 대의제의 정상적 작동에 대한 기대가 높은 사람들이라는 것이다. 이들은 민주주의 정치체제에 대한 지지는 확고하지만, 정부 정책과 운영에는 회의적인 비판적 시민에 가깝다고 볼 수 있다.

48 <각주 표 8-1> 시위 참가 집단, 의사 집단, 비참가 집단의 민주주의 체제에 대한 인식

구분	전체	참가	의사	비참가	F(prob.)
단점이 있기는 하지만 우리나라의 현재 민주주의 정치체제가 과거 어느 정치체제보다 좋다.	4.88	5.24[a]	4.92[b]	4.70[c]	14.41 (0.0001)
민주주의가 다른 어떤 형태의 정부보다 항상 낫다.	4.75	4.98[a]	4.84[a]	4.59[b]	9.11 (0.0001)

이 경우 민주주의를 염원하지만, 기성의 엘리트에 반감을 품은 대중들을 상대로 인민을 호명하는 새로운 지도자와 사회운동의 등장 및 확산을 배제할 수 없다.

전 세계적으로 포퓰리즘과 포퓰리스트는 각기 다른 문화적 및 정치적 맥락에서 등장하였다. 유럽에서는 인민주의라는 민주주의의 근원적 가치와 대의제의 괴리가 기성 엘리트와 정당에 대한 불신을 만들어내고, 그 불만을 이용하여 혐오와 대중선동 및 반지성주의를 설파하는 지도자를 매개로 좌우 포퓰리즘 운동과 정당이 등장하였다. 더욱이 신자유주의 세계화의 위기가 지속되면서 대중의 불만은 극대화되었고, 민주주의에 부정적인 포퓰리스트의 행태는 더욱 강화되었다. 우리나라의 경우는 극단적인 형태의 포퓰리즘 사회운동이나 지도자의 출현으로 이어지지는 않을 것이다. 이는 시위 참가자의 특성, 즉 비록 엘리트에 대한 불신이 팽배하지만, 대의 민주주의의 근간을 무너뜨리지 않는 속에서 인민주의 열망이 구현되기를 희망한다는 점에서 확인할 수 있다.

따라서 한국에서도 포퓰리즘 성향이 상존한다면, 특히 극심한 경제적 위기 혹은 부정부패와 같은 정치적 스캔들이 발생하여 대의제 엘리트 전반에 대한 회의론이 불거진다면, 특정한 지도자를 촉매로 한 포퓰리즘적 사회운동도 등장할 수 있다. 사실 민주주의 관점에서 정치인과 정당에 대한 불신에서 비롯되어 직접 민주주의의 실현을 위해 전개되는 포퓰리즘적 사회운동은 지극히 정상적인 정치 과정의 일부로 받아들 수 있다. 단 인민을 호명하지만 폭력적이고 선동적인 정치를 펼치는 포퓰리스트의 등장은 경계해야 한다.

하지만 지도자를 매개하지 않아도 대중의 자발적 선택에 의한 포퓰리즘적 사회운동의 출현도 가능하다. 포스트포퓰리즘 논의가 함의하듯이,[49] 반

---

49 정병기(2020a).

엘리트주의와 인민 중심주의를 열망하는 대중은 다중 혹은 정동적 다중으로 불릴 수 있으며, 이들은 중앙집권적 조직이나 지도자 없이도 스스로 자율적 판단으로 광장이나 거리에 모여 연대하는 사람들이다. 우리 사회는 이미 다중을 주축으로 엘리트의 부패 스캔들에 저항하여 민주주의의 근간을 세우고자 했던 촛불집회를 경험했다는 점을 상기할 필요가 있다.

셋째, 통제변수 역시 시위 참가를 이끌고, 그 참가 의사를 형성하는 유효한 변수였다. 실제 두 가지 모형의 분석 결과에서 알 수 있듯이, 사회경제적 요인과 평상시 정치 참여 행태 및 정치적 정향의 영향력은 포퓰리즘 성향보다 높은 경우가 많았다. 이는 시위 참가의 동인은 여전히 전통적인 이론과 모델이 상대적으로 우세하다는 점을 보여준다. 구체적으로 살펴보면, 먼저 낮은 연령, 고학력 및 고소득은 시위 참가와 그 의사 형성을 추동하고 있었다. 교육과 소득의 영향은 일반적 시위는 중산층이 주도한다는 서구의 연구 경향과도 일치하였다.[50] 또한 진보적 이념과 보수 정당 및 진보 정당 지지는 시위의 참가 및 그 의사에 영향을 미치는 변수였다. 이 점은 한국 사회에서 이념적 균열 구조와 이념적 정체성은 촛불집회를 포함해 일반 시위에도 반영된다는 점을 시사한다.

그리고 인터넷과 소셜미디어 및 모바일 이용은 시위 참가 의사를 형성시키는 변수였다. 나아가 정치적 결사체(정당·노동조합·시민단체) 및 비정치적 결사체(취미동호회·향우회·종친회·동창회) 동시 활동은 시위 참가와 그 의사의 형성을 이끌고 있었다. 특히 결사체 활동은 포퓰리즘 성향을 포함한 모든 통제변수들 가운데 시위 참가 및 그 의사 형성에 가장 큰 영향을 미치는 변수였다. 이러한 결과는 정치적 관여 및 타인과의 네트워크로 대표되는 구조적

---

50 Norris(2011); Rucht, Dieter, 2007, "The Spread of Protest Politics," Russell J. Dalton and Hans-Dieter Klingemann (eds.), *The Oxford Handbook of Political Behavior* (New York: Oxford University Press).

가용성(structural availability)의 영향력이 시위 참가를 촉진한다는 서구의 경향[51]과 한국 촛불집회 연구[52]와도 유사하였다.

3. 이념 정향과 포퓰리즘 성향의 관련성

1) 포퓰리즘 성향의 대중은 이념 지향적인가?

이 글은 기본적으로 한국에서 포퓰리즘 성향을 가진 대중들은 이념 지향적이라고 가정하고 있다. 과거 지역을 중심으로 형성되었던 사회적 균열 구조는 세대와 이념으로 다층화되는 가운데, 최근에는 새로운 투표 행태와 정체성을 가진 중도층이 확대되면서 이념적 균열 구조는 더욱 복잡화해지고 있다. 특히 2016/17년 촛불집회와 그에 맞불로 개최된 태극기 집회의 갈등에서 알 수 있듯이, 오히려 진보와 보수 간의 진영 대립은 더욱 격화되는 양상을 보인다. 따라서 이 글은 우리 사회의 사회적 갈등과 균열의 한 축을 담당하는 이념적 균열 구조가 포퓰리즘 성향에도 반영될 수 있다고 전제한다. 그러나 단순히 현실적으로 관찰할 수 있는 현상을 뛰어넘어 이념 정향과 포퓰리즘 성향과의 관련성은 충분한 설득력을 가질 수 있다.

"포퓰리즘은 중심이 얇은 이데올로기"라는 표현처럼,[53] 포퓰리즘은 그 자체가 자유주의부터 사회주의에 이르는 다양한 이념과 결합하여 발전된 개념이다. 역사적으로도 포퓰리즘의 원형으로 불리는 러시아의 나로드니키

---

51 Schussman, Alan and Sarah A. Soule, 2005, "Process and Protest: Accounting for Individual Protest Participation," *Social Forces*. vol.84, no.2, pp.1083~1108.

52 도묘연(2017a); 도묘연, 2017b, "결사체 활동, 시민성, 그리고 촛불집회 참여의 경로 구조," 『현대정치연구』 10권 2호(서강대학교 현대정치연구소), 5~41쪽.

53 Mudde and Kaltwasser(2019).

(narodnik) 운동은 당시의 차르 체제와 자본주의 경제 구조를 타파하고, 농촌 사회의 전통적 공동체인 미르(mir: 농촌 가장들의 협의체)를 이루고자 했던 농본주의와 결합했다. 남아메리카의 경우 페론주의로 불리는 고전적 포퓰리즘과 차베스(Hugo Rafael Chávez Frías)로 대변되는 네오포퓰리즘은 재분배 정책을 강조하는 사회주의와 친화력을 가지지만, 페루의 후지모리(Alberto Fujimori, 1990~2000) 대통령과 멕시코의 살라나스(Carlos Salinas de Gortari, 1988~1993) 대통령 등은 시장 개방과 개혁을 주장하는 신자유주의 포퓰리즘의 성격을 가졌다. 유럽에서는 신자유주의 세계화와 탈산업화 과정에 대한 반발이 토착문화보호주의(cultural nativism)와 결부되어 극우 포퓰리즘 정당이 득세하였지만,[54] 최근 남부 유럽에서는 시리자와 포데모스처럼 좌파 포퓰리즘이 크게 부흥하고 있다.[55] 즉 포퓰리즘은 이념적 스펙트럼과 지리적 영역을 넘나들면서 성쇠를 거듭했다는 것이다.

또한 이미 포퓰리즘 성향에 대한 경험적 분석은 이념과의 일정한 친화성을 밝히고 있다. 앞선 미국을 사례로 한 호킨스 외의 연구[56]를 좀 더 살펴보면, 보수주의자는 자유주의자보다 포퓰리즘 성향이 강하지만, 강한 보수주의자 및 자유주의자는 중도 보수주의자 및 자유주의자보다 포퓰리즘 성향이 더욱 강하였다. 즉 이념적 정체성이 강할수록, 특히 강한 보수주의 성향을 지닐수록 포퓰리즘 성향이 강하다는 것이다. 단 당파성에서는 공화당, 민주당, 무소속 지지자의 영향력은 나타나지 않았다. 우리의 경우 하상응의 연구[57]는 이념과 포퓰리즘과의 친화성을 경계했지만, 단순한 이념이 아니라 진보 및 보수의 이념적 강도가 높을수록 포퓰리즘 성향이 강하다는 결과를

54 한국정치학회(2011), 21~25쪽, 52쪽.

55 정병기(2020b).

56 Hawkins et al.(2012).

57 하상응(2018).

도출하였다.

나아가 한국에서 이념 집단별로 드러난 정치 참여 행태 및 정체성의 차이를 규명한 연구를 원용하면, 이념 정향과 포퓰리즘 성향과의 관련성은 보다 구체적으로 확인된다. 사실 포퓰리즘의 반엘리트주의는 엘리트와 기득권 세력에 대한 대중들의 불신 및 민주주의에 대한 불만과 맞닿아 있다. 그러나 단순히 대의제에 대한 부정적 감정을 포퓰리즘으로 환원하는 것도 경계해야 한다.[58] 인민 중심주의 관점에서 볼 때, 포퓰리즘은 엘리트에 대한 적대감과 회의가 인민을 호명하면서 대중의 불만을 결집하는 지도자에 의해서 혹은 인민들의 자발적이고 직접적인 사회운동이나 시위의 형태로 발현될 경우 현실에서 구현될 수 있다. 또한 대중들 간에 형성된 포퓰리즘의 반다원주의(대중들 간에 형성된 비타협과 배타성)는 관용과 협력 및 민주적 의사결정 태도와 같은 도덕적 가치와 관련되어 있다고 볼 수 있다. 만약 이러한 인식이 보수와 진보 및 중도라는 이념별로 차이가 나타난다면, 이념 정향과 포퓰리즘 성향은 일정한 관련성을 가진다고 볼 수 있다.

우리의 경우 일부 연구에서는 이념과 정당 지지에 따라 대의 민주주의에 대한 지지에서 차이가 확인되었다. 중도 및 진보 이념층과 야당(새정치민주연합 및 통합진보당 등) 지지층에서는 민주주의 정치체제에 대한 지지가 높았으나 정부 신뢰는 낮았던 반면, 보수 이념층과 여당(새누리당) 지지층의 경우 민주주의 정치체제 대한 지지는 낮지만 정부 신뢰는 높았다.[59] 또한 대의제에 대한 적대감에 기반을 둔 인민주의 열망이 직접적으로 표출된 촛불집회 및 시위에서 이념적 균열 구조는 지속해서 반영되고 있으며, 보수보다 진보적인 이념 정향은 대중들의 시위 참가를 이끄는 주요한 요인으로 규명되고 있

---

58 하상응(2018); 이승원 외(2018).

59 서복경·황아란(2015).

다.[60] 특히 도덕적 인식에서도 이념 집단별로 차이가 있었다. 진보와 보수는 개인적 독립성과 자율성보다 동료와의 관계와 협력을 강조하는 태도를 수용하는 반면, 중도는 두 가지 인식이 모두 부재한 것으로 확인되기도 하였다.[61]

물론 이상의 논의는 이념 정향이 포퓰리즘 성향에 영향을 미칠 수 있다는 근거를 제공한다. 하지만 한국 사회에서 섣불리 포퓰리즘 성향이 현재하고, 그에 기초하여 향후 포퓰리즘이 등장할 수 있다고 섣불리 단언할 수는 없다. 무엇보다 진보와 보수의 이념적 스펙트럼에서 걸쳐 분출된 포퓰리즘 정당이 존재하지 않기 때문이다. 실제로 포퓰리즘 성향에 관한 경험적 연구는 대부분 포퓰리즘 정당이나 사회운동이 활성화된 국가를 대상으로 수행되었다. 그럼에도 한국을 포퓰리즘의 예외 지역이라고 규정할 수도 없다. 본질적으로 포퓰리즘은 대표의 위기를 겪고 있는 모든 민주주의 국가에서 나타나는 현상이다. 포퓰리즘 정당이 현재하거나 미국의 티파티 운동(Tea Party Movement)처럼 포퓰리즘 사회운동이 활성화된 국가뿐만 아니라 포퓰리스트가 존재하지 않는 국가에서도 대중들 사이에 포퓰리즘 성향은 꽤 퍼져 있다.[62]

따라서 이 글은 포퓰리즘 정당이 존재하지 않는 지역에서 잠재된 혹은 발현될 포퓰리즘의 등장 조건과 성격을 규명하는 실증적 단초를 제공할 수 있다. 즉 포퓰리즘 성향의 이념적 기반을 추적하고, 그에 기초한 포퓰리즘이 엘리트에 대한 적대감의 표출로 혹은 인민의 직접적인 의사표출로, 더 나아가 반다원주의에 기반을 둔 배제적 모습으로 구현될지를 탐색하는 것

---

60 도묘연(2017a).

61 석승혜 외, 2015, "한국의 중도집단은 탈도덕적인가? - 이념 성향에 따른 도덕성 기반 비교를 중심으로," 『한국사회학』 제49집 5호(한국사회학회), 113~149쪽.

62 Mudde and Kaltwasser(2019) p.159쪽.

이다.

2) 포퓰리즘 성향의 유형화: 구성 변수의 타당성 검증

이념 정향이 포퓰리즘 성향에 미치는 영향력을 분석하는 연구 모형을 구축하기 이전에, 포퓰리즘 성향의 유형화를 위한 타당성을 검증하였다. 이 글은 이론적 논의와 기존 연구[63]에 기초하여 포퓰리즘 성향을 다차원적 모델로 설정하고 있다. 즉 포퓰리즘 성향을 반엘리트주의, 인민 중심주의, 반다원주의로 구분한 것이다. 세 가지 포퓰리즘 성향의 유형화는 기존 연구를 참조하여 개별 측정 변수의 목록을 확정한 후, 그 타당성을 검증하기 위한 탐색적 요인분석을 통해 이루어졌다.

기존 연구에서 다루어진 포퓰리즘 성향의 측정 변수는 매우 다양하며, 그 타당성과 신뢰성에 대한 평가는 아직 정립되지 않았다. 또한 한국에 적합한 측정 변수의 고안도 하나의 과제로 남겨져 있다.[64] 따라서 이 글은 선행 연구에서 보편적으로 가장 많이 활용되는 측정 변수를 참고하되,[65] 다른 변수를 추가하여 앞선 이론적 논의와 연구 목적에 부합하면서도, 최소한 동의할 수 있는 포퓰리즘 성향에 대한 측정변수의 목록을 구성하여 요인분석을 수행하였다.

이 경우 측정변수의 목록은 다음의 두 가지 과정을 통해 구축되었다. 첫째, 반엘리트주의와 인민 중심주의는 기존 연구에서 제시한 문항을 종합한 후, 이 글에서 제시한 정의(정부와 정치인에 대한 불신 및 적대감, 인민의 의사를 반영한 정치의 구현)에 기초하여 재설정하였다. 둘째, 반다원주의는 기존 연구에서

63 Schulz et al.(2018).

64 하상응(2018), 147쪽.

65 Akkerman et al.(2014); Spruyt et al.(2016); Zaslove et al.(2021); 하상응(2018).

공통적으로 확인한 문항에 더하여 추가적으로 대중들 간의 비타협성 혹은 배타성을 측정하는 질문을 추가하였다. 이 경우 이념 정향과 반다원주의의 관련성을 분석하는 연구 목적에 맞추어, 주로 정치적 견해의 차이에 대한 인식에 초점을 두고 새로운 측정 변수를 구성하였다.[66] 이러한 시도는 기존 연구를 천착하면서, 한국에 적용할 수 있는 포퓰리즘 성향의 측정 변수를 발굴 및 제시하기 위한 노력의 일환이었다.

개별 측정 변수의 산술 평균값을 기준으로 한 요인분석 결과에 의하면, 세 가지 포퓰리즘 성향을 정의하는 구성 변수가 도출되었다. 반엘리트주의는 4가지 구성변수가, 그리고 인민 중심주의와 반다원주의는 각각 다섯 가지 구성 변수가 도출되었다. 구체적인 내용은 <표 8-5>와 같다.[67]

---

66 이 글에서 참고한 4개의 기존 연구에서 반엘리트주의 성향으로 분류할 수 있는 측정 변수는 "선출직 공무원들은 말을 너무 많이 하고 행동을 너무 적게 한다", "정치인들은 말만 많고 실제 행동을 취하지는 않는다", "기성 정치인은 일반 국민들의 이익을 대변한다고 하지만 사실 그들의 이익 추구에만 관심이 있다", "기성 정치인들은 일반 국민들을 자주 배신한다"를 포함한다. 인민 중심주의 성향의 경우는 "의회의 정치인들은 국민의 뜻을 따를 필요가 있다", "정치인이 아닌 국민이 중요한 정책 결정을 내려야 한다", "전문 정치인보다는 나와 같은 일반인이 나의 정치적 입장을 잘 대변해 줄 것 같다"를 지목할 수 있다. 그리고 반다원주의 성향은 "정치는 옳고 나쁨의 싸움이다"와 "정치에서 타협이란 사실 원칙이 없다는 것을 의미한다"로 분류할 수 있다.

67 당초 세 가지 포퓰리즘 성향의 구성변수로 "정부와 정치인들은 국민의 의견에 관심이 없다"(반엘리트주의)와 "정치인들은 항상 국민의 목소리에 귀를 기울여야 한다"(인민 중심주의) 및 "정치에서 타협이란 사실 원칙이 없다는 것을 의미한다"(반다원주의)를 설정했으나, 요인분석에서는 유형화되지 않았다.

<표 8-5> 포퓰리즘 성향(반엘리트주의, 인민 중심주의, 반다원주의)의 유형화

구분		요인1	요인2	요인3
인민중심주의	국민이 원하는 것이 정치에서 가장 중요한 원칙이 되어야 함	0.82	0.04	0.04
	정부 관리는 권력을 국민 생활의 개선에 사용해야 함	0.78	-0.11	0.13
	민주주의에서 정책결정은 다수 국민이 원하는 대로 이루어져야 함	0.78	0.07	-0.05
	정치인들은 항상 국민의 목소리에 귀를 기울여야 함	0.74	-0.10	0.18
	정치는 엘리트층에 대항해 일반국민의 이익을 대변해야 함	0.55	0.10	-0.04
반 다원주의	나와 정치적으로 의견이 다른 사람은 잘못된 정보를 아는 것임	-0.13	0.79	-0.04
	어떤 사람의 정치적 견해를 안다면 좋은지 나쁜지를 알 수 있음	0.07	0.74	0.04
	나는 다른 정당을 지지하는 사람보다 공공의 이익을 고려함	0.15	0.7	0.02
	정치는 좋고 나쁨의 싸움임	-0.20	0.68	-0.01
	나와 정치적 견해가 다른 사람과 대화를 중단할 수 있음	0.12	0.61	0.09
반 엘리트주의	우리나라의 공직자와 정치인은 무능하고 부패함	0.14	0.07	0.84
	정치인들은 국민의 이익보다 자신들의 이익을 추구함	0.31	0.01	0.78
	정부는 그들의 이해관계를 대변하는 몇몇 사람들에 의해 운영됨	-0.04	0.20	0.75
	정부는 주로 공공의 이익을 위해 운영됨(역코딩)	-0.27	-0.26	0.50
모형 적합성	고유값(eigenvalue)	3.2116	2.6476	2.0163
	기여율(proportion)	0.2294	0.1891	0.1440
	누적기여율(cumulative)	0.2294	0.4185	0.5625

* 7단계 리커트 척도로 측정됨(1=매우 동의하지 않음, 4=보통, 7=매우 동의함).

3) 연구 모형과 분석 방법

<표 8-5>의 요인분석 결과에 기초하여, 이념 정향이 포퓰리즘 성향에 미치는 영향력을 추론하기 위한 연구 모형을 확정하였다. 첫째, 종속변수인 포퓰리즘 성향은 반엘리트주의, 인민 중심주의, 반다원주의, 그리고 전체 포퓰리즘 성향으로 정의하였다. 이러한 구분은 포퓰리즘 성향의 개별적 및 종합적 특성을 동시에 확인하는 장점이 있다.

둘째, 독립변수인 이념 정향은 주관적 이념 평가와 정당 지지로 구성하였다. 나아가 이념은 극진보, 진보, 중도, 보수, 극보수의 다섯 가지 차원으로, 그리고 정당 지지는 제21대 국회의원 선거 비례대표 정당 투표를 기준으로, 미래한국당·우리공화당, 민생당·국민의당, 더불어시민당·열린민주당, 정의당, 기타정당으로 세분화하였다. 이는 다양한 이념적 스펙트럼에 따른 포퓰리즘 성향을 추론한다는 장점을 가진다.

셋째, 통제변수는 사회경제적 요인과 민주주의 의식 및 정치 참여 방식을 측정하는 변수로 구성하였다. 구체적인 연구 모형은 다음과 같다.

$$
\begin{aligned}
y_i = {} & \alpha^* d1 + \beta^* d2 + \gamma^* d3 + \delta^* d4 + \epsilon^* d5 + \zeta^* d6 + \eta^* d7 + \theta^* d8 + \\
& \iota^* d9 + \kappa^* d10 + \lambda^* x1 + \mu^* x2 + \nu^* x3 + \xi^* d11 + o^* d12 + \\
& \pi^* d13 + \rho^* d14 + \sigma^* x4 + \tau^* x5 + \upsilon^* x6 + \phi^* x7
\end{aligned}
$$

종속변수 y_i: 포퓰리즘 성향(반엘리트주의, 인민 중심주의, 반다원주의)
독립변수 이념 정향: $d1$ 극진보 더미, $d2$ 진보 더미, $d3$ 보수 더미,
$d4$ 극보수 더미, $d5$ 미래한국당·우리공화당 더미,
$d6$ 민생당·국민의당 더미, $d7$ 더불어시민당·열린민주당 더미,
$d8$ 정의당 더미, $d9$ 기타정당 더미
통제변수: $d10$ 남자 더미, $x1$ 연령, $x2$ 학력, $x3$ 소득,
$d11$ 관리자·전문가·사무종사자 더미, $d12$ 정규직·고용주 더미,
$d13$ 영남 더미, $d14$ 호남 더미, $x4$ 투표 활동 지향,
$x5$ 제도 신뢰 지향, $x6$ 외적 효능감 지향, $x7$ 민주주의 만족도

특히 통제변수는 다음의 측면을 고려하여 구성하였다. 먼저 사회경제적 변수는 사회적 계층에 따른 포퓰리즘 성향을 확인하기 위해 성별, 연령, 교육, 소득, 지역 이외에 직업과 고용 형태까지 포함하였다. 그리고 민주주의 만족도와 제도 및 사회 신뢰를 포함하였다. 이는 포퓰리즘 성향 자체가 민주주의에 대한 불만과 엘리트 및 사회에 대한 불신에서 비롯된다는 점을 확인한다는 의미가 있다. 나아가 유럽을 대상으로 한 기존 연구[68]를 기초로 외적 및 내적 효능감을 포함하였다. 마지막으로 정치 참여 방식을 설정하였다. 평상시 정치에 적극적으로 참여하는 사람들은 그렇지 않은 사람에 비해 정치적 관심이 높으며, 그만큼 정치 엘리트와 현실 민주주의에 대한 문제점과 미래상에 대한 고민이 많을 것으로 예상할 수 있다. 이러한 인식을 반영하여 투표 활동과 비투표 활동을 통제변수에 추가하였다.

단 연구 모형에서 알 수 있듯이, 신뢰와 효능감 및 정치 참여 방식은 세부 유형별 특성을 파악하는 동시에 변수 간의 자기상관성 문제를 보완하기 위해 투표 활동 지향성, 제도 신뢰 지향성, 외적 효능감 지향성으로 변환하여 사용하였다. 독립변수, 종속변수, 통제변수의 구체적인 정의와 측정은 <표 8-6>과 같다.

68 Spruyt et al.(2016).

<표 8-6> 분석 변수의 정의와 척도

<table>
<tr><th>구분
중심주의</th><th colspan="2">변수명</th><th>측정변수</th><th>척도</th></tr>
<tr><td rowspan="4">종속
변수</td><td colspan="2">포퓰리즘 성향</td><td>3가지 포퓰리즘 성향의 평균값</td><td rowspan="4">7단계
리커트</td></tr>
<tr><td rowspan="3"></td><td>반엘리트주의</td><td rowspan="3"><표 8-5> 요인분석 결과 참조</td></tr>
<tr><td>인민 중심주의</td></tr>
<tr><td>반다원주의</td></tr>
<tr><td rowspan="2">독립
변수</td><td rowspan="2">이념
정향</td><td>주관적
이념 평가</td><td>주관적 이념 평가(1 진보, 6 중도, 11 보수)
1~2 극진보(1), 3~5 중도진보(1), 6 중도,
7~9 중도보수(1), 10~11 극보수(1)</td><td>11단계
리커트</td></tr>
<tr><td>정당 지지</td><td>제21대 총선 비례대표 투표 정당
미래한국·우리공화(1), 민생·국민(1), 더불어시민·
열린민주(1), 정의(1), 기타(1)/ 투표 안함</td><td>명목</td></tr>
<tr><td rowspan="11">통제
변수</td><td rowspan="7">사회
경제적
요인</td><td>성별</td><td>남(1)/여</td><td rowspan="7">명목</td></tr>
<tr><td>연령</td><td>18-19세, 20대, 30대,
40대, 50대, 60대 이상</td></tr>
<tr><td>학력</td><td>초졸, 중졸, 고졸, 전문대재/졸,
4년대재/졸, 대학원 석사재/졸,
대학원 박사재/졸</td></tr>
<tr><td>소득</td><td>100만 원 단위 10개 구간</td></tr>
<tr><td>직업[1]</td><td>관리자·전문가·사무 종사자(1)/ 서비스 종사자, 판
매종사자, 농·어업 숙련 종사자, 기능원 및 관련
기능 종사자, 장치·기계 조작 및 조립
종사자, 단순 노무 종사자, 군인, 주부, 학생,
실업·무직, 기타</td></tr>
<tr><td>고용형태[2]</td><td>정규직·고용주(1)/ 비정규직, 가족 일을 도움,
주부, 학생, 실업 상태, 은퇴, 신체장애로
노동 불가, 기타 사유로 노동 불가, 모름</td></tr>
<tr><td>지역</td><td>17개 광역 시도
영남(1), 호남(1)/ 기타</td></tr>
<tr><td colspan="2">투표 활동 지향성[1]</td><td>투표활동 수준 / 비투표활동 수준</td><td>7단계
리커트</td></tr>
<tr><td colspan="2">외적 효능감 지향성[2]</td><td>외적 효능감 정도 / 내적 효능감 정도</td><td>7단계
리커트</td></tr>
<tr><td colspan="2">제도 신뢰 지향성[3]</td><td>제도 신뢰 정도 / 사회 신뢰 정도</td><td>7단계
리커트</td></tr>
<tr><td colspan="2">민주주의 만족도</td><td>현재 민주주의 정치체제에 대한 만족 정도</td><td>7단계
리커트</td></tr>
</table>

주: 1)비투표 활동은 온라인 및 오프라인 정치 문제 토론, 온라인 오프라인 정치·시사모임 참여, 거리 집회 및 청원 참여, 정부 기관 대상의 민원 제기 정도의 평균값으로 측정함.
2)외적 효능감은 "정치인들은 나 같은 사람들의 생각에 관심이 없다", 내적 효능감은 "나 같은 사람이 정부가 하는 일에 대해 뭐라고 얘기해봤자 소용이 없다"에 대한 인식으로 측정함.
3)제도 신뢰는 "대부분의 공직자와 정치인은 신뢰할 만하다", 사회 신뢰는 "우리 사회는 법과 원칙이 통하는 사회이다"에 대한 인식으로 측정함.

한편, 이념 정향에 따른 포퓰리즘 성향을 분석하기 위해서 다음의 세 가지 분석 방법을 활용하였다. 첫째, 앞서 확인한 대로, 반엘리트주의, 인민 중심주의, 반다원주의로 정의된 포퓰리즘 성향의 구성변수에 대한 타당성을 검증하기 위해 배리맥스에 의한 탐색적 요인분석을 수행하였다. 둘째, 이념 정향, 즉 주관적 이념 평가와 정당 지지별로 나타난 포퓰리즘 성향의 유의미한 차이는 던칸(Duncan) 검증을 병행한 분산분석을 통해 분석하였다. 셋째, 다중회귀분석을 통해 독립변수와 통제변수가 포퓰리즘 성향에 미치는 영향력을 추정하였다.

4) 분석 결과: 이념정향이 포퓰리즘 성향에 미치는 영향

<표 8-7>은 주관적 이념 평가 및 정당 지지별로 나타난 포퓰리즘 성향의 차이를 분석한 결과를 보여준다. 명확하게 유의미한 차이를 보이는 변수를 중심으로 그 특성을 요약하면 다음과 같다.

첫째, 반엘리트주의의 경우 극보수(5.48), 보수(4.86), 중도(4.57), 진보 및 극진보(각각 4.30, 4.09) 간에, 그리고 미래한국당·우리공화당 및 민생당·국민의당(각각 5.00, 4.94), 정의당(4.51), 더불어시민당·열린민주당(4.17) 지지층 사이에 차이가 확인되었다. 이러한 결과는 반엘리트주의 성향은 진보 정향에 비해 보수와 중도 정향을 가진 사람들이 높으나, 특히 보수 정향이 강한 대중들이 더 높다는 점을 확인시켜 준다. 또한 현 정권이 진보 정권이라는 점을 고려할 때, 보수와 진보의 이념적 강도에 따라서 반엘리트주의는 서열화되는 경향성을 보였다.

<표 8-7> 이념 및 정당 지지별 포퓰리즘 성향 비교(n=1,683)

구분 중심 주의				반엘리트 주의	인민 중심 주의	반다원주의	포퓰리즘 성향
평균*				4.54 (1.05)	5.63 (0.97)	3.51 (1.11)	4.56 (0.64)
이념 평가		명	%				
	극진보	136	8.1	4.09[d]	6.04[a]	3.89[b]	4.71[b]
	진보	590	35.1	4.30[d]	5.71[b]	3.34[c]	4.46[c]
	중도	503	29.9	4.57[c]	5.54[bc]	3.39[c]	4.49[c]
	보수	391	23.2	4.86[b]	5.49[c]	3.69[b]	4.67[b]
	극보수	63	3.7	5.48[a]	5.65[bc]	4.15[a]	5.06[a]
	F값 (prob.)			38.89 (0.0001)	10.56 (0.0001)	16.76 (0.0001)	20.17 (0.0001)
정당 지지		명	%				
	미래한국·우리공화	311	18.5	5.00[a]	5.48[b]	3.70[a]	4.71[a]
	민생·국민	167	9.9	4.94[a]	5.56[ab]	3.25[b]	4.56[b]
	더불어시민·열린민주	737	43.8	4.17[d]	5.72[a]	3.63[a]	4.53[b]
	정의당	188	11.2	4.51[c]	5.76[a]	3.32[b]	4.53[b]
	기타정당	105	6.2	4.84[ab]	5.59[ab]	3.38[b]	4.59[ab]
	투표안함	175	10.4	4.72[b]	5.47[b]	3.22[b]	4.46[b]
	F값 (prob.)			42.57 (0.0001)	4.68 (0.0003)	9.21 (0.0001)	4.71 (0.0003)

*( )는 표준편차임

둘째, 인민 중심주의는 극진보(6.04), 진보(5.71), 보수(5.49) 간에, 정당별로는 정의당(5.76) 및 더불어시민당·열린민주당(5.72)과 미래한국당·우리공화당(5.48) 지지층에서 차이가 나타났다. 이는 반엘리트주의와 정반대의 양상을 보여준다. 다시 말해 보수에 비해 진보 정향을 가진 대중, 그러나 상대적으로 더 진보적인 경우에 인민 중심주의 성향이 높다는 것을 의미한다.

셋째, 반다원주의의 경우는 극보수(4.15), 극진보와 보수(각각 3.89, 3.69), 중도·진보(각각 3.39, 3.34) 간에, 그리고 미래한국당·우리공화당(3.70), 더불어시민당·열린민주당(3.63), 민생당·국민의당과 정의당 및 기타 정당(각각 3.25, 3.32, 3.38) 지지층에서 차이가 나타났다. 이러한 결과는 반다원주의 성향은 보수와 진보 정향이 강한 대중에게서 많이 관찰되나, 상대적으로 강한 보수와 진보 정향을 가진 경우 더욱 강하게 확인된다는 점을 보여준다. 또한 진보와 보수에 속하는 거대 정당의 지지층에서 강하였다.

넷째, 전체 포퓰리즘 성향에서는 극보수(5.06), 극진보와 보수(각각 4.71, 4.67), 중도·진보(각각 4.49, 4.46) 간에, 그리고 미래한국당·우리공화당(4.71)과 그 이외 정당 간에 뚜렷한 차이가 나타났다. 이는 세 가지 세부 포퓰리즘 성향의 평균값을 기준으로 할 경우 강한 보수 정향을 가진 대중의 포퓰리즘 성향이 높다는 것을 보여준다.

결과적으로 볼 때, 상대적으로 강한 보수 정향을 가진 대중은 반엘리트주의적 성향과 반다원주의적 성향이 높았던 반면, 강한 진보 성향을 가진 사람들은 인민 중심주의와 반다원주의 성향이 높다고 할 수 있다.

한편, <표 8-8>은 독립변수인 주관적 이념 평가와 정당 지지 및 통제변수가 반엘리트주의([모형 1]), 인민 중심주의([모형 2]), 반다원주의([모형 3]), 그리고 전체 포퓰리즘 성향([모형 4])에 미친 영향력을 추론한 결과이다.[69]

---

69 측정변수의 기술 통계량은 <표 8-7>과 [부록 9-4]를 참조한다.

[모형 1]에서는 이념 정향의 영향력이 확인되었다. 구체적으로 극보수(β=0.5872, t=4.47), 보수(β=0.2620, t=3.98)는 정(+)의 영향을, 반면 더불어시민당·열린민주당(β=-0.2932, t=-3.50) 지지는 반엘리트주의에 부(-)의 영향을 미치고 있었다. 이는 강한 보수 이념을 가질수록 그리고 범여당을 지지하지 않을수록 엘리트에 대한 불신과 적대감이 높다는 것을 의미한다. 통제변수 중에서는 성별(β=-0.1574, t=-3.35), 연령(β=-0.0380, t=-2.36), 제도 신뢰 지향성(β=-0.2021, t=-5.20), 민주주의 만족도(β=-0.2415, t=-12.61), 투표 활동 지향성(β=0.0344, t=2.09)의 영향력이 도출되었다. 즉 여자일수록, 연령이 낮을수록, 비투표 활동보다 투표 참여를 많이 할수록, 제도 신뢰보다 사회 신뢰가 높을수록, 그리고 현재 민주주의에 대한 만족도가 낮을수록 반엘리트주의 성향이 높았다는 것이다. 추정계수의 절대값에서는 극보수의 영향력이 가장 높았다.

[모형 2]에서도 이념 정향의 영향력이 유효했으나, 극진보(β=0.4199, t=4.47)에서만 정(+)의 영향력이 나타났다. 즉 자신을 강한 진보로 평가할수록 정치가 인민의 의지를 대변해야 한다는 믿음이 높았다는 것이다. 통제변수의 경우는 연령(β=0.0876, t=5.37)과 투표 활동 지향성(β=0.0767, t=4.60) 및 민주주의 만족도(β=0.0905, t=4.68)의 영향력이 확인되었다. 따라서 투표 활동을 많이 할수록 그리고 민주주의 만족도가 높을수록 인민 중심주의 성향이 높았다. 극진보의 영향력은 추정계수의 절댓값에서 가장 높게 나타났다.

[모형 3]의 경우 이념 정향의 영향력은 [모형 1]과 [모형 2]에 비해 더 뚜렷하게 나타났다. 극진보(β=0.2749, t=2.70), 보수(β=0.1717, t=2.38), 극보수(β=0.6122, t=4.26), 미래한국당·우리공화당(β=0.4186, t=3.96), 더불어시민당·열린민주당(β=0.5376, t=5.86), 정의당(β=0.2757, t=2.46)의 정(+)의 영향력이 확인되었다. 이러한 결과는 강한 진보와 보수 이념을 가질수록, 그리고 진보와 보수를 대변하는 범여당과 정의당 및 범야당을 지지할수록 대중들 간의 타협과 포용성의 태도가 낮다는 것을 보여준다. 통제변수 중에서는 연령(β=0.1203, t=6.81), 외적

효능감 지향성(β=0.1947, t=3.33), 투표 활동 지향성(β=-0.2422, t=-13.4)의 영향이 추론되었다. 즉 연령이 높을수록, 내적 효능감보다 외적 효능감이 높을수록, 그리고 투표 참여 이외의 비투표 활동을 많이 할수록 반다원주의 성향이 높았다는 것이다. 추정계수 절댓값에서는 극보수, 극진보, 범여당과 범야당 지지의 영향력은 다른 통제변수보다 높았다.

[모형 4]에서는 이념 정향 중 주관적 이념 평가의 영향력만이 확인되었다. 즉 극진보(β=0.2083, t=3.38), 보수(β=0.1322, t=3.03), 극보수(β=0.4746, t=5.47)의 정(+)의 영향력이 추론되었다. 이는 강한 보수 및 진보 이념을 가질수록 전체 포퓰리즘 성향이 높다는 것을 의미한다. 통제변수의 경우 연령(β=0.0634, t=5.94), 투표 활동 지향성(β=-0.0493, t=-4.51), 그리고 제도 신뢰(β=-0.0920, t=-3.58)의 영향이 나타났다. 이러한 결과는 연령이 많을수록, 투표에 비해 비투표적 정치 참여 활동을 많이 할수록, 그리고 제도보다는 사회 신뢰가 높을수록 포퓰리즘 성향이 높다는 것을 의미한다. 이념 평가의 추정계수 절댓값은 통제변수보다 더 높았고, 그중에서도 극보수의 영향력이 가장 높았다.

<표 8-8> 이념 정향이 포퓰리즘 성향에 미치는 영향(n=1,683)

구분		[모형 1] 반엘리트주의	[모형 2] 인민 중심주의	[모형 3] 반다원주의	[모형 4] 포퓰리즘 성향
상수		5.9986 (34.4)	4.7309 (26.86)	2.8156 (14.75)	4.4090 (38.23)
이념 평가	극진보	-0.1395 (-1.5)	0.4199** (4.47)	0.2749** (2.70)	0.2083** (3.38)
	진보	-0.0309 (-0.52)	0.1054 (1.75)	-0.1210 (-1.85)	-0.0144 (-0.37)
	보수	0.2620** (3.98)	-0.0113 (-0.17)	0.1717* (2.38)	0.1322** (3.03)
	극보수	0.5872** (4.47)	0.2468 (1.86)	0.6122** (4.26)	0.4746** (5.47)

지지 정당	미래한국 우리공화	-0.0834 (-0.86)	-0.0669 (-0.69)	0.4186** (3.96)	0.1018 (1.59)
	민생국민	0.1388 (1.34)	-0.0319 (-0.31)	0.1971 (1.74)	0.0987 (1.45)
	더불어시민 열린민주	-0.2932** (-3.50)	-0.0003 (0.19)	0.5376** (5.86)	0.1081 (1.95)
	정의당	-0.0536 (-0.52)	0.0349 (0.34)	0.2757* (2.46)	0.0956 (1.41)
	기타정당	-0.0246 (-0.21)	0.0579 (0.50)	0.2358 (1.86)	0.0979 (1.28)
성별(남자)		-0.1574** (-3.35)	-0.0106 (-0.22)	0.0059 (0.11)	-0.0467 (-1.50)
연령		-0.0380* (-2.36)	0.0876** (5.37)	0.1203** (6.81)	0.0634** (5.94)
학력		0.0185 (0.79)	0.0033 (0.14)	0.0246 (0.96)	0.0152 (0.99)
소득		0.0069 (0.71)	0.0040 (0.41)	0.0065 (0.61)	0.0057 (0.89)
고용 형태		0.0951 (1.56)	0.0408 (0.66)	0.0343 (0.52)	0.0540 (1.34)
직업		-0.0858 (-1.41)	-0.1117 (-1.82)	-0.0106 (-0.16)	-0.0682 (-1.70)
지역	영남	-0.0342 (-0.64)	0.0345 (0.64)	-0.1063 (-1.82)	-0.0354 (-1.00)
	호남	-0.0888 (-1.15)	-0.0627 (-0.80)	0.0231 (0.27)	-0.0395 (-0.77)
투표 활동 지향성		0.0344* (2.09)	0.0767** (4.60)	-0.2422** (-13.4)	-0.0493** (-4.51)
제도 신뢰 지향성		-0.2021** (-5.20)	-0.0519 (-1.32)	-0.0440 (-1.03)	-0.0920** (-3.58)
외적 효능감 지향성		-0.0728 (-1.36)	-0.0866 (-1.61)	0.1947** (3.33)	0.0178 (0.50)
민주주의 만족도		-0.2415** (-12.61)	0.0905** (4.68)	0.0363 (1.73)	-0.0237 (-1.87)
모형 적합도	F(prob.)	24.53 (0.0001)	6.78 (0.0001)	17.56 (0.0001)	7.95 (0.0001)
	r^2	0.2367	0.0789	0.1817	0.0913
	DW	2.048	2.071	1.937	1.983

***p<0.01, *p<0.05*

5) 분석 결과의 종합 및 함의

이상의 분석 결과는 한국 대중의 포퓰리즘 성향, 즉 반엘리트주의, 인민 중심주의, 반다원주의에서 차이가 있다는 점을 보여주었다. 또한 세 가지 포퓰리즘 성향에 미치는 독립변수와 통제변수의 영향력에 차이가 있는 동시에 이념 정향의 영향력이 뚜렷이 나타난다는 점을 확인시켜 주었다. 즉 주관적 이념 평가와 정당 선호가 포퓰리즘 성향과 강한 관련성을 보인다는 것이다. 분석 결과를 종합하여 그 의미를 제시하면, 다음의 네 가지로 요약할 수 있다.

첫째, 포퓰리즘 성향은 중간값(7점 리커트 척도 기준) 이상의 인식을 보였다. 반엘리트주의의 평균은 4.54, 인민 중심주의는 5.63, 그리고 반다원주의의 경우는 3.51이었다. 특히 정치인이나 정부에 대한 적대감과 불신보다는 정치가 인민들의 의지를 반영해야 한다는 인식이 상대적으로 높은 것으로 확인되었다. 이러한 결과는 만약 우리 사회에서 포퓰리즘이 발현된다면 단순한 엘리트에 대한 적대감을 뛰어넘어 인민주의 의지가 더 강할 수 있다는 점을 시사한다. 더불어 일반 대중들 간의 관용의 부재와 비타협으로 정의된 반다원주의 성향이 상대적으로 낮다는 것은 포퓰리즘의 배제적 성격이 낮다는 긍정적인 신호로도 볼 수 있다.

둘째, 주관적 이념 평가와 정당 지지는 통제변수의 영향력 속에서도 포퓰리즘 성향을 결정하는 요인이었고, 그 영향력은 다른 통제변수보다도 일관되게 높게 나타났다. 구체적으로 살펴보면, 먼저 반엘리트주의 성향에서는 극보수와 보수 및 더불어시민당·열린민주당 비지지층의 영향력이 확인되었다. 양변인 및 다변인 분석 모두 강한 보수 성향일수록 반엘리트주의가 높았다. 이러한 결과는 보수 정향과 반엘리트주의의 친화성으로 볼 수도 있다. 현 정권이 진보 정권이라는 점을 감안한다면, 무조건 보수 정향의 대중들에게 나타나는 현상이라고 해석할 수는 없다. 다시 말해 기성 엘리트에 대한 광범위한 적대감을 기초로 한 포퓰리즘과 일정한 차이를 가질 수 있다는 것이다. 만약 보수 정권이 집권한다면 반대의 결과가 도출될 수도 있기 때문이다.

또한 인민 중심주의 성향에서는 극진보, 즉 강한 진보 이념의 영향력이 도출되었다. 양변인 분석에서는 더불어시민당·열린민주당 지지층에서도 인민 중심주의 성향이 높았으나, 인과 분석에서는 그 영향력이 나타나지 않았다. 즉 스스로를 이념적으로 진보라고 평가할수록 정치가 인민의 목소리를 대변해야 한다는 인식이 더 높았다. 이는 인민주의 실천을 강조하는 좌파 포퓰리즘과 일정 부분 맞닿아 있다고 볼 수 있다. 자유주의와 좌파 포퓰리즘 모두 인민주의를 표방하지만, 좌파의 경우는 평등과 인민 주권 이상의 복원을 더욱 강조한다.[70] 따라서 우리 사회에서도 진보 진영에서 포퓰리즘이 발현된다면, 인민주의적 경향을 강하게 내포한다고 볼 수 있다.

그리고 반다원주의 성향의 경우에는 극보수와 보수 및 극진보, 그리고 미래한국당·우리공화당과 더불어시민당·열린민주당 지지의 영향력이 도출되었다. 이러한 경향은 양변인 분석에서도 확인되었다. 주목할 것은 반다원주의 성향이 다른 두 가지 포퓰리즘 성향보다 평균값이 낮았음에도, 이념적 정향이 강한 대중들에게 강하게 나타난다는 것이다. 이는 네덜란드의 경우 좌파에 비해 우파 포퓰리즘 정당을 지지하는 유권자들이 타인의 관점을 경청하거나 타협하는 태도가 낮다는 연구와 유사하였다.[71] 나아가 한국에서 포퓰리즘이 이념, 특히 강한 보수 및 진보 정향에 뿌리를 두고 등장할 경우 배제적 혹은 부정적 성격을 가질 수 있다는 점을 함의한다.

마지막으로 세 가지 하위 유형을 합한 전체 포퓰리즘 성향의 경우, 극진

---

70 김주형·김도형(2020), 72~73쪽.

71 Akkerman et al.(2014).

보와 극보수 및 보수의 영향력이 확인되었다. 양변인 분석에서는 범여권과 범야권 거대 정당의 지지층에서도 포퓰리즘 성향이 높았으나, 다변인 분석에서는 정당 지지의 영향력은 도출되지 않았다. 따라서 세 가지 개별 포퓰리즘 성향뿐만 아니라 전체 포퓰리즘 성향에서도 주관적 이념 평가의 영향력은 확인되었고, 특히 진보와 보수 정향이 강한 대중의 포퓰리즘 성향이 높았다.

셋째, 통제변수 중 사회경제적 요인은 포퓰리즘 성향을 결정하는 주요한 요인이 아니었고, 성별과 연령의 영향력만이 확인되었다. 먼저 젊은층일수록 정치 엘리트에 불만이 높다는 일반적인 통념은 확인되었다. 그리고 중·장년층의 경우 정치가 일반 국민의 이익을 반영해야 한다는 의식과 상대방에 대한 배타성이 높았다. 이러한 연령 효과는 2017년 대선 국면의 설문 조사 자료를 활용하여 연령의 영향력을 확인한 하상응(2018)의 연구 결과와 유사하였다. 그러나 소위 세계화 열패설을 경험적으로 증명한 연구, 즉 학력과 소득 수준이 낮아 상대적 소외감을 느끼는 사람들의 포퓰리즘이 성향이 높고,[72] 이들의 요구에 의해서 포퓰리즘의 등장 및 확산을 설명한 유럽의 경우와는 상반된 결과였다. 이 글의 분석 결과만으로 볼 때, 한국에서 포퓰리즘은 사회경제적 특성이 아니라 이념 정향에 기반을 두고 등장할 가능성이 더 높다고 할 수 있다.

넷째, 기타 통제변수의 영향력도 확인되었다. 먼저 민주주의에 대한 낮은 만족도는 반엘리트주의에 영향을 미쳤고, 일반인에 대한 신뢰보다 정치인과 정부에 대한 낮은 신뢰는 반엘리트주의와 전체 포퓰리즘 성향을 추동하였다. 이는 포퓰리즘 성향이 대의제 내 정치인과 정당에 대한 광범위한 불신을 반영한다는 이론적 논의 및 일반적 통념과 일치한다. 흥미로운 것은

72 Spruyt et al.(2016).

민주주의에 대한 만족도가 높은 대중들의 인민 중심주의 열망이 높다는 것이다. 즉 현재 대의 민주주의 정치체제에 만족하면서도 정치가 인민의 직접적 의사를 표현해야 한다는 믿음이 강하다는 것이다. 만약 이들에 의해서 포퓰리즘이 등장한다면, 포퓰리즘은 보다 나은 민주주의 구현의 수단이 될 수도 있을 것이다.

한편, 평상시 정치 참여 방식과 외적 효능감의 영향력은 포퓰리즘 성향이 다차원적인 요인에 의해서 형성된다는 점을 보여준다. 비투표적 정치 참여보다 투표 참여를 많이 하는 대중들의 경우 반엘리트주의와 인민 중심주의 및 전체 포퓰리즘 성향이 높았다. 이러한 결과는 제도적인 정치 참여를 통해 지식과 참여의식을 습득한 대중들이 현실 정치에 대한 비판과 인민 주권의 가치를 중요하게 인식한다는 점을 보여준다. 반면, 비투표적 정치 참여를 많이 하고 내적 효능감보다는 외적 효능감이 높은 대중들의 반다원주의 성향이 높았다. 즉 청원, 시위 참가, 온라인 및 오프라인에서 정치적 견해를 표출하고, 정치인들이 자신들의 의사에 관심을 가진다는 믿음이 높은 사람들의 경우 다른 사람들에 대한 관용과 협력에 소극적이었다는 것이다. 이는 외적 효능감이 제도적 및 비제도적 정치 참여를 이끌고, 그 결과 다양한 정치 참여를 통해 타인과의 접촉과 토론을 경험한 사람들이 관용과 민주적 의사결정 태도 등의 시민성을 함양할 수 있다는 사회 자본론의 논의와는 배치되는 결과이다. 따라서 포퓰리즘 성향을 결정하는 요인의 복합성을 고려할 때, 향후 포괄적인 연구가 지속적으로 수행돼야 할 것이다.

4. 포퓰리즘 성향의 유형별 특성

1) 분석틀과 분석 방법

포퓰리즘 성향의 유형별 특성에 대한 분석은 포퓰리즘을 구표퓰리즘,

신포퓰리즘, 포스트포퓰리즘의 세 가지로 분류하고, 그들의 사회경제적 특성 및 정치사회적 태도를 규명하는 데 초점을 둔다.[73] 이 경우 포퓰리즘 성향은 '사회를 인민과 엘리트라는 두 진영의 적대 구도로 파악하며 정치는 인민의 의사를 가능한 한 직접적으로 반영해야 한다고 주장하는 이념'이라는 포퓰리즘의 최소 정의에 따라 정의된다. 그리고 구포퓰리즘은 지도자 중심의 유기체적 집단주의를 고수하고 대의 민주주의를 부정하는 반면, 신포퓰리즘은 집단주의 사고를 유지하지만 대의 민주주의를 수용한다. 그리고 포스트포퓰리즘은 대의 정치를 수용할 뿐 아니라 집단주의까지 포기하고 개인주의를 수용하는 경향이다.[74]

포퓰리스트 여부는 "우리나라에서 발생하는 다양한 사회적 갈등 중 엘리트와 국민의 갈등이 얼마나 심각하다고 생각하십니까?"라는 인식 정도와 "정치는 엘리트층(특권층)에 대항해 일반 국민의 이익을 대변해야 한다."에 대한 동의 정도를 7단계 리커트 척도로 측정해 판단했다[①(전혀 심각하지 않다)<②<③<④(보통)<⑤<⑥<⑦(매우 심각하다); ①(전혀 동의하지 않는다)<②<③<④(보통)<⑤<⑥<⑦(매우 동의한다)]. 포퓰리스트는 두 설문에 대해 모두 ⑤번 이상을 선택한 응답자이며, 둘 중 하나라도 ⑤번 미만을 선택했을 경우에는 비포퓰리스트로 분류했다.

앞에서 본 것처럼 포퓰리스트 유형은 정치 질서에 대한 의식(대의 정치 수용 여부)과 인민에 대한 의식(개인주의 수용 여부)을 기준으로 분류했다. 먼저 정치 질서 의식은 바람직한 정치 구조를 묻는 질문(아래 질문 A)에 대한 응답, 즉 '대의 정치를 수용하는가' 아니면 '국민 직접 정치를 추구하는가'라는 선택지로 판단했다. 다만 대의 정치는 대의 기구의 권한 정도에 대해 이견

---

73 구포퓰리즘, 신포퓰리즘, 포스트포퓰리즘의 구체적인 개념과 특성은 제1장 및 제2장을 참조한다.

74 Mudde and Kaltwasser(2019), 15~16쪽.

이 있을 수 있으므로 국민에 대한 자율성이 강한 경우와 그렇지 않은 경우를 다른 선택지로 구성했다.

인민에 대한 의식은 우리 국민에 대한 의식을 묻는 질문(아래 질문 B)에 대해 민족 정체성의 단일성과 정치적 목표의 동일성 및 국론 통일에 대한 입장으로 구성한 응답에 따라 판단했다. 이때 우선, 세 가지 모두를 긍정하는 입장과 세 가지 모두를 부정하는 입장을 각각 집단주의와 개인주의의 전형(혹은 극단)으로 보고 응답지를 구성했다. 그리고 이 전형들 사이의 여섯 가지 경우 중에서 '단일한 민족 정체성/동일한 정치적 목표/국론 통일 부정', '단일한 민족 정체성/다양한 정치적 목표/국론 통일', '단일한 민족 정체성 부정/동일한 정치적 목표/국론 통일', '단일한 민족 정체성 부정/다양한 정치적 목표/국론 통일'이라는 네 가지 조합은 현실적으로 성립하기 어렵다고 보아 제외하고 다른 두 가지를 선택지로 추가했다.

위의 질문과 응답을 정리하면 다음과 같다.

A. 귀하는 바람직한 정치 구조가 어떠해야 한다고 생각하십니까?

① 공정하고 투명한 선거로 구성되는 선출 공직자와 행정 관료들의 권한이 강력해야 한다.

② 의회 등 선출 공직은 소환제 등 국민들에 의한 직접적인 통제를 받아야 한다.

③ 국민투표 등을 통해 주요 정치적 사안을 국민들이 직접 결정해야 한다.

B. 귀하는 우리나라 국민에 대해 어떻게 생각하십니까?

① 단일한 민족 정체성과 동일한 정치적 목표를 추구하므로 국론은 통일되어야 한다.

② 단일한 민족 정체성을 가지고 있지만, 정치적 목표와 의견은 다양하다.

③ 단일한 민족 정체성은 더 이상 존재하지 않으며, 동일한 정치적 목

표를 추구하지만 정치적 의견은 다양하다.

④ 단일한 민족 정체성은 더 이상 존재하지 않으며, 정치적 목표와 의견도 다양하다.

그리고 질문 A와 질문 B를 선택한 유형을 조합하여 구포퓰리스트, 신포퓰리스트, 포스트포퓰리스트 그리고 잠재적 포퓰리스트의 4가지 유형으로 구분했다. 각 유형별 선택 조합은 다음과 같다.

· 구포퓰리스트: A에서 인민 직접 정치(③)를 선택하고, B에서 집단주의(① 혹은 ③)를 선택한 응답자

· 신포퓰리스트: A에서 대의 정치(① 혹은 ②)를 선택하고, B에서 집단주의(① 혹은 ③)를 선택한 응답자

· 포스트포퓰리스트: A에서 대의 정치(① 혹은 ②)를 선택하고, B에서 개인주의(② 혹은 ④)를 선택한 응답자

· 잠재적 포퓰리스트: A에서 인민 직접 정치(③)를 선택하고, B에서 개인주의(② 혹은 ④)를 선택한 응답자

한 가지 주의할 것은 마지막 경우, 즉 A 문항에서 ③을 선택하고 B 문항에서 ② 혹은 ④를 선택한 사람은 직접 민주주의를 추구(대의 민주주의 거부)하면서 개인주의적 인민관을 가지고 있어 포퓰리즘 개념에 적절치 않다는 것이다. 다양한 대중의 서로 다른 이해관계들을 직접 민주주의적으로 반영해야 한다는 사고로서 극단적인 다원적 민주주의나 아나키스트에 가깝다. 사회 구조를 엘리트와 인민의 대립으로 보고 정치를 엘리트에 대항해 인민의 의사를 대변한다는 포퓰리즘의 최소 정의는 그러한 사회 구조를 기정사실이나 자연 상태로 간주함으로써 엘리트-인민의 대립 구도를 해소할 수 없거나 적어도 그럴 의향은 없다는 것을 전제한다. 그런데 위의 경우는 이 대

립 구도를 해소하려는 의지를 가진 사람들이다. 다만 그것이 현실적으로 어렵다고 판단할 때 포퓰리즘적 선택을 할 가능성이 높을 것으로 보인다. 따라서 이 경우는 엄밀한 의미 혹은 현재적(顯在的) 의미에서는 포퓰리스트가 아니지만 잠재적으로는 포퓰리스트로 전환할 가능성이 크다고 할 수 있다. 따라서 이 집단을 '잠재적 포퓰리스트'로 정의해 '현재적(顯在的) 포퓰리스트'(구포퓰리스트, 신포퓰리스트, 포스트포퓰리즘)와 구별한다.

한편, 포퓰리스트·비포퓰리스트 및 구표퓰리리스트·신포퓰리스트·포스트포퓰리스트 집단 간의 집단 간에 나타난 개별 변인의 유의미한 차이는 X^2-test와 분산 분석(Duncan과 Tukey 검증 병행)을 통해 검증했다.

2) 분석 결과 1: 포퓰리스트 대중의 총체적 규모와 성격

<표 8-9>는 포퓰리스트의 전체 규모를 분석한 결과이다. 전체 응답자 1,683명 중 포퓰리스트로 분류되는 사람은 41.2%인 693명이다. 포퓰리스트가 총선에서 승리한 나라의 경우에도 그 지지율이 40%를 넘는 경우는 흔하지 않으므로, 이 비율은 지나치게 높은 것으로 생각될 수 있다. 하지만 이 조사에서 분류한 포퓰리스트 수는 잠재적 포퓰리스트까지 포함하고 있어 높은 것이다. 포퓰리스트의 유형별 비교는 추후 다루지만, 미리 언급하면 잠재적 포퓰리스트(158명)을 제외한 현재적 포퓰리스트는 535명으로 전체 응답자의 31.8%이다.

<표 8-9> 포퓰리스트의 규모

(단위: 명, %)

		정치는 엘리트층(특권층)에 대항해 일반 국민의 이익을 대변해야 한다							
		합계	매우 동의하지 않음 1	2	3	보통 4	5	6	매우 동의함 7
엘리트와 국민의 갈등 인식 수준	합계	1683	77	63	117	365	391	334	336
		(100.00)	(4.58)	(3.74)	(6.95)	(21.69)	(23.23)	(19.85)	(19.96)
	전혀 심각하지 않음 1	12	3	3	2	1	0	1	2
		(0.71)	(0.18)	(0.18)	(0.12)	(0.06)	(0.00)	(0.06)	(0.12)
	2	49	4	8	7	7	9	10	4
		(2.91)	(0.24)	(0.48)	(0.42)	(0.42)	(0.53)	(0.59)	(0.24)
	3	129	6	5	17	31	34	20	16
		(7.66)	(0.36)	(0.3)	(1.01)	(1.84)	(2.02)	(1.19)	(0.95)
	보통 4	520	19	19	38	172	125	83	64
		(30.90)	(1.13)	(1.13)	(2.26)	(10.22)	(7.43)	(4.93)	(3.80)
	5	557	24	21	40	106	146	121	99
		(33.10)	(1.43)	(1.25)	(2.38)	(6.30)	(8.67)	(7.19)	(5.88)
	6	244	10	7	8	27	54	74	64
		(14.50)	(0.59)	(0.42)	(0.48)	(1.60)	(3.21)	(4.40)	(3.80)
	매우 심각함 7	172	11	0	5	21	23	25	87
		(10.22)	(0.65)	(0.00)	(0.30)	(1.25)	(1.37)	(1.49)	(5.17)

<표 8-10>은 한국 포퓰리스트 대중의 사회경제적 성격을 조사한 것이다. 성별, 연령, 지역, 학력, 직업, 고용 상태, 가구 소득, 총재산액, 주관적 계층 의식에 대해 조사했으나, 유의미한 항목들은 연령, 고용 상태, 가구 소득, 주관적 계층 의식에 한정되었다.

우선, 포퓰리스트의 연령 분포를 보면 40대가 24.53%로 가장 많고, 50

대가 23.81%로 가장 많다. 가장 적은 연령대는 10대(4.04%)와 20대(14.29%)이다. 그러나 이것은 전체 응답자(전체 대중)의 연령 분포를 반영한 것으로 보인다. 특히 이 조사가 정치 사회적 의식 조사를 위해 21대 총선 직후 유권자들을 대상으로 실시되었기 때문에 10대는 18세와 19세만 집계되어 더 적을 수밖에 없다.

포퓰리스트 집단이 전체 집단이나 비포퓰리스트 집단과 가장 큰 차이를 보이는 연령대는 20대와 40대다. 20대는 전체 집단 내 비중이 17.59%인데 비해 포퓰리스트 집단 내 비중은 3.30%p 낮은 반면, 40대는 전체 집단 내 비중 21.33%에 비해 포퓰리스트 집단 내 비중이 3.20%p 높다. 그에 따라 비포퓰리스트 대중 내 동일 연령대 비율은 포퓰리스트 내 비율이 높거나 낮은 만큼 낮거나 높을 수밖에 없다. 50대의 경우도 포퓰리스트 내 비중이 전체 집단 내 비중보다 근소하게 높다(1.17%p). 따라서 표본 수가 현저하게 낮은 10대를 제외하고 판단한다면, 포퓰리스트는 40/50대가 중심이며 젊은 층에서 상대적으로 적다고 할 수 있다.

고용 상태는 다소 다른 양상을 보인다. 포퓰리스트 내 가장 큰 비중을 차지하는 집단은 노동자이며, 이것은 정규직(47.76%)과 비정규직(17.17%)에서 동일하다. 물론 이것은 연령과 마찬가지로 전체 집단에서 이 두 집단이 가장 많은 비중을 차지한 것을 반영한 것이다(정규직 49.38%, 비정규직 14.62%). 하지만 전체 응답자와 비교하면, 그 차이의 방향은 반대로 나타난다. 정규직 노동자는 전체 집단 내 비중보다 1.62%p 높은 반면, 비정규직 노동자는 2.55%p 낮게 나타나기 때문이다. 그밖에 다른 집단들은 그 자체로 매우 작은 집단이거나 전체 집단과의 차이가 1.0%p 안팎에 불과하다. 따라서 고용 상태로 본 포퓰리스트는 정규직 노동자보다 비정규직 노동자에게 더 매력적으로 다가간다고 할 수 있다.

가구 소득은 연령 및 고용 상태와 조금씩 같으면서도 다른 양상을 보인다. 비포퓰리스트가 400, 700, 800만 원대가 중심을 이룬다. 반면 포퓰리스트는 200만 원대(17.03%)와 300만 원대(17.32%)의 소득층이 가장 높은 비중을 차지하는데, 이 비중은 전체 집단에 비해 모두 높지만(200만 원대 16.52%, 300만 원대 16.46%), 그 차이는 1%p 미만이라 전체 집단의 분포도를 반영하는 수준이라 할 수 있다. 차이의 순위가 소득 수준의 순위와 관련해 규칙적인 흐름을 보이지 않는다. 다만 600만 원대(전체 집단에 비해 +1.23%p)를 제외한다면 100만 원대(+1.52%p)가 가장 높으며, 100~300만 원대가 상대적으로 높게 나타난다.

주관적 계층 의식에서 집단 내 비중의 순위는 전체 집단 내 비중의 순위와 같다. 1순위는 중하층(전체 집단의 45.57%, 포퓰리스트 집단의 47.33%)이고, 2순위는 중간층(전체 집단의 36.72%, 포퓰리스트 집단의 32.90%)이며, 하층, 중상층, 상층이 뒤를 따른다. 전체 집단에 비해 포퓰리스트 내에서 중하층은 1.76%p 높지만, 중간층은 3.82%p 낮고, 그 차이가 가장 크다. 전체 집단 내 비중에 비해 포퓰리스트 집단 내 비중이 가장 큰 차이로 높은 계층은 하층이며, 그 차이는 3.77%p이다. 그러므로 포퓰리스트 내에서는 중하층과 중간층이 주축을 이루지만, 개별 계층 안에서 비포퓰리스트 비중과 포퓰리스트 비중의 차이로 판단하면, 하층 내에서 가장 큰 설득력을 갖는다고 할 수 있다.

이와 같이 사회 경제적 배경으로 본 한국 포퓰리스트 대중은 40/50대와 노동자 및 중간층과 중하층이 중심을 이룬다. 그리고 노동자층에서는 특히 비정규직 노동자에게 매력적으로 다가가며, 소득별로는 하층에서 가장 큰 설득력을 갖는 것으로 보인다. 이것은 포퓰리즘이 저소득층과 노동자층의 지지를 중요한 배경으로 한다는 강명세[75]의 최근 연구 결과와 다르지 않다(2010년대 초중반 포퓰리즘이 10% 이상의 지지를 얻은 서유럽 6~7개 나라들을 대상으로 분석).

우리나라에서 포퓰리즘 개념은 김영삼 정권 말기부터 회자되기 시작해

75 강명세, 2019, 『불평등 민주주의와 포퓰리즘』(서울: 바오출판사).

주로 대중 인기 영합주의라는 포퓰러리즘의 의미로 사용되어 왔다(물론 최근에는 포퓰리즘 연구가 활발해지면서 인민주의라는 본래의 의미와 긍정적 의미에 주목하는 경향도 많이 생겨났다). 특히 신자유주의 관치 경제에서 포퓰리즘 전술을 선택적으로 구사한[76] 김대중 정부의 생산적 복지 정책과 맞물려 보수 진영에서 공격의 빌미로 삼으면서 그러한 경향은 더욱 확대되었다. 또한 노무현 정부도 포퓰리즘 공격에 가장 많이 노출된 정권인데, 김대중 정권을 이어받는 한편 국민을 더 강조하면서 인민 중심성을 강화했다. 게다가 코로나19 팬데믹 상황에서 기본소득 논쟁을 통해 인기도가 급등한 이재명 경기 지사의 경우도 같은 맥락에서 볼 수 있다. 곧, 한국에서 포퓰리즘은 복지 정책과 밀접한 관련을 가지고 있으며, 그에 따라 포퓰리즘 경향을 가진 대중은 복지 정책에 가장 민감한 계층인 저소득층과 비정규직 노동자, 그리고 생애에서 경제적 부담이 가장 큰 40/50대에서 가장 많이 나타나는 것으로 추정된다.

<표 8-10> 포퓰리스트와 비포퓰리스트의 사회 경제적 배경

(단위: 명, %)

		전체 (N=1,683)	포퓰리스트 (N=693)	비포퓰리스트 (N=990)	X^2/F
연령	18~19세	63 (3.74)	28 (4.04)	35 (3.54)	X^2=15.0561 df=5 prob=0.0101
	20~29세	296 (17.59)	99 (14.29)	197 (19.90)	
	30~39세	296 (17.59)	113 (16.31)	183 (18.48)	
	40~49세	359 (21.33)	170 (24.53)	189 (19.09)	
	50~59세	381 (22.64)	165 (23.81)	216 (21.82)	
	60세 이상	288 (17.11)	118 (17.03)	170 (17.17)	

76 김일영, 2004, "민주화, 신자유주의적 포퓰리즘, 그리고 한국: 김대중 정권과 노무현 정권을 중심으로," 철학연구회 편. 『디지털 시대의 민주주의와 포퓰리즘』 (서울: 철학과 현실사), 190~224쪽.

고용 상태	정규직	831 (49.38)	331 (47.76)	500 (50.51)	X^2=24.3100 df=10 prob= 0.0068
	비정규직	246 (14.62)	119 (17.17)	127 (12.83)	
	고용주	43 (2.55)	15 (2.16)	28 (2.83)	
	가정 일 도움	28 (1.66)	13 (1.88)	15 (1.52)	
	주부	182 (10.81)	65 (9.38)	117 (11.82)	
	학생	155 (9.21)	57 (8.23)	98 (9.90)	
	실업	103 (6.12)	54 (7.79)	49 (4.95)	
	은퇴	51 (3.03)	20 (2.89)	31 (3.13)	
	노동 불가 (장애)	8 (0.48)	7 (1.01)	1 (0.10)	
	노동 불가 (기타)	18 (1.07)	5 (0.72)	13 (1.31)	
	모름	18 (1.07)	7 (1.01)	11 (1.11)	
소득 수준	100만 원 미만	79 (4.69)	37 (5.34)	42 (4.24)	X^2=20.636 df=10 prob= 0.0238
	100~199만 원	130 (7.72)	64 (9.24)	66 (6.67)	
	200~299만 원	278 (16.52)	118 (17.03)	160 (16.16)	
	300~399만 원	277 (16.46)	120 (17.32)	157 (15.86)	
	400~499만 원	263 (15.63)	97 (14.00)	166 (16.77)	
	500~599만 원	200 (11.88)	84 (12.12)	116 (11.72)	
	600~699만 원	142 (8.44)	67 (9.67)	75 (7.58)	
	700~799만 원	130 (7.72)	42 (6.06)	88 (8.89)	
	800~899만 원	72 (4.28)	22 (3.17)	50 (5.05)	
	900~999만 원	27 (1.60)	14 (2.02)	13 (1.31)	
	1,000만 원 이상	85 (5.05)	28 (4.04)	57 (5.76)	
주관적 계층 의식	하층	211 (12.54)	113 (16.31)	98 (9.90)	X^2=25.5862 df=4 prob= 0.0001
	중하층	767 (45.57)	328 (47.33)	439 (44.34)	
	중간층	618 (36.72)	228 (32.90)	390 (39.39)	
	중상층	82 (4.87)	23 (3.32)	59 (5.96)	
	상층	5 (0.30)	1 (0.14)	4 (0.40)	

한편, <표 8-11>은 포퓰리스트의 정치 사회적 의식과 태도를 분석한 결과이다. <표 8-11>에서 보듯이, 정당 지지 경향을 알아보기 위해 제21대 총선 비례대표 투표에서 지지한 정당을 묻고, 정치 행태를 알아보기 위해서는 정치 참여 방식을 조사했다. 촛불집회 이후 정치에 대한 만족도는 대의 민주주의에 대한 인식을 고찰하기 위한 것이고, 주요 사회 이슈는 장기적으로 국가가 해결해야 할 주요 문제나 사회적 모순에 대한 인식을 알아보기 위한 것이다.

21대 총선 비례대표 지지 정당과 주요 사회 이슈 및 촛불집회 이후 민주주의 만족도는 모든 항목에서 유의미한 결과가 나왔다. 정치 참여 방식에 대해서도 대부분 유의미하지만, 투표 참여 항목만 통계적으로 유의미하지 않았다.

<표 8-11> 포퓰리스트와 비포퓰리스트의 정치 사회적 의식과 태도

(단위: 명, %)

		전체 (N=1,683)	포퓰리스트 (N=693)	비포퓰리스트 (N=990)	X^2/F
비례대표 지지정당 (21대 총선)	미래한국당	304 (18.06)	102 (14.72)	202 (20.40)	X^2=16.3553 df=9 prob= 0.0598
	더불어시민당	627 37.25)	271 (39.11)	356 (35.96)	
	민생당	21 (1.25)	5 (0.72)	16 (1.62)	
	정의당	188 (11.17)	88 (12.70)	100 (10.10)	
	국민의당	146 (8.67)	57 (8.23)	89 (8.99)	
	열린민주당	110 (6.54)	51 (7.36)	59 (5.96)	
	우리공화당	7 (0.42)	2 (0.29)	5 (0.51)	
	기타 정당	105 (6.24)	41 (5.92)	64 (6.46)	
	투표 안 함	156 (9.27)	69 (9.96)	87 (8.79)	
	투표권 없음	19 (1.13)	7 (1.01)	12 (1.21)	
촛불집회 이후 민주주의 만족도		4.55	4.69	4.45	F=9.09, prob=0.0026

정치참여 방식	인터넷·SNS 정치 견해 표현	3.00	3.19	2.86	F=14.22, prob=0.0002
	온라인 커뮤니티(정치) 참가	2.44	2.60	2.32	F=12.43, prob=0.0004
	오프라인 결사체 참가	2.26	2.43	2.15	F=13.39, prob=0.0003
	거리 청원, 집회 및 시위	2.51	2.66	2.40	F=9.38, prob=0.0022
	공공기관 민원 제기	2.64	2.74	2.56	F=4.60, prob=0.0321
	투표 참여	5.94	5.97	5.91	F=0.40, prob=0.5250
주요 사회 이슈 (장기적 국가 목표)	경제 성장 달성과 경제 안정	5.96	6.13	5.84	F=26.62, prob=0.0001
	국방비 등 방위력 증강	5.04	5.17	4.95	F=12.45, prob=0.0004
	직장·지역사회 개인 발언권 확대	4.88	5.20	4.66	F=117.96 prob=0.0001
	환경 보호	5.55	5.86	5.33	F=89.95, prob=0.0001
	국가·사회질서 유지와 범죄 소탕	5.71	6.00	5.50	F=84.36, prob=0.0001
	사회 복지 확대	5.35	5.71	5.11	F=112.10, prob=0.0001
	정부 정책 결정에 국민 참여 확대	5.41	5.75	5.17	F=122.13, prob=0.0001
	물가 상승 억제	5.47	5.81	5.22	F=109.76, prob=0.0001
	언론 자유 보장	5.23	5.44	5.08	F=30.44, prob=0.0001
	여성 권익 신장	4.66	4.97	4.44	F=61.10, prob=0.0001
	핵 감축 혹은 폐지	4.64	4.93	4.44	F=43.14, prob=0.0001
	국제 난민과 약소국 지원	4.23	4.55	4.00	F=70.38, prob=0.0001
	사회적 소수자 권익 증진	4.56	4.90	4.32	F=74.81, prob=0.0001

21대 총선 비례대표 선거에서 포퓰리스트들이 가장 많이 지지한 정당은 더불어시민당(더불어민주당, 39.11%), 미래한국당(미래통합당, 현 국민의힘, 14.72%), 정의당(12.70%), 국민의당(8.23%)의 순이다.[77] 더불어시민당과 미래한국당은 각각 더불어민주당과 미래통합당의 비례대표 선거용 위성 정당이었으므로 이하에서는 굳이 밝혀야 할 필요가 없는 한 더불어민주당과 미래통합당이라고 쓴다. 더불어민주당을 공개적으로 지지한 열린민주당의 7.36%를 합하면, 포퓰리스트들의 더불어민주당 지지는 50%에 육박하는 수준이다. 기권자가 9.96%를 차지해 국민의당과 정의당 사이의 제4위에 위치한다는 것도 특기할 만하다. 하지만 이것은 비포퓰리스트(8.79%)와 전체 응답자(9.27%)에 비해 근소한 수준에 불과해 포퓰리스트 내의 중요한 특징으로 보기는 어렵다.

국민의당이 4위에 머문 것은 과거 안철수라는 포퓰리즘 이미지가 이번 선거에서 중도화 혹은 보수화로 인해 상당할 정도로 감소한 결과로 보인다. 반면 복지 확대라는 정책 요인과 이재명이라는 인물 요인에 의해 더불어민주당의 포퓰리즘적 호소력은 더 상승했다고 할 수 있다. 정의당 역시 사회복지와 연관된 정책 요인과 그동안 더불어민주당과 함께 해 온 정책 연대의 결과가 중요하게 작용했을 것이다. 반면 미래한국당은 촛불집회 정국에서 점차 대중적 인기를 급격하게 상실했다가 일정하게 만회한 수준이었다. 특히 관료주의와 엘리트 정치의 이미지가 강한 미래통합당은 홍준표 과거 대선 후보와 일부 당 지도자들이 태극기 집회 등 보수적 포퓰리즘 전략을 선택하긴 했지만, 이 집단의 규모와 파급력에는 뚜렷한 한계가 있었다.

촛불집회 이후 민주주의 만족도는 이러한 분위기와 연결된다. 전체 응

77 더불어시민당과 미래한국당은 각각 더불어민주당과 미래통합당의 비례대표 선거용 위성 정당이었으므로 이하에서는 굳이 밝혀야 할 필요가 없는 한 더불어민주당과 미래통합당이라고 쓴다.

답자의 만족도 자체가 높은 수준이 아니며(7점 척도에서 4.55), 포퓰리스트(4.69)와 비포퓰리스트(4.45) 간의 차이도 놀라운 정도를 보이지는 않았다. 그럼에도 그 차이는 통계적으로 유의미해 포퓰리스트가 전체 대중이나 비포퓰리스트에 비해 높게 나타나 미래통합당보다는 더불어민주당을 지지하는 포퓰리스트의 규모가 크다는 것을 뒷받침한다.

촛불집회 이후 민주주의에 대한 만족도 자체가 높지 않다는 것은 더 주목할 만하다. 비포퓰리스트에 비해 포퓰리스트의 만족도가 높지만, 그 차이가 근소할 뿐 아니라 만족도 자체가 높지 않다는 것이 중요하다. 포퓰리스트의 비중이 전체 대중의 41.2%에 달한다는 점을 함께 고려하면, 촛불집회 이후 민주주의에 대해 만족하지 못하는 사람들 중에도 포퓰리스트가 많다는 것이다. 촛불집회가 대의 민주주의를 만회하려는 것이고, 그것이 상당할 정도로 성공했다고 하면, 이 집단은 대개 대의 민주주의를 부정하는 잠재적 포퓰리스트일 가능성이 높다. 실제 이 조사에서 잠재적 표퓰리스트의 규모는 전체 대중의 9.4%이며, 포퓰리스트 내에서는 22.8%에 달하는 것으로 나타났다.

정치 참여 방식에서 포퓰리스트가 가장 선호하는 방식은 인터넷이나 SNS를 활용하는 것이다. 다른 방식들(온라인 커뮤니티 참가, 오프라인 결사체 참가, 거리 청원, 집회 및 시위, 공공기관 민원 제기)도 모두 포퓰리스트가 비포퓰리스트에 비해 활용도가 높다. 하지만 그 수준은 3.0 이하에 머물러 절대적으로는 그다지 높지 않은 것으로 나타났다.

두 집단의 차이가 통계적으로 유의미하지 않아 비교는 할 수 없지만, 투표 참가 수준이 이 방식들에 비해 월등히 높은데(전체 집단 5.94), 이것은 한국 대중의 다수가 일상에서의 정치보다는 선거와 같은 공식 절차에 따른 참여 방식에 더 익숙하다는 것을 알려준다. 공공기관 민원 제기가 3.0 이하지만, 두 번째로 높은 것(전체 2.64, 포퓰리스트 2.74)도 이런 맥락에서 이해할 수 있다 (온라인 방식 중에서도 인터넷과 SNS 활용이 특히 높은 것은 최근 온라인 사용 흐름을 반영한 것으로 보인다).

주요 사회 이슈에 대한 관심도를 보면, 전반적으로 물질주의 가치가 높고, 탈물질주의 가치가 낮다. 그중 예외가 환경 보호(5.55), 정부 정책 결정에 대한 국민 참여 확대(5.41), 언론 자유 보장(5.23)이다. 이것은 촛불집회를 통해 탄핵된 박근혜 전 정권이 관료적 권위주의 정치를 통해 국민 참정권을 제약하고 언론 자유를 억제했다는 점과 탄핵의 성공이 언론의 역할에 크게 힘입었다는 점에 기인하는 것으로 이해할 수 있다.

반면 우리 사회에서는 경제 문제가 가장 중시되며, 사회 복지에 대한 관심도 많은 것으로 나타났다. 포퓰리스트와 비포퓰리스트의 경우도 이 흐름과 다르지 않지만, 모든 이슈에서 포퓰리스트는 비포퓰리스트에 비해 관심도가 높다. 이것은 정치 참여 방식에서 보여준 것과 동일한 현상이다. 그 척도도 대부분 5점 이상을 기록해 비록 일상적 정치 활동은 적극적이지 않지만 관심도는 높음을 알 수 있다.

특이한 것은 경제 성장 달성과 경제 안정이 전체 집단(5.96)과 포퓰리스트 집단(6.13)에서도 가장 높은 순위를 기록했음에도 불구하고, 포퓰리스트와 비포퓰리스트의 차이(0.29)는 국방비 및 방위력 증강(0.22)과 함께 가장 낮은 순위를 보인다는 것이다. 이것은 최근 경제 위기와 분단 상태라는 특수한 상황의 반영으로서 두 집단 간의 차이가 극소화한 결과로 보인다. 이와 반대로 비포퓰리스트 혹은 전체 집단에 비해 포퓰리스트가 가장 큰 차이로 관심을 보인 이슈는 사회 복지 확대(0.60)와 물가상승 억제(0.59)이다.

탈물질주의(정부 정책 결정에 대한 국민 참여 확대, 사회적 소수자 권익 증진, 국제 난민과 약소국 지원, 직장·지역사회 개인 발언권 확대, 환경 보호, 여성 권익 신장) 이슈가 모두 0.5 이상의 차이로 높은 순위를 차지한 것도 눈여겨볼 대목이다.[78] 포퓰

---

78 탈물질주의 개념은 1968년 이후 새로운 사회 균열(social cleavage)을 설명하기 위해 도입한 잉글하트(Inglehart)의 용례를 따른다. 그가 말하는 탈물질주의는 경제 발전과 사회 보장 제도에 따

리스트가 비포퓰리스트에 비해 더 탈물질주의적이라는 것인데, 이것은 앞에서 설명했듯이 잠재적 포퓰리스트가 많다는 점에도 기인하지만, 집단주의를 벗어나 개인주의를 중시하는 포스트포퓰리스트가 다수를 차지한 것과도 관련이 있다. 이 조사에서 나타난 포스트포퓰리스트 비중은 전체 응답자 대비 25.5% 및 현재적 포퓰리스트 대비 80.4%에 이르는 수치다.

이와 같이 한국 포퓰리스트 대중들의 정당 정치적 특징은 우선 더불어민주당을 압도적으로 지지하고, 정의당 지지도 상대적으로 높다는 것이다. 촛불집회 이후 민주주의 질서에 대한 만족도도 상대적으로 높지만 절대적 수치로 보면 중간을 조금 넘어서는 수준에 머물며, 비포퓰리스트보다 정치 참여에 더 적극적이지만 그 수준도 중간 이하의 적극성을 보이는 데 그친다. 전체 대중과 마찬가지로 포퓰리스트도 일상적 정치 활동보다는 투표 참가와 같은 공식 절차에 따른 참여 방식을 더 선호한다. 비록 일상 정치 활동에는 그다지 활발하지 않지만 사회 이슈에 대한 관심도는 높게 나타나는데, 특히 사회 복지 확대와 물가 상승 억제에 대한 관심이 매우 높다. 이것은 한국 포퓰리스트가 비포퓰리스트에 비해 더 탈물질주의적이라는 경향과 다소 모순되는 것으로 보이기도 한다. 하지만 이것은 최근 경제에 대한 위기의식이 높고, 복지 수준이 낮은 상황을 반영한 것으로서 한국의 포퓰리스트들은 포스트포퓰리즘적 특징의 하나인 탈물질주의 사고와 경제 및 복지 중시 경향을 함께 가지고 있는 것으로 이해할 수 있다.

른 물질적 풍요 외에도, 대규모 전쟁이 사라진 국제 정세에 따른 신체적 안전을 중요한 배경으로 한다. 그에 따라 탈물질주의는 권위주의와 소비만능주의를 거부하고 환경, 인권, 평화 등 비물질 혹은 탈물질적 가치를 중시하는 사고를 말하며, 반대로 물질주의는 권위주의와 경제 중심적(소비 중심적 혹은 물질 중심적) 사고를 말한다. Inglehart, Ronald, 1971, "The Silent Revolution in Europe: Intergenerational Change in Post-Industrial Societies," *The American Political Science Review*, vol.65, pp.991~1017과 Inglehart, Ronald, 1977, *The Silent Revolution. Changing Values and Political Styles among Western Publics* (Princeton, NJ: Princeton University Press)를 참조.

3) 분석 결과 2: 현재적(顯在的) 포퓰리즘 성향 대중의 유형별 규모와 성격

<표 8-12>는 포퓰리스트 693명을 네 유형으로 분류해 제시한 것이다. 앞에서 기술했듯이 그중 잠재적 포퓰리스트 158명을 제외하면 현재적 포퓰리스트는 535명이며, 이는 전체 응답자의 31.8%이다. 다시 말해 우리나라 국민들 중에서 가시적으로 포퓰리즘 성향을 가진 사람이 31.8%라는 것이다.

<표 8-12> 표퓰리스트 유형 구분

<table>
<tr><td colspan="2" rowspan="2"></td><td colspan="2">바림직한 정치 구조</td></tr>
<tr><td>· 선출 공직자와 행정 관료에 강력한 권한 위임
· 선출 공직자에 대한 국민 직접 통제</td><td>· 국민 투표 통해 정치적 사안을 국민이 직접 결정</td></tr>
<tr><td rowspan="2">국민 정체성</td><td>· 단일 민족 정체성 인정, 동일한 정치적 목표, 국론 통일
· 단일 민족 정체성 부정, 동일한 정치적 목표, 다양한 정치적 의견</td><td>신포퓰리스트
(77명)

전체 응답자의 4.6%
현재적 포퓰리스트의 14.4%</td><td>구포퓰리스트
(28명)

전체 응답자의 1.7%
현재적 포퓰리스트 중 5.2%</td></tr>
<tr><td>· 단일 민족 정체성 인정, 다양한 정치적 목표와 의견
· 단일 민족 정체성 부정, 다양한 정치적 목표와 의견</td><td>포스트포퓰리스트
(430명)

전체 응답자의 25.5%
현재적 포퓰리스트의 80.4%</td><td>잠재적 포퓰리스트
(158명)

전체 응답자의 9.4%
현재적 포퓰리스트 대비 29.5%</td></tr>
</table>

* 구포퓰리스트 + 신포퓰리스트 + 포스트포퓰리스트 = 현재적 포퓰리스트

현재적 포퓰리스트 내에서 그 세 유형을 비교해 보면, 우선 구포퓰리스트는 28명으로 전체 응답자의 1.7%에 해당하며, 현재적 포퓰리스트 중에서는 5.2%에 국한된다. 그리고 신포퓰리스트는 77명으로 전체 응답자의 4.6% 및 현재적 포퓰리스트의 14.4%에 해당한다. 반면 포스트포퓰리스트

는 430명에 달하는데, 이는 전체 응답자 대비 25.5% 및 현재적 포퓰리스트 대비 80.4%에 이르는 수치다.

우리나라에서 현재적 포퓰리즘 성향의 국민들은 대부분 포스트포퓰리스트라고 할 수 있으며, 구포퓰리스트는 극히 작은 세력에 불과하고, 신포퓰리스트도 구포퓰리스트에 비해서는 많지만, 역시 상대적으로 매우 적은 집단에 불과하다고 할 수 있다. 한편 전체 응답자의 9.4%를 차지하는 잠재적 표퓰리스트(158명)가 현재적 포퓰리스트에 대해 약 30%에 달하는 수치를 보이고 있는데, 이 집단의 다양성 및 직접 정치 추구 성향을 고려하면 국민 전체 혹은 포퓰리스트 집단 내에서 포스트포퓰리즘 성향이 확대될 가능성이 크다고 할 수 있다.

<표 8-13>은 사회 경제적 배경에 따른 포퓰리스트 집단의 성격을 조사한 결과이다. 성별, 연령, 지역, 학력, 직업, 고용 상태, 가구 소득, 총재산액, 주관적 계층 의식을 항목으로 조사한 결과, 유의미한 항목들은 연령, 고용 상태, 가구 소득에 한정되었다. 비포퓰리스트와 포퓰리스트 전체를 비교한 <표 8-10>에서는 주관적 계층 의식도 유의미했으나, 유형별 비교에서는 유의미하지 않았다.

<표 8-13> 포퓰리스트의 유형별 사회 경제적 배경

(단위: 명, %)

		전체 (N=693)	구 포퓰리스트 (N=28)	신 포퓰리스트 (N=77)	포스트 포퓰리스트 (N=430)	잠재적 포퓰리스트 (N=158)	X^2/F
연령	18-19세	28 (4.04)	2 (7.14)	2 (2.60)	14 (3.26)	10 (6.33)	X^2=22.6740 df=15 prob= 0.0913
	20-29세	99 (14.29)	4 (14.29)	6 (7.79)	57 (13.26)	32 (20.25)	
	30-39세	113 (16.31)	6 (21.43)	13 (16.88)	66 (15.35)	28 (17.72)	
	40-49세	170 (24.53)	9 (32.14)	17 (22.08)	107 (24.88)	37 (23.42)	
	50-59세	165 (23.81)	2 (7.14)	22 (28.57)	106 (24.65)	35 (22.15)	
	60세 이상	118 (17.03)	5 (17.86)	17 (22.08)	80 (18.60)	16 (10.13)	

고용상태	정규직	331 (47.76)	15 (53.57)	44 (57.14)	207 (48.14)	65 (41.14)	X^2=46.7772 df=30 prob= 0.0262
	비정규직	119 (17.17)	1 (3.57)	12 (15.58)	79 (18.37)	27 (17.09)	
	고용주	15 (2.16)	0 (0.00)	2 (2.60)	8 (1.86)	5 (3.16)	
	가정 일 도움	13 (1.88)	1 (3.57)	1 (1.30)	8 (1.86)	3 (1.90)	
	주부	65 (9.38)	3 (10.71)	7 (9.09)	40 (9.30)	15 (9.49)	
	학생	57 (8.23)	3 (10.71)	4 (5.19)	29 (6.74)	21 (13.29)	
	실업	54 (7.79)	3 (10.71)	2 (2.60)	34 (7.91)	15 (9.49)	
	은퇴	20 (2.80)	0 (0.00)	2 (2.60)	15 (3.49)	3 (1.90)	
	노동 불가 (장애)	7 (1.01)	0 (0.00)	2 (2.60)	5 (1.16)	0 (0.00)	
	노동 불가 (기타)	5 (0.72)	0 (0.00)	0 (0.00)	1 (0.23)	4 (2.53)	
	모름	7 (1.01)	2 (7.14)	1 (1.30)	4 (0.93)	0 (0.00)	
가구 소득 (월)	100만 원 미만	37 (5.34)	4 (14.29)	3 (3.90)	18 (4.19)	12 (7.59)	X^2=46.8559 df=30 prob= 0.0257
	100-199만 원	64 (9.24)	2 (7.14)	9 (11.69)	14 (9.52)	12 (7.59)	
	200-299 만 원	118 (17.03)	3 (10.71)	11 (14.29)	74 (17.21)	30 (18.99)	
	300-399 만 원	120 (17.32)	5 (17.86)	10 (12.99)	78 (18.14)	27 (17.09)	
	400-499 만 원	97 (14.00)	4 (14.29)	7 (9.09)	56 (13.02)	30 (18.99)	
	500-599 만 원	84 (12.12)	3 (10.71)	6 (7.79)	60 (13.95)	15 (9.49)	
	600-699 만 원	67 (9.67)	3 (10.71)	9 (11.69)	48 (11.16)	7 (4.43)	
	700-799 만 원	42 (6.06)	2 (7.14)	11 (14.29)	18 (4.19)	11 (6.96)	
	800-899 만 원	22 (3.17)	2 (7.14)	5 (6.49)	13 (3.02)	2 (1.27)	
	900-999 만 원	14 (2.02)	0 (0.00)	2 (2.60)	10 (2.33)	2 (1.27)	
	1,000만 원 이상	28 (4.04)	0 (0.00)	4 (5.19)	14 (3.26)	10 (6.33)	

우선 연령에 따른 특징을 보면, 구포퓰리스트 내에서 가장 큰 비중을 차지하는 집단이 40~49세(32.14%)이며, 그다음이 30~39세(21.43%)이다. 이 연령 집단들은 그 합이 전체의 절반을 넘을 뿐 아니라 포퓰리스트 전체 내 비율(40~49세 24.53%; 30~39세 16.31%)과 비교해 가장 높은 집단이어서 구포퓰리스트들의 중심 연령대라고 할 수 있다. 반면 그 비중이 가장 작은 연령대는 동일하게 7.14%를 보인 18~19세와 50~59세인데, 특히 50대는 전체 집단 내 비율(23.81%)보다 가장 낮은 집단이다.

신포퓰리스트 내에서 가장 비중이 큰 연령대는 50~59세(28.57%)이며, 다음으로 높은 연령대가 동일하게 22.08%를 보인 40~49세와 60세 이상이고, 가장 작은 연령 집단이 18~19세(2.60%)와 20~29세(7.79%)이다. 구포퓰리스트가 30/40대에 집중된 반면, 신포퓰리스트는 40세 이상에서 전반적으로 크게 나타나면서 60세 이상을 제외하면, 연령이 높을수록 비중도 커진다. 포퓰리스트 전체 내 비중과 비교해 볼 때에도 50세 이상에서 가장 크게 나타나고(전체 집단 내 비중 23.81%), 29세 이하에서 가장 작게 나타난다.

포스트포퓰리스트는 연령이 많을수록 점차 비중이 커지다가 40대(24.88%)에서 정점을 찍은 후 조금씩 작아진다(50대도 24.65%로 40대와 비슷). 하지만 포퓰리스트 전체 내 비중과 비교해 보면 유사한 분포를 보이고 있어 뚜렷한 특징을 보이지 않는다.

고용 상태에서 구포퓰리스트는 정규직이 53.57%로 가장 많고, 주부, 학생, 실업자층에서 동일하게 10.71%를 보인 반면, 다른 집단에서는 4% 미만을 보였다. 정규직이 많은 것은 포퓰리스트 전체 내 비율(47.76%)이 높은 것을 반영한 측면이 크지만, 전체 집단 내 비율과 비교해 보아도 근소하지만 높게 나타난다. 그밖에도 포퓰리스트 전체 내 비중보다 크게 나타나는 고용 상태는 '가정 일 도움'과 실업자 집단이다. 반면 비정규직에서는 전체 집단 내 비중이 17.17%인 데 비해 구포퓰리스트 집단에서 차지하는 비중은 3.57%에 불과해 비정규직이 상대적으로 매우 적은 것을 알 수 있다.

신포퓰리스트는 구포퓰리스트보다 정규직의 비중이 더 크다(57.14%). 장애로 인한 노동 불가 집단에서도 포퓰리스트 전체 내 비중(1.01%)에 비해 2.60%로 크게 나타나는 반면, '가족 일 도움'과 학생(1.30%), 실업(2.60%), 기타 노동 불가(0.00%) 집단이 절대 비중도 작지만, 전체 집단 내 비중에 비해서도 작게 나타난다. 한편 비정규직(15.58%)은 전체 집단 내 비중과 큰 차이를 보이지 않고 있어 구포퓰리스트와 뚜렷한 대조를 이룬다.

포스트포퓰리스트는 포퓰리스트 전체 내 비중보다 크게 나타나는 경우가 정규직, 비정규직, 실업, 은퇴, 노동 불가(장애)이고, 다른 경우는 모두 전체 집단 내 비중보다 작다. 하지만 연령에서와 마찬가지로 그 차이가 크지 않아 포스트포퓰리스트의 고용 상태별 분포도 전체 집단 내 비중과 유사한 분포를 보인다.

포스트포퓰리스트 내 가구 소득(월 소득) 분포 역시 다른 두 유형과 마찬가지로 포퓰리스트 전체 구성과 유사해 뚜렷한 특징을 보이지 않는다. 구포퓰리스트와 신포퓰리스트도 동일 집단 내 분포는 20%를 넘는 집단이 없어 비교적 평탄한 것처럼 보인다(최저 소득과 고소득 계층을 제외하면). 하지만 이것은 100만 원 단위로 촘촘하게 집단을 구성했다는 점 외에도 전체 응답자들 중 200~599만 원 사이 집단들이 상대적으로 비슷한 비중을 가지고 있기 때문이기도 하다.

구체적으로 살펴보면, 구포퓰리스트는 300~399만 원이 가장 많은 17.86%를 보이고, 대개 이를 정점으로 낮아지는 분포를 보인다(포퓰리스트 전체 내 비율 17.32%에 비해서도 근소하게 높음). 다만 100만 원 미만의 경우가 특징적인데, 400~499만 원 집단과 동일하게 14.29%로 두 번째로 큰 비중을 보임과 동시에 전체 집단 내 비중(5.34%)에 비해서도 가장 큰 차이를 보인다.

신포퓰리스트는 200~299만 원과 700~799만 원이 가장 높은 수치인 14.29%로 동일한 비중을 차지하는 반면, 300~599만 원이 7~12%대를 보이며, 포퓰리스트 전체 내 비중보다 5% 안팎의 작은 수치를 보인다. 구포퓰리스트와 달리 100만 원 미만(3.90%)은 전체 집단 내 비중보다 상대적으로 매우 작다. 구포퓰리스트는 특히 최저 소득층에서 많으며, 전반적으로 저소득층에 많이 분포된 반면, 신포퓰리스트는 중상층에서 큰 비중을 차지한다고 볼 수 있다.

위에서 보았듯이, 한국 포퓰리스트의 사회 경제적 성격은 성별, 지역, 학력, 직업, 총재산액, 주관적 계층 의식 등에서 유형별로 유의미한 차이를 보이지 않았다. 이것은 대의 민주주의에 대한 인식과 개인주의 성향 여부가 연령, 고용 상태, 가구 소득 외에는 포퓰리스트 유형들 간에 유의할 만한 차이를 보이지 않는다는 것을 의미한다. 고용 상태와 가구 소득에서 유의미한 차이를 보이기는 했지만, 직업과 총재산액에서는 차이가 없어 경제적 측면에서도 확연한 차이가 있다고 하기는 어렵다. 포스트포퓰리스트가 압도적으로 많다는 점을 고려할 때, 이는 무엇보다 1987년 민주화와 2016/17년 촛불집회를 거치면서 대의 민주주의 체제에 대한 신뢰와 합의가 확대되는 한편, 개인주의가 강화된 결과로 해석할 수 있다.

한편 연령, 고용 상태, 가구 소득의 차이는 또다른 해석을 가능하게 한다. 구포퓰리스트는 내부 구성 면에서 30/40대와 정규직, 월 300~499만 소득 계층이 중심이 되지만, 포퓰리스트 전체와 비교해 보면 30/40대와 비정규직 및 최저 소득 계층(100만 원 이하)에서 가장 많이 나타난다. 집단주의 사고를 가지고 과거 권위주의 체제에 대한 향수를 가장 많이 느끼는 계층이 비정규직과 최저 소득 계층이라는 것은 기존의 연구 결과들과 다르지 않다.

하지만 30/40대에서 구포퓰리스트가 절대적으로나 상대적으로 가장 많다는 것은 새로운 해석을 요구한다. 이들은 1970/80년대에 출생한 세대로 1990년대와 2010년대에 20/30대 청년 시절을 보낸 세대다. 1980년대 민주화 운동과 2016/17년 촛불집회 시기에서 IMF 외환 위기와 2000년대 중후반의 세계 금융 위기를 청년 시기에 체험한 사람들이다. 특히 30대는 청년 실업에 심각하게 노출된 세대로서 구포퓰리스트 언술에 민감하게 반응할 가능성이 크다고 할 수 있다. 그에 비해 40대는 상대적으로 이러한 경험들로부터 영향을 덜 받은 연령대이므로 개인주의 경향과 대의 민주주의 신뢰도가 높아 포스트포퓰리트적 경향(24.88%)도 많이 보일 뿐 아니라 신포퓰리스트 성향(22.08%)도 적지 않게 보이는 것으로 해석된다.

신포퓰리스트는 40/50대(특히 50대)가 중심이며, 정규직 비율이 세 유형의 포퓰리스트들 중에서뿐 아니라 전체 응답자 비중과 비교해서도 압도적으로 높다. 가구 소득에서는 다른 포퓰리스트들과 마찬가지로 중간층이 큰 비중을 차지한다. 하지만 이것은 전체 응답자 구성을 반영한 것일 뿐이어서, 이를 고려해 판단하면 신포퓰리스트는 중상층(600~799만 원)에서 가장 많다. 따라서 50대, 정규직, 중상층에서 가장 많은 지지를 받는다고 할 수 있다. 이른바 86세대라 불리는 이 계층은 민주화 운동의 중심에서 대의 민주주의에 대한 신뢰를 가장 많이 보이는 계층이다. 다만 한국의 민주화 운동은 분단과 대미 의존이라는 점에서 집단주의적이고 민족주의적인 경향을 많이 띠고 있어 신포퓰리스트 이념과 친밀할 수 있다. 이 점은 정규직과 중상층의 지지라는 성격과도 맞물린다. 한국 민주화의 중심 세대이자, 그 토대 위에 이루어진 현 질서에서 가장 혜택을 보거나 만족하는 집단은 정규직과 중상층일 가능성이 크기 때문이다.

포스트포퓰리스트의 중심 집단은 40/50대, 정규직, 200~399만 원대 소득 계층이다. 하지만 이것은 전체 응답자 분포와 유의미하게 다른 것은 아니다. 다시 말해 포스트포퓰리스트는 포퓰리스트 내 가장 많은 수를 차지함과 동시에 특정 계층에 편중되지 않아 적어도 포퓰리스트 내에서는 사회적 평균인의 성격을 보인다는 것이다. 이것은 모든 세대와 사회 집단들이 함께 체험한 최근 정치 사회적 모순과 촛불집회의 영향이 작용한 것으로 보인다. 한국 사회를 엘리트와 인민의 대립으로 보되 대의 민주주의에 대한 신뢰를 유지하고, 개인주의 사고를 확대해가는 경향이 골고루 확산되고 있다는 것이다.

<표 8-14>는 현재적 포퓰리스트 세 유형의 정치 사회적 의식과 태도를 비교한 것이다. 우선 정당 지지 경향을 알아보기 위해 제21대 총선 비례대표 투표에서의 지지 정당을 묻고, 정치 행태를 알아보기 위해 정치 참여 방식에 대해 물었다. 그리고 촛불집회 이후 정치에 대한 만족도를 측정해 대의 민주주의에 대한 구체적인 인식을 물었고, 장기적으로 국가가 해결할 주요 사회 문제를 물어 탈물질주의 의식의 정도를 알아보았다. 비례대표 지지 정당과 정치 참여 방식 및 촛불집회 이후 민주주의 만족도에서 모두 통계적으로 유의미하며, 주요 사회 문제에서만 일부분 유의미한 결과가 나왔다(경제 성장 달성과 경제 안정, 정부 정책 결정에서 국민 참여 확대, 언론 자유 보장).

<표 8-14> 포퓰리스트의 유형별 정치 사회적 의식과 태도

(단위: 명, %)

		전체 (N=693)	구 포퓰리스트 (N=28)	신 포퓰리스트 (N=77)	포스트 포퓰리스트 (N=430)	잠재적 포퓰리스트 (N=158)	X^2/F
비례대표 지지정당 (21대 총선)	미래한국당	102 (14.72)	2 (7.14)	7 (9.09)	65 (15.12)	28 (17.72)	X^2=45.0463 df=27 prob=0.0161
	더불어시민당	271 (39.11)	9 (32.14)	39 (50.65)	171 (39.77)	52 (32.91)	
	민생당	5 (0.72)	0 (0.00)	2 (2.60)	3 (0.70)	0 (0.00)	
	정의당	88 (12.70)	2 (7.14)	7 (9.09)	60 (13.95)	19 (12.03)	
	국민의당	57 (8.23)	5 (17.86)	4 (5.19)	33 (7.67)	15 (9.49)	
	열린민주당	51 (7.36)	2 (7.14)	8 (10.39)	33 (7.67)	8 (5.06)	
	우리공화당	2 (0.29)	0 (0.00)	1 (1.30)	0 (0.00)	1 (0.63)	
	기타 정당	41 (5.92)	4 (14.29)	1 (1.30)	26 (6.05)	10 (6.33)	
	투표 안 함	69 (9.96)	4 (14.29)	8 (10.39)	37 (8.60)	20 (12.66)	
	투표권 없음	7 (1.01)	0 (0.00)	0 (0.00)	2 (0.47)	5 (3.16)	

정치 참여 방식	투표 참여	5.97	5.29^{b}	5.79^{ab}	6.06^{a}	5.91^{a}	F=2.36, prob=0.0703
	인터넷·SNS 통해 정치 견해 표현	3.19	3.14	3.69*	3.18	3.01*	F=2.28, prob=0.0781
	온라인 커뮤니티 (정치) 참가	2.60	2.46^{b}	3.27^{a}	2.55^{b}	2.44^{b}	F=4.52, prob=0.0038
	오프라인 결사체 참가	2.43	2.25^{b}	3.05a	2.40^{b}	2.25^{b}	F=4.18, prob=0.0061
	거리 청원, 집회 및 시위	2.66	2.54^{b}	3.26^{a}	2.63^{b}	2.45^{b}	F=3.75, prob=0.0109
	공공기관 민원 제기	2.74	2.93	3.22*	2.67*	2.65	F=2.54, prob=0.0553
주요 사회 문제 (장기적 국가 목표)	경제 성장 달성과 경제 안정	6.13	6.07	5.82*	6.18*	6.16	F=2.92, prob=0.0334
	국가·사회질서 유지와 범죄 소탕	6.00	5.89	5.86	6.01	6.08	F=0.94, prob=0.4197
	환경 보호	5.86	5.86	5.81	5.84	5.92	F=0.29 prob=0.8306
	물가 상승 억제	5.81	5.71	5.84	5.76	5.96	F=1.55, prob= 0.2000
	정부 정책 결정에 국민 참여 확대	5.75	5.71^{b}	5.48^{b}	5.68^{b}	6.09^{a}	F=9.58, prob=0.0001
	사회 복지 확대	5.71	5.79	5.56	5.69	5.82	F=1.11, prob=0.3425
	언론 자유 보장	5.44	5.61	5.51	5.32*	5.69*	F=3.39, prob=0.0177
	직장·지역 사회에서 개인 발언권 확대	5.20	5.36	5.01	5.20	5.25	F=1.21, prob=0.3037
	국방비 등 방위력 증강	5.17	5.07	4.95	5.23	5.13	F=1.23, prob=0.2962
	여성 권익 신장	4.97	4.96	5.00	4.92	5.09	F=0.59, prob=0.6239
	핵 감축 혹은 폐지	4.93	4.86	5.19	4.95	4.76	F=1.48, prob=0.2174

주요 사회 문제(장기적 국가 목표)	사회적 소수자 권익 증진	4.90	5.14	4.78	4.93	4.83	F=0.76, prob=0.5162
	국제 난민과 약소국 지원	4.55	4.64	4.58	4.54	4.54	F=0.07, prob=0.9750
촛불집회 이후 민주주의 만족도		4.69	4.29[b]	4.75[a]	4.80[a]	4.44[b]	F=2.58, prob=0.0528

주: *는 tukey 사후검증을 통해 나타난 집단 간의 구분을 의미함.

제21대 총선 비례대표 지지 정당 분포를 보면, 우선 구포퓰리스트는 더불어민주당(32.14%)과 국민의당(17.86%)에 대한 지지율이 가장 높다. 포퓰리스트 전체와 비교하면 사뭇 다른 결과가 나타나는데, 더불어민주당뿐 아니라 미래통합당(7.14%)도 구포퓰리스트의 지지율이 낮게 나타났으며, 미래통합당(7.14%)의 경우는 그 비율이 더욱 낮아 절반에도 미치지 못한다. 정의당(7.14%)도 마찬가지로 전체 집단의 비중보다 작다. 반면 국민의당은 17.86%를 보여, 전체 포퓰리스트 내 비중 8.23%의 두 배를 넘는 선호도를 보였다.

신포퓰리스트는 더불어민주당(50.65%)과 열린민주당(10.39%)에 대한 지지가 가장 높았고, 기권층(10.39%)도 열린민주당과 동일한 수치를 보였다. 열린민주당도 공공연하게 더불어민주당 지지를 표명한 것을 고려하면, 신포퓰리스트는 대부분 더불어민주당 지지층이 아니면 기권층이라고 해도 무리가 아니다. 전체 포퓰리스트 내부 분포와 비교해 보아도 동일하게 더불어민주당 지지가 월등하게 높게 나타나며, 기권층도 근소하게 높게 나타났다.

포스트포퓰리스트는 더불어민주당(39.77%)과 미래통합당(15.12%) 지지자가 주축을 이루며, 정의당 지지자(13.95%)도 무시할 수 없는 비중을 보인다. 하지만 전체 포퓰리스트와 비교하면, 그 분포가 유사하게 나타나(2%를 넘지 않음) 특정 지지 계층에 편중된 모습을 보이지 않는다.

정치 참여 방식에서 한국 포퓰리스트는 투표 참여에 다소 적극적인 모습을 보이는데(7점 척도에서 5.97), 이것은 기권층이 많지 않다는 사실과 관련된다. 반면 인터넷이나 SNS를 통한 견해 표명에만 상대적으로 적극적이어서 3.19로 나타날 뿐, 나머지 참여 방식들(온라인 커뮤니티 참가, 오프라인 결사체 참가, 거리 청원이나 집회 및 시위, 공공기관 민원 제기)에 대해서는 모두 3점 이하여서 매우 소극적임을 보여준다.

세 유형별로 비교해 볼 때도 투표 참가는 대부분 높은 수치를 보이지만, 기권층 분포와 마찬가지로 구포퓰리스트(5.29)에서 가장 낮고 포스트포퓰리스트(6.06)에서 가장 높다. 전체 포퓰리스트와 비교하면, 구포퓰리스트가 낮고 신포퓰리스트(5.79)는 동일하며, 포스트포퓰리스트는 높다.

인터넷이나 SNS 등 온라인을 이용한 참여는 온라인 커뮤니티 참가에서 신포퓰리스트(3.27)만 전체 수치(2.60)보다 근소하게 높을 뿐 나머지는 모두 낮고, 구포퓰리스트가 가장 낮은 수준을 보인다. 오프라인 활동에서도 모두 신포퓰리스트가 가장 높을 뿐 아니라 전체 평균에 비해서도 가장 높게 나타나며, 가장 낮은 경우가 구포퓰리스트다. 공공기관 민원 제기는 다소 예외적인데, 신포퓰리스트가 가장 높은 수치를 보이는 것은 동일하지만, 구포퓰리스트가 전체 평균보다도 높고 포스트포퓰리스트보다도 높다.

장기적 국가 목표로 인식하는 주요 사회 문제에 대해서는 대부분 유의미한 차이를 보이지 않는다. 세 유형의 포퓰리스트들은 물질주의적 사고와 탈물질주의적 사고가 뚜렷이 구별되지 않는다. 유의미한 차이를 보이는 이슈들(경제 성장과 경제 안정, 정부 정책 결정에 대한 국민 참여 확대, 언론 자유 보장)도 두 성격이 혼재되어 있을뿐더러, 그 차이가 일관성을 띠지도 않기 때문이다.

경제 성장 달성과 경제 안정에 대해 모두 높은 관심을 보이지만, 포스트포퓰리스트가 포퓰리스트 전체(6.13)보다 높은 6.18을 보이는 반면, 구포퓰리스트(6.07)와 신포퓰리스트(5.82)가 모두 낮은 수치를 보이는 가운데 신포퓰리스트가 가장 낮다. 정부 정책에 대한 국민 참여 확대에 대해서는 세 유형 모두 포퓰리스트 전체에 비해 낮은 수치를 보이는데(잠재적 포퓰리스트가 높음, 6.09), 구포퓰리스트(5.71), 포스트포퓰리스트(5.68), 신포퓰리스트(5.48) 순서로 낮아진다. 언론 자유 보장 이슈에 대해서는 포스트포퓰리스트 외에 다른 두 집단이 모두 전체 평균보다 높은 수준을 보이며, 구포퓰리스트(5.61), 신포퓰리스트(5.51), 포스트포퓰리스트(5.32)의 순서로 높다.

촛불집회 이후 민주주의 만족도는 전반적으로 낮다. 포퓰리스트 전체가 7점 척도에서 4.69에 불과한데, 이것은 세 유형에 있어서 유의미한 차이를 보인다. 즉 유형별로 보면, 포스트포퓰리스트(4.80)와 신포퓰리스트(4.75)의 만족도는 높은 것으로 나타나지만, 구포퓰리스트의 만족도는 4.29로 낮은 수준이다.

포스트포퓰리스트는 개인주의를 수용하고 대의 민주주의에 대한 신뢰를 보인다는 점에서 촛불집회의 영향을 가장 많이 받은 집단으로 볼 수 있다. 촛불집회의 양상이 과거와 달리 조직적 참여보다 개인적 참여로 이루어졌다는 여러 연구 결과들[79]이 이를 뒷받침한다. 하지만 촛불집회 역시 정치부패와 관료주의에 대한 비판이 중심이었던 것에서 보듯이, 국민으로 호명되는 집단적 주체성도 강했다는 점을 간과할 수 없다. 집단주의 사고를 유지하며, 대의 민주주의를 수용하는 신포퓰리스트의 민주주의 만족도가 포스트포퓰리스의 경우와 크게 다르지 않는 것은 그런 맥락에서 이해할 수 있다. 구포퓰리스트의 민주주의 만족도가 가장 낮은 것은 권위주의 정치에 대한 향수 및 집단주의 사고와 관련이 있다고 볼 수 있다.

이상에서 보았듯이 구포퓰리스트는 더불어민주당과 국민의당에 대한 지지율이 가장 높으며, 포퓰리스트 전체에 비해 유일하게 국민의당만 높은

---

79 도묘연(2017a); 정병기, 2018, "2016~2017년 촛불집회의 성격: 1987년 6월 항쟁 및 2008년 촛불집회와의 비교,"『동향과 전망』(한국사회과학연구회), 통권 104호, 318~343쪽.

지지율을 보이며, 기권층도 상대적으로 많다. 정치 참여 방식에 있어 온라인 및 오프라인 모두 소극적이고 촛불집회 이후 만족도가 가장 낮음에도 불구하고, 정부 정책 결정에 대한 국민 참여 확대와 언론 자유 보장에 대한 관심도가 가장 높다. 집단주의 사고를 가지고 권위주의 체제나 카리스마적 지도자에 대한 의존도가 높은 이 집단은 자주 '국민'을 호명하는 안철수라는 특정 인물에 대한 기대가 크게 작용한 것으로 보인다. 따라서 이들은 정치 참여 기회와 언론 등에 대해 불만을 가지고 있어 촛불집회 이후 정치 질서에 대해 만족도가 낮다고 할 수 있다. 그에 따라 직접적인 정치 참여에는 소극적인 모습을 보이면서 안철수와 그의 정당을 통해 정치에 영향을 미치고 싶어하는 것으로 이해된다.

신포퓰리스트는 더불어민주당 지지층이 가장 많고 투표 참여는 세 유형 중에서 중간 수준을 보이지만, 다른 모든 형태의 정치 참여 방식에서는 가장 적극적이다. 촛불집회 이후 민주주의 만족도도 높지만, 사회 이슈들에 대한 관심도는 가장 낮다. 대의 민주주의를 수용하지만, 집단주의 사고를 버리지 않은 집단인 신포퓰리스트는 촛불집회 이후 집권한 더불어민주당과 이를 통해 회복된 대의 민주주의에 대해 만족하는 것으로 보인다. 이들은 더불어민주당이 주도하는 현 질서에서 자신들의 의사가 상당할 정도로 반영될 수 있다고 생각하므로 모든 참여 방식에 적극적인 모습을 보인다. 주요 사회 이슈에 대해서도 장기적 목표로 설정하기보다는 수월하게 해결될 수 있다는 희망을 가지고 심각한 관심을 표명하지는 않는다고 해석된다.

한편 포스트포퓰리스트는 내부 구성에서는 양대 정당 지지층이 가장 많지만, 상대적으로 특정 정당 지지에 편중되지 않은 모습을 보인다. 한 가지 특징적인 것은 정의당 지지층이 상대적으로 많고, 경제 이슈에 가장 민감하다는 것이다. 그리고 투표 참여도와 다른 정치 참여 활동에서는 평균적 수준을 보이지만, 촛불집회 이후 민주주의에 대한 만족도가 가장 높다. 정의당은 민주노동당에 뿌리를 둔 정당으로서 계급 정당에 가장 가까운 정당이지만, 더불어민주당과 마찬가지로 부패 정부에 가장 앞장서서 싸운 정당이다. 따라서 대의 민주주의에 대한 신뢰를 유지하는 포스트포퓰리스트들이 촛불집회 이후의 질서에 대한 만족도가 높다는 것과 이들 중 적지 않은 수가 정의당을 지지하는 것이 놀라운 사실은 아니다. 그리고 경제 이슈에 민감하다는 것은 이들이 집단주의 사고에 머물지 않고, 개인주의를 수용한다는 점과 관련된다. 개인주의 사고를 가지되 포퓰리스트가 아니라면, 탈물질주의자로서 경제 이슈에 그다지 민감하지 않을 것이다. 하지만 포퓰리스트라면, 엘리트와 인민의 대립 구도라는 틀 속에서 개인주의적 사고를 하므로 정치적·집단적 이슈에 더 민감한 다른 두 포퓰리스트와 달리 개인 생활에서도 중요한 토대가 되는 경제 문제에 더 민감할 수 있다. 게다가 신자유주의 세계화로 인해 비정규직이 양산되고, 빈부 격차가 심해지는 가운데 세계 금융 위기의 여파가 지속되는 상황에서 경제 문제는 이들에게 더욱 민감한 이슈일 것이다.

5. 한국 민주주의와 포퓰리즘의 전망

지금까지 제8장에서는 대중의 포퓰리즘 성향에 초점을 맞추어 한국 대중에게 포착되는 포퓰리즘 성향을 실증적으로 규명해 보았다. 구체적으로 반엘리트주의와 인민 중심주의의 최소 정의에 입각해 포퓰리즘 성향과 시위 참가의 관련성을 규명하였다. 또한 두 가지 포퓰리즘 성향에 반다원주의를 추가하여 이념정향과 포퓰리즘 성향의 관련성을 제시하였다. 이러한 작업은 통제변수의 설정을 통해 최소한의 합의할 수 있는 연구 모형을 구축하여 수행하였다. 나아가 포퓰리즘 성향을 구포퓰리스트, 신포퓰리스트, 포스트포퓰리스트의 세 유형으로 분류하여 사회경제적 태도 및 정치 사회적 의식과 태도를 분석하였다. 실증적인 분석 결과를 요약하면 다음과 같다.

첫째, 반엘리트주의, 인민 중심주의, 반다원주의로 정의된 포퓰리즘 성향은 중간값 이상(7단계 리커트 척도 기준)의 인식을 보였으며, 상대적으로 인민 중심주의 열망이 더 높았다. 따라서 한국 대중들은 기성 정치인에 대한 회의와 불신도 강하지만, 상대적으로 정치가 인민의 의사를 반영해야 한다는 믿음을 더 강하게 가지고 있었다.

둘째, 반엘리트주의는 실제 시위 참가와 참가 의사를 형성하며, 인민 중심주의는 시위 참가를 추동하였다. 즉 포퓰리즘 성향을 가진 대중들이 저항적 정치 참여를 선호하며, 나아가 참여 민주주의 혹은 직접 민주주의에 대한 의지가 강하다는 것이다.

셋째, 이념 정향과 포퓰리즘 성향 간의 강력한 친화성을 확인하였다. 보수 이념(특히 극보수)과 보수 정당 지지자는 반엘리트주의와 반다원주의 성향을 보였고, 극진보 이념과 진보 정당 지지자는 인민 중심주의와 반다원주의 성향이 강하였다. 또한 보수(특히 극보수)와 극진보 이념을 가진 대중일수록 전체 포퓰리즘 성향(3가지 포퓰리즘 성향의 종합)이 높게 나타났다. 다시 말해 강한 보수 정향은 정치인과 엘리트에 대한 적대감을 형성하고, 강한 진보 정향은 정치가 인민의 의지를 반영해야 한다는 믿음을 이끌고 있었으며, 나아가 보수와 진보를 아우르는 강한 이념적 정향과 정당 지지는 대중들 간의 비타협 혹은 배타성과 친화력을 가지고 있었다. 주목할 것은 유럽과 달리 성별(여성)과 연령을 제외한 사회경제적 변수와 포퓰리즘 성향의 친화성은 확인되지 않았다는 점이다. 따라서 한국에서 포퓰리즘은 사회경제적 특성이 아니라 이념 정향에 기반을 두고 등장할 가능성이 더 높다고 할 수 있다.

넷째, 한국 대중의 포퓰리즘 성향은 서구와 공통점 및 차별성을 보였고, 포스트포퓰리즘 성향이 강하였다. 구체적으로 한국에서 포퓰리스트는 41.2%에 달했고, 그중 현재적 포퓰리스트는 31.8%였다. 유형별로는 구포퓰리스트가 1.7%, 신포퓰리스트가 4.6%, 포스트포퓰리스트가 25.5%였다. 또한 포퓰리스트는 40/50대와 노동자 및 중간층과 중하층이 중심을 이루며, 노동자 중에서는 특히 비정규직 노동자, 소득별로는 하층에서 가장 큰 설득력을 갖는 것으로 나타나 포퓰리즘이 득세한 국가들과 유사한 성격을 보였다. 그러나 포퓰리스트 전체의 정치 사회적 의식과 태도 및 유형별로 살펴본 결과는 한국의 특수한 성격을 적지 않게 드러냈다.

우선, 한국 포퓰리스트 대중은 자유주의 보수 정당인 더불어민주당에 대한 지지가 압도적으로 높고, 진보 정당인 정의당에 대한 지지도 상대적으로 높을 뿐 아니라 사회 복지 확대와 물가 상승 억제에 대한 관심이 많으면서도 탈물질주의적 사고를 가진 것으로 드러났다. 이것은 낮은 복지 수준과 분단 상황이라는 점을 반영함과 동시에 촛불집회 등을 겪으면서 반권위주의적인 탈물질주의 사고가 확대된 결과로 보인다.

유형별 분석도 이와 관련된다. 무엇보다 포스트포퓰리스트가 가장 많다는 점이 중요하게 작용했다. 포스트포퓰리스트가 다른 포퓰리스트 유형들에 비해 사회 경제적 성격과 정당 지지에서 특정 계층이나 특정 정당에 편중되지 않아 포퓰리스트 내 평균인의 성격을 보인다는 점이 이를 더욱 뒷받침한다. 투표 참여 등 정치 참여 방식도 평균적 모습을 보이며 탈물질주의 의식과 촛불집회 이후 민주주의 만족도가 가장 높다는 점도 마찬가지다. 다시 말해 한국 포퓰리스트의 특징은 포스트포퓰리즘에서 찾을 수 있다는 것이다.

이상의 분석 결과는 대의제 한계에서 발현되는 포퓰리즘 성향이 한국 사회에서도 현존하며, 포스트포퓰리즘적 징후가 나타나고 있다는 점을 확인시켜 주었다. 또한 엘리트와 그들의 정책 실행에 대한 불신과 적대감, 그리고 인민 중심의 정치를 열망하는 대중의 기대가 저항적 정치 참여를 이끄는 주요한 동인이라는 점을 보여주었다. 또한 사회경제적 요인보다는 이념 정향이 포퓰리즘 성향을 추동한다는 점을 강하게 시사하였다. 이러한 결과는 다음의 두 가지 측면에서 한국 사회에서도 포퓰리즘 출현할 수 있다는 일정한 경험적 근거를 제시하였다.

첫째, 포퓰리즘 성향은 분명 현재하는 현상이며, 그 확장의 징후도 포착되고 있다. 한국 사회는 2016/17년 촛불집회 이후 치러진 대선에서 투표율 증가라는 긍정적인 신호와 함께 젊은층과 무당파층을 중심으로 정치적 관심과 투표율이 하락하는 부정적 신호가 동시에 포착되는 상황에 직면하고 있다.[80] 분명 촛불집회는 참가자뿐만 아니라 일반 국민에게도 정치 참여 의식과 정치효능감을 확산시키는 민주주의 실천 프로그램의 역할을 담당하였다.[81] 그 결과 촛불집회 이후 높아진 대중들의 정치의식은 새로이 집권한 정부에 대한 정치적 기대와 함께 정당 정치와 의회 정치의 새로운 도약에 대한 기대로 이어졌다.

그러나 최근 젊은층과 무당파층을 중심으로 나타난 부정적 징후는 촛불집회 이후 드높아진 대중의 기대에 기성의 정당과 엘리트들이 충분히 부응하지 못한다는 점을 시사한다. 즉 민주주의에 대한 대중의 기대와 그것을 수용하지 못하는 제도권 정치의 불협화음이 여전히 관찰된다는 것이다. 이러한 현상은 정치적 불신 및 효능감 상실과 함께 인민주의 열망으로 대변되는 포퓰리즘의 토양이 형성되어 있다는 점을 의미하며, 특히 젊은층과 무당파층을 중심으로 더욱 강화될 수 있다는 것을 내포하고 있다.

둘째, 향후 포퓰리즘 성향에 기댄 지도자 혹은 자발적 사회운동의 가능성도 예상해 볼 수 있다. 이 글의 분석에 따를 때, 포퓰리즘에 대한 대중적 요구가 매우 많음에도 불구하고 현실 정치적으로 한국에서는 포스트포퓰리스트든 포퓰리스트 전체든 유의미한 정치 세력을 형성하지 못했다. 그 이유는 포퓰리즘에 대한 대중적 요구를 정치적으로 구현해낼 수 있는 정치 행위가 충분하지 않았기 때문이라고 할 수 있다. 물론 그동안 포퓰리즘 공

80 유성진, 2017, "촛불의 정치적 효과: 정치적 불만과 참여의 활성화," 『한국과 국제정치』 제33권 4호(경남대학교 극동문제연구소), 1~25쪽.

81 도묘연, 2017c, "2016년-2017년 촛불집회 참여가 시민성에 미친 영향력 분석," 『한국지방자치연구』 제19권 2호(대한지방자치학회), 25~52쪽.

방이 거세게 전개된 적도 있고, 포퓰리즘 정치의 시도도 적지 않았다. 그렇지만 이 공방과 시도들은 한국 포퓰리즘의 중심적 성격인 포스트포퓰리즘과 어울리지 않았던 것이라고 볼 수 있다.

이와 같이 대중적 요구와 정치적 반응이 일치하지 못한 점은 비단 정치 행위자(정당과 정치인)에게만 원인이 있는 것은 아니다. 남부 유럽 국가들과 비교할 때 한국은 오히려 (포스트)포퓰리즘이 발흥할 수 있는 토대가 약한데, 이것은 분단이라는 요인 외에도 한국 정당 정치 역사의 특수성과 지역주의 등 고유한 정치 균열적 요인이 더 강력하게 작용하기 때문이다. 이 요인들이 상당할 정도로 약해지거나 해소되지 않는다면, 대중적 요구에 부응하는 포스트포퓰리즘 정치나 정책이 제시되더라고 주된 정치적 흐름으로 등장하기는 어려울 것이다.

그럼에도 포퓰리즘에 대한 대중적 요구가 현재하는 동시에 이들의 정치참여가 높다는 현실은 포퓰리즘 사회운동 발흥의 기반으로 작용한다. 물론 대중의 포퓰리즘 성향은 대의 민주주의 정치체제의 한계를 노정한 모든 국가에서 상존하듯이, 과거 한국 사회에서도 잠재되어 있었을 것이다. 그러나 촛불집회 이후 한층 성숙해진 대중들의 민주주의 의식과 그에 부응하지 못하는 기성 정치인의 행태는 새로운 정치적 지도자를 매개로 한 사회운동 출현의 기반이 된다.

더욱이 한국도 최근에는 포퓰리즘 성향에 기댄 정치인을 종종 목격한다. 그러나 2016/17년 촛불집회를 경험한 한국에서는 반드시 지도자를 매개하지 않더라도 다중, 즉 소셜미디어로 무장하고 자율적 주체성을 가지고 연대하는 개인에 의해 포퓰리즘적 사회운동이 발화될 수도 있다. 따라서 한국에서도 다른 제약 조건들이 약해진 상황에서 대중의 포퓰리즘 성향이 축적된다면, 이에 기반을 둔 새로운 사회운동, 나아가 정당의 출현도 가능해질 것이다.

그러나 이념 정향과 포퓰리즘 성향의 강력한 친화성을 고려할 때, 그에 기댄 포퓰리즘이 가져올 긍정적 혹은 부정적 영향에 대한 고민도 선행되어야 한다. 즉 보수와 진보 간의 대립과 갈등이 격화되는 상황에서 이념적 균열구조가 투영된 포퓰리즘의 등장을 관망해서는 안된다는 것이다. 물론 높은 인민주의 열망은 참여 민주주의를 구현하여 민주주의를 한 차원 더 성숙시키는 교정 장치로 기능할 수도 있다. 그러나 우리 사회에서 포퓰리즘이 민주주의의 적대자가 아닌 동반자로 기능하기 위해서는 다음의 두 가지 사안을 고려해야 한다.

첫째, 자신들의 이익을 보호하기 위해 이념을 동원하는 포퓰리스트의 등장을 경계해야 한다. 이념은 인간의 삶의 목표와 그 목표 성취에 적합하다고 여겨지는 여러 가지 정치 및 사회질서를 설명하고 정당화하는 가치 체계이다.[82] 그러나 문제는 이념이 특정 집단의 이익을 보호하기 위한 수단으로 동원될 때, 편협한 이념은 집단 간 갈등을 조장하고 사회 발전의 지향점을 의미하는 이념 본연의 기능을 상실하고 오히려 불신과 편견을 강화하게 된다. 이러한 맥락에서 볼 때,[83] 포퓰리즘이 이념과 결합하더라도 인민주의의 의지를 정치에 투영한다면, 포퓰리즘은 민주주의 새로운 질적 변화를 추동하는 또 하나의 이념으로 승화될 수 있다. 그러나 포퓰리스트가 자신의 영달을 위해 이념을 동원한다면, 이념과 포퓰리즘의 결합은 사회 갈등과 불신을 더욱 조장하는 병폐로 작동하게 된다는 점을 상기해야 한다.

둘째, 이념과 결합한 대중들의 반다원주의 성향을 경계해야 한다. 유럽이든 혹은 한국이든 포퓰리즘을 그토록 부정적으로 인식하는 이유는 대중들 간의 이질성과 다양성을 결여한 배타성 때문이다. 포퓰리즘은 서민과 민

82 설한, 2019, "이데올로기로서의 포퓰리즘'에 대한 비판적 고찰," 『한국정치연구』 제28권 3호(서울대학교 한국정치연구소), 65쪽.

83 최창용·최슬기, 2018, "한국인의 이념지형과 정책선호," 『정부학연구』 제24권 1호(고려대학교 정부학연구소), 167쪽.

중의 분노에 기반을 둔 인민 주권의 회복을 명시적으로 언급하지만, 현실에서 목격하는 포퓰리즘은 외국인, 이주자, 난민 등 사회적 약자나 소수자에 대한 차별과 적대감이다. 물론 우리의 경우 인종이나 언어 및 외모에 기초한 사회문화적 균열 구조가 명확하지 않아 포퓰리즘이 유럽과 같은 극단적 형태로 등장하지는 않을 것이고, 그만큼 포퓰리스트들이 이념을 기반으로 대중을 동원할 수 있는 기반은 약하다고 할 수 있다.[84] 그러나 진보와 보수를 막론하여 극단적 이념과 결부된 반다원주의 성향은 배제적 포퓰리즘의 등장을 암시한다고 볼 수도 있다. 따라서 우리에게 포퓰리즘과 민주주의의 동반자적 관계는 이념 집단들 간에 형성된 갈등과 반목을 해소하고, 개방성과 이질성을 인정하는 자유 민주주의 가치의 확산 속에서 가능할 수 있을 것이다.

참고문헌

강명세, 2019, 『불평등 민주주의와 포퓰리즘』, 서울: 바오출판사.

김일영, 2004, "민주화, 신자유주의적 포퓰리즘, 그리고 한국: 김대중 정권과 노무현 정권을 중심으로," 철학연구회 편. 『디지털 시대의 민주주의와 포퓰리즘』, 서울: 철학과 현실사, 190~224쪽.

김주형·김도형, 2020, "포퓰리즘과 민주주의: 인민의 민주적 정치 주체화," 『한국정치연구』 제29집 2호(서울대학교 한국정치연구소), 57~90쪽.

도묘연, 2017a, "2016년-2017년 박근혜 퇴진 촛불집회 참여의 결정요인," 『의정연구』 제23집 2호(한국의회발전연구회), 109~146쪽.

도묘연, 2017b, "결사체 활동, 시민성, 그리고 촛불집회 참여의 경로 구조," 『현대정치연구』 제10권 2호(서강대학교 현대정치연구소), 5~41쪽.

도묘연, 2017c, "2016년-2017년 촛불집회 참여가 시민성에 미친 영향력 분석," 『한국지방자치연

84 하상응(2018), 166쪽.

구』 제19권 2호(대한지방자치학회), 25~52쪽.
민희·윤성이, 2016, "감정과 정치 참여," 『한국정치학회보』 제50집 1호(한국정치학회), 271~294쪽.
배병인, 2019, "기성 정당의 카르텔화와 포퓰리즘 정당의 성장: 유럽의 사례," 『21세기정치학회보』 제29집 4호(21세기정치학회), 73~90쪽.
서복경·황아란, 2015, "비판적 시민과 정부신뢰: 2014년 한국 유권자 사례," 『한국사회정책』 제22집 3호(한국사회정책학회), 73~102쪽.
설한, 2019, "이데올로기로서의 포퓰리즘'에 대한 비판적 고찰," 『한국정치연구』 제28권 3호(서울대학교 한국정치연구소), 57~83쪽.
송경재, 2013, "사회적 자본과 한국의 시민참여: 관습적 · 비관습적 참여와 사회적 자본," 『한국정당학회보』 제12권 2호(한국정당학회), 221~244쪽.
유성진, 2017, "촛불의 정치적 효과: 정치적 불만과 참여의 활성화," 『한국과 국제정치』 제33권 4호(경남대학교 극동문제연구소), 1~25쪽.
이승원·임한샘·이현우, 2018, "청와대 국민청원 참여요인 분석: 포퓰리즘인가, 정치효능감인가," 『OUGHTOPIA』 제33집 3호(경희대학교 인류사회재건연구원), 111~141쪽.
이준한, 2009 "촛불, 매스 미디어, 그리고 민주주의"『사회과학연구』 제17집 1호(서강대학교 사회과학연구소), 264~290쪽.
장우영 외, 2019, 『촛불집회와 다중운동』, 파주:한국학술정보.
정병기, 2012, "서유럽 포퓰리즘의 성격과 특징: 프랑스, 이탈리아, 오스트리아, 벨기에, 노르웨이의 네오포퓰리즘 정당을 중심으로," 『대한정치학회보』 제20집 2호(대한정치학회), 139~164쪽.
정병기, 2018, "2016~2017년 촛불집회의 성격: 1987년 6월 항쟁 및 2008년 촛불집회와의 비교," 『동향과 전망』(한국사회과학연구회), 통권 104호, 318~343쪽.
정병기, 2020a, "포퓰리즘의 개념과 유형 및 역사적 변화: 고전 포퓰리즘에서 포스트포퓰리즘까지," 『한국정치학회보』 제54집 1호(한국정치학회), 91~110쪽.
정병기, 2020b, "오성운동(M5S)의 직접 의회주의와 사이버크래틱 집중주의: 포스트포퓰리즘 정치 운동의 성공과 한계," 『한국정치연구』 제29집 2호(서울대학교 한국정치연구소), 91~116쪽.
조기숙, 2016, 『포퓰리즘의 정치학: 안철수와 로스 페로의 부상과 추락』, 고양: 인간사랑.
최창용·최슬기, 2018, "한국인의 이념지형과 정책선호," 『정부학연구』 제24권 1호(고려대학교 정부학연구소), 157~191쪽.
하상응, 2018, "한국 유권자의 포퓰리즘 성향이 정치 행태에 미치는 영향," 『의정연구』 제24권 1호(한국의회발전연구회), 135~170쪽.
한국정치학회, 2011, 『한국 정치에서 포퓰리즘에 관한 진단과 대책』, 서울: 특임장관실.
한정훈, 2016, "한국 유권자의 이념 성향: 통일의 필요성 인식에 미치는 효과에 관한 사례분석"

『한국정치학회보』 제50집 4호(한국정치학회), 105~126쪽.

Akkerman, Agnes, Cas Mudde and Andrej Zaslove, 2014, "How Populist Are the People? Measuring Populist Attitudes in Voters," *Comparative Political Studies*, vol.47, no.9, pp.1324~1354.

Canovan, Margaret, 1999 "Trust the People! Populism and the Two Faces of Democracy," *Political Studies*, vol.47, no.1, pp.2~16.

Hardt, Michael and Antonio Negri, 2004, *Multitude: War and Democracy in the Age of Empire*, New York: The Penguin Press.

Hawkins, Kirk A., 2010, *Venezuela's Chavismo and Populism in Comparative Perspective*, Cambridge, UK: Cambridge University Press.

Hawkins, Kirk A., Scott Ridings and Cos Mudde, 2012, "Measuring Populist Attitudes," *Political Concept Committee on Concepts and Methods Working Paper Series*,"no.55, pp.1-35.

Inglehart, Ronald, 1971, "The Silent Revolution in Europe: Intergenerational Change in Post-Industrial Societies," *The American Political Science Review*, vol.65, pp.991~1017.

Inglehart, Ronald, 1977, *The Silent Revolution. Changing Values and Political Styles among Western Publics*, Princeton, NJ: Princeton University Press.

Mény, Yves and Yves Surel (eds.), 2002, *Democracies and the Populist Challenge*, New York: Palgrave.

Mudde, Cas, 2007, *Populist Radical Right Parties If Europe*, UK: Cambridge University Press.

Mudde, Cas, 2010, "The Populist Radical Right: A Pathological Normalcy," *West European Politics*, vol.33. no.6, pp.1167~1186.

Mudde, Cas and Cristóbal Rovira Kaltwasser, 2019, 『포퓰리즘』, 이재만 역. 파주: 교유서가.

Norris, Pippa, 2011, *Democratic Deficit: Critical Citizens Revisited*, New York: Cambridge University Press.

Oesch, Daniel, 2008, "Explaining Workers' Support for Right-wing Populist Parties in Western Europe: Evidence from Austria, Belgium, France, Norway, and Switzerland," *International Political Science Review*, vol.29, no.3, pp.349~373.

Rucht, Dieter, 2007, "The Spread of Protest Politics." Russell J. Dalton and Hans-Dieter Klingemann (eds.), *The Oxford Handbook of Political Behavior*, New York: Oxford University Press.

Schulz, Anne, Philipp Müller, Christian Schemer, Dominique S. Wirz, Martin Wettstein, and Werner Wirth, 2018, "Measuring Populist Attitudes on Three Dimensions," *International Journal of Public Opinion Research*, vol.30, no.2, pp.316~326.

Schussman, Alan and Sarah A. Soule, 2005, "Process and Protest: Accounting for Individual

Protest Participation," *Social Forces*, vol.84, no.2, pp.1083~1108.
Spruyt, Bram, Gil Keppens and Filip Van Droogenbroeck, 2016, "Who supports populism and What attracts people to it?" *Political Research Quarterly*, vol.69, no.2, pp.335~346.
Tarrow, Sidney and Charles Tilly, 2007, "Contentious Politics and Social Movement," *The Oxford Handbook of Comparative Politics*, New York: Oxford University.
Verba, Sidney, Kay Scholzman, and Henry E. Brady, 1995, *Voice and Equality: Civic Voluntarism in American Politics*, Cambridge: Harvard University Press.
Zaslove, Andrej, Bram Geurkink, Kristof Jacobs, and Agnes Akkerman, 2021, "Power to the People? Populism, Democracy, and Political Participation: A Citizen's Perspective," *West European Politics*, vol.44, no.3, pp.727~751.

부록

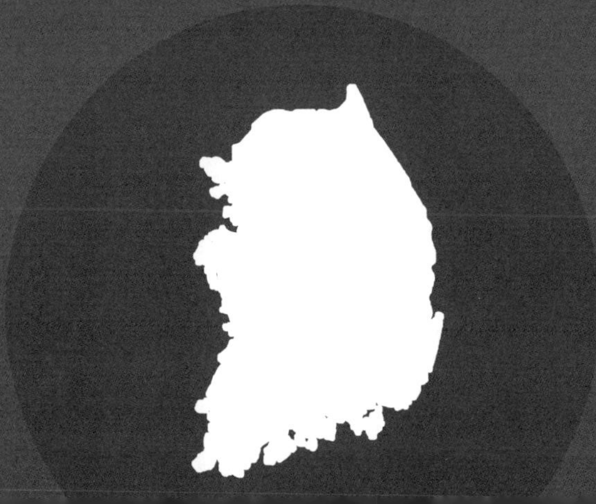

[부록 9-1] 제8장 실증 조사에 활용한 설문 문항

<table>
<tr><td>지역</td><td colspan="2">1. 귀하의 주소지는 어디십니까?
① 서울 ② 경기권 ③ 충청권 ④ 전라권 ⑤ 경북권 ⑥ 경남권
⑦ 강원제주</td></tr>
<tr><td rowspan="3">지역 세부</td><td>[1-1] 경기권
① 경기 ② 인천</td><td>[1-4] 경북권
① 대구 ② 경북</td></tr>
<tr><td>[1-2] 충청권
① 대전 ② 충남 ③ 충북</td><td>[1-5] 경남권
① 울산 ② 부산 ③ 경남</td></tr>
<tr><td>[1-3] 전라권
① 광주 ② 전남 ③ 전북</td><td>[1-6] 강원/제주
① 강원 ② 제주</td></tr>
<tr><td>성별</td><td colspan="2">2. 귀하의 성별은 무엇입니까?
① 남 ② 여</td></tr>
<tr><td>연령</td><td colspan="2">3. 귀하의 연령은 만 나이로 어떻게 되십니까? 만 (　　) 세
① 18세~29세 ② 30세~39세 ③ 40세~49세 ④ 50세~59세
⑤ 60세 이상</td></tr>
</table>

■ 정치 참여 활동 및 선호

1. 귀하는 최근 4년 동안(2016년~2020년) 집회와 시위에 참여한 경험이 있습니까?
   ① 있다 ② 의사는 있었지만 못했다 ③ 없다

   1-2. 만약 집회와 시위에 참여했다면(1의 ①로 응답한 경우), 몇 회 참여하였습니까?
   (　　　　) 회

2. 귀하는 2000년 이후에 개최된 촛불집회에 참여한 경험이 있습니까?
   ① 있다 ② 참여 의사는 있었지만 못했다 ③ 없다

3. 귀하는 최근 3년(2017년~2020년) 동안 아래에 단체 가입하여 활동하고 있습니까?

구분	있다	없다
① 정당		
② 노동조합		
③ 시민사회단체		
④ 취미 동호회		
⑤ 계모임 등 단순 친목 모임		
⑥ 향우회, 동창회, 종친회		
⑦ 학술 및 연구 단체		
⑧ 인터넷 동호회		
⑨ 각종 지역 자문기관 (지역개발위원회, 지역자문위원회 등)		

3-1. 가입하여 활동하는 단체의 활동 정도와 단체 수를 표시해 주십시오.

(※ 가입하지 않은 경우는 활동 정도와 가입한 단체 수를 표시하지 않아도 됩니다.)

구분	활동 정도/수준							가입한 단체 수
	매우 낮다	<<	<<	보통	>>	>>	매우 높다	
	①	②	③	④	⑤	⑥	⑦	
정당								
노동조합								
시민사회단체								
취미 동호회								

계모임 등 단순 친목 모임								
향우회, 동창회, 종친회								
학술 및 연구 단체								
인터넷 동호회								
각종 지역 자문기관 (지역개발위원회, 지역자문위원회 등)								

4. 귀하는 최근 3년 동안(2017년~2020년) 다양한 정치적 활동에 참여하였습니까? 다음의 항목별 참여 정도를 말씀해 주십시오.

구분	정도/수준						
	매우 낮다	<<	<<	보 통	>>	>>	매우 높다
	①	②	③	④	⑤	⑥	⑦
투표 참여							
주변 사람들과 정치 문제에 대해서 토론하기							
인터넷이나 소셜미디어에서 정치적 견해 표현하기							
온라인 시민사회단체 및 시사·정치 모임에 참여하기							
오프라인 정당, 시민사회단체 및 시사·정치 모임에 참여하기							
거리 청원, 집회 및 시위에 참가하기							
공공기관(정부, 경찰서, 공공기관, 군 등) 상대로 각종 민원 제기							

■ 미디어 이용 패턴

5. 귀하는 다음의 매체에서 정치·사회적 이슈에 대해 제공했던 정보를 신뢰하십니까?

구분	정도/수준						
	전혀 신뢰하지 않는다	<<	<<	보통	>>	>>	매우 높다
	①	②	③	④	⑤	⑥	⑦
공중파 TV (KBS, MBC, SBS 등)와 라디오							
종편채널 (YTN, JTBC, TV조선, MBN 등)							
종이 신문							
인터넷 웹사이트 미디어 (네이버, 다음, 구글 등)							
소셜미디어와 모바일 메신저 (카카오톡, 카카오스토리, 밴드, 라인, 텔레그램, 트위터, 페이스북, 인스타그램 등)							
인터넷 동영상 플랫폼 (유튜브, 네이버 TV)							

6. 귀하는 정치 사회적 이슈와 관련된 정보를 획득하기 위해 다음의 매체를 하루 평균 몇 시간 이용하십니까?

공중파 TV (KBS, MBC, SBS 등)와 라디오	( ) 시간
종편채널 (YTN, JTBC, TV조선, MBN 등)	( ) 시간
종이 신문	( ) 시간
인터넷 웹사이트 미디어 (네이버, 다음, 구글 등)	( ) 시간
소셜미디어와 모바일 메신저 (카카오톡, 카카오스토리, 밴드, 라인, 텔레그램, 트위터, 페이스북, 인스타그램 등)	( ) 시간
인터넷 동영상 플랫폼 (유튜브, 네이버 TV)	( ) 시간

■ 21대 국회의원 선거 투표행태

7. 귀하는 이번 2020년 21대 국회의원 선거에서 지역구에 나온 후보 중 어느 정당 후보에 투표하셨습니까?

① 더불어민주당 ② 미래통합당 ③ 민생당
④ 정의당 ⑤ 우리공화당 ⑥ 기타 정당
⑦ 무소속 ⑧ 투표 안함 ⑨ 투표권 없음

8. 귀하는 이번 2020년 21대 국회의원 선거에서 정당명부식 비례대표에서는 어느 정당에 투표하셨습니까?

① 미래한국당 ② 더불어시민당 ③ 민생당
④ 정의당 ⑤ 국민의당 ⑥ 열린민주당
⑦ 우리공화당 ⑧ 기타 정당 ⑨ 투표 안함
⑩ 투표권 없음

■ 정치 및 사회 인식

9. 귀하는 다음의 의견에 대해 어떻게 생각하십니까?

구분	정도/수준						
	전혀 그렇지 않다	<<	<<	보통	>>	>>	매우 그렇다
	①	②	③	④	⑤	⑥	⑦
나는 어떤 사람의 정치적 견해를 안다면 그 사람이 좋은지 나쁜지를 말할 수 있다.							
나는 친구의 정치적 견해 때문에 그와 대화하는 것을 멈출 수 있다.							
나와 정치적으로 의견이 다른 사람은 그저 잘못된 정보를 알고 있는 것이다.							
정치는 좋고 나쁨의 싸움이다.							
나와 다른 정당을 지지하는 사람과 나의 차이는 내가 공공의 이익을 고려한다는 것이다.							
우리 사회는 법과 원칙이 통하는 사회이다.							
정부는 그들의 이해관계를 대변하는 몇몇 사람들에 의해 운영되고 있다							
정치인들은 국민의 이익보다 자신들의 이익을 추구한다							
우리나라의 공직자와 정치인은 무능하고 부패하다							
대기업은 사람들을 착취하며 자신의 부를 축적한다							
정치인들은 나같은 사람들의 생각에 관심이 있다							
정부는 주로 공공의 이익을 위해 운영된다							
정치인은 당선된 후에는 선거 때와 달라진다							
나같은 사람이 정부가 하는 일에 대해 뭐라고 얘기해봤자 아무 소용이 없다.							
대부분의 공직자와 정치인은 신뢰할 만한다.							

어떤 후보에게 투표하는가가 미래의 일에 중요한 영향을 미친다							
단점이 있기는 하지만 우라나라의 현재 민주주의 정치체제가 과거 어느 정치체체 보다 우리에게 가장 좋다							
민주주의가 다른 어떤 형태의 정부보다 항상 낫다							
정치인들은 항상 국민의 목소리에 귀를 기울여야 한다							
정치인은 좋은 일을 하기 위해 국민들과 시간을 보낼 필요가 없다.							
국민이 원하는 것이 정치에서 가장 중요한 원칙이 되어야 한다.							
민주주의 사회에서 정책 결정은 다수 국민이 원하는 방향으로 이루어져야 한다.							
정부 관리는 그들의 권력을 국민의 생활을 개선하는 데 사용해야 한다.							
정치는 엘리트층(특권층)에 대항해 일반 국민의 이익을 대변해야 한다							

10. 귀하는 우리나라 국민에 대해 어떻게 생각하십니까?

① 단일한 민족 정체성과 동일한 정치적 목표를 추구하므로 국론은 통일되어야 한다.

② 단일한 민족 정체성을 가지고 있지만, 정치적 목표와 의견은 다양하다.

③ 단일한 민족 정체성은 더 이상 존재하지 않으며, 동일한 정치적 목표를 추구하지만 정치적 의견은 다양하다.

④ 단일한 민족 정체성은 더 이상 존재하지 않으며, 정치적 목표와 의견도 다양하다.

11. 귀하는 자신의 정치적 이념을 어떻게 평가하십니까?

(※보수 11점, 중도 6점, 진보 1점이라고 할 때, 해당하는 점수에 해당하는 표시해 주십시오.)

	진보	<<	<<	<<	<<	중도	>>	>>	>>	>>	보수
응답자 자신	①	②	③	④	⑤	⑥	⑦	⑧	⑨	⑩	⑪

■ 국가 및 사회 문제의 인식과 전망

12. 귀하는 바람직한 정치 구조가 어떠해야 한다고 생각하십니까?

① 공정하고 투명한 선거로 구성되는 선출 공직자와 행정 관료들의 권한이 강력해야 한다.

② 의회 등 선출 공직은 소환제 등 국민들에 의한 직접적인 통제를 받아야 한다.

③ 국민투표 등을 통해 주요 정치적 사안을 국민들이 직접 결정해야 한다.

13. 다음의 장기적인 국가 목표에 대해 귀하는 어떻게 생각하십니까?

구분	정도/수준						
	전혀 필요하지 않다	<<	<<	보통	>>	>>	매우 필요하다
	①	②	③	④	⑤	⑥	⑦
경제성장 달성과 경제 안정							
국방비 등 방위력 증강							
직장과 지역사회에서의 개인의 발언권 확대							

환경 보호							
국가 및 사회의 질서 유지와 각종 범죄 소탕							
사회 복지 확대							
정부 정책 결정에 국민의 참여 확대							
물가 상승 억제							
언론 자유 보장							
돈보다는 아이디어가 중요시되는 사회로의 발전							
여성 권익 신장							
핵 감축 혹은 폐지							
국제 난민과 약소국 지원							
장애인, 동성애자 등 사회적 소수자 권익 증진							

14. 귀하는 국가의 중요 정책을 다음 세 가지 중 어떤 방식으로 결정하는 것이 좋다고 생각하십니까?

① 선거로 선출된 공직자들이 전문 행정 관료들과 협의하여 결정

② 선거로 선출된 공직자들이 정당과 협의 및 공청회를 통해 결정

③ 국민투표와 같이 국민들이 참여하여 결정

15. 귀하는 촛불집회(2016년 10월~2017년 3월) 이후, 한국 민주주의 발전 수준에 만족하십니까?

전혀 만족하지 않는다	<<	<<	보통	>>	>>	매우 만족한다
①	②	③	④	⑤	⑥	⑦

16. 귀하는 향후 1년간 국가 혹은 개인(혹은 가정)의 경제 상황이 어떻게 될 것으로 전망하십니까?

구분	정도/수준						
	매우 좋아질 것이다	<<	<<	보통	>>	>>	매우 나빠질 것이다
	①	②	③	④	⑤	⑥	⑦
국가 경제							
개인(혹은 가정) 경제							

■ 인구 통계학적 배경

1. 귀하는 학교를 어디까지 마치셨습니까?

① 초등학교 졸업　② 중학교 졸업
③ 고등학교 졸업　④ 전문대학교 재학/졸업
⑤ 4년제 대학교 재학/졸업　⑥ 대학원 석사과정 재학/졸업
⑦ 대학원 박사과정 재학/졸업

2. 귀하께서 직업으로 하시는 일은 무엇입니까?

① 관리자　② 전문가 및 관련 종사자
③ 사무 종사자　④ 서비스 종사자
⑤ 판매종사자　⑥ 농·어업 숙련 종사자
⑦ 기능원 및 관련 기능 종사자　⑧ 장치·기계 조작 및 조립 종사자
⑨ 단순 노무 종사자　⑩ 군인　⑪ 주부
⑫ 학생　⑬ 실업/무직　⑭ 기타

3. 현재 귀하의 고용상태는 어디에 속합니까?

① 정규직 ② 비정규직 ③ 고용주 ④ 가족 일을 도움

⑤주부 ⑥학생 ⑦ 실업 상태 ⑧은퇴

⑨ 신체 장애로 노동 불가 ⑩ 기타 사유로 노동 불가 ⑪ 모름

4. 귀하의 가족 한 달 가구소득은 얼마나 되십니까? (가족의 월급·상여금·은행이자 모두 포함)

① 100만 원 미만 ② 100~199만 원

③ 200~299만 원 ④ 300~399만 원

⑤ 400~499만 원 ⑥ 500~599만 원

⑦ 600~699만 원 ⑧ 700~799만 원

⑨ 800~899만 원 ⑩ 900~999만 원

⑪ 1,000만 원 이상

5. 귀하의 가구 총재산액은 어느 정도입니까?(부동산, 금융자산, 부채 등을 모두 포함)

① 5천만 원 미만 ② 5천만 원~1억원 미만

③ 1억원~2억원 미만 ④ 2억원~3억원 미만

⑤ 3억원~4억원 미만 ⑥ 4억원~5억원 미만

⑦ 5억원~6억원 미만 ⑧ 6억원~7억원 미만

⑨ 7억원~8억원 미만 ⑩ 8억원~9억원 미만

⑪ 9억원 이상

5-1. 귀하께서는 스스로 자신이 사회경제적으로 어떤 계층에 속한다고 생각하십니까?

① 하층 ② 중하층 ③ 중간층 ④ 중상층 ⑤ 상층

5-2. 귀하께서 거주하시는 집의 시세는 어느 정도입니까?

① 5천만 원 미만 ② 5천만 ~ 1억 원 ③ 1억 ~ 3억 원

④ 3억 ~ 5억 원 ⑤ 5억 ~ 7억 ⑥ 7억 ~ 9억 원

⑦ 9억 원 이상

6. 귀하의 종교는 무엇입니까?

① 유교 ② 불교 ③ 기독교(개신교) ④ 천주교 ⑤ 기타(직접 기재:)

⑥ 종교 없음

6-1 귀하는 종교 활동에 어느 정도 참석하십니까?

① 전혀 참석하지 않는다 ② 1년에 1번 ③ 1년에 2번~7번 정도

④ 한 달에 1번 ⑤ 한 달에 2번 이상 ⑥ 1주일에 한 번 이상

[부록 9-2] <표 6-2> 측정변수 기술통계량

(단위: 건, 개월, %)

<table>
<tr><th colspan="3">구분</th><th>김대중 정권</th><th>노무현 정권</th><th>이명박 정권</th><th>박근혜 정권</th><th>문재인 정권</th></tr>
<tr><td colspan="3">대상기간</td><td>1998.03~2003.02</td><td>2003.03~2008.02</td><td>2008.03~2013.02</td><td>2013.03~2017.04</td><td>2017.05~2019.09</td></tr>
<tr><td colspan="3">개월 수(개월)</td><td>60</td><td>60</td><td>60</td><td>50</td><td>29</td></tr>
<tr><td colspan="3">총 포퓰리즘 수(건)</td><td>136</td><td>807</td><td>4,736</td><td>2,454</td><td>1,181</td></tr>
<tr><td rowspan="4">경제적 위기</td><td colspan="2">경제 성장률</td><td>5.7 (5.8)</td><td>4.8 (1.3)</td><td>3.3 (2.7)</td><td>3.1 (0.5)</td><td>2.5 (0.5)</td></tr>
<tr><td colspan="2">물가 상승률</td><td>3.3 (2.2)</td><td>2.9 (0.7)</td><td>3.2 (1.1)</td><td>1.1 (0.5)</td><td>1.3 (0.7)</td></tr>
<tr><td colspan="2">실업률</td><td>4.9 (1.7)</td><td>3.5 (0.3)</td><td>3.4 (0.5)</td><td>3.5 (0.5)</td><td>3.8 (0.5)</td></tr>
<tr><td colspan="2">소비자 동향지수</td><td>97.47 (14.7)</td><td>97.73 (5.0)</td><td>102.19 (9.3)</td><td>102.37 (3.7)</td><td>103.28 (5.9)</td></tr>
<tr><td rowspan="7">정치적 위기</td><td colspan="2">대통령 지지율</td><td>42.9 (14.8)</td><td>27.4 (10.0)</td><td>35.2 (9.9)</td><td>38.9 (15.6)</td><td>61.5 (13.8)</td></tr>
<tr><td colspan="2">여소야대</td><td>60</td><td>14</td><td>0</td><td>12</td><td>0</td></tr>
<tr><td rowspan="3">선거 국면</td><td>전(3개월)</td><td>12</td><td>11</td><td>10</td><td>9</td><td>3</td></tr>
<tr><td>선거 달</td><td>4</td><td>3</td><td>4</td><td>2</td><td>2</td></tr>
<tr><td>비선거</td><td>44</td><td>46</td><td>46</td><td>39</td><td>24</td></tr>
<tr><td rowspan="2">정당 경쟁도</td><td>의석 점유율</td><td>35.3 (7.3)</td><td>44.5 (9.8)</td><td>50.8 (0.9)</td><td>48.8 (4.6)</td><td>40.1 (0.5)</td></tr>
<tr><td>여당 경쟁력</td><td>73.4 (13.0)</td><td>102.5 (27.1)</td><td>173.3 (28.4)</td><td>116.0 (9.7)</td><td>94.6 (4.3)</td></tr>
</table>

(　)는 표준편차임.

[부록 9-3] <표 8-4> 측정변수 기술통계량

(단위: 명, %)

구분				전체 (n=1,683명)	참가 집단 (n=352명)	의사 집단 (n=508명)	비참가 집단 (n=823)
독립변수	포퓰리즘 성향	반엘리트주의		4.82	4.78	4.94	4.77
		인민 중심주의		5.63	5.75	5.67	5.56
통제변수	사회경제적 요인	성별	남	841 (50.0)	189 (53.7)	256 (50.4)	396 (48.1)
			여	842 (50.0)	163 (46.3)	252 (49.6)	427 (51.9)
		연령	18세~19세	63 (3.70)	15 (4.3)	33 (6.5)	15 (1.8)
			20세~29세	296 (17.6)	70 (19.9)	104 (20.5)	122 (14.8)
			30세~39세	296 (17.6)	63 (17.9)	84 (16.5)	149 (18.1)
			40세~49세	359 (21.3)	93 (26.4)	94 (18.5)	172 (20.9)
			50세~59세	381 (22.6)	70 (19.9)	114 (22.4)	197 (23.9)
			60세이상	288 (17.11)	41 (11.7)	79 (15.6)	168 (20.4)
		학력	초졸	4 (0.24)	0 (0.0)	3 (0.6)	1 (0.1)
			중졸	35 (2.8)	4 (1.1)	14 (2.8)	17 (2.1)
			고졸	294 (17.5)	45 (12.8)	72 (14.2)	177 (21.5)
			전문대재/졸	261 (15.5)	44 (12.5)	87 (17.1)	130 (15.8)
			4년대재/졸	915 (54.4)	213 (60.5)	283 (55.7)	419 (50.9)
			대학원석사재/졸	121 (7.2)	32 (9.1)	31 (6.1)	58 (7.1)
			대학원박사재/졸	53 (3.2)	14 (4.0)	18 (3.5)	21 (2.6)
		소득	100만 원 미만	79 (4.7)	6 (1.7)	16 (3.2)	57 (6.9)
			100~199만 원	130 (7.7)	19 (5.4)	40 (7.9)	71 (8.6)
			200~299만 원	278 (16.5)	57 (16.2)	82 (16.1)	139 (16.9)
			300~399만 원	277 (16.5)	50 (14.2)	83 (16.3)	144 (17.5)
			400~499만 원	263 (15.6)	52 (14.8)	90 (17.7)	121 (14.7)
			500~599만 원	200 (11.9)	61 (17.3)	55 (10.8)	84 (10.2)
			600~699만 원	142 (8.4)	32 (9.1)	44 (8.7)	66 (8.0)
			700~799만 원	130 (7.7)	23 (6.5)	42 (8.3)	65 (7.9)

통제 변수	사회 경제적 요인	소득	800~899만 원	72 (4.3)	16 (4.6)	23 (4.5)	33 (4.0)
			900~999만 원	27 (1.6)	11 (3.1)	8 (1.6)	8 (1.0)
			1,000만 원 이상	85 (5.1)	25 (7.1)	25 (4.9)	35 (4.3)
		직업	관리자, 전문가, 사무 종사자	832 (49.4)	201 (57.1)	256 (50.4)	375 (45.6)
			기타	851 (50.6)	151 (42.9)	252 (49.6)	448 (54.4)
	평상시 정치 참여 행태	미디어 이용	TV 및 종이 신문 지향성	49.28	46.73	45.79	52.52
		정치 참여 방식	투표 활동 지향성	3.11	2.39	2.86	3.58
		결사체 참가	정치 및 비정치 동시 활동	302 (17.9)	128 (36.4)	99 (19.5)	75 (9.1)
			비정치 활동	962 (57.2)	151 (42.9)	321 (63.2)	490 (59.5)
			무	419 (24.9)	73 (20.7)	88 (17.3)	258 (31.4)
	정치적 정향	이념		5.5	5.12	5.28	5.79
		지지 정당	진보	925 (55.0)	244 (69.3)	290 (57.1)	391 (47.5)
			보수	311 (18.5)	56 (15.9)	88 (17.3)	167 (20.3)
			중도	167 (9.9)	18 (5.1)	53 (10.4)	96 (11.7)
			기타	105 (6.2)	23 (6.5)	41 (8.1)	41 (5.0)
			투표 안 함 (투표권 없음)	175 (10.4)	11 (3.1)	36 (7.1)	128 (15.6)

[부록 9-4] <표 8-8> 측정변수 기술통계량

(단위: 명, %)

이념 정향													
		명	%		명	%			명	%		명	%
이념	진보 1	61	3.6	7	170	10.1	지지정당	미래한국	304	18.1	우리공화	7	0.4
	2	75	4.5	8	145	8.6		더불시민	627	37.3	기타	105	6.2
	3	218	13.0	9	76	4.5		민생	21	1.3	투표안함	156	9.3
	4	187	11.1	10	34	2.0		정의	188	11.2	투표권무	19	1.1
	5	185	11.0	보수 11	29	1.7		국민	146	8.7			
	중도 6	503	29.9					열린민주	110	6.5			

통제변수: 사회경제적 변수											
		명	%			명	%			명	%
성별	남	842	50.0	학력	초졸	4	0.2	직업	관리자	122	7.3
	여	841	50.0		중졸	35	2.1		전문가(관련)	165	9.8
연령	18~19	63	3.7		고졸	294	17.5		사무종사	545	32.4
	20~29	296	17.6		전문대재/졸	261	15.5		서비스종사	100	5.9
	30~39	296	17.6		4년대재/졸	915	54.4		판매종사	48	2.9
	40~49	359	21.3		대학원석재/졸	121	7.2		농어업	12	0.7
	50~59	381	22.6		대학원박재/졸	53	3.2		기능원(관련)	38	2.3
	60 이상	288	17.1						장치기계종사	14	0.8
지역	서울	314	18.7	소득	100 미만	79	4.7		단순노무	37	2.2
	부산	117	7.0		100~199	130	7.7		군인	4	0.2
	대구	82	4.9		200~299	278	16.5		주부	209	12.4
	인천	94	5.6		300~399	277	16.5		학생	160	9.5

지역	광주	51	3.0	소득	400~499	263	15.6	직업	실업/무직	126	7.5
	대전	54	3.2		500~599	200	11.9		기타	103	6.1
	울산	42	2.5		600~699	142	8.4	고용형태	정규직	831	49.4
	경기	408	24.2		700~799	130	7.7		비정규직	246	14.6
	강원	54	3.2		800~899	72	4.3		고용주	43	2.6
	충북	52	3.1		900~999	27	1.6		가족일도움	28	1.7
	충남	67	4.0		1,000 이상	85	5.1		주부	182	10.8
	전북	60	3.6						학생	155	9.2
	전남	60	3.6						실업 상태	103	6.1
	경북	81	4.8						은퇴	51	3.0
	경남	105	6.2						노동불가 (장애)	8	0.5
	제주	23	1.4						기타	18	1.1
	세종	19	1.1						모름	18	1.1
기타 통제변수											
		평균	**표준편차**			**평균**	**표준편차**			**평균**	**표준편차**
	투표 활동	5.94	1.67		외적 효능감	2.40	1.25		제도 신뢰	3.06	1.39
	비투표 활동	2.85	1.34		내적 효능감	3.41	1.60		사회 신뢰	3.85	1.45
	민주주의 만족도	4.59	1.42								

저자 소개

정병기

베를린자유대학교 정치학 박사
영남대학교 정치외교학과 교수
주요 저서 및 논문:
『포퓰리즘』(2021)
『정당 체제와 선거 연합: 유럽과 한국』(2018)
"포스트포퓰리스트 정당 시리자(SYRIZA)의 부침과 2019년 그리스 총선"(2020)
"오성운동(M5S)의 직접 의회주의와 사이버크래틱 집중주의: 포스트포퓰리스트 정치 운동의 성공과 한계"(2020)
"포퓰리즘의 개념과 유형 및 역사적 변화: 고전 포퓰리즘에서 포스트포퓰리즘까지"(2020)

도묘연

영남대학교 정치외교학 박사
영남대학교, 계명대학교, 대구가톨릭대학교 강사
주요저서 및 논문
『촛불집회와 다중운동』(2019, 공저)
"한국 대중의 이념정향이 포퓰리즘 성향에 미치는 영향"(2021)
"한국 대중의 포퓰리즘 성향이 시위 참가에 미치는 영향"(2021)
"선거여론 조사 예측성의 결정요인: 21대 국회의원 선거 무선전화 조사방식의 영향을 중심으로 "(2020)
"한국 포퓰리즘의 변화 추이와 영향 요인: 경제적 및 정치적 위기의 관점"(2020)

고주현

이화여자대학교 정치학 박사
연세대학교 동서문제연구원 연구교수
주요 저서 및 논문
『유럽정치론』(2018, 공저)
"스페인 포퓰리스트 극우정당의 성공요인 분석: Vox를 중심으로"(2020)
"스페인 카탈루냐 지역 분리 독립과 인정의 정치"(2018)
"민주화 이행기 스페인의 정치균열과 갈등구조의 변화"(2018)
"스페인의 탈중앙화된 ODA 정책: 카탈루니아 사례를 중심으로"(2016)

오창룡
서울대학교 정치학 박사
고려대학교 노르딕-베네룩스 센터 연구교수
주요 저서 및 논문
『남북연합 구상과 추진방안』(2020, 공저)
『분리를 넘어 통합국가로』(2020, 공저)
『오늘날의 유럽』(2018, 공저)
"유럽안보와 전략적 자율성: 프랑스의 안보협력 논의를 중심으로"(2020)
"덴마크 극우정당의 정상화 전략: 프스트 포퓰리즘적 전환과 그 한계를 중심으로"(2020)

김찬우
영남대학교 정치외교학 박사
영남대학교 정치외교학과 겸임교수
오피니언라이브 빅데이터센터장
주요 저서 및 논문:
"토픽모델링을 이용한 포퓰리즘 뉴스 분석"(2021)
"Towards the operationalization of controversial news: a study of online news articles and reader comments during the 2017 presidential election in South Korea"(2018)
"2017년 한국 대통령 선거 캠페인의 논쟁적 이슈 구조"(2018)